issa -- Wissenschaftliche Reihe

Heinrich-Georg Hubrich und Henning Melber

Namibia — Geschichte und Gegenwart

Zur Frage der Dokolonisation einer Siedlerkolonie

Herausgegeben von Peter Ripken

informationsstelle südliches afrika e.V.
1977

issa — Wissenschaftliche Reihe 7

Informationsstelle Südliches Afrika e.V.
Buschstr. 20
53 Bonn 1
Tel.: 02221/21 32 88
Oktober 1977
ISBN 3 921614 36 8

Vorwort

Die Ereignisse um die Frage der Dekolonisierung der ehemaligen deutschen Kolonie „Südwestafrika" haben sich seit Ende 1974 mit den sich verändernden Machtverhältnissen im Südlichen Afrika in einer Weise beschleunigt, daß es auch einem interessierten Beobachter zunehmend schwerer wurde, die einzelnen Aktionen, Äußerungen, Vereinbarungen und Verhandlungen noch zu verfolgen, geschweige denn zu beurteilen. Abgesehen von aktuellen, z.T. indes dem deutschen Leser nicht immer leicht zugänglichen Aufsätzen fehlt es zudem an einer zusammenhängenden Darstellung der aus unterschiedlichen Interessen stammenden „Dekolonisierungsbemühungen" vor dem Hintergrund eines sich verstärkenden Befreiungskampfes des namibischen Volkes unter Führung seiner Befreiungsbewegung SWAPO. Der vorliegende Band will diese Lücke schließen. Um die Ereignisse der letzten drei Jahre in den historischen Zusammenhang einordnen zu können, ist es nötig, sowohl die geschichtliche Entwicklung der ehemaligen deutschen Kolonie und späteren südafrikanischen Kolonie „Südwest-Afrika" näher zu analysieren als auch die Struktur der Wirtschaft und Gesellschaft dieser Siedlerkolonie zu beschreiben. Außerdem ist es gerade für den deutschen Leser wichtig, Interesse und Engagement der Politik der Bundesrepublik Deutschland an der Frage der Dekolonisierung dieses Territoriums aufzuzeigen, zumal die Bundesrepublik Deutschland als Mitglied des UNO-Sicherheitsrates sich im Sommer 1977 an den Verhandlungen zwischen den westlichen Mitgliedern des UNO-Sicherheitsrates und der südafrikanischen Kolonialmacht beteiligte, darüberhinaus in der Frage des Schicksals der Deutschen und Deutschstämmigen Namibias sich erstmals in der deutschen Geschichte seit 1919 auch konkret vor einen Seitenaspekt der Dekolonisierung in Afrika gestellt sieht.

Die vorliegende Arbeit will zugleich einen Beitrag liefern zur Aufklärung der bundesrepublikanischen Öffentlichkeit über das Problem Namibia und schließt sich damit den Aktivitäten (und den einschlägigen Veröffentlichungen) der „namibia woche" an, die in den Jahren 1975 und 1976 — organisiert von der „Arbeitsgemeinschaft Evangelischer Jugend" und dem „Bund der Deutschen Katholischen Jugend" in Zusammenarbeit mit der „Anti-Apartheid-Bewegung in der Bundesrepublik und Westberlin e.V." — ein unseres Erachtens gelungenes Beispiel politischen Engagements und nüchterner Aufklärung über nur vermeintlich fernliegende Themen geliefert hat.

Die Studie wurde von den Verfassern ursprünglich als gemeinsame Diplomarbeit am Fachbereich Politische Wissenschaft der Freien Universität Berlin im Frühjahr 1977 eingereicht. Zum Zwecke der Veröffentlichung wurde sie überarbeitet und erweitert. Aufgrund der sich verändernden Situation seit Abschluß der Arbeit (März 1977) wurde sie um ein 6. Kapitel ergänzt und auf dem Stand vom September 1977 abgeschlossen.

Der Leser sollte darauf gefaßt sein, daß die im 1. Kapitel enthaltenen Theorie-Fragmente einen relativ hohen Abstraktionsgrad besitzen und zum Verständnis des eigentlichen Problems Namibia für den „Pragmatiker" entbehrlich erscheinen können. Da dieses, auch in der ursprünglichen Diplomarbeit enthaltene Kapitel jedoch Rückschlüsse auf das wissenschaftlich-methodische Verständnis der Autoren und ihre theoretische Herangehensweise an den Gegenstand ermöglicht, haben wir den Abdruck dieses Kapitels letztlich für notwendig gehalten. Es bleibt zudem festzuhalten, daß der ursprüngliche Charakter der Arbeit als einer wissenschaftlichen Abschlußarbeit vom Herausgeber nicht wesentlich verändert worden ist. Herausgeber und Autoren hoffen dennoch, daß der „elitär-universitäre Jargon linker Kopfarbeiter", der Teile der Arbeit kennzeichnen mag, der Stimmigkeit der Analyse und ihrer Vermittlung nicht abträglich ist.

Da die Bezeichnung des Landes mit dem Namen Namibia — im übrigen lange Zeit umstritten — als politischer Ausdruck für den Kampf der unterdrückten Mehrheit des Landes verstanden werden muß — für die Benutzung dieses Namens wurden Namibianer von der südafrikanischen Kolonialmacht ins Gefängnis geworfen —, soll dieser Begriff in dieser Arbeit durchgängig verwendet werden.

Peter Ripken

Die Verantwortung der Autoren für die verschiedenen Kapitel verteilt sich folgendermaßen:

Henning Melber: Kapitel   1.1; 1.5.; 2; 3.3.2.; 4.; 5.3. und 6
Georg Hubrich: Kapitel 1.2. bis 1.4.; 3.1. bis 3.3.1.; 3.4.; 5.1. bis 5.2.4. und 5.4..

INHALT

	Seite
Vorwort	3
Namibia	8

1.	**ASPEKTE DES KOLONIALISMUS UND NAMIBIA**	**9**
1.1.	Begriffsbestimmung: Kolonialismus als Stadium des Imperialismus	9
1.2.	Die Expansion des Handelskapitals	11
1.3.	Die Expansion des industriellen Kapitals	13
1.4.	Der Siedlerkolonialismus als spezielle Form der kolonialen Expansion und Herrschaft	17
1.4.1.	Die koloniale Landfrage	18
1.4.2.	Die koloniale Klassen- und Rassenfrage	20
	– Anmerkungen Kapitel 1	
1.5.	Zur Staats- und Nationenbildung im Kolonialismus	28
	– Anmerkungen Kapitel 1	31
2.	**DIE ENTWICKLUNGSGESCHICHTE NAMIBIAS**	**37**
2.1.	Präkoloniale Struktur und Kolonisierungsprozeß	37
2.1.1.	Das ethnographische Bild Namibias vor dem Eindringen der weißen Siedler	37
2.1.2.	Zum Charakter der Stammesgesellschaften	38
2.1.3.	Der vorkoloniale gesellschaftliche Entwicklungsprozeß Namibias	40
2.1.4.	Erschließung des Landes durch Träger kolonialer Interessen	41
2.1.4.1.	Die „säkular-ökonomische" Durchdringung	42
	Karte: Siedlungsgebiete um 1900 nach	46
2.2.	Zur Geschichte Deutsch-Südwestafrikas und der Wirkungsweise des deutschen Kolonialismus in Namibia	47
2.2.1.	Die Anfangsphase des deutschen Kolonialismus	47
2.2.2.	Die Systematisierung der deutschen Kolonialpolitik	49
2.2.3.	Entwickelte Kolonialwirtschaft Deutsch-Südwestafrikas und die Arbeiterfrage	54
2.2.4.	Das Ende der deutschen Kolonialherrschaft	57
2.3.	Südafrikas Mandatsherrschaft über Namibia	59
2.3.1.	Zur Vorgeschichte des Mandats	59
2.3.2.	Konsolidierung der südafrikanischen Kolonialherrschaft	63
2.3.2.1.	Siedlungspolitik und wirtschaftliche Entwicklung	64
2.3.2.2.	Die „Eingeborenenfrage"	66
2.3.2.3.	Die politischen Verwaltungsstrukturen des Mandatsgebietes	71
2.3.3.	Zur Bestimmung Südafrikas als kolonialer Macht	73
2.4.	Exkurs: Zur Rolle der deutschstämmigen Siedlerschaft	75
2.4.1.	Die Rolle des Deutschtums nach Ende der deutschen Kolonialherrschaft	75
2.4.2.	Die Namibia-Deutschen und die Nationale Partei	80
2.4.3.	Zur gegenwärtigen Bestimmung der deutschen Siedlerschaft	81
2.5.	Die Apartheid-Politik Südafrikas in Namibia und die weitere Integration des Territoriums	83
2.5.1.	Der Odendaal-Plan – vom „Eingeborenenreservat" zum „Heimatgebiet"	84
2.5.2.	Namibias Degradierung zur fünften Provinz	91

			Seite
2.6.	Die Herausbildung des nationalen Befreiungskampfes		93
	2.6.1.	Die Entwicklung des nationalen Bewußtseins	93
	2.6.2.	Anfänge des organisierten nationalen Widerstandes	94
	2.6.3.	Die Entwicklung der SWAPO zur nationalen Befreiungsbewegung	96
	2.6.4.	Die Aufnahme des bewaffneten Kampfes	97
	2.6.5.	Alternativen und gesellschaftliche Konzeption der SWAPO	99
	– Anmerkungen Kapitel 2		102
3.	ZUR GEGENWÄRTIGEN SOZIALÖKONOMISCHEN BESTIMMUNG NAMIBIAS		127
	3.1.1.	Die Agrarproduktion	127
	3.1.1.1.	Die Karukulwirtschaft	128
	3.1.1.2.	Die Subsistenzwirtschaft	129
	3.1.2.	Die Industrieproduktion	130
	3.1.2.1.	Die extraktive Industrie	130
	3.1.2.2.	Die Fischindustrie	132
	3.1.2.3.	Die verarbeitende Industrie	133
	3.1.3.	Die Handels- und Finanzstrukturen	134
	3.1.4.	Das Verhältnis von Bruttoinlandsprodukt zu Bruttosozialprodukt	136
	Karte: Bodenschätze und Minenbetriebe	nach	136
	Graphik: Bruttosozialprodukt 1954–1969	nach	136
	3.1.5.	Die Arbeits- und Lohnverhältnisse	137
3.2.	Die Rolle des BRD-Kapitals in Namibia		141
3.3.	Zum Charakter der namibischen Ökonomie		144
	3.3.1.	Zur kolonialabhängigen Struktur	144
	3.3.2.	Zum „Dualismus" der Ökonomie Namibias	145
3.4.	Zur Bestimmung der Rolle der Klassen und Schichten im Kolonial-Kapitalismus Namibias		148
	– Anmerkungen Kapitel 3		153
4.	SÜDAFRIKAS „DEKOLONISIERUNGSPOLITIK" IN NAMIBIA		159
4.1.	Ursprung und Bedingungmomente der Verfassungskonferenz		160
	4.1.1.	Die Situation vor Aufnahme des „Dialogs"	160
	4.1.2.	Die Modifikationen der südafrikanischen Namibia-Politik	163
4.2.	Vorbereitung und Verlauf der Verfassungskonferenz		166
	4.2.1.	Die Konstituierung der Turnhalle-Delegationen	167
	4.2.2.	Zum Verlauf der Turnhallen-Konferenz	170
	4.2.2.1.	Die ersten vier Sitzungsperioden	170
	4.2.2.2.	Interimsregierung und Verfassungsentwurf	176
4.3.	Die Entwicklung außerhalb der Turnhallen-Konferenz		182
	4.3.1.	Konsolidierung des nationalen Befreiungskampfes	182
	4.3.2.	Die Verschärfung der militärischen und gesetzlichen Kontrolle	187
4.4.	Die Perspektive der Turnhallen-Konferenz und deren Bedeutung für Namibia		189
	4.4.1.	Stand und Ausblick der Interimsregierung	189
	4.4.2.	Zum Dekolonisierungsprozeß in Namibia	192
	– Anmerkungen Kapitel 4		194

			Seite
5.	DIE NAMIBIA-POLITIK DER BRD		213
5.1.	Das Verhältnis zur Republik Südafrika und den Vereinten Nationen bezüglich der Namibia-Frage		213
5.2.	Die Widersprüche der westdeutschen Namibia-Politik		216
	5.2.1.	Das Kulturabkommen	216
	5.2.2.	Das westdeutsche Konsulat	217
	5.2.3.	Das Verhältnis zur SWAPO	218
	5.2.4.	Die Haltung zur Turnhallen-Konferenz	220
5.3.	Zur Frage der Namibia-Deutschen		222
5.4.	Zusammenfassung		224
	Anmerkungen zu Kapitel 5		226
6.	DIE INTERNATIONALEN VERHANDLUNGEN UM NAMIBIAS DEKOLONISIERUNG IM JAHRE 1977		230
6.1.	Exkurs: Realpolitik contra Dogma		230
	6.1.1.	Der politische Schiffbruch Gerhard Tötemeyers	231
	6.1.2.	Die Ausweisung von Wolfgang Thomas	234
6.2.	Die Initiative der westlichen Mächte und deren bisherige Resultate		237
	6.2.1.	Das „Konzept" der Westmächte und dessen Hintergründe	237
	6.2.2.	Südafrikas Haltung zur westlichen Initiative	240
	6.2.3.	Die Auswirkungen auf die Turnhallen-Konferenz	243
	6.2.4.	Die Position der SWAPO	247
6.3.	Perspektiven der namibischen Dekolonisierung		251
	Anmerkungen zu Kapitel 6		253
	Bibliographie		265

NAMIBIA

Mit einer Fläche von 823.145 Quadratkilometer, die von den beiden einzigen ganzjährig wasserführenden Flüssen Oranje im Süden und Kunene im Norden begrenzt wird, entspricht Namibia etwa der dreieinhalbfachen Größe des Gebietes der Bundesrepublik Deutschland. Die gesamte Einwohnerzahl von inzwischen annähernd einer Million Menschen dagegen ist vergleichbar mit einer westdeutschen Großstadt.

An der Küste zum Atlantik erstreckt sich in einer Breite von 80 bis 130 Kilometer die mit Ausnahme einiger Hafenstädte völlig unbesiedelte Namib-Wüste. Der Zentralteil Namibias, der rund der Hälfte der Oberfläche entspricht, besteht aus einem 1.000 bis 2.000 Meter hohen Hochplateau. Dieses Zentralhochplateau bietet gleichzeitig die landwirtschaftlich besten Nutzungsmöglichkeiten und ist klimatisch mit „europäischen" Wetterverhältnissen vergleichbar, wenngleich die Niederschläge um ein Vielfaches geringer sind, dazu zeitlich begrenzt (in einer kleinen und großen Regenzeit) erfolgen. Des weiteren wird die Struktur und Oberflächenform des Territoriums durch die sich im Osten erstreckenden Randgebiete der Kalahari bestimmt, einem sandigen Wüstengebiet ohne jegliches Oberflächenwasser, das fast ein Drittel der Landesfläche einnimmt.

So vielfältig wie die geographischen und klimatischen Gegebenheiten des Landes ist auch seine Geschichte. Dabei diente der Wüstenstreifen der Namib lange Zeit über als Schutz vor dem Eindringen der Kolonisatoren, die – abgeschreckt durch die unwirtliche Landschaft – von einer Erforschung des Landesinneren von der Küste aus absahen. Diese historische Tatsache, gekoppelt mit dem Reichtum des Küstengebietes an Diamanten, an Land und Fischen im Wasser, gab dem Territorium in jüngster Zeit den Namen, der symbolhaft ist für den Befreiungskampf des Volkes: Namibia.

1. Aspekte des Kolonialismus und Namibia

1.1. Begriffsbestimmung: Kolonialismus als Stadium des Imperialismus

„Nur der nicht perfekte Imperialismus benötigt Waffen; der professionelle Imperialismus stützt sich eher auf strukturelle als auf direkte Gewalt."[1]
Während der Imperialismusbegriff sowohl hinsichtlich seines theoretischen Gehalts als auch der konkret-historischen Wirkungsweise und Dimensionen seiner Stadien — nicht zuletzt aufgrund dessen zentralem Stellenwert in der marxistischen Theorie — bereits seit Ende des letzten Jahrhunderts Gegenstand wissenschaftlicher Diskussionen ist[2], wurde der Kolonialismusbegriff als Ausdruck eines bestimmten, konkret-historischen Verhältnisses von Klassen und Gesellschaften bislang zumeist dem Begriff des Imperialismus zu-, bzw. untergeordnet[3].
So ließ die wissenschaftstheoretische Position eines Autors und dessen inhaltliche Konkretion des Imperialismusbegriffes zumeist implizit auf dessen Verständnis des Kolonialismus schließen. Diese Vorgehensweise beraubt jedoch unbewußt den Kolonialismusbegriff seines konkreten Inhalts. Der materialistische Kolonialismusbegriff beinhaltet aber das dialektische Verhältnis von Wesen, Form und Inhalt der Beziehungen zwischen dem Kolonialland und der Kolonie als Einheit ebenso wie die sich daraus ergebenden wechselseitigen Bedingtheiten historisch-ökonomischer Prozesse[4]. Bevor wir diese Wirkungsweise im kolonialen Kontext — im Rahmen dieser Arbeit am Beispiel der konkreten Verhältnisse in Namibia — skizzieren und analysieren, erachten wir es vorab für notwendig, unser Verständnis des Kolonialismusbegriffs und seiner Anwendung darzulegen und zu begründen[5].

Kolonialismus findet zumeist als übergeordneter, abstrakter Begriff Verwendung, unter den Aktivitäten der Metropolstaaten in den Kolonien subsumiert werden können, soweit diese Aktivitäten im jeweiligen Eigeninteresse der Metropolstaaten bei gleichzeitigen negativen Konsequenzen in den kolonisierten Gebieten geschehen[6]. Eine nähere inhaltliche Bestimmung des Kolonialismusbegriffes fehlt bei den meisten Autoren. Eine Vielzahl von termini, meist durch Verwendung von Attributen konkretisiert und vom „Grundbegriff" Kolonialismus aus entwickelt[7], stiften deshalb in der Diskussion oftmals Verwirrung und verursachen Abweichungen hinsichtlich der inhaltlich-konkreten Aussage dieser Begriffe[8]. Eine der Ursachen ist nicht zuletzt auch darin zu sehen, daß oftmals im Verständnis der Verfasser der von ihnen gebrauchte Kolonialismusbegriff selbst auf staatliche Kolonialpolitik reduziert wird bzw. bleibt. Dies allerdings birgt die Gefahr, daß bei der Analyse von Kolonialismusphänomenen der Zusammenhang von ökonomischen, politischen (strategischen) und sozialen Faktoren nicht

in der gesamten Komplexität erfaßt wird, statt dessen „staatliches Handeln" als dominierende Erscheinungsform Berücksichtigung findet.
Der Begriff Kolonialismus selbst bestimmt jedoch deshalb noch lange nicht die Interessen eines Staates am fremden Territorium, ebenso wenig vermag der Begriff bereits die Gesellschaft der Kolonisatoren näher zu bestimmen. Abgesehen von der vagen Vorstellung, daß koloniale Expansion nur von Klassengesellschaften betrieben wird, vermag Kolonialismus als abstrakter Begriff noch keine spezifischere Aussage zu treffen. Er erfordert also eine Konkretion durch Zusatzbestimmungen, und zwar den Anforderungen unserer Arbeit gemäß zugeschnitten auf die besondere Expansionsphase bestimmter kapitalistischer Länder im 19. und 20. Jahrhundert (insbesondere unter Berücksichtigung des Siedlerkolonialismus als einer spezifischen Erscheinungsform des Kolonialismus, die hinsichtlich unseres Gegenstandes von Bedeutung ist).
Um dies leisten und dem Kolonialismusbegriff seinen angemessenen Stellenwert in der Diskussion beimessen zu können, muß eine Abgrenzung gegenüber dem Imperialismusbegriff vorgenommen werden.[9]
Falsch erscheint uns die von James O'Connor formulierte Vereinfachung zu übernehmen, derzufolge die aufgrund der europäischen Expansion des späten 19. und frühen 20. Jahrhunderts entwickelte Imperialismustheorie besagt, „. . . . daß Monopolkapitalismus, Imperialismus und Kolonialismus grundsätzlich die gleichen Phänomene sind."[10]
Dies scheint uns eine unzulässige Gleichschaltung und Verquickung unterschiedlicher theoretischer Ebenen zu sein, die qualitative Unterscheidungen und andersartige Bestimmungsmomente verwischen und die Begriffe ihrer konkreten Inhalte berauben.[11]
Richard D. Wolff trägt mit seinen Worten demgegenüber Rechnung, indem er die notwendige Differenzierung vornimmt.

„Zwischen 1870 und 1914 wurden in allen fortgeschrittenen kapitalistischen Wirtschaften intensive öffentliche Diskussionen zur Frage des Imperialismus geführt, worunter man speziell den Erwerb von Kolonialbesitzungen verstand. Seit dieser Zeit hat der Imperialismus an Gewicht gewonnen. Der Begriff ist allgemein dazu verwendet worden, die vielfältigen *Mittel der Kontrolle* zu beschreiben, die eine Wirtschaft (Wirtschaftsunternehmen *und* Regierung) über eine andere ausübt. Offener Kolonialismus ist nur *ein* solches Mittel, und zwar eines, dessen Evidenz mehr und mehr schwindet."[12]

Angesichts der fortschreitenden Entwicklung der Kapitalverhältnisse (auch und vor allem im Sinne gesellschaftlicher Verhältnisse) und der damit einhergehenden Entfaltung modifizierter Durchsetzungsformen des Imperialismus ist auch der Kolonialismus-Begriff zu einer historischen Kategorie geworden, die zwar als Phasenbestimmung unbestreitbar an Bedeutung gewinnt, moderne Formen imperialistischer Herrschaft, die den gegenwärtigen gesellschaftlichen Entwicklungen Rechnung tragen und entsprechen, jedoch gleichzeitig in wachsendem Maße unscharf umreißt. Verschleierte (wenngleich auch häufig nicht weniger gewaltsame) Methoden imperialistischer Herrschaft, gepaart mit subtileren Durchsetzungsmodi, erfordern neue Begrifflichkeiten.[13]
In seinem wichtigen Beitrag zur Kolonialismusdebatte wagt Peter Schmitt-Egner eingangs den Versuch einer „Bestimmung von historischer Kontinuität und

Charakter des Kolonialismus", worin er den Begründungszusammenhang zwischen Expansion und formeller Herrschaft sichtbar zu machen bemüht ist und den Nachweis zu erbringen versucht, „... daß der Kolonialismus in engstem Zusammenhang von Entstehung und Entwicklung der bürgerlichen Gesellschaft zu sehen ist"[14]. Unserer Anwendung des Kolonialismusbegriffes liegt das von Schmitt-Egner in seiner Kritik an Lüthy geforderte Verständnis zugrunde, daß der Kolonisationsprozeß und dessen konkret-historische Phase als ein Expansionsvorgang immer in Verbindung mit der jeweiligen Qualität der Ursachen desselben gesehen werden muß.[15]
Dies bedeutet gleichzeitig, daß mit fortschreitender Entwicklung der gesellschaftlichen Verhältnisse in den Kolonialstaaten und den aus der Wirkungsweise des kolonialen Herrschaftsverhältnisses resultierenden gesellschaftlichen Veränderungen in den Kolonien selbst, der Kolonialismus als Herrschaftssystem — verstanden als historisch bedingte Ausdrucksform des Klassen- und Ausbeutungsverhältnisses — seine Grenze innerhalb geschichtlicher Prozesse findet, und ihm lediglich eine instrumentelle Funktion als ein Mittel zur Aufrechterhaltung von Herrschaftsverhältnissen zukommt (aber nicht notwendigerweise als das effektivste, und schon gar nicht als das alleinige Herrschaftsinstrument schlechthin).[16]
Darin liegt in der heutigen politischen Situation die konkrete geschichtliche Besonderheit Namibias als Territorium mit einem nach wie vor uneingeschränkt „klassisch-kolonialen" Charakter. Doch auch und gerade die aktuell-politischen Vorgänge in Namibia — in einem späteren Abschnitt Gegenstand unserer Arbeit — machen deutlich, daß der Phase formaler, physischer Fremdherrschaft bereits das letzte Stündlein geschlagen hat.

1.2. Die Expansion des Handelskapitals

Der Kolonialismusbegriff beinhaltet das dialektische Verhältnis von Wesen, Form und Inhalt der Beziehungen zwischen Metropole und Kolonie und die daraus resultierenden wechselseitigen Bedingtheiten historisch-ökonomischer Prozesse als Einheit.
Die Analyse des Kolonialismus ist durch zwei Wesensmomente bestimmt: durch den jeweiligen Charakter der kolonialen Expansion und dem daraus resultierenden Charakter der Form und des Inhalts kolonialer Herrschaft, die von den Metropolstaaten in den Kolonien errichtet wird, als auch vom Grad der gesellschaftlichen Entwicklung der kolonialen Gesellschaftsformation, der vorgefunden wird und der bestimmend ist für den Grad des Widerstands, den das zu kolonisierende Land bzw. die zu kolonisierende Gesellschaft der Kolonialexpansion der Metropolstaaten entgegenzubringen in der Lage ist.
Die Analyse der jeweiligen Formen und Inhalte der Kolonialexpansion soll hier kurz unter den hauptsächlichen historischen sowie ökonomischen Aspekten behandelt werden. Das bedeutet, daß die Analyse versucht, die wesentlichen Momente der europäischen Expansion zu berücksichtigen; die Auswirkungen, die diese Expansion auf die jeweiligen kolonialen Gesellschaften hatte, werden

jedoch nur allgemein formuliert und werden am konkreten Gegenstand Namibia eingehender ausgeführt.

Im Unterschied zu jedweder vorherigen Expansion in der Geschichte führt die Expansion des merkantilistischen Handelskapitals zu einer grundlegenden Veränderung der Strukturen des internationalen Handels.

„Im ganzen Verlauf der Geschichte sind Großreiche entstanden und wieder zerfallen und viele von ihnen haben nichts hinterlassen als Ruinen; die europäischen Kolonialreiche aber haben in einem halben Jahrtausend die Struktur der bewohnten Erde verwandelt. Mehr noch: sie haben die Welt geschaffen, in der wir leben."[17]

Die Veränderungen, die sich aus der Expansion der „Kolonialreiche" ergaben, lagen im Wesen des Expansionsträgers; des Handelskapitals, begründet.

„Das Wesen des Handelskapitals ist dadurch geprägt, daß es den Mehrwert nicht aus der Produktion, sondern aus dem nichtäquivalenten Tausch bezieht, wobei Raub und Plünderung als Verkehrsformen mit eingeschlossen sind"[18]

Da sich eine größere Profitrate des Handelskapitals nur aus der Erhöhung der Zahl und des Umfangs der auszutauschenden Handelswaren ergibt, ist eine ständige quantitative und territoriale Ausweitung der Handelsaktivitäten erforderlich. Die Entstehung des Weltmarkts und die damit sich entwickelnden Strukturen des Austauschs von Handelswaren machten es möglich, die verschiedensten Teile der Welt miteinander zu verbinden und sie über den Handel miteinander zu verflechten. Das Handelskapital, als Zirkulationskapital, konnte „den Produktenaustausch unentwickelter Gemeinwesen" vermitteln und somit „den Unterschied zwischen den Produktionspreisen verschiedener Länder ausbeuten"[19]. Die daraus resultierende Übervorteilung der Handelsmetropolen, die aus dem nichtäquivalenten Tausch von Waren nach dem Prinzip „Wohlfeil kaufen, um teuer zu verkaufen..."[20], rührte, führte in den handelskapitalistischen Metropolen zur Anhäufung von überschüssigem Geldkapital, eine Voraussetzung zur Herausbildung der kapitalistischen Produktionsweise.

„Die plötzliche Ausdehnung des Weltmarkts, die Vervielfältigung der umlaufenden Waren, der Wetteifer der europäischen Nationen, sich der asiatischen Produkte und der amerikanischen Schätze zu bemächtigen, das Kolonialsystem, trugen wesentlich bei zur Sprengung der feudalen Schranken der Produktion."[21]

In Hinblick auf die Kolonien hatte die zunehmende Warenzirkulation ebenfalls Auswirkungen auf die Organisation der Produktion; in dem Maße nämlich, wie sich durch alleinige Veräußerung der Produkte der Kolonien über das Geld, die Gebrauchswertproduktion in den Kolonien notwendig mehr und mehr hin zur Tauschwertproduktion entwickelte.

„Die Entwicklung des Handels und des Handelskapitals entwickelt überall die Richtung der Produktion auf Tauschwert, vergrößert ihren Umfang, vermannigfacht und kosmopolisiert sie, entwickelt das Geld zum Weltgeld. Der Handel wirkt deshalb überall mehr oder minder auflösend auf die vorgefundenen Organisationen der Produktion, die in allen ihren verschiedenen Formen hauptsächlich auf den Gebrauchtswert gerichtet sind"[22].

Die Formen, in denen sich die Herrschaft des Handelskapitals ausdrückte und die die handelskapitalistische Akkumulationsweise charakterisierten, waren solche unterschiedlicher Gewaltherrschaft.

„Das Handelskapital in überwiegender Herrschaft stellt also überall ein System der Plünderung dar, wie denn auch seine Entwicklung bei den Handelsvölkern der alten wie der neuen Zeit direkt mit gewaltsamer Plünderung, Seeraub, Sklavenraub, Unterjochung in den Kolonien verbunden ist;"[23]
Die Wirkungsweise der handelskapitalistischen Expansion stellt sich in der Herausbildung des Weltmarkts und der Herrschaft der führenden europäischen Handelsnationen dar, die den Umfang und die Art des Handelsaustauschs mit den Kolonien bestimmten und dadurch eine für die Metropolen vorteilhafte, arbeitsteilige Struktur des Austauschverhältnisses zwischen Metropole und Kolonie etablierten.
Die von nun an nicht mehr unterbrochenen Handelsverknüpfungen bilden die Grundlage für einen kontinuierlichen, über den ungleichen Tausch vermittelten Wertabfluß aus den Kolonien. Der einseitige, für die Kolonien sehr nachteilige Wertabfluß in die Metropolen, die zwangsweise Verschleppung von Sklaven und der damit zusammenhängende Produktivitätsverlust, ließen die Kolonien immer mehr in Abhängigkeit zu den Metropolen geraten. Der hohe Grad des Wertabflußes aus den Kolonien in die Metropolen potenzierte sich in den folgenden Phasen kolonialer Expansion, stellt die eigentliche Kontinuität kolonialer Ausbeutungs- und Herrschaftsverhältnisse dar und ist die Grundlage für die ungleichzeitige und ungleichwertige politische, ökonomische, soziale und kulturelle Entwicklung der Metropolen bzw. Kolonien.

1.3. Die Expansion des industriellen Kapitals

Auf der Basis einmal geschaffener weltweiter Handelsverflechtungen entwickelte sich eine gesellschaftliche Organisation in den Metropolen, die eine neue Phase in den Beziehungen zwischen Metropole und Kolonie einleitete. Waren die Beziehungen zwischen Metropole und Kolonie in der handelskapitalistischen Phase hauptsächlich durch den Handelsaustausch gekennzeichnet, so sind sie nun, mit der Herausbildung der kapitalistischen Produktionsweise und der bürgerlichen Gesellschaft, wesentlich durch die Erfordernisse eben dieser Produktionsweise bestimmt.
Der Weltmarkt selbst schuf dabei eine Voraussetzung zur Herausbildung der kapitalistischen Produktionsweise.

„Und wenn im 16. und zum Teil noch im 17. Jahrhundert die plötzliche Ausdehnung des Handels und die Schöpfung eines neuen Weltmarkts einen überwiegenden Einfluß auf den Untergang der alten und den Aufschwung der kapitalistischen Produktionsweise ausübten, so geschah dies umgekehrt auf Basis der einmal geschaffenen kapitalistischen Produktionsweise. Der Weltmarkt bildet selbst die Basis dieser Produktionsweise. Andererseits, die derselben Notwendigkeit, auf stets größerer Stufenleiter zu produzieren, treibt zur beständigen Ausdehnung des Weltmarkts, so daß der Handel hier nicht die Industrie, sondern die Industrie beständig den Handel revolutioniert. Auch die Handelsherrschaft ist jetzt geknüpft an das größere oder ge-

ringre Vorwiegen der Bedingungen der großen Industrie."[24]
Durch die Verlagerung der Wertschöpfung in die kapitalistische Produktion selbst verlor das Handelskapital als Zirkulationsagent seine Vormachtstellung an das aufkommende industrielle Kapital.
Der kapitalistische Produktionsprozeß — als Einheit von Arbeits- und Verwertungsprozeß, setzt zwei Dinge voraus: eine überschüssige Geldsumme, die als Vorausgabe für die Bestandteile des unmittelbaren Produktionsprozesses, nämlich der Arbeitsmittel (konstantes Kapital) und Arbeitsgegenstand (variables Kapital) vorgeschossen werden muß, und zweitens den doppelt freien Lohnarbeiter, der doppelt frei ist in dem Sinn, daß er losgelöst ist von jeder eigenständigen Reproduktion sowie frei von jeglicher Beschränkung, seine Ware Arbeitskraft anzubieten. Beide Bedingungen waren in der Metropole gegeben: einmal durch das Vorhandensein überschüssigen Geldkapitals, zum zweiten durch die gewaltsam „gelegten" Bauernmassen. Dieser Prozeß der „sogenannten ursprünglichen Akkumulation" wird von Marx in Hinsicht auf die Bildung des Proletariats als „Scheidungsprozeß von Produzent und Produktionsmittel"[25] beschrieben und wirkt sich als Hebel der Entwicklung der kapitalistischen Produktionsweise aus, nämlich als

„. . . die Momente, worin große Menschenmassen plötzlich und gewaltsam losgerissen und als vogelfreie Proletarier auf den Arbeitsmarkt geschleudert werden. Die Expropriation des ländlichen Produzenten, des Bauern von Grund und Boden bildet die Grundlage des ganzen Prozesses."[26]

Auf der Basis dieser beiden Bedingungen entwickelte sich die kapitalistische Produktionsweise über das Stadium des Manufakturkapitalismus auf immer größerer Stufenleiter zur großindustriellen Produktion. Mit dieser raschen Entwicklung und Ausweitung der kapitalistischen Produktion ging auch der steigende, kontinuierliche Bedarf an Rohstoffen einher. In diesem wachsenden Bedarf nach Rohstoffen ist eine Triebfeder der Kolonialexpansion unter industriellen Bedingungen zu sehen.

„Sobald aber das Fabrikwesen eine gewisse Breite des Daseins und bestimmten Reifegrad gewonnen hat, sobald namentlich seine eigne technische Grundlage, die Maschinerie, selbst wieder durch Maschinen produziert wird, sobald Kohlen- und Eisengewinnung wie die Verarbeitung der Metalle und das Transportwesen revolutioniert, überhaupt die der großen Industrie entsprechenden allgemeinen Produktionsbedingungen hergestellt sind, erwirbt diese Betriebsweise Elastizität, eine plötzliche sprungweise Ausdehnungsfähigkeit, die nur an dem Rohmaterial und dem Absatzmarkt Schranken findet."[27]

Da die Arbeitsmittel als Teil in den gesamten Produktionsprozeß eingehen und beständig zur Verfügung stehen müssen, entsteht das Bedürfnis längerfristiger Beschaffung und Sicherung der Rohstoffquellen. Eine billige Rohstoffzufuhr zu sichern ist darüberhinaus notwendig, weil sich durch niedrige Rohstoffpreise die Ware insgesamt verbilligt. Somit ist der Drang billige Rohstoffe zu erlangen der Natur des kapitalistischen Produktionsprozesses zu entnehmen. Derweil ergibt sich gleichsam die Notwendigkeit aus der Konkurrenz der einzelnen kapitalistischen Nationalstaaten.

„Schließlich bestand die ganze Absicht der Errichtung kolonialer Regierungen in Afrika darin, den nationalen, wirtschaftlichen Monopolinteressen Schutz zu bieten."[28]
Daraus ergab sich zwangsläufig, daß insbesondere die zur damaligen Zeit am höchsten entwickelten kapitalistischen Staaten wie England und Frankreich die direkte territoriale Besetzung von Kolonien vorantrieben. Dies wurde für sie umso notwendiger, je mehr die europäische und amerikanische Konkurrenz aufholte.
„Imperialismus hieß kapitalistische Expansion. Dies bedeutete, daß europäische (und nordamerikanische und japanische) Kapitalisten durch die innere Logik ihres Wettbewerbssystems dazu gezwungen waren, außerhalb, in weniger entwickelten Ländern, Möglichkeiten ausfindig zu machen, um die Versorgung mit Rohstoffen zu kontrollieren, Märkte zu erschließen und profitable Investitionsbereiche zu finden."[29]
Die angeführte „innewohnende Logik des Wettbewerbssystems" ist die Notwendigkeit des sich entfaltenden industriellen Kapitals, sich auf immer größerer Stufenleiter zu reproduzieren und der in dieser Tendenz angelegten Expansion des Kapitals Vorschub zu leisten. Die imperialistische Expansion ist somit vornehmlich ein ökonomisches Erfordernis, welches
„. . . . nicht notwendigerweise zu direkter Kontrolle oder Kolonialisierung führen muß. . ."[30]
Dabei ist die direkte politische Herrschaft in den Kolonien ein Mittel, um in der imperialistischen Konkurrenz der kapitalistischen Nationalstaaten um Rohstoffe, Absatzmärkte und billige Arbeitskräfte einen Vorteil zu erlangen. Hingegen kommt der Nichtbesitz von Kolonien nicht einem völligen Ausschluß an der Beteiligung imperialistischer Ausbeutung und Herrschaft gleich.
„...Kolonialismus war ein Aspekt des Imperialismus. Kolonialismus basierte auf der politischen Fremdherrschaft und war auf einige Teile der Welt begrenzt. Imperialismus dagegen lag allen Kolonien zugrunde, breitete sich über die ganze Welt aus... und ermöglichte die Beteiligung aller kapitalistischen Nationen. Deshalb war das Fehlen an Kolonien irgendeiner kapitalistischen Nation kein Hindernis, sich an den Früchten der Ausbeutung der kolonialen und halbkolonialen Welt gütlich zu tun..."[31]
Daß sich alle kapitalistischen Nationen, unbeschadet der Tatsache, ob sie nun Kolonien besaßen oder nicht, an der Ausbeutung beteiligten, lag daran, daß über die Form des Kapitalexports oder über indirekte finanzielle Beteiligung an Investitionen in den Kolonien der Ausbeutungsanteil gewährleistet wurde. Dabei ging es hauptsächlich um die Ausbeutung der Ware Arbeitskraft.
„Der ökonomische Unterschied zwischen den Kolonien und den europäischen Völkern. . . bestand früher darin, daß die Kolonien wohl in den Warenaustausch, aber noch nicht in die kapitalistische Produktion einbezogen wurden. Der Imperialismus hat hier Wandel geschaffen. . . Die kapitalistische Produktion wird immer in beschleunigtem Tempo auch in die Kolonien verpflanzt."[32]
Der Kapitalexport in die Kolonien ist nicht nur eine quantitative Größe, die dem Verwertungsinteresse der Imperialisten geschuldet ist, sondern auch gleichzeitig Export von gesellschaftlichen Verhältnissen, die den kapitalistischen Pro-

duktionsverhältnissen eigen sind. Die einschneidenste gesellschaftliche Veränderung, die durch den Export von Kapital in die Kolonien erfolgte, war die Einführung der Lohnarbeit in den Kolonien. Von daher ergibt sich die Frage, ob sich die Durchsetzung der kapitalistischen Produktionsweise in den Kolonien in historischer Analogie zur sogenannten „ursprünglichen Akkumulation" in den Metropolen ereignet hat. Gemeinhin kann festgestellt werden, daß durch das militärisch abgesicherte Eindringen der Kolonialisten die politische, ökonomische, soziale und kulturelle Entwicklung des kolonisierten Landes unterbrochen und deformiert wurde und die Kolonialgesellschaft auf die politischen und ökonomischen sowie ideologischen Interessen der Metropole ausgerichtet wurde. Die Durchsetzung der kapitalistischen Produktionsweise in den Kolonien vollzog sich nicht, wie in den Metropolstaaten aus den gesellschaftlichen Widersprüchen selbst, sondern wurde von außen durch die Metropolstaaten in den Kolonien erzwungen.

„Während in der europäischen Metropole der Kapitalismus aus der widersprüchlichen Entwicklung von Produktivkräften und Produktionsverhältnissen innerhalb der eigenen Gesellschaft hervorgeht, entsteht er in den Randländern als Reflex auf diese Entwicklung in den Zentren kraft aufokroyierter Übertragung von deren Produktionsverhältnissen.
Der ‚endogene' Kapitalismus geht aus den Widersprüchen seiner Gesellschaft hervor, und wirkt sich dort zunächst als Befreiung der Produktivkräfte, als Aufheben der gesellschaftlichen Widersprüche für eine historische Phase aus; der ‚exogene' Kapitalismus unterbricht gerade die historische Eigendynamik der ihm unterworfenen Gesellschaften; er löst die Widersprüche nicht, sondern unterdrückt sie, indem er sie mit neuen Widersprüchen überlagert.
Die kapitalistische Produktionsweise entsteht hier nicht als Sieg progressiver Klassen und Schichten der eigenen Gesellschaft über geschichtlich überholte, sondern als Sieg der herrschenden Klassen einer fremden über die Gesamtheit der eigenen Gesellschaft."[33]

Die Bedingungen, unter denen sich diese zwangsweise Unterbrechung und Deformierung der Entwicklung einer autochthonen Gesellschaft ergeben, hängen unmittelbar mit der konkreten Art der Kolonialisierung zusammen, so „ . . . daß dieselbe ökonomische Basis – dieselbe den Hauptbedingungen nach – (hier der Kolonisierungsprozeß unter kapitalistischen Bedingungen, d.Verf.) durch zahllos verschiedne empirische Umstände, Naturbedingungen, Rassenverhältnisse, von außen wirkende geschichtliche Einflüße usw. unendliche Variationen und Abstufungen in der Erscheinung zeigen kann, die nur durch Analyse dieser empirisch gegebenen Umstände zu begreifen sind."[34]

Die Besonderheit des Kolonisierungsprozesses ist also einerseits auf dem Hintergrund des gesellschaftlichen Entwicklungsgrades des Kolonisators und seiner damit zusammenhängenden ökonomischen und politischen Interessen zu begreifen und andererseits dem gesellschaftlichen Entwicklungsgrad und der sich daraus ergebenden Widerstandskraft der zu kolonisierenden Gesellschaft zu entnehmen. Die besondere Art und Weise der Kolonisierung hängt jedoch hauptsächlich von der Interessenlage des unmittelbaren Kolonisators ab und entspricht seiner gesellschaftlichen – hierbei besonders seiner ökonomisch-militärischen – Überlegenheit.

Entscheidend ist aber die Tatsache, abgesehen von allen besonderen Umständen

des Kolonisierungsprozesses, daß sich in der Expansionsphase des industriellen Kapitals nach und nach eine kapitalistische Bestimmung der Produktionsverhältnisse in den Kolonien — und somit die Lohnarbeit — durchsetzte.
Eine der spezifischen Formen der Kolonisierung ist die Siedlerkolonie. Die Kolonisierung durch Siedler entspricht zwar im allgemeinen dem Kolonialverhältnis von Metropole und Kolonie und tritt erst massiv im imperialistischen Stadium der Kolonisierung auf, zeigt jedoch in der Besonderheit des Kolonisierungsprozesses eine, durch die effektive Besiedlung der Kolonie durch Europäer bewirkte, eigene gesellschaftliche Dynamik und Ausformung. Neben der Usurpation des Landes durch die Sieler und den daraus folgenden Konsequenzen für die Reproduktion der Einheimischen taucht der Rassismus als bestimmende Form der gesellschaftlichen Beziehungen zwischen Siedlern und Einheimischen auf.

„Die Rassenfrage ist auf der politischen Ebene ein Nebenaspekt der Klassenfrage, und sich den Imperialismus in Rassenkategorien vorzustellen, wäre fatal. Aber den rassischen Faktor als puren Zufall zu vernachlässigen, wäre ein Fehler, der nur weniger schwerwiegend wäre, als ihn zum grundsätzlichen Bestimmungsmoment erheben zu wollen."[35]

1.4. Der Siedlerkolonialismus als spezielle Form der kolonialen Expansion und Herrschaft

Die besonderen Probleme, die sich aus dem Siedlerkolonialismus ergeben, erfuhren bislang wenig systematische, wissenschaftliche Erörterung.[36] Sich mit ihnen zu beschäftigen, läßt sich indes nicht zuletzt aus den gegenwärtigen Konflikten in den Siedlerkolonien des südlichen Afrika begründen.

Gemeinhin ist die spezifische koloniale Siedlerexpansion im Rahmen der imperialistischen Expansion der europäischen Metropolen zu sehen.
„... der allgemeine imperialistische Expansionsvorgang schloß die spezifische siedlerkoloniale Situation mit ein."[37]
Allgemein läßt sich sagen, daß durch das territoriale, militärisch abgesicherte Eindringen des Imperialismus die Struktur der politischen, sozial-ökonomischen und kulturellen Entwicklung der Kolonien deformiert wurde und je nach den politischen und ökonomischen Interessen der eindringenden Kolonisatoren ausgerichtet wurde. Die Bedingungen, unter denen sich diese Prozesse ergaben, hingen unmittelbar mit der konkreten Art der Kolonisierung zusammen.
Die Besonderheit der Kolonisierungsprozesse, in die europäische Siedler direkt verwickelt waren, ergab sich grundsätzlich aus der direkten Ansiedlung einer mehr oder weniger großen Zahl europäischer Siedler in den einzelnen afrikanischen Ländern. Das Interesse der Metropolstaaten an einer direkten Besiedlung der Kolonien wies unterschiedliche Beweggründe auf. Die Besiedlung erfolgte sowohl aus ökonomischen, politischen als auch strategischen Erwägungen. Der ökonomische Aspekt war der vorwiegende. Jedoch schienen strategische Besetzungen von großen Gebieten aufgrund metropoler Konkurrenz um Rohstoffe und Absatzmärkte in den Kolonien ebenso eine Rolle zu spielen, wie die durch

Auswanderung von Teilen der metropolen Bevölkerung bewirkte Verminderung innenpolitisch-sozialer Spannungen. Die britische Siedlerexpansion z.B. war eher als strategische Expansion im Rahmen des Commonwealth zu verstehen. „Die Sicherung von strategisch wichtigen Gebieten wie deren geringe Besatzungskosten waren miteinander einhergehende Charakteristika des Siedlerkolonialismus."[38]
Dagegen wurde die deutsche Siedlerexpansion vornehmlich aus Gründen der innenpolitischen Sozialkrise des Kaiserreiches unternommen.[39]
Der Siedlerkolonialismus als spezifische Erscheinungsform kolonialer Eroberung weist dabei — wie bereits erwähnt — besondere gesellschaftliche Entwicklungen und Ausformungen auf, die sich im Verhältnis der Siedler zur Metropole sowie im Verhältnis zum kolonisierten Volk äußern. Das Verhältnis der Siedler zur Metropole soll hier nicht weiter behandelt werden. Vielmehr ist das Verhältnis zum kolonisierten Volk zu untersuchen. Dabei geht es hier nicht um die Beschreibung des konkreten Kolonisierungsprozesses, sondern um die theoretische Bestimmung des Verhältnisses von Siedlern und Einheimischen.
Das Zusammentreffen von europäischen Siedlern und Einheimischen ist ein Aufprall von verschiedenen, unterschiedlich entwickelten Gesellschaftsformen, die auf unterschiedlichen Produktionsweisen beruhen und die ihre eigenen gesellschaftlichen Organisationsformen in jeweils anderen Produktions-, Distributions- und Herrschaftsverhältnissen ausdrücken. In der ersten Phase des Kolonisierungsprozesses ist der Landenteignungsprozeß der Einheimischen zu untersuchen. Erst auf dem Hintergrund der Zerstörung der eigenständigen gesellschaftlichen Organisation der Einheimischen sind die Etablierung siedlerkolonialer Produktions- und Herrschaftsverhältnisse sowie deren spezifisch-rassistische Ausformungen zu begreifen. Die Erörterung der kolonialen Rassen- und Klassenfrage soll dazu dienen, die gegensätzliche Interessenlage zu klären, die sich in Vorrechten der Siedler und Unterprivilegierung der Kolonisierten äußert und die eine Klassenauseinandersetzung hervorbringt, „.. .deren Schärfe durch das Zusammenfallen der Klassengrenzen mit der Rassenzugehörigkeit gesteigert wird"[40].
In Hinblick auf die aktuellen neokolonialen Bemühungen könnte die Untersuchung der Klassen- und Rassenfrage in einer Siedlerkolonie helfen, das extrem polare Verhältnis von Kolonisatoren und Kolonisierten zu beleuchten und möglicherweise die imperialistischen Absichten zur Lösung dieses Widerspruchs als untaugliche und historisch verspätete Versuche zu erklären, die dieses antagonistische Verhältnis nicht zu lösen vermögen.

1.4.1. Die koloniale Landfrage

Eine koloniale Ansiedlung europäischer Siedler braucht Land. Die Frage nach der konkreten Nutzung — ob agrarisches Farmland oder große extraktive Minengebiete — spielt in der Phase der Landgewinnung noch keine große Rolle und wirkt sich erst nach der Lösung der Landfrage konkret aus.
In der Siedlerkolonie ist in der Anfangsphase der Kolonisierung die Frage entscheidend, ob das zu besiedelnde Land „frei" zugänglich ist und auf welche Art

und Weise sich das Verfügungsrecht über das Land im Kampf zwischen den eindringenden Kolonialsiedlern und den Einheimischen gestaltet. Bei der Durchsetzung effektiver Kolonialbesiedlung durch europäische Siedler ist der Hauptwiderspruch in der Auseinandersetzung zwischen den Kolonialsiedlern und den Einheimischen auf die Frage des Rechts auf Landnutzung zugespitzt. Die Frage, wer vor wem wo war, ob Siedler nun in ein „leeres" Gebiet vordrangen oder nicht, ist nicht die wesentliche Frage in Hinsicht auf die Auseinandersetzung um das Land. Noch Bismarck bestätigte Lüderitz aufgrund seiner „Erwerbungen" in Deutsch-Südwestafrika, daß er bereit sei, „. . . ihm Schutz (zu) gewähren für seine wirklich und auf jungfräulichem Territorium erfolgten Erwerbungen"[41]. Die historisch-empirische Analyse beweist, daß dieses Territorium gar nicht „jungfräulich" war. Vielmehr gilt es die Frage zu klären, inwieweit die kapitalistische Art der Landnutzung der Kolonialisten zum Ausschluß und zum ökonomischen Niedergang der Subsistenzwirtschaft der Kolonisierten führte und damit den Einheimischen alle selbständigen Produktionsformen, die ursächlich auf dem Gebrauch des Landes, sei es Viehzucht oder Ackerbau, beruhen, als eigenständige Produktions- und Reproduktionsmöglichkeit entriß.

Die Art und Weise, wie Vertreter und Protagonisten der deutschen Siedlungsagitation die Landfrage in den Kolonien beurteilen, läßt den Grund für die Zerstörung einer auf Subsistenz beruhenden und autonomen Gesellschaft ahnen:
„Es sind also Koloniegründungen ihrer allgemeinsten Klassifizierung nach Bodenspekulationen und zwar Bodenspekulationen ganzer Völker",
wobei die Aufgabe des Kolonialstaates ist,
„. . . daß der Staat zunächst natürlich die entsprechenden Ländereien sich zu besorgen hat. Dies kann durch Kauf oder einfache Besitzergreifung geschehen. Das letztere ist jedenfalls das billigere Verfahren. . ., durch welche(s) die Eingeborenen enteignet werden und der besitzergreifende Staat der alleinige Eigentümer wird."[42]
Bei dieser Methode kennt die Besitzergreifung der Kolonialisten keine Grenzen und beschränkt sich nicht auf einzelne Gebiete, sondern will
„. . . den ganzen Erdteil (hier Afrika, Anm.d.Verf.) nehmen, ihn einteilen von vornherein nach großen allgemeinen geschäftlichen Gesichtspunkten: Landwirtschaft, Minen usw."[43]
Die Maß- und Rücksichtslosigkeit in der Beschaffung kolonialen Landes ging nicht nur von den unmittelbaren Siedlern, sondern ebenfalls vom kolonialen Minenindustriekapital aus.
„Es gab in der Frage der exzessiven Landnahme keinen wesentlichen Unterschied zwischen den Siedlern und den imperialistischen Kräften."[44]
Die autonome Subsistenzwirtschaft der Einheimischen beruhte auf dem freien Gebrauch des Bodens. Für die Siedler war ebenfalls der Boden das wesentliche Instrument ihrer Reproduktion. Damit war für den Kolonialsiedler „ein apriorischer objektiver Gegensatz zu den Einheimischen als Besitzer der objektiven Produktionsbedingungen"[45] gegeben. Der kolonialkapitalistische Siedler traf auf subsistenzwirtschaftende Bauern und Viehzüchter
„deren elementare Sicherheit und Subsistenz darin begründet liegt, daß sie über gewisse Rechte auf Land und über die Arbeit der Familienmitglieder

auf dem Lande verfügen, die jedoch durch Rechte und Verpflichtungen in einem weiteren ökonomischen System, das die Beteiligung von Nichtbauern einschließt, involviert sind."[46]
Beide Produktionsweisen beruhen in ihrer existenziell-materiellen Produktion und Reproduktion auf der Landnutzung.

„Unabhängige Bauernproduktion und kapitalistische Siedlerproduktion existieren nebeneinander als scharf antagonistische Formen und jede effektive Entwicklung des einen schloß notwendigerweise eine adäquate Entwicklung des anderen im selben gesellschaftlichen Umfeld aus."[47]
Die Lösung dieses Widerspruchs liegt in der gewaltsamen Unterwerfung oder Ausrottung einer Partei bzw. ihrer Vertreibung vom Land. Die militärische und ökonomische Überlegenheit der Kolonialsiedler vermochte diesen Widerspruch zu ihren Gunsten zu lösen. Dieser Prozeß ist in der historischen Entwicklung Namibias in der kriegerischen Auseinandersetzung zwischen dem deutschen Kolonialmilitär und den Widerstandskämpfern, den Namas und den Hereros, zu verfolgen.[48]

Der Enteignung des Bodens folgte der Zerfall der ethnischen und sozial-kulturellen Einheit des kolonisierten Volkes, der Niedergang ihres ökonomischen Systems und die Erstarrung und Verfremdung ihrer gesellschaftlichen Entwicklung.

„Im Fall der reinen Siedlungskolonie muß die verdrängte Gesellschaft, die auf ihrem eigenen Territorium herumgestoßen wird, zusehen, wie auf lange Sicht ihre *archaischen Strukturen* stärker werden und ihre soziale und kulturelle Situation erstarrt. Diese ausgedehnte koloniale Bewegung vollzieht sich parallel zu, oder geht einer organisierten Zerstörung voraus, die die alten Erkenntnisse und den Raum der einheimischen Gesellschaft völlig zerstört oder einschränkt."[49]
Die Enteigung des Bodens der Einheimischen durch die Kolonialsiedler entspricht „ . . . der objektiven Zurückdrängung der allgemeinen Lebensinteressen aller Einheimischen"[50] und bereitet den Weg für die Ausbeutung weiterer vorhandener einheimischer Wertproduzenten, indem der kolonialkapitalistische Siedler „ . . . einen Bündnispartner im metropolitanen Kapital (findet), welches am lebendigen Arbeitsvermögen interessiert ist"[51].
Die maßlose Bodenenteignung und der damit einhergehende Verlust der eigenständigen Reproduktionsfähigkeit der Einheimischen zielte darauf, die Kontrolle über die koloniale Arbeitskraft der Afrikaner zu erlangen.

„Die afrikanische Arbeitskraft wurde als Schlüsselkategorie für die Entwicklung der Kolonie betrachtet. Deswegen enteigneten die Siedler mehr Land, als sie effektiv nutzen konnten, um durch die Landenteignung und andere Maßnahmen eine bessere Kontrolle über die Arbeitskraft zu erreichen."[52]
Damit war die Landenteignung die Grundlage für die Erlangung der Kontrolle für die afrikanische Arbeitskraft.

„Nach der Eroberung des Landes war immer das nächste für die Eroberer, sich auch die Menschen anzueignen."[53]

1.4.2. Die koloniale Klassen- und Rassenfrage

Aufgrund der fortschreitenden Landexpropriierung der Einheimischen durch die Kolonisatoren ergibt sich nun die Frage nach den Produktions- und Reproduktionsbedingungen unter kolonialkapitalistischen Verhältnissen in einer Siedlerkolonie. Es gilt hier, die kolonialkapitalistischen Verhältnisse und ihre spezifische Herrschaftsform, die rassistische Klassenherrschaft der Siedler, zu untersuchen. Grundlegend für die Herausbildung kolonialer Produktions- und Herrschaftsverhältnisse ist die Produktionsweise, welche sowohl dem Kolonisator als auch dem Einheimischen zu seiner gesellschaftlichen Reproduktion dient. Das Aufeinandertreffen von Gesellschaften mit unterschiedlichen Produktionsweisen wird durch den Sieg der einen bzw. die Niederlage der anderen gesellschaftlichen Organisation entschieden. Die siegreiche Partei bestimmt den Verlauf und die Etablierung der jeweiligen Produktions- und Herrschaftsverhältnisse.

„Bei allen Eroberungen ist dreierlei möglich. Das erobernde Volk unterwirft das Eroberte seiner eigenen Produktionsweise. . .; oder es läßt die alte bestehen und begnügt sich mit Tribut. . .; oder es tritt eine Wechselwirkung ein, wodurch ein Neues entsteht, eine Synthese. . ."[54]

Die kapitalistische Produktionsweise, als historisch fortgeschrittenere gegenüber der Subsistenzproduktion, ist auf der Grundlage der ökonomischen, militärischen und gesellschaftlichen Organisation den Subsistenzwirtschaften überlegen und nimmt daraus die Legitimation für die Expansion und Herrschaftsetablierung über andere Völker. Die kapitalistische Tauschwertgesellschaft erscheint als höchste Kulturstufe, gegenüber der die Gebrauchswert produzierende Subsistenzwirtschaft gemeinhin als kulturlos gilt. Hiermit

„. . . erscheint das Tauschwert produzierende Land durch die hohe Entwicklung der Produktivkraft Arbeit (Technologie und Wissenschaft) als die „Kultur" schlechthin und die Herrschaft des Kapitalismus als höchstes Stadium der Kultur und Zivilisation. Damit ist die Legitimationsgrundlage der Expansion objektiv gegeben. Der Export von Kapital erscheint als Export von „Zivilisation" und „Kultur" schlechthin."[55]

Die Hindernisse, die sich dieser „Zivilisationsexpansion" in den Weg stellen, liegen in der gesellschaftlichen Formation des zu kolonisierenden Landes begründet, die den kolonial-kapitalistischen Akkumulationsprozeß hemmen, der, wie überhaupt der kapitalistische Akkumulationsprozeß die Subsumierung jedweder produktiver Arbeit unter das Kapitalverhältnis in Form der Lohnarbeit zum Ziel hat.

In der entwickelten bürgerlichen Gesellschaft ist dieser Prozeß, alle produktive Arbeit in Form der Lohnarbeit zu veräußern, festgeschrieben.

„. . . anders in den Kolonien. . . . Das kapitalistische Regiment stößt dort überall auf das Hindernis des Produzenten, welcher als Besitzer seiner eigenen Arbeitsbedingungen sich selbst durch seine Arbeit bereichert statt den Kapitalisten. Der Widerspruch dieser zwei diametral entgegengesetzten ökonomischen Systeme bestätigt sich praktisch im Kampf."[56]

Das koloniale Subjekt — hier entweder der Siedler oder der individuelle oder kollektive Kolonialkapitalist — findet also

„...bei den Einheimischen als Kolonialobjekt soziale Gebilde (vor), in denen die subjektiven und objektiven Arbeitsbedingungen noch nicht getrennt sind und eine Arbeitsteilung nur rudimentär und auf natürlicher Basis stattfindet, Klassen im strengen Sinne noch nicht bestehen."[57]

Diese Struktur gesellschaftlicher Organisation steht dem Akkumulationsdrang der Kolonisatoren im Wege, die als militärisch Überlegene, „. . . die Macht des Mutterlandes im Rücken (. . .), die auf eigener Arbeit beruhende Produktions- und Aneignungsweise gewaltsam aus dem Weg zu räumen (suchen)."[58] Es ergibt sich von daher gezwungenermaßen für das koloniale Gesamtkapital, daß, „. . . in historischer Analogie zur ursprünglichen Akkumulation durch Methoden unmittelbarer Gewalt in Form des Steuersystems, der Zwangsarbeit usw., die völlige Freisetzung der Einheimischen als Lohnarbeiter"[59] erfolgt.

In diesem Prozeß, der sich sowohl in der Landenteignung der Einheimischen als auch in der darauf folgenden Unterwerfung der Einheimischen unter das Lohnarbeitsverhältnis äußert, ist der koloniale Klassenbildungsprozeß angelegt.

„Die wesentliche Voraussetzung der Herausbildung von Klassen in den Kolonien ist also, wenn sich der Kampf um die Kolonialherrschaft inhaltlich als Kampf um die subjektiven und objektiven Arbeitsbedingungen darstellt: lebendiges Arbeitsvermögen und Produktionsmittel."[60]

Wie sich die gesellschaftliche Entwicklung der Klassenverhältnisse und ihre spezifischen kolonial-rassistischen Herrschaftsformen in einer Siedlerkolonie darstellen, läßt sich anhand der konkret beteiligten Interessenträger erklären. Das gesellschaftliche Grundverhältnis in einer Siedlerkolonie wird von folgenden Interessenvertretern geprägt:

1) Die Einheimischen als ursprüngliche Eigner (individuell oder kollektiv) der objektiven Produktionsbedingungen (Arbeitsgegenstand und Arbeitsmittel, z.B. Grund und Boden, Vieh usw.);
2) der Kolonisator, im engeren Sinne Siedler, der ebenfalls versucht, als selbständiger Eigner seiner Produktionsmittel aufzutreten;
3) der metropolitane individuelle oder kollektive Kapitalist, dessen Interesse sich ausschließlich am Verwertungszusammenhang des metropolitanen Kapitals orientiert;
4) die Kolonialverwaltung, die sich selbst als Sachwalter des „Allgemeinwohls" definiert, objektiv jedoch die langfristigen Interessen des metropolitanen Kapitals vertritt. . ."[61]

Diese grundsätzliche Interessenstruktur gibt Aufschluß über die Kolonialallianz, die sich aus dem unmittelbaren Kolonialsiedler, dem individuellen und kollektiven Kolonialkapitalisten und der Kolonialverwaltung zusammensetzt und deren allgemeinste und gemeinsame Interessen in der ökonomischen Ausbeutung, der sozialen Verarmung, der politischen Entrechtung und der kulturellen Entfremdung der afrikanischen Einheimischen liegen. Die praktische Absicherung dieser allgemeinen Interessen durch die teilweise widersprüchliche Allianz legt die Verschiedenheit der besonderen Interessen ihrer Mitglieder offen. Diese Verschiedenheit bestimmt den Verlauf, die Form und den Inhalt der Widersprüche zwischen den einzelnen Fraktionen der Kolonialisten und den Einheimischen: als einheitliche Interessen in ihren letztendlichen Absichten, jedoch verschieden in ihren konkreten Interessensbezügen.

Als höchstentwickeltes gesellschaftliches Verhältnis in einer Siedlerkolonie bestimmt das metropole Kapital die Struktur des Kolonialsystems. Aufgrund der gesamtgesellschaftlich-unentwickelten Produktivkraft Arbeit in einer Kolonie und auf Basis der Produktionsstruktur, die hauptsächlich aus der extraktiven Industrie und Großfarmbewirtschaftung besteht, ist die koloniale Mehrwertproduktion arbeitsintensiv, also vornehmlich eine Produktion des absoluten Mehrwerts, die aus der Überlänge des unbezahlten Teiles des Arbeitstages für den afrikanischen Lohnarbeiter besteht und die sich für ihn als „unter Wert verkaufen" darstellt. Das „Sich unter Wert verkaufen" in Form der Unterbezahlung läßt den afrikanischen Lohnarbeiter als „minderwertig" erscheinen, weil er sich nicht zu seinem Wert austauschen kann. Dadurch wird der Afrikaner zum „Ungleichen", zugehörig zu einer minderwertigen Rasse, zum „Untermenschen", der auch deswegen keine gleichen politischen Rechte geniessen kann. Dies ist die erste Ebene, die aus dem Produktionsprozeß selbst hervorgeht und auf der Rassismus in einer Kolonie entsteht.

„Der Rassismus ist bereits da, getragen von der kolonialistischen Praxis, in jedem Augenblick erzeugt durch den kolonialen Apparat und unterhalten durch Produktionsverhältnisse, die zwei Arten von Individuen unterscheiden: für die einen bilden das Privileg und das Menschsein eine Einheit; sie werden herrschen durch den freien Gebrauch ihrer Rechte. Bei den anderen wird durch die Rechtlosigkeit ihr Elend, ihr chronischer Hunger, ihre Unwissenheit, kurz, ihr Untermenschentum sanktioniert. Den Fakten selbst, den Institutionen, der Art des Tauschens und der Produktion ist der Rassismus immanent..... da der Eingeborene ein Untermensch ist, betrifft die Erklärung der Menschenrechte ihn nicht..."[62].

Das „Untermenschentum" oder die rassistische Diskriminierung stellt sich als faktische Unterbezahlung der afrikanischen Lohnarbeiter dar.[63] Die Ungleichheit und Unfreiheit der Kolonisierten als Klasse konstituiert sich darüber hinaus in der Tatsache, „...daß nur die Kolonisatoren in ihrer Beziehung zum Weltmarkt oder der Metropole als Austauschende auftreten."[64] Der Lohn, in Form des Geldes, stellt den afrikanischen Arbeiter dem weißen Arbeiter scheinbar gleich. Jedoch die Verrichtung der dequalifiziertesten Arbeit — durch koloniale Arbeitsgesetze bestimmt, die den Afrikanern die Ausübung von qualifizierter Arbeit verbieten — macht ihn zum Ungleichen. Darüberhinaus ist es dem Afrikaner nicht erlaubt, seine Arbeitskraft frei zu verkaufen, „...denn der Kolonisator bestimmt durch Arbeitsverordnungen mittels der Verwaltung, wer wo wann eingesetzt wird".[65] Deswegen entsteht in der Kolonie eine Situation, in der „... es einen freien Warenmarkt gibt, dessen Spezifikum jedoch, der Arbeitsmarkt, unfrei ist, zumindest jedoch starken Reglementierungen unterliegt."[66] Für den weißen Arbeiter in der Siedlerkolonie bestehen diese Beschränkungen nicht. Sein rassistisches Bewußtsein ergibt sich aus der Konkurrenz zur afrikanischen Arbeitskraft. Denn die gesellschaftliche Situation des weißen Lohnarbeiters ist in seinem Verhältnis als Lohnarbeiter allgemein und als *weißer* Lohnarbeiter insbesondere zu verstehen. Als Lohnarbeiter schlechthin erfolgt eine objektive Gleichschaltung mit dem afrikanischen Lohnarbeiter als Zugehöriger der Lohnarbeiterklasse. Somit unterliegt der weiße Arbeiter der Tendenz des Kapitals nach ständiger Verbilligung der Ware Arbeitskraft. Dies gilt für ihn um so mehr, weil sich durch die massenhafte, zwangsweise verfügbare, billige Arbeitskraft der Afrikaner eine unmittelbare Konkurrenz um den Arbeitsplatz einstellt. Um sich vor der Dequalifizierung und dem sozialen Abstieg „hinab" zur sozialen Rangstufe des afrikanischen Lohnarbeiters zu schützen, muß die einzige unterscheidbare Kategorie zwischen dem afrikanischen und weißen Lohnarbeiter, nämlich die Hautfarbe, d.h. die rassische Kategorie, Anwendung finden. Der weiße Lohnarbeiter rettet sich vor dem sozialen Abstieg dadurch, daß er als „Produktionshierarch", wie z.B. Aufseher usw. in der Produktion auftritt. Die „biologisch konstruierte Klassenstruktur" [67], als Konstruktionsmittel zur Überwindung gleicher objektiver Stellung von afrikanischen und weißen Lohnarbeitern, hat zum Ziel, die einzige Unterscheidbarkeit beider Produktionsarbeiter, nämlich die der Hautfarbe, als Qualifikationsmerkmal festzuschreiben. Die Gleichung „Rasse gleich Qualifikation" beinhaltet die Anerkennung des Primats der Zugehörigkeit zur Rasse gegenüber der Zugehörigkeit zur Klasse. Der Rassenstandpunkt, bei ursprünglich objektiv gleicher Klassenzugehörigkeit, dient den weißen Lohnarbeitern als ökonomisch-soziale und politische Abgrenzung gegenüber den afrikanischen Lohnarbeitern.

Die daraus folgende Etablierung einer weißen privilegierten Schicht der Arbeiterklasse in einer Siedlerkolonie kann aber nicht nur aus der Dynamik der unmittelbaren linearen Interessen der weißen Lohnarbeiter allein erklärt werden. Die weiteren Bestimmungsfaktoren sind in der politischen Allianz zwischen den weißen Lohnarbeitern und dem kolonialen Gesamtkapital zu suchen.

Die Gemeinsamkeit von weißen Lohnarbeitern und dem kolonialen Gesamtkapital liegt darin, daß sie die politische Absicherung eines Kolonialsystems betreiben, welches hauptsächlich auf der Überausbeutung der afrikanischen Arbeitskraft beruht. Insofern sind die jeweils speziellen Interessen der weißen Lohnarbeiter und des Kolonialkapitals — und die damit zusammenhängende politisch-widersprüchliche Allianz — dem Hauptinteresse an der Überausbeutung der afrikanischen Arbeitskraft unter- oder zugeordnet. Die Anerkennung dieses gemeinsamen Interesses ist auch die Ursache dafür, daß das Kolonialkapital den ökonomischen Forderungen der weißen Lohnarbeiter bezüglich Lohnprivilegien nachkommt, um sie politisch dienstbar für das allgemeinpolitische Absicherungsinteresse des Kolonialkapitals nach Überausbeutung der afrikanischen Arbeitskraft zu machen. Das spezielle Interesse des Kolonialkapitals an der Ausbeutung der Ware Arbeitskraft der weißen Lohnarbeiter ordnet sich dem allgemeinpolitischen Interesse des Kolonialkapitals nach Absicherung der Überausbeutung der afrikanischen Arbeitskraft mit Hilfe der ökonomischen Zugeständnisse, in Form überhöhter Löhne, an die weißen Lohnarbeiter unter. Die Ware Arbeitskraft der weißen Lohnarbeiter hat für das Kolonialkapital nicht so sehr die Funktion der Nutzung ihres Gebrauchswertes, in Form des Tauschwerts, d.h. als Mehrwert produzierendes im Auge, als vielmehr die Nutzung des Gebrauchswerts als politisches Instrument der Spaltung der Arbeiterklasse in der Kolonie, in der Form, daß die weiße Ware Arbeitskraft ständig über ihren Tauschwert bezahlt wird.

Die Korrumpierung und Privilegierung eines Teiles der Lohnarbeiterklasse geht auf Kosten des anderen Teiles. Der Kolonialkapitalist kann nur die Arbeitskraft eines Teiles der Lohnarbeiterklasse über ihren realen Tauschwert bezahlen, wenn der andere Teil ständig unter dem realen Tauschwert seiner Arbeitskraft bezahlt wird. Somit ergibt sich ein politisch motivierter „rassischer Lohnzuschlag" für die weißen Lohnarbeiter und ein ökonomisch motivierter „rassischer Lohnabzug" in Form der Unterbezahlung der afrikanischen Lohnarbeiter. Dahingehend entsprechen sich die allgemeinpolitischen Interessen des Kolonialkapitals nach Absicherung der Überausbeutung der afrikanischen Arbeitskraft und die speziellen Interessen der weißen Lohnarbeiter nach Lohnprivilegien und sozialer Absicherung ihrer Stellung als „Produktionshierarchen".

Die politische Konsequenz besteht darin, daß die weißen Lohnarbeiter ihre objektive Stellung im kolonialkapitalistischen Produktionsprozeß nur noch in der Abgrenzung zur afrikanischen Lohnarbeiterschaft in Form des Rassenkampfes begreifen und in ihrer Stellung als privilegierte Lohnarbeiter die „ultima ratio" des kolonialgesellschaftlichen Daseins erkennen. Auf Grund dieser Situation vollzieht sich der bestimmende Widerspruch in den Siedlerkolonien nicht entlang der gesellschaftlichen Trennungslinie von Besitzern der Produktionsmittel einerseits und Lohnarbeitern andererseits, sondern das Kriterium der Rassenzugehörigkeit wird zum bestimmenden Moment der klassenmäßigen Auseinandersetzungen.

Neben dem Kolonialkapital und dem weißen Lohnarbeiter gibt es eine dritte, zahlenmäßig stärkste Fraktion in der Siedlerkolonie, die als sozialer Träger des Rassismus im kolonialen Verhältnis auftritt: die kleinen und mittleren Farmer, Händler sowie selbständige kleine Warenproduzenten. In Hinsicht auf ihre eigene Selbständigkeit sind sie auf der Ebene des Kredits oder der Hypotheken in Abhängigkeit von Banken oder Farmgesellschaften. Um diesen sozialen Druck in der Konkurrenz zum Großkapital und Großfarmertum zu entschärfen und dem sozialen Abstieg zum „poor white" zu entgehen, ist diese Schicht

„... ,existenziell' gezwungen, den Grad der Ausbeutung der Arbeitskraft, d. h. die Mehrwertrate, extrem hoch zu schrauben, höher als seine großkapitalistischen Konkurrenten; gerade hier ist die Erhaltung des Untermenschentums (Rassismus) für den Siedler als Warenproduzent lebensnotwendig..., insofern ist er der eifrigste Verfechter der Unterdrückung der einheimischen Arbeiter und der Expropiierung der einheimischen selbständigen Produzenten."[68]

Die sozial-ökonomischen Abhängigkeitsverhältnisse, in denen sowohl der Kolonialkapitalist in der Konkurrenz auf dem Weltmarkt, der weiße Lohnarbeiter in seiner Angst vor Dequalifikation als auch der selbständige koloniale Warenproduzent in der Furcht vor Proletarisierung stehen, sollen alle auf Kosten des Kolonisierten, d.h. des afrikanischen Arbeiters, reduziert werden. „Von daher ist der Rassismus tatsächlich notwendiges ideologisches Korrelat des sozialökonomischen Systems in der Kolonie."[69]

Es sind nicht die böswilligen Absichten der jeweiligen sozialen Träger – z.B. ist das Kapital gemeinhin farbenblind –, die den Rassismus produzieren; es sind vielmehr die sozialökonomischen Bedingungen des Kolonialkapitalismus. „Die Rassen sind viel älter als der Rassismus. ... Doch wann immer der

Rassismus historisch auch entstanden sein mag, es besteht kein Zweifel daran, daß er ein Produkt der Klassengesellschaft ist, die die Ausbeutung des Menschen durch den Menschen zur Grundlage hat, und daß er unweigerlich eine Folge wie auch die Ursache des Kolonialismus ist. Rassismus entsteht nur dort, wo eine Klasse und ein Volk eine andere Klasse oder ein Volk ausbeutet; nur dort, wo ein Gegensatz zwischen Metropolen und Kolonien besteht. Der Rassismus ist die Ideologie, die die Unterdrückung von Klassen, Kolonien und Nationen rechtfertigt und aufrechterhält."[70]

Die politische Vertretung dieses Systems fällt den Kolonialsiedlern schwer und ihre historische Alternative besteht nur in der Sezession von der kolonialen Metropole, wenn eine ausreichende „nationalkoloniale" Akkumulationsbasis (wie z.B. Südrhodesien/Zimbabwe) vorhanden ist. Dieses siedlerkoloniale System „...kann nur durch Abtrennung von der Kolonialmetropole und durch Errichtung eines unabhängigen weißen Staates überdauern."[71]

Jedoch blieben die Siedler „unter den unterworfenen Völkern in Afrika immer eine extreme Minderheit und sie müssen Maßnahmen treffen, damit sichergestellt ist, daß ein bewaffneter Volkskrieg niemals ausbricht."[72]

Die strikte rassische Trennung, die starre politische Haltung der Herrschenden in der Kolonie und die extreme ökonomische Ausbeutung der Afrikaner führen zur gesellschaftlichen Diskriminierung und Isolation des größten Teiles der Menschen und „...dieses Fehlen einer objektiven Integration ist schließlich der Grund, weshalb in den Kolonien die politische Gewalt eindeutig dominiert."[73] Die gewaltsame Unterdrückung der Kolonisierten durch die Kolonisatoren fällt auf die Unterdrücker selbst zurück,

„...denn die Rassenideologie schafft zwar die Rationalisierung für den Kolonisator, doch keineswegs für den Kolonisierten... Die rassische Distanz wird zum Hebel der Befreiung, da es hier eine Gleichheit der Kolonialherren und eine Gleichheit der Untermenschen gibt, die sich antagonistisch gegenüber stehen. Die Auflösung dieses Antagonismus setzt die Auflösung des Kolonialsystems voraus."[74]

Die Zuspitzung der gesellschaftlichen Widersprüche zwischen dem Kolonisator und dem Kolonisierten ist unumgänglich.

„Auf die Formel ‚alle Eingeborenen sind gleich' antwortet der Kolonisierte: ‚alle Kolonialherren sind gleich'... Der Manichäismus des Kolonialherren erzeugt einen Manichäismus des Kolonisierten. Die Theorie vom ‚Eingeborenen als absolutem Übel' antwortet die Theorie."[75]

Das Gewaltverhältnis gesellschaftlicher Beziehungen in der Kolonie bedarf der ständigen gewaltmäßigen Aufrechterhaltung.

„Der vom Kolonisator in Form des Rassismus geschaffene Legitimationszusammenhang kehrt sich also gegen ihn selbst, zerstört jede Mystifikation und wird daher zur ständigen Bedrohung des kolonialen Reproduktionsprozesses. Der Kolonisator ist somit gezwungen, den selben vermittels politischer und militärischer Gewalt aufrechtzuerhalten."[76]

Der Weg und die Art und Weise der Befreiung der Kolonisierten ist von den Kolonisatoren selbst vorgegeben.

„Dadurch, daß der Siedlerstaat durch politische Starrheit und Unnachgiebigkeit seitens der Siedler gekennzeichnet ist, gibt es für die neuen afrika-

nischen Klassen keinen anderen Weg der Befreiung, als den revolutionären."
77
Auch in Hinsicht auf die Verfassungsgespräche in Namibia, die sich mit ihrem Austragungsort „Turnhalle" verbinden, stellt sich die Frage, ob diese Verhandlungen nicht an den wirklichen gesellschaftlichen Ausbeutungs- und Herrschaftsverhältnissen vorbeigehen. Denn neben der Außerachtlassung der Teilnahme der namibianischen Befreiungsbewegung SWAPO an dieser Konferenz, die eine Verstärkung der Polarisierung der Kräfte in Namibia zur Folge hat, stehen in ihrem Rahmen Zielsetzungen zur Debatte, die nicht zum Abbau der kolonialgesellschaftlichen Antagonismen führen.

„Das Fehlen von Alternativen zum bewaffneten Kampf und die Polarisierung zwischen dem Siedlerstaat und den revolutionären Kräften ist klarer denn je."[78]

Die Befreiungsbewegungen in den Siedlerkolonien erkennen, daß das Grundübel rassistischer Unterdrückung und kolonialer Gewalt in den sozial-ökonomischen Bedingungen des Kolonialkapitalismus zu sehen ist.

„Die Befreiungsbewegung ist daher heute nicht nur antikolonialistisch, anti-rassistisch, sondern auch anti-kapitalistisch orientiert. D.h. ‚Unabhängigkeit' und ‚Freiheit' impliziert für sie nicht bloß den formalpolitischen Machtwechsel, sondern eine Revolutionierung in ihren Ländern."
79
Ohne hier auf weitere wichtige Probleme, die im Zusammenhang mit der Analyse des Siedlerkolonialismus entstehen, wie z.B. das Verhältnis der Siedler zur Metropole oder den jeweils spezifischen Entwicklungen des Siedlerkolonialismus in Südafrika oder Rhodesien eingehen zu können, kann festgestellt werden,

„ ... daß Siedlergesellschaften eine der ... schädlichsten Formen des Kolonialismus darstellen. Ein in ferne Länder exportierter Agrarfeudalismus hat bodenständige Kultur- und Gesellschaftsformen zerstört, die einheimische Bevölkerung als billige Arbeitskraft ausgepowert, deren Entwicklung und Ausbildung bewußt verhindert, die mit geringstem Kapitaleinsatz erzielten Gewinne ins Ausland transferiert...".[80]

Diese grundlegende, einseitig auf die Interessen der Siedlerkolonialisten ausgerichtete gesellschaftliche Struktur in den Siedlerkolonien bildet die Basis für das polare Verhältnis der Rassen und Klassen.

Die im Rahmen der „Dekolonisierung" Namibias und Zimbabwes angestrebten Ziele der Kolonialisten, in den jeweiligen Verhandlungen weitestgehend den kolonialen Status, und somit ihre gesellschaftlichen, d.h. ihre rassischen und ökonomischen Privilegien, zu konservieren, beweisen, daß den Kolonialisten nicht an einem friedlichen Übergang zu einer neuen Gesellschaft gelegen ist, die die Rechte der Afrikaner auf Selbstbestimmung berücksichtigt. Die Siedler bedürfen dabei der Unterstützung der imperialistischen Mächte, um ihre „privaten weißen Wirtschaftsinteressen" zu schützen. Dies

„ ... ist nur damit zu rechtfertigen, daß Geld wohlfeiler ist als Blut und daß die allgemeinen wirtschaftlichen, politischen und strategischen Interessen der westlichen Welt im südlichen Afrika auf diese Weise am besten verteidigt werden können."[81]

1.5. Zur Staats- und Nationenbildung im Kolonialismus

Delegierte der Windhoeker „Turnhalle-Konferenz", die nach südafrikanischen Vorstellungen über eine Dekolonisation verhandeln soll, reden viel und geben gerne Erklärungen ab: sie beanspruchen für sich, die wahre nationale Befreiungsbewegung des Landes zu repräsentieren, am Modell eines künftig unabhängigen namibischen, bzw. südwestafrikanischen Staates zu arbeiten und an einem bislang einzigartigen Dekolonisierungsprozeß in Afrika beteiligt zu sein.

Dabei sind die der verfassungsrechtlichen Erarbeitung des „Modells Südwestafrika" zugrunde liegenden Vorstellungen bezüglich des Staats- und Nationenverständnisses von den Delegationen bislang nicht konkretisiert worden. Es sei denn, die vorgesehenen Maßnahmen und bisher verabschiedeten Empfehlungen zur „Turnhalle-Konferenz" für die Unabhängigkeit Namibias und danach, werden aufgrund ihrer gesellschaftlichen Implikationen interpretiert und damit die Begriffe „Staat" und „Nation" konkret-inhaltlich gefüllt.

Auch nicht-marxistische Theoretiker haben Stalins Definition einer Nation Beachtung und Zustimmung gezollt und an ihr ihre eigenen Reflexionen zur nationalen Frage gemessen und überprüft. Stalin entwickelte zur Bestimmung einer Nation folgende Kriterien:
„Eine Nation ist vor allem eine Gemeinschaft, eine bestimmte Gemeinschaft von Menschen. Diese Gemeinschaft ist keine Rassen- und keine Stammesgemeinschaft."[82]
„Eine Nation ist eine historisch entstandene stabile Gemeinschaft von Menschen, entstanden auf der Grundlage der Gemeinschaft der Sprache, des Territoriums, des Wirtschaftslebens und der sich in der Gemeinschaft der Kultur offenbarenden psychischen Wesensart."[83]
Zusammen mit Lenin [84] wies Stalin nach, daß die modernen Nationen in der vorkapitalistischen Periode noch nicht entstehen konnten,
„ ... da es noch keine nationalen Märkte gab, es weder ökonomische noch kulturelle nationale Zentren gab, es folglich auch die Faktoren nicht gab, durch die die wirtschaftliche Zersplitterung eines Volkes aufgehoben wird und die bis dahin gesonderten Teile dieses Volkes zu einem nationalen Ganzen zusammengezogen werden."[85]
Mit der Liquidierung vorkapitalistischer Gesellschaftsformationen und der Entwicklung des Kapitalismus geht somit gleichzeitig ein „Prozeß des Zusammenschlusses der Menschen zu Nationen" einher.[86]
Die Staatenbildung im kolonialen Kontext muß allerdings Faktoren berücksichtigen, die bei der Herausbildung von Nationalstaaten in den späteren Metropolen nicht existieren. Während in Westeuropa
„ ... der Prozeß der Bildung von Nationen und der Liquidierung der feudalen Zersplitterung zeitlich ... mit dem Prozeß der Bildung von zentralisierten Staaten zusammen" fiel, „,...so daß sich hier die Nationen bei ihrer Entwicklung in staatlichen Formen hüllten", und „,...in diesen Staaten andere irgendwie beträchtliche nationale Gruppen nicht vorhanden waren, gab es hier auch keine nationale Unterdrückung."[87]

In den kolonisierten Gebieten Afrikas (und nicht nur dort) vollzog sich dagegen die Staatsbildung durch die koloniale Epoche gewaltsam und von außen: willkürlich wurden mit der Aufteilung des Kontinents, bzw. der Kontinente, territoriale Gebietseinheiten festgelegt und okkupiert. Die Entstehung zentralisierter Staatsapparate (sprich: kolonialer Verwaltungsinstanzen) ging gewaltsam vor sich und war keineswegs Ergebnis notwendiger, systemimmanenter („endogener") Entwicklung der autochthonen Gesellschaftsformationen oder Ausdruck derer inneren Dynamik zur gesamtgesellschaftlichen Organisation in nationalstaatlichem Rahmen.

Die aufoktroyierte „Staatsbildung" ging damit schneller vor sich als der Prozeß der Konstituierung der Menschen zu Nationen. Was Stalin hinsichtlich der Herausbildung von Nationen in Osteuropa anmerkt, findet auch in der kolonialen Situation (wenngleich auch die Konstitutionsbedingungen voneinander abweichen und ursächlich andere Bedingungsmomente gelten) seine Parallele:
„... so bildeten sich hier gemischte Staaten, aus mehreren Völkerschaften bestehend, die sich noch nicht zu Nationen konstituiert hatten, aber bereits in einem gemeinsamen Staat vereinigt waren."[88]
Somit trug der Kolonialismus zur Beschleunigung des Staatsbildungsprozesses bei, wobei er jedoch mit der gewaltsamen Installierung seiner zentralen Herrschaftsinstanzen und den Durchsetzungsformen kolonialer Interessen gleichzeitig die eigenständige Herausbildung einer den ursprünglichen gesellschaftlichen Bestimmungsmomenten entsprechenden Staatsform unterdrückte, deformierte und die staatsbildenden Elemente zur Verwirklichung der eigenen Interessen benutzte, sie jedenfalls höchst negativ zur Entfaltung kommen ließ.[89]
Dennoch bewirkten die dem kolonialen Herrschaftssystem innewohnenden Bedingungsmomente die Etablierung eines Staatsgebildes, das heute nicht mehr prinzipiell in Frage gestellt werden kann. Mit anderen Worten: die gesellschaftliche Entwicklung unter der Kolonialherrschaft und durch sie hat eine Formation bewirkt, die heute nicht mehr grundsätzlich und dem Wesen nach negiert werden kann.
So trug der Kolonialismus genau zu den von Stalin angeführten Konstitutionsmomenten einer Nation entscheidend bei, indem er die Schaffung eines nationalen Marktes (Zusammenschluß des kolonisierten Territoriums zu einer wirtschaftlichen Einheit) bewirkte, die kapitalistische Produktionsweise im gesamtgesellschaftlichen Bereich mittels Gewalt zur bestimmenden Produktionsform erhob, territoriale Gebietseinheiten per Grenzfestlegung schuf und durch die Sprache des Kolonialherren ein Kommunikationsmedium im „nationalstaatlichen" Rahmen etablierte.[90]
Noch ein weiterer Faktor trug in der Geschichte der Kolonien dazu bei, die in den Territorien ansässige Bevölkerung im Sinne einer Nation zu verschweissen: die Fremdherrschaft und Unterdrückung des Ausbeutungsverhältnisses Kolonisator – Kolonisierte, die in einem von Gewalt geprägten historischen Prozeß den verschiedenen Stammesverbänden und -formationen eine Angleichung der Existenzbedingungen aufzwang, sie damit in einen ähnlichen ge-

samtgesellschaftlichen Zusammenhang stellte und die bestehenden Unterschiede zu einem sekundären Aspekt werden ließen.[91]
So gelangt Claus Zeller, der seine Monographie über die Elfenbeinküste als Modellanalyse des Prozesses der Nationsbildung in den Kolonien begreift, laut Bassam Tibi zu folgendem Ergebnis:

"Zu Beginn der Kolonisation bekommt jede Kolonie neue territoriale Grenzen, die eine inhomogene Bevölkerung umschließen. Die nationale Bewegung, die im zweiten Stadium als Gegenbewegung zum Kolonialismus entsteht, akzeptiert stillschweigend die neue Territorialordnung und begreift sich als Sprachrohr der in diesem künstlich geschaffenen Territorium lebenden ethnischen Gemeinschaften, die zur ‚Nation' erklärt werden, ohne dies realiter zu sein. Und schließlich kommt es im dritten Stadium — im Rahmen der Dekolonisation — zur Staatsbildung der Kolonialterritorien. Zeller bemerkt richtig, daß der Prozeß der Nationsbildung nicht immer mit dem der Staatsbildung identisch ist, weil Nationsbildung die Schaffung einer homogenen Gesellschaft bedeutet, die in den ‚souverän' gewordenen Kolonien nicht immer vorhanden ist... Erst mit der Integration der ethnisch-kulturell verschiedenen Gemeinschaften kann von Nationsbildung die Rede sein."[92]

Die zu den eben dargelegten theoretischen Aspekten der Staatsbildung und daraus resultierenden Fragen hinsichtlich der nationalen Konsistenz notwendige inhaltliche, empirische Konkretion werden wir bei der historischen Erfassung des Gegenstandes unserer Arbeit — Namibia — zu verdeutlichen und zu beantworten versuchen.[93]

ANMERKUNGEN ZU KAPITEL I

1. Johan Galtung, „Eine strukturelle Theorie des Imperialismus", in: Dieter Senghaas (Hgb.), „Imperialismus und strukturelle Gewalt", edition suhrkamp, Suhrkamp Verlag, Frankfurt/Main 1972, S. 55.
2. Einige bekannte Theoretiker finden sich in Hobson, Lenin, Bucharin, Luxemburg, Sternberg, Großmann und Varga seit Beginn des Jahrhunderts bis in die 30er Jahre (und teilweise noch heute von Aktualität). In neuerer Zeit wurde die Imperialismus-Debatte auch im westdeutschen Bereich unter dem Einfluß der „Frankfurter/Bielefelder (Geschichts-) Forschung" durch Vertreter der „Kritischen Theorie" Wehlerscher Prägung reaktiviert. Seit Ende der 60er Jahre international aktualisiert und belebend geprägt wurde die Debatte durch die Dependencia-Theorien und deren Vertreter, die ihren Ursprung in der Position Andre Gunder Franks fanden.
3. „Indem sie (gemeint sind Hobson und Lenin, d.V.) den Kolonialismus in den Mittelpunkt stellten, setzten sie Imperialismus und Kolonialismus gleich..." James O'Connor, „Die Bedeutung des ökonomischen Imperialismus", in: Dieter Senghaas (Hgb.), „Imperialismus und strukturelle Gewalt", a.a.O., S. 133.
Siehe dazu auch die historische Abgrenzung durch Ekkehardt Krippendorf, „Zum Imperialismus-Begriff", in: „Probleme der internationalen Beziehungen", herausgegeben von Ekkehart Krippendorf, edition suhrkamp, Suhrkamp Verlag, Frankfurt am Main, 1972, S. 184 ff.
4. Siehe dazu: Peter Schmitt-Egner, „Kolonialismus und Faschismus – Eine Studie zur historischen und begrifflichen Genesis faschistischer Bewußtseinsformen am deutschen Beispiel", Verlag Andreas Achenbach, Giessen/Lollar 1975, S. 10–26.
5. Im begrenzten Rahmen unserer Arbeit kann und soll es nicht unsere Aufgabe sein, Kausalzusammenhänge des Kolonialismus (wie wir ihn verstehen) auch in seiner Entstehungsgeschichte und Auswirkung in den kolonialistischen Industrienationen selbst konkret darzustellen. Wir haben uns stattdessen im weiteren Verlauf dieser Arbeit auf die Analyse des Kolonialsystems in Namibia selbst beschränkt
6. Siehe dazu: Rainer Clauß, „Reaktionen auf Kolonialismus und Imperialismus – Untersuchungen der Völker Namibias", Inaugural-Dissertation zur Erlangung der Doktorgrades des Fachbereichs Philosophie und Sozialwissenschaften der Freien Universität Berlin, Berlin (West) 1976, S. 33 f. Wenngleich wir im folgenden einen Teil der Gedanken aus der Arbeit in diesem Abschnitt aufgreifen, so teilen wir doch nicht die implizit von Rainer Clauß gemachte Interpretation, daß a priori sämtliches Engagement von Metropolstaaten an der Peripherie unter den Kolonialismusbegriff subsumiert werden kann.
7. Siehe z.B. die zeitlichen Bestimmungen „präkolonial" und „postkolonial", sowie auch die qualitativen Abgrenzungen „neokolonial" zu „Formalem Kolonialismus" oder „offener Kolonialismus".
8. Ein geradezu typisches Beispiel dafür ist die „Kolonialfaschismus-Debatte", die sich an der Einschätzung und begrifflichen Konkretion der gesellschaftlichen Verhältnisse Südafrikas entzündet hat, wenngleich zugegebenermaßen die Divergenzen sich mindestens ebenso stark in der Auslegung des Faschismusbegriffes manifestieren.
(Siehe hierzu auch: Michael Bochow, „Die Relevanz der neueren marxistischen Faschismus-Theorien für politikwissenschaftliche Untersuchungen des südafrikanischen Apartheid-Systems", Diplomarbeit im Fachbereich Politische Wissenschaften der Freien Universität Berlin, Berlin (West), Frühjahr 1971.
9. Laut Wolf-Dieter Narr geht es nicht an, „...hinter die Imperialismusdebatte nach Hobson zurückzufallen und einen ökonomisch entbeinten Imperialismusbegriff zu verwenden, der, zu einem Un-Begriff geworden, schließlich alle Erscheinungen von Gebietsoberherrschaft erfassen soll..."
„Der Imperialismusbegriff ist ohne seine Bindung an den und seine Wurzel im modernen privat- oder staatskapitalistischen Industrialisierungsprozeß nicht zu

fassen." Wolf-Dieter Narr, „Imperialismus als Innenpolitik", Rezension zu Hans-Ulrich Wehler: „Bismarck und der Imperialismus", in: „Neue Politische Literatur", XV. Jahrgang, Europäische Verlagsanstalt, Frankfurt/Main 1970, S. 199. Dies gilt damit konsequenterweise auch für den Kolonialismus als spezifischer imperialistischer Herrschaftsform.

10. James O'Connor, a.a.O., S. 136.
11. Auf diese „Korrektur" in der Imperialismus-Debatte verweist auch O'Connor im gleichen Aufsatz: „Die zunehmende wirtschaftliche Vorherrschaft der Vereinigten Staaten in der kapitalistischen Weltwirtschaft und das Versagen der ehemaligen Kolonien eine kontinuierliche wirtschaftliche und gesellschaftliche Entwicklung zu erreichen, haben ältere marxistische Ökonomen dazu veranlaßt, die ursprünglichen Lehren zu überarbeiten, und einer neuen Theorie des Neo-Kolonialismus zum Entstehen verholfen. Viele Grundzüge dieser Theorie sind noch verschwommen, aber es besteht weitgehende Übereinstimmung darüber, daß man zwischen Kolonialismus und Imperialismus scharf trennen, dabei aber die ursprüngliche Leninsche Gleichsetzung von Monopolkapitalismus und Imperialismus beinhalten sollte. Nach dieser Auffassung, ... wird der Monopolkapitalismus nach wie vor als ein aggressiv expansionistisches politökonomisches System angesehen, der Kolonialismus jedoch als nur eine – und zudem häufig ineffektive – Form imperialistischer Herrschaft." (O'Connor: 146).
12. Richard D. Wolff, „Der gegenwärtige Imperialismus in der Sicht der Metropole", in: Dieter Senghaas (Hgb.), „Imperialismus und strukturelle Gewalt", a.a.O., S. 187, Hervorhebungen im Original.
13 „Angesichts der heute erreichten Komplexität der lokalen Produktionsapparate ist koloniale Fremdherrschaft unpraktikabel geworden. Es bedarf einer lokalen, formal souveränen Staatlichkeit, die die lokalen Bedingungen genau kennt und somit die allgemeinen Bedingungen des Weltmarkts flexibel und differenziert vermitteln kann mit denjenigen des nationalen Wirtschaftsraumes."
Tilman Evers, „Unterentwicklung und Staat – Elemente einer Theorie des Staates im peripheren Kapitalismus", Diskussionspapier (unveröffentlichtes Manuskript), Berlin (West) 1975, Seite 87.
Diese Überlegung reduziert Kolonialismus allerdings auf die ökonomische Dimension unter dem Aspekt der optimalen Kapitalverwertung und Profitmaximierung. Dem Kolonisator müssen jedoch auch weitere Motive unterstellt werden, die sich eben nicht ausschließlich nur um ökonomische Erwägungen drehen. Im Falle Namibias darf beispielsweise keinesfalls die militärstrategische Überlegung unberücksichtigt bleiben, ebenso die vorzugsweise Sicherung des südafrikanischen Kapitals gegenüber der internationalen Konkurrenz im Wettbewerb um die Ausbeutung der namibischen Ökonomie hin zum Weltmarkt und den Verwertungsbedingungen unter einer reduzierten südafrikanischen Einflußnahme dürfte dem südafrikanischen Staat – dazu auch noch in der gegenwärtigen ökonomischen Krise ohnehin bereits besonders anfällig – nicht besonders gelegen kommen und kaum zu verkraften sein.
14. Peter Schmitt-Egner, a.a.O., S. 27.
15. Siehe dazu: Peter Schmitt-Egner, S. 11 f.
16. Die Entwicklung in den früher unter portugiesischer Kolonialherrschaft stehenden Territorien haben dies in jüngster Vergangenheit erneut bewiesen. Die Unterdrückten Zimbabwes, Namibias und Südafrikas sind dabei, durch ihren heroischen Befreiungskampf diesen Beweis ebenfalls zu liefern.
17. H. Lüthy, In Gegenwart der Geschichte, Köln/Berlin 1967, S. 44.
18. P. Schmitt-Egner, a.a.O., S. 13.
19) Karl Marx, MEW, Bd. 25, S. 343.
20) ebenda S. 342.
21) ebenda S. 345.
22) ebenda S. 344.

23) ebenda S. 343.
24) ebenda S. 345/6.
25) derselbe, Das Kapital, Erster Band, Berlin (DDR) 1972, S. 742.
26) ebenda S. 744.
27) ebenda S. 474.
28) W. Rodney, „How Europe underdeveloped Africa", London, Dar es Salaam 1972, S. 183.
Wir haben uns dazu entschlossen, aus dem englischen Originaltext in eigener Übersetzung zu zitieren. Zwar liegt bereits seit längerem eine deutsche Ausgabe des Buches vor („Afrika. Die Geschichte einer Unterentwicklung", Berlin (West), 1975), sie ist jedoch gekürzt und weicht stellenweise stark vom Original ab.
29) ebenda S. 150.
30) ebenda.
31) ebenda S. 208.
32) W.I. Lenin, in: WERKE, Band 22, S. 224.
33) T. Evers, a.a.O., S. 14.
34) K. Marx, MEW Band 25, S. 800.
35) C.L.R. James, zit. nach: W. Rodney, a.a.O., S. 100.
36) K. Good, „Settler Colonialism: Economic Development and Class Formation", in: The Journal of Modern African Studies, Band 14, Heft 4, 1976, S. 598.
37) ebenda S. 602.
38) ebenda S. 602.
39) H.-U. Wehler, „Bismark und der Imperialismus", 4. Aufl., München 1976, S. 464 f.
40) R. Rode, „Die Südafrikapolitik der Bundesrepublik Deutschland 1968–1972", München/Mainz 1975, S. 3.
41) H.-U. Wehler, a.a.O., S. 281.
42) C. Peters, „Gesammelte Schriften", Hrsg. v. W. Frank, Band 1, Berlin 1943, S. 441.
43) ebenda.
44) G. Jabbour, „Settler Colonialism in Southern Africa and the Middle East", Khartoum 1970, S. 38.
45) P. Schmitt-Egner, a.a.O., S. 116.
46) J. Saul/R. Woods, „African Peasantries", S. 105, zit. nach: „Weltmarkt und Entwicklungsländer", Hrsg. J. Linhart/K. Voll, Rheinstetten 1976, S. 83.
47) E.A. Brett, „Colonialism and Underdevelopment in East Africa; The Politics of Economic Change 1919–1939", Nairobi 1973, S. 169.
48) Siehe dazu Teil 2.2.
49) M. Lacheraf, „Die verschiedenen Formen der Kolonialherrschaft und ihr soziokultureller Einfluß auf die Kolonial- und Entwicklungsländer", in: „Rasse, Kultur und nationale Befreiung", ISSA, Wissenschaftliche Reihe 3, S. 58. Hervorhebungen im Original.
50) P. Schmitt-Egner, a.a.O., S. 116.
51) ebenda.
52) K. Good, a.a.O., S. 603.
53) K. Marx, „Das Kapital", Band 3, S. 799.
54) Derselbe, „Grundrisse...", S. 18.
55) P. Schmitt-Egner, „Wertgesetz und Rassismus; Zur begrifflichen Genesis kolonialer und faschistischer Bewußtseinsformen", in: Reihe Gesellschaft, Beiträge zur Marxschen Theorie 8/9, Edition Suhrkamp, Frankfurt/Main 1976, S. 389.
56) K. Marx, „Das Kapital", Band 1, S. 792.
57) P. Schmitt-Egner, „Kolonialismus...", a.a.O., S. 114.
58) K. Marx, „Das Kapital", Band 1, S. 792 f.
59) P. Schmitt-Egner, „Kolonialismus...", a.a.O., S. 115.
60) ebenda.
61) ebenda S. 23.
62) J.P. Sartre, „Kolonialismus und Neokolonialismus", Hamburg 1968, S. 25.
63) M. Nikolinakos, „Notes on an Economic Theory of Racism", in: Race Relations,

Band 4, April 1973, Nr. 4, S. 371 ff.
64) P. Schmitt-Egner, „Wertgesetz...", a.a.O., S. 42.
65) Derselbe, „Kolonialismus...", a.a.O., S. 42.
66) ebenda S. 41.
67) ebenda S. 117.
68) ebenda S. 45.
69) ebenda.
70) G.E. Glezermann, „Einige Bemerkungen über ‚Rasse' und ‚Rassismus' ", in: ISSA, a.a.O., S. 39.
71) A. Emmanuel, „White Settler Colonialism and the Myth of Investment", in: New Left Review, May/June 1973, S. 39.
72) K. Good, a.a.O., S. 610.
73) P. Schmitt-Egner, „Wertgesetz...", a.a.O., S. 373.
74) ebenda S. 386.
75) F. Fanon, „Die Verdammten dieser Erde", Hamburg 1969, S. 70.
76) P. Schmitt-Egner, „Wertgesetz...", a.a.O., S. 386.
77) K. Good, a.a.O., S. 613.
78) ebenda S. 618.
79) B. Decke, „Betrifft: Rhodesien. Unterdrückung und Widerstand in einer Siedlerkolonie", Frankfurt/Main 1974, S. 11.
80) D. Schröder, „Noch hat Kissinger nicht gewonnen", Süddeutsche Zeitung vom 27.9.1976, S. 4.
81) ebenda.
82) J.W. Stalin, „Marxismus und nationale Frage", 1913, in: „Der Marxismus und die nationale und koloniale Frage", Verlag Rote Fahne, Köln 1976, S. 28.
83) ebenda S. 52.
84) Aufsätze Lenins, in denen er sich zur nationalen Frage äußert, sind u.a. enthalten in: W.I. Lenin, „Ausgewählte Werke in zwei Bänden", Band I, Moskau 1946.
85) J.W. Stalin, „Die nationale Frage und der Leninismus", 1929, in: „Der Marxismus und die nationale und koloniale Frage", a.a.O., S. 326.
Stalin schreibt weiter: „Freilich, die Elemente der Nation – die Sprache, das Territorium, die Kulturgemeinschaft usw. – sind nicht vom Himmel gefallen, sondern wurden schon in der vorkapitalistischen Zeit nach und nach geschaffen. Aber diese Elemente befanden sich in einem Keimzustand und waren bestenfalls eine Potenz in dem Sinne, daß unter gewissen günstigen Verhältnissen sich in Zukunft eine Nation bilden konnte. Die Potenz verwandelte sich erst in der Periode des aufsteigenden Kapitalismus mit seinen nationalen Märkten, mit seinen ökonomischen und kulturellen Zentren in Wirklichkeit." (ebd.).
86) J.W. Stalin, „Marxismus und nationale Frage" (1913), in: „Der Marxismus und die nationale und koloniale Frage", a.a.O., S. 37.
87) J.W. Stalin, „Die nächsten Aufgaben der Partei in der nationalen Frage", Referat, gehalten auf dem X. Parteitag der KPR (B) am 10. März 1921, in: „Der Marxismus und die nationale und koloniale Frage", a.a.O., S. 37.
88) ebenda S. 139.
89) Cabral sieht durch den Kolonialismus, den er „als die Paralyse oder die Ableitung oder sogar als das Aufhalten der Geschichte eines Volkes zur Beschleunigung der Entwicklung eines anderen Volkes" charakterisiert (Amilcar Cabral, „Die nationalen Bewegungen in den portugiesischen Kolonien", 1965, in: „Die Revolution der Verdammten", Rotbuch Verlag, Berlin (West) 1974, S. 31), die geschichtliche Entwicklung eines kolonisierten Landes unterbrochen. Die historische Herausbildung eines Staates wird von ihm dabei im Marxschen Sinne als das Resultat von Klassenkämpfen verstanden. Dieser geschichtliche Prozeß wird nach Meinung Cabrals jedoch durch die koloniale Fremdherrschaft für das kolonisierte Land unterbrochen. „In dem Augenblick als bei uns der Imperialismus und der Kolonialismus einsetzten, begannen wir aus unserer Geschichte auszutreten und in eine andere Geschichte einzutreten." (Amilcar Cabral, „Kurze Analyse der Gesellschaftsstruk-

tur in ‚portugiesisch' Guinea", 1964, in: „Die Revolution der Verdammten", a.a. O., S. 24.

90) Auf den „Doppelcharakter der Kolonialsprache" geht Frantz Fanon in seinem Werk „Aspekte der Algerischen Revolution"ein. In Kapitel II, „Hier ist die Stimme Algeriens" (S. 49–67), schildert Fanon packend, wie sich Instrumente kolonialer Unterdrückung gegen Unterdrücker kehren lassen.
„Die im Zuge des nationalen Kampfes ‚verdaute' fremde Technik ist für das Volk zu einem Kampfwerkzeug und zu einem Schutzmittel geworden."....
„Die französisch gesendeten Programme des kämpfenden Algerien befreien die feindliche Sprache von ihren historischen Bedeutungen... So paradox es erscheinen mag: die Algerische Revolution, der Kampf des algerischen Volkes, macht den Weg frei für die Verbreitung der französischen Sprache in der Nation... Sich französisch auszudrücken, ist nicht mehr mit einem Verrat oder einer erbärmlichen Identifikation mit dem Okkupanten gleichzusetzen. Von der Stimme der Kämpfer gebraucht, auf prägnante Weise die Botschaft der Revolution übermittelnd, wird auch die französische Sprache zu einem Werkzeug der Befreiung."
Franzt Fanon, „Aspekte der Algerischen Revolution", edition suhrkamp, Suhrkamp Verlag, Frankfurt/Main 1969, S. 61 und 62.

91) „Als beherrschtes Land stellen wir nur ein Ganzes dar, das dem Unterdrücker gegenübergestellt ist." Amilcar Cabral, „Kurze Analyse der Gesellschaftsstruktur in ‚portugiesisch' Guinea", 1964, in: „Die Revolution der Verdammten", a.a.O., S. 24.

92) Bassam Tibi, „Kolonialherrschaft, Antikolonialismus und Dekolonisation", in: „Neue Politische Literatur", XV. Jahrgang, Europäische Verlagsanstalt, Frankfurt/Main 1970, S. 511.

93) Die unlängst erst als „Folgeerscheinung" der Dependencia-Diskussion entstandene Debatte zu Rolle und Funktion des Staates in der Peripherie befindet sich derzeit leider noch in einem Embryonalzustand, wurde jedoch bereits von Tilman Evers in einem umfangreichen Manuskript aufgegriffen. Da diese Arbeit sich jedoch ausschließlich polit-ökonomisch im Hinblick auf Weltmarktbedingungen und -abhängigkeiten des formal unabhängigen Nationalstaates in der Peripherie orientiert, ist dieser ansonsten überaus stimulierende Diskussionsbeitrag (wenngleich wir nicht alle Einschätzungen des Verfasser teilen) im Rahmen unserer Arbeit nur marginal von Interesse und verwendbar. Sie „unterstellt... als heutigen Normalfall die Existenz formal unabhängiger Staaten. Was davon abweicht, müßte auf einer speziellen Ebene zum Thema einer Ausdifferenzierung gemacht werden." Tilmann Evers, a.a.O., S. 70.

2. Die Entwicklungsgeschichte Namibias

2.1. Präkoloniale Struktur und Kolonisierungsprozeß

Es soll nicht Aufgabe unserer Arbeit sein, an dieser Stelle den Mythos vorkolonialer afrikanischer Geschichtslosigkeit en detail zu widerlegen, indem wir den bislang vorliegenden Ergebnissen der Geschichtsforschung über die namibische Bevölkerung breiten Raum widmen.
Stattdessen beschränken wir uns auf eine kurze Skizzierung der gesellschaftlichen Struktur des vorkolonialen Namibia, die allerdings deutlich machen soll, daß – wenngleich bei unterschiedlichem Entwicklungsstand und Organisationsgrad – unter und zwischen den einzelnen Stammesverbänden Namibias vor der Invasion „kulturbringender Europäer" sehr wohl gesellschaftliche Verhältnisse existierten, die sich ohne den verheerend destruktiven Einfluß „weißer Zvilisation" hätten weiterentwickeln können.[1]

2.1.1. Das ethnographische Bild Namibias vor dem Eindringen weißer Siedler

Die autochthone Bevölkerung Namibias läßt sich in zwei Sprachgruppen einteilen, die *Khoisan* und *Bantu*.
„Diese Unterteilung hat keinerlei kulturelle Grundlage oder gar physisch-anthropologischen Einschlag, sondern gründet sich lediglich auf die funktionale Existenz zweier sich unterscheidender Sprachfamilien."[2]
Die der Khoisan-Sprachgruppe angehörigen Saan („Buschleute"), Dama („Klippkaffern") und Nama („Hottentotten") waren unzweifelhaft die ersten Bewohner Namibias.[3]
Nach Bruwer stieß bereits die erste vom Kap aus ins Gebiet Namibias unternommene Forschungsexpedition 1761 auf die Existenz der Nama und Saan; 1791 wurden die Dama erstmals von einem europäischen Forscher „entdeckt".

Bei der Gruppe der Bantu-sprachigen Stämme bildeten die Ambo-Stämme die älteste ansässige Gemeinschaft dieser Sprachgruppe.
„Gemäß der genealogischen Linien der Führer kann die Inbesitznahme der nördlichen Teile durch die Ovambo bis ungefähr in das 16. Jahrhundert zurückverfolgt werden."[4]
Die Herero wanderten gegen 1790 aus nördlicher Richtung ins Kaokoveld. Ihre Unterteilung in verschiedene Stammesgruppen erklärt die heutige Existenz solcher Verbände wie der Mbanderu, Himba und Tjimba, die gegenwärtig noch – im Gegensatz zu der Mehrheit der Herero – in den nördlichen Teilen Namibias (Kaokoveld) leben.
„Gegen Ende des 18. Jahrhunderts war das ethnische Bild Südwestafrikas, soweit es die Khoisan und Bantu betraf, abgeschlossen."[5]

2.1.2. Zum Charakter der Stammesgesellschaften

„Geht man von den klimatischen und geographischen Bedingungen aus, scheint es, als könnte man die vorkoloniale Wirtschaft mit diesen begründen: im Süden und im mittleren Teil des Landes — Gebietes mit kärglicher Vegetation und wenig Regenfällen — lebten Nama und Herero mit ihren Herden, in der Parklandschaft im Norden die hauptsächlich Ackerbau treibenden Ambo-Stämme. Wildbeuter — Bergdama und Buschmänner — lebten teils in Abhängigkeit von den anderen Wirtschaftsformen, teils selbständig dazwischen. Geht man historisch an die Frage heran, wird diese Begründung zweitrangig: Sowohl Nama als auch Herero sind im 18. und 19. Jahrhundert erst in das Gebiet gekommen, das sie unmittelbar vor der politischen Kolonisation bewohnten. Ihre Produktivkräfte waren gar nicht so entwickelt, als daß sie eine andere Wirtschaftsform (z.B. Ackerbau mit Bewässerungswirtschaft) hätten betreiben können."[6]

Unter den *Nama* gab es eine relativ große Zersplitterung in einzelne Stämme. Die Zuwanderung von Orlam-Stämmen zu Beginn des 19. Jahrhunderts aus der Kap-Provinz unter Führung Jager Afrikaners sollte eine neue Ära sowohl unter den Nama als auch später im gesamten südlichen und zentralen Teil des Territoriums zur Folge haben.

„Das Eindringen Jager Afrikaners, seiner Anhängerschaft und verwandter Familienverbände in den südlichen Teil des Territoriums bedeutete einen völlig neuen Faktor in der Entwicklung des Landes."[7]
Bei den Nama handelte es sich um eine Nomadengesellschaft, die sich durch die Jagd und Kleinviehzucht reproduzierten. Laut Peter Schmitt-Egner fehlte bei den Nama, die im Gegensatz zu den Herero über vergleichsweise wenig (Groß-) Viehbestand verfügten, eine geregelte Vieh- und Vorratswirtschaft. Weshalb sie sich in Dürrezeiten wegen drohender Nahrungsmittelverknappung durch Raub über Wasser halten mußten.[8]

„Im wesentlichen gab es im 19. Jahrhundert zweimal Bestrebungen, eine regionale und mehrere Stämme umfassende Einigung zustande zu bringen, bzw. Staatsbildungstendenzen zum Durchbruch zu verhelfen. Einmal war dies der Versuch der Gründung des Orlam-Reiches unter Führung Jonker Afrikaners. Der zweite Einigungsversuch bestand in der ‚Anerkennung' der Witboois unter Führung Hendrik Witboois als militärisches und politisches Zentrum der Nama Anfang der 90er Jahre."[9]

Die Geschichte der *Herero* war geprägt von Auseinandersetzungen mit den Nama, die wir im folgenden Abschnitt kurz aufgreifen und einschätzen. Bei den Herero konnte man ebenfalls noch nicht von einer Klassengesellschaft sprechen, es gab jedoch Reichtumsunterschiede.[10]
Kennzeichnende Produktionsform der Herero war die seit altersher betriebene extensive Viehwirtschaft, für die sie bei ihren riesigen Rinderherden gewaltige Landflächen benötigten. Lohnarbeit im strengen Sinne war unbekannt,[11] Warenproduktion existierte nur in geringem Umfang.[12]

Weiterhin charakteristisch war das Gemeineigentum an Grund und Boden.[13] Summarisch läßt sich feststellen, daß die heterogene Struktur der Herero, verbunden mit den verschiedensten gesellschaftlichen Elementen, konkrete Aussagen über die Stammesverhältnisse erschwert.

„Urkommunismus beim Landbesitz; Matriarchat bei der Häuptlingsfolge; Privateigentum an Vieh und Gegenständen; Feudalismus in der Hierarchie der Oberhäuptlinge; der Häuptlinge und Räte des Landes; die Verfassung der Herero bot den Soziologen ein großartiges Material zur Untersuchung der Gesellschaftsentwicklung."[14]

Die *Saan* und *Dama,* Ureinwohner des Landes, befanden sich noch auf der Stufe der Urgesellschaft.

„Ein den Individuen gegenüberstehendes System von an Herrschaftsinstanzen gebundenen Kontrollen und Sanktionen, Herrschaft des Menschen über den Menschen, gab es bei den Buschleuten nicht – konnte es auch wegen der fehlenden Erzeugung eines regelmäßigen Mehrprodukts als notwendiger ökonomischer Bedingung nicht geben. Die sich von Ziegenhaltung und Jagd ernährenden Sippen der Damara (auch ‚Bergdama') waren ähnlich organisiert. Als ‚Anhängsel' des Bodens gerieten Buschleute und Damara in ökonomische Abhängigkeit von Herero- und Namastämmen, als diese in das Gebiet einwanderten. In einer Art patriarchalischer Sklaverei (unverkäuflich, verleihbar und vermögensfähig) wurden sie der extensiven Weidewirtschaft der Herero und Nama als Produktionsmittel einverleibt."[15]

Die Dama wurden somit ihrer Konsistenz bereits vor der europäischen Kolonialherrschaft beraubt, der Einfluß der Herero und Nama und die Unterwerfung durch sie bewirkten tendenziell die Anpassung an das spätere koloniale System. Konsequenterweise rekrutierten sich die ersten afrikanischen Arbeitskräfte der Kolonialwirtschaft überwiegend aus den Überresten der Bergdama-Gesellschaft,[16] während die Saan als Jäger und Sammler sich durch einen Rückzug in unwirtliche Gebiete der Kalahari der gewaltsamen Unterwerfung und Integration (und der damit einhergehenden Zerstörung ihrer Produktions- und Lebensweise) zu entziehen versuchten.

Relativ isoliert von den anderen ethnischen Gruppen, jedoch in Austausch mit ihnen stehend,[17] siedelten im nördlichen Teil Namibias und Südangola die *Ambo*-Stämme.

„Mit dem Wort (Ov)ambo bezeichneten die Herero alle Stämme, die von ihnen aus im Norden lebten und eine gemischte Wirtschaft betrieben, d.h. Ackerbau *und* Viehzucht."[18]

Mit den ebenfalls zur Bantu-Sprachgruppe gehörenden Stämmen am Okavango und im Caprivi-Zipfel waren die Ovambo die einzigen seßhaften und Ackerbau betreibenden Stämme des vorkolonialen Namibia.

„Neben dem von den Frauen auf Familienparzellen betriebenen Hackbau bildeten Viehzucht und Jagd nur einen Nebenzweig der Nahrungsmittelproduktion. Die Produktivität der Ovambo-Wirtschaft war soweit entwickelt, daß die Bevölkerung offensichtlich ausreichend ernährt war... und darüberhinaus ein regelmäßiges Mehrprodukt erzeugt wurde. Dies ermöglichte die Freisetzung eines Teils der arbeitsfähigen Bevölkerung von der unmittelbaren Nahrungsmittelproduktion und -beschaffung, somit eine fortschreitende gesellschaftliche Arbeitsteilung und die Entstehung von Ausbeutungs- und Herrschaftsverhältnissen."[19]

Nach Rainer Clauß stellen die vorhandenen Ansätze eines Staatsapparates bereits eine Keimform zur Herausbildung von Klassen dar,[20] wobei auch Nachtwei deutliche Auflösungserscheinungen des urgesellschaftlichen Kollektivismus konstatiert.[21]

„Dieser Abriß der Produktionsweisen, der sozialen und politischen Strukturen der Stammesgesellschaften Namibias zeigt, daß 1884 als das Jahr der beginnenden Kolonialokkupation nicht das Jahr Null der namibianischen Geschichte war, zeigt die Stämme als Subjekte ihrer Geschichte, zeigt sie in Entwicklung: größtenteils im Übergang von der klassenlosen Urgesellschaft zu Ansätzen einer Klassengesellschaft, die jedoch weiterhin durch ein Kollektiveigentum an Produktionsmitteln gekennzeichnet ist." [22]

2.1.3. Der vorkoloniale gesellschaftliche Entwicklungsprozeß Namibias

Aus diesen summarischen Beschreibungen und Charakterisierungen des Entwicklungsstandes und -prozesses der verschiedenen Stammesgesellschaften wird deutlich, daß sich die Menschen in Namibia vor Beginn der Kolonisierung in einem konstanten, kontinuierlichen Prozeß der gesellschaftlichen Veränderung befanden und keinesfalls stagnierten.

Dies fand seinen Ausdruck auch in der militärischen Konfrontation einzelner Stämme, und zwar jenen (Orlam/Nama, Herero) mit den auf Expansion angewiesenen Produktionsformen und Existenzbedingungen (nomadisierende Viehzüchter). Insofern kann dieser Kampf um die Vorherrschaft in einem Aspekt als Existenzkampf bezeichnet werden. Dies brachte jedoch bereits – zumindest mittelbar – den Einfluß kolonisatorischer Kräfte durch die weißen Siedler im Süden zum Ausdruck, die die autochthone (ansässige) Bevölkerung – wie dies am Beispiel der Orlam-Hegemonien deutlich erkennbar ist – bereits existentiell bedrohten und damit den Kämpfen die Dimension eines Überlebenskampfes gaben.

„In Wirklichkeit ging es aber in den Kämpfen zwischen Namas und Hereros um einen echten Existenzkampf: die Namas waren von den Weißen vertrieben worden und mußten sich neues Weideland suchen; die Hereros wurden von einer Dürreperiode zur Wanderung veranlaßt. Auffallend ist zudem, ... daß die Kämpfe besonders durch die von Europäern gelieferten Feuerwaffen verheerend wurden, und daß sie den Höhepunkt der Grausamkeit erreichten, als in den sechziger Jahren des 19. Jahrhunderts auch die vorher unterlegenen Hereros den Gebrauch der Feuerwaffen lernten. Es handelte sich also nicht um afrikanische Stammeskämpfe im traditionellen Sinne, sondern um Auseinandersetzungen zwischen Stämmen, die in erheblichem Ausmaß durch europäische Einflüsse verursacht und verschärft wurden."²³

Zum anderen ermöglichte jedoch zu diesem Zeitpunkt bereits die stammesgesellschaftliche Organisation eine Konsolidierung sich herausbildender Herrschaftsverhältnisse im Sinne eines Staatsbildungsprozesses, der die Unterwerfung von Stämmen unter die Oberherrschaft einer Hegemonie mehrerer Stammesverbände zum Ziel hatte und beinhaltete. Die von der Gesellschaftsstruktur her entwickeltsten Stämme im Süden und Zentrum des Territoriums befanden sich auf dem Wege zur Bildung eines ersten Staatsansatzes, der Namibia neue Möglichkeiten eröffnet hätte.

Auf diese politische Dimension der „Stammeskämpfe" wies auch der Historiker Helmut Bley, der sich mit der (vor-)kolonialen Geschichte Namibias intensiv beschäftigt hat, hin:

„In Namibia besteht ein politisches Bewußtsein des territorialen Raumes und seiner politischen Hegemonialstruktur seit 1850, oder man kann auch 1823 sagen... Napoleon mit seiner Garnison auf Sankt Helena war einer der ersten Märkte für Namibia... Er hat ein Fernhandelssystem entwickelt, und dieses zu kontrollieren war der Grund vieler Machtkämpfe der Häuptlinge untereinander..."²⁴

Der südafrikanische Ethnologe J.P. van S. Bruwer (im übrigen der erste von der Regierung ernannte „Generalkommissar für die eingeborenen Völker Südwestafrikas" und Mitverfasser des Odendaal-Planes), der die Errichtung der deutschen Kolonialherrschaft als friedensbringende Mission unter der afrikanischen Bevölkerung würdigt (selbstverständlich ohne dabei auf die blutige Bilanz der an Völkermord grenzenden „Pazifizierung" einzugehen), bestätigt — sicherlich ungewollt — die Vermutung, daß es sich bei den Kämpfen zwischen den Orlam und Nama einerseits und den Herero andererseits um die Oberherrschaft und Leitungsfunktion im Staatsbildungsprozeß des Landes handelte (und nicht bloß um Viehdiebstähle), indem er feststellt, „daß der Streit wahrscheinlich bis zur beständigen Herrschaft der einen oder anderen Gruppe fortgedauert hätte."²⁵

2.1.4. Erschließung des Landes durch Träger kolonialer Interessen

Geschützt durch die geographischen und klimatischen Verhältnisse, blieb Namibia lange Zeit vor dem Zugriff durch Abenteurer, Kulturbringer und Kolonialenthusiasten verschont, die im Namen europäischer Zivilisation ihre Besitzgier und Raublust austobten und die Kontinente plünderten und brandschatzten.

„Die ersten koordinierten Versuche Weißer, sich in Südwestafrika niederzulassen, wurden von Missionaren — ausnahmslos Deutschen — der Londoner Missionsgesellschaft unternommen."²⁶

Die erste Konfrontation mit Missionaren der Londoner Missionsgesellschaft als Vorboten und Ausdruck des allmählich entflammenden Sendungsbebwußtseins in der alten Welt — fand zu Beginn des 19. Jahrhunderts im Sü-

den Namibias statt und verlief relativ harmlos. Die Stammesgesellschaften vermochten diesen Ideologie-Import noch zu absorbieren und zu integrieren.[27]
Die ersten negativen Auswirkungen kolonialer Expansion zeigten sich in Namibia indirekt durch die Zuwanderung der Orlam.[28]
Im folgenden wollen wir nun untersuchen und zusammenfassend darstellen, welche Träger kolonialer Interessen in der Folgezeit direkten Einfluß auf die weitere Entwicklung in Namibia nahmen, die Gesellschaftsstrukturen beeinflußten und somit die systematische Kolonisierung und offizielle Annexion vorbereiteten.

2.1.4.1. Die „säkular-ökonomische" Durchdringung

Von einer systematischen Erschließung des Landes kann in der ersten Hälfte des 19. Jahrhunderts nicht gesprochen werden. Händler, Forschungsreisende, Kaufleute und Jäger brachen vom Kapland aus individuell und sporadisch auf, um die nördlich davon liegenden Gebiete auf ihre Verwertbarkeit hin zu prüfen.[29]
Die erste planmäßige Plünderung namibischer Ressourcen erfolgte entlang der Küste und der dieser vorgelagerten Inseln. Anlaß war die Entdeckung extrem reicher Guanolager, auf die Europäer 1842 gestoßen waren.

„Ichaboe, die reichste Insel, besaß Guanoablagerungen von 72 Fuß Tiefe. Hunderttausende Tonnen Guano wurden von dieser Insel zwischen 1843 und 1848 entfernt."[30]

Wie die Chronik zu berichten weiß, lagen teilweise bis zu 300 Schiffe vor Anker, um den Reichtum Ichaboes und der benachbarten Inseln zu vermarkten.

Gegen Mitte des 19. Jahrhunderts begannen sich auch im Landesinnern allmählich, unter Zusammenarbeit mit den Missionsgesellschaften und unter Ausnutzung der durch die Missionsarbeit geschaffenen Strukturen, vereinzelt Zentren herauszubilden, die als Stützpunkte für die sich langsam systematischer entfaltenden Aktivitäten der Händler Dienste leisteten und die weitere Durchdringung des Landes förderten.

„Die Veränderungen durch Händler, Unternehmer und Reisende und Siedler waren vor der Landnahme besonders in den ersten Handelszentren Swakopmund, Otjimbingwe und Rehoboth gravierend. Im Ovamboland war der Einfluß nur sporadisch... Anders im Herero- und im Namaland. Hier entstanden feste europäische Handelszentren, hier wurde von seiten der Europäer in die interethnischen Konflikte eingegriffen, Herero- und Namaland wurden als Siedlungsgebiet für brauchbar erklärt; hier im mittleren und südlichen Teil Namibias ließen sich die Missionare zuerst nieder."[31]

Einzelne Händler vermochten es geschickt, unter Ausnutzung der im Lande herrschenden militärischen Auseinandersetzungen zwischen den Stammesgesellschaften und unter ihnen um die Oberherrschaft, zu Vertrauten und „Beratern" von Häuptlingen zu avancieren, indem sie ihre „individuelle Aufstiegschance" zu nutzen verstanden.[32]

Mitte des Jahrhunderts begann man mit der Erkundung und dem Abbau der Bodenschätze des Landes, wenngleich auch noch in bescheidenem Rahmen. 1853 nahm die Walfisch Bay Minengesellschaft in der Nähe von Otjimbingwe Minenarbeiten auf. Otjimbingwe selbst

„... wurde die Niederlassung europäischer Minenarbeiter, Händler, Reisender und Jäger. Verarmte Herero fanden Arbeit in der Mine...".[33]

Solche „europäische Siedlungsinseln" trugen dazu bei, effektiver die Einführung der Waren- und Geldwirtschaft voranzutreiben, indem arbeitswillige, verarmte oder ausgestoßene Afrikaner sich zu Lohnarbeit verdingen konnten.

„Zwischen 1861 und 1866 fand eine weitere Entwicklung der Küste durch den Aufbau einer Fisch- und Fischölindustrie und der Niederlassung der Pomona Minengesellschaft statt...".[34]

Ende der 70er Jahre schließlich sorgten Burentrecks aus dem Transvaal kommend für einige Unruhe unter den Stämmen Namibias, als sie auf der Suche nach neuem Siedlungsgebiet durch das Territorium zogen (die Landsuche verschlug sie teilweise bis nach Südangola). Dies stieß auf Widerstand der Afrikaner, die in den Buren eine Bedrohung ihrer angestammten und existentiell notwendigen Weideflächen sahen.[35]

„Die Buren, die wie der Sohn Gottes noch keinen Platz gefunden hatten, um ihre Häupter zur Ruhe zu legen, erschienen der Bevölkerung Südwestafrikas als potentielle Bedrohung."[36]

Über die Aktivitäten weißer Einwanderer und deren Auswirkungen auf die Lebensbedingungen der autochthonen Bevölkerung in dieser Phase vorkolonialer Durchdringung gelangt Rainer Clauß zu dem Ergebnis:

„Schon in den Jahren vor der politischen Kolonisation fand in Namibia eine ‚getrennte Entwicklung' statt, getrennte sozio-ökonomische Veränderungen im Bereich der weißen Einwanderer und der afrikanischen Bevölkerung. Landnahme auf der einen Seite erscheint als Vertreibung auf der anderen...".[37]

Bis in die 80er Jahre des 19. Jahrhunderts können jedoch die ökonomischen Aktivitäten unter dem Aspekt der (kurzfristigen) Rentabilität als Fehlschläge bezeichnet werden. Selbst der kolonialfreundliche südafrikanische Historiker Esterhuyse mußte als Fazit feststellen:

„...die Christianisierung der eingeborenen Stämme war die einzig konstruktive Arbeit, die von den Europäern vollbracht wurde... der Handel basierte auf Elfenbein und Federn und fügte dem Land mehr Schaden als Gutes zu... die Bergbauunternehmungen waren eine Reihe sporadischer Suchereien nach Mineralien, die von Beginn an zum Scheitern verurteilt waren."[38]

2.1.4.2. Missionierung und die Phase der „Missionsherrschaft"

Den Missionaren der Londoner Missionsgesellschaft folgten die Wesleyaner in den 30er Jahren des 19. Jahrhunderts.[39]

1842 kamen die ersten Missionare der Rheinischen Missionsgesellschaft nach Namibia. Durch „indirekte Bekehrungsmittel", denen die eigentliche Religionsunterweisung untergeordnet war,[40] erreichten sie einen starken Einfluß,[41] dessen objektive Auswirkungen auf die weitere Entwicklung Namibias von grundlegender Bedeutung waren.

Bei der Beurteilung der Aktivitäten der Missionare wollen wir dabei nicht prinzipiell in Abrede stellen, daß es sich teilweise um Menschen handelte, deren Engagement subjektiv-idealistisch von einem aufrichtigen Glauben an die eigene positive Rolle bestimmt wurde. Letztendlich allerdings ist für die weitere Entwicklung der gesellschaftlichen Verhältnisse Namibias die Konsequenz missionarischer Umtriebe im objektiven Sinne von Bedeutung:

„...all die menschlich guten Taten der Missionare dienten letztlich der Etablierung und Stabilisierung der Kolonialherrschaft, also den Interessen eines durch und durch inhumanen, ausbeuterischen und menschenverachtenden Systems. Unter solchen gesellschaftlichen Vorzeichen wird die Wohltat zur Plage... Wenngleich bei der Einschätzung der Missionstätigkeit die subjektive Aufrichtigkeit eines Teils der Missionare nicht in Zweifel gezogen werden soll, so kommt es doch bei der historischen Bewertung nicht auf ihre menschlichen Qualitäten, sondern auf die objektiven Ergebnisse an."[42]

Zusammenfassend beurteilt Winfried Nachtwei die Rolle der Rheinischen Mission im historischen Kontext Namibias folgendermaßen:

„In der Epoche der vorkolonialen europäischen Durchdringung Namibias spielte die Mission die zentrale Rolle des Kundschafters und Wegbereiters, für die Invasion der kapitalistischen Tauschwirtschaft, für den nachrückenden Kolonialismus."[43]

Welche waren nun die Ziele der Mission, die zu deren Verwirklichung praktizierten Durchsetzungsmethoden und deren Auswirkungen auf den weiteren Entwicklungsprozeß Namibias?

Dabei unterscheidet Loth zwischen dem Einflußbereich der christlichen Ideologie und der Wirksamkeit des politisch-ökonomischen Machtfaktors. Letzterer sicherte sich auch Einflußmöglichkeiten, ohne daß die ideologische Durchdringung („Missionierung") in Stammesgesellschaften vollzogen war.[44] Loth relativiert jedoch einige seiner Aussagen zur Machtpolitik der Missionsgesellschaft selbst, indem er Absicht und Wirkungsweise der Mission zurecht in Relation zu den gesellschaftlichen Bedingungen setzt, auf die sie traf.

„In Wirklichkeit hing der Grad des politischen Einflusses der Mission gar nicht vom Willen der Missionare selbst ab. Es waren vielmehr die von den Missionaren vorgefundenen Herrschaftsverhältnisse, von denen der Charakter der politischen Macht der Mission abhing."[45]

Wie bereits dargestellt, befand sich Namibia Mitte des 19. Jahrhunderts in einem Kampf der Stammesgesellschaften um die Oberherrschaft im Lande, der als „Staatsbildungsprozeß" bezeichnet werden kann.[46] Die Orlam-Hegemonie unter Führung Jonker Afrikaners hatte zu dieser Zeit eine Rolle inne, die eine qualitative gesellschaftliche Veränderung erhoffen ließ.[47]

Die Rheinische Missionsgesellschaft profitierte dabei anfangs davon, daß es sich bei den Orlam-Stämmen um christianisierte Nama handelte, die sich der Mission gegenüber kooperativ verhielten und ihr somit Einflußmöglichkeiten sicherten, die ihr die Ausdehnung des Machtbereichs erlaubten. Als sich jedoch Jonker Afrikaner durch die Gründung einer unabhängigen Kirche dem Einflußbereich der Mission zu entziehen begann,[48] wurde er objektiv zum Gegner der Missionspläne. Gleichzeitig begannen damit die Absichten des Herero-Missionspräses Hahn konkrete Formen anzunehmen. Sein Wunschbild beruhte auf den Vorstellungen einer „Missionskolonie", die auf der Basis der Vorherrschaft der Herero die landesweite, uneingeschränkte Hegemonie der Missionare sichern würde.[49]

„Es wurde nun zur Praxis der Rheinischen Mission in Südwestafrika, die immanent der Orlam-Hegemonie innewohnenden Widersprüche systematisch zu verschärfen und damit diese bewußt zu unterminieren."[50]
Dabei diente die Herero-Mission als Basis im Kampf gegen die Oberherrschaft der Orlam-Nama. Die Zerstörung der Orlam-Hegemonie sollte durch einen von außen inspirierten „Freiheitskrieg der Herero" initiiert werden.[51]

„Die Ausführung eines solchen Planes schien der Rheinischen Missionsgesellschaft geeignet, die progressive Entwicklung in Südafrika rückgängig zu machen und die alte Stammeszersplitterung wieder herzustellen."[52]
Die politische Zielsetzung der Mission bestimmte auch ihre aktive Partizipation an den Auseinandersetzungen. Durch das quasi-Monopol im Handel mit Waffen und Munition[53] und der selektiven Versorgung und Unterstützung von Stammesführern mit diesem Kriegsmaterial und anderen Hilfsgütern, wurde die Vorgehensweise der Mission mit der Förderung partikularistischer oder der entstehenden Zentralgewalt feindlicher Kräfte identisch. Gleichzeitig bot sich auf Seiten der autochthonen Bevölkerung für weniger einflußreiche Häuptlinge die Chance, durch Hilfe vonseiten der Mission eine Machtposition zu erlangen, die ihnen künftig zu größeren Möglichkeiten bei der Durchsetzung eigener Interessen verhalf. Diese Hilfsfunktion wertete wiederum die Mission auf und stärkte ihren Einfluß.

„Die Stämme mit Missionsstationen waren durch die Vorteile, die sie aus dem Handel zogen, begünstigt. Die Aufhebung (Boykott) beziehungsweise Neugründung einer Missionsstation war deshalb ein untrennbarer Bestandteil der Erhaltung und Festigung des Missionseinflusses."[54]
Wie bereits in dem chronologischen Abriß der kriegerischen Ereignisse im Kampf um die Oberherrschaft in Namibia beschrieben,[55] führten der Tod Jonker Afrikaners und der seines Bündnispartners Tjamuaha tatsächlich zum Niedergang der Orlam-Hegemonie.[56]
Hauptnutznießerin der daraufhin erneut wachsenden Zersplitterung der Stämme war die Rheinische Mission, die damit die Kontrolle über das Territorium ungefährdet ausbauen und perfektionieren konnte.

„Die Rückkehr auf eine bereits durchlaufene Entwicklungsstufe mußte in ihrer Tendenz in Südwestafrika zu einer Stagnation führen."[57]
Die Arbeit der Mission verlagerte sich in der Folgezeit schwerpunktmäßig vom indirekt militärisch-strategischen Engagement auf die ökonomische und ideologische Durchdringung des Landes. So konstatiert ein heutiger Mitarbeiter der Rheinischen Missionsgesellschaft in Namibia:

„Zur bürgerlichen Ordnung haben die Missionare Wesentliches beigetragen. Sie mußten Richter und Schlichter in Handelssachen sein. Bekannt ist, daß Hugo Hahn der ungekrönte Häuptling war,...".[58]
1866 wurde in Otjimbingwe eine Lehrerausbildungsstätte gegründet, denn: „Geordnetes Gemeindeleben wird durch Erziehung und bürgerliche Ordnung ermöglicht", wie der Missionssekretär Baumann noch 1965 in einem Vortrag in Windhoek verkündete.[59] Durch die schulische Ausbildung von Häuptlingskindern und die Heranbildung einheimischer Lehrer versuchte die Mission, sich eine Schicht von afrikanischen Günstlingen heranzuziehen.

„Hahn hatte den weitblickenden Plan, durch Ausbildung von Häuptlingssöhnen einen Generalangriff auf das heidnische Hererovolk zu unternehmen."[60]

Diese „ideologische Wühlarbeit",[61] die durch die inzwischen herrschende Stagnation der Stammesgesellschaften gefördert wurde, ging einher mit der Etablierung von (Rudimentär–) Elementen kapitalistischer (Waren-) Produktion.

„Unternehmen der Mission bedeuteten einen weitreichenden Einfluß sowohl auf die Wirtschaft als auch die Religion und Erziehung. Missionare weckten eine Unmenge neuer Bedürfnisse. Und sie verbreiteten einen weiten Bereich neuer Fertigkeiten, die sich nur in einer westlichen Ökonomie vermarkten ließen. Mit dem Ergebnis, daß die große Mehrheit der Missionszöglinge Gehaltsempfänger oder Lohnarbeiter wurden."[62]

Zusammenfassend läßt sich feststellen, daß die Rheinische Missionsgesellschaft in Namibia aktiv wurde, als Stammesgesellschaften in den zentralen und südlichen Teilen des Territoriums (Nama und Herero) sich im Prozeß der Bildung eines ersten Staatsansatzes bzw. Zentralisationsprozesses befanden. Praxis der Missionsgesellschaft war es, die diesem Vorgang immanent innewohnenden Widersprüche zu verschärfen, „...und damit die Staatsbildung von innen her durch Unterstützung feindlicher Gruppen und Auslösung von Aufständen und Kriegen zu unterhöhlen."[63]

Die künstliche Aufrechterhaltung des Stammespartikularismus, der gerade zu jener Zeit in Auflösung begriffen war, schloß den kriegerischen Konflikt permanent in sich ein. Damit wurden nicht nur die Ansätze zur Bildung einer Zentralinstanz in Namibia untergraben, sondern gleichzeitig die Abwehrkräfte gegenüber ausländischen Eindringlingen geschwächt.

Dies bildete letztlich die Grundlage für eine systematische Kolonisierung des Territoriums. Insgesamt leistete damit die Rheinische Mission eine bedeutsame – und über die Vermittlung ideologischer Inhalte hinausgehende – grundsätzlich sozio-ökonomische Vorarbeit für die deutsche Kolonialokkupation.

So schließt Loth:

„...daß das Eingreifen der Rheinischen Mission und der deutschen Kolonialmacht nicht das Ergebnis, sondern die Ursache für die fehlgeleitete Entwicklung, die Zerstörung der Staatsbildungstendenzen und der Stagnation der gesellschaftlichen Verhältnisse Südwestafrikas war."[64]

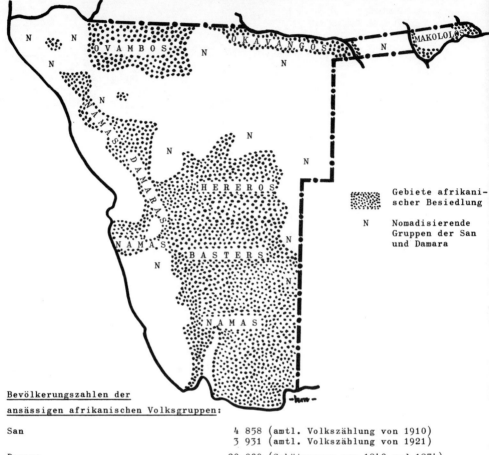

Siedlungsgebiete in Deutsch-Südwestafrika vor extensiver weißer Besiedlung und Landnahme (etwa um 1900)

▨ Gebiete afrikanischer Besiedlung

N Nomadisierende Gruppen der San und Damara

Bevölkerungszahlen der ansässigen afrikanischen Volksgruppen:

San	4 858	(amtl. Volkszählung von 1910)
	3 931	(amtl. Volkszählung von 1921)
Damara	20 000	(Schätzungen von 1840 und 1874)
	18 613	(amtl. Volkszählung von 1910)
Nama	16 850	(Schätzung von 1876)
	13 858	(amtl. Volkszählung von 1910)
Herero	90 000	(Schätzung von 1874)
	84 000	(Schätzung von 1876)
	19 962	(amtl. Volkszählung von 1910)
Caprivi-Stämme	9 000	(Schätzung von 1909)
Caprivi-Stämme und Kavango	24 249	(amtl. Volkszählung von 1929)
Ovambo	90 000	(Schätzung von 1876)
Ovambo außerhalb der "Polizeizone"	191 984	(amtl. Volkszählung von 1914)

2.2. Zur Geschichte Deutsch-Südwestafrikas und der Wirkungsweise des deutschen Kolonialismus in Namibia

In Namibia zeigt sich im konkreten historischen Prozeß die Richtigkeit der Baumgart'schen These, „daß die Flagge dem Kreuze folgte".65 Dabei wurde die deutsche Kolonialeroberung durch die inzwischen herrschende Zersplitterung der politischen Kräfte im Lande und der Uneinigkeit der Stammesgesellschaften begünstigt, da mittlerweile die kriegerischen Konflikte in Namibia ein „chronisches Stadium"66 erreicht hatten.

Die destruktive Rolle der Rheinischen Missionsgesellschaft als Wegbereiter des Kolonialismus trug Früchte. Dabei bewies sich auch in Namibia in der Folgezeit das — den Afrikanern in Südafrika zugeschriebene — Sprichwort über den Missionar:

„Als du hierher kamst, hatten wir das Land, und du hattest die Bibel; jetzt haben wir die Bibel und du hast das Land."67

Dabei läßt sich die Errichtung der politischen Macht und der Prozeß der Landnahme und Besiedlung in Deutsch-Südwestafrika in mehrere Etappen unterteilen. Die erste Etappe der Kolonisierung war charakterisiert durch die Bestrebung, die politische und militärische Macht im Lande zu erringen. Mitte der 90er Jahre des 19. Jahrhunderts folgte die zweite Phase des deutschen Kolonialismus in Namibia, die — nach einsetzender Besiedlung — durch Landnahme und Eroberungszüge gekennzeichnet war. Und mit der endgültigen militärischen Unterwerfung der afrikanischen Bevölkerung durch die Niederschlagung der landesweiten Aufstände von 1904 bis 1907 schließlich setzte das dritte Stadium deutscher Kolonialherrschaft in Namibia ein, das der entwickelten Kolonialwirtschaft.

Wir wollen im folgenden diese drei Phasen der deutschen Kolonialherrschaft in Namibia zusammenfassend darstellen und in einer abschließenden Bestandsaufnahme ihre Wirkungsweise für die namibische Bevölkerung aufzeigen, da uns die Auswirkungen deutscher Kolonialherrschaft als gravierend für die weitere Entwicklung des Landes und unentbehrlich zur Einschätzung der heutigen gesellschaftlichen Situation erscheinen.

2.2.1. Die Anfangsphase des deutschen Kolonialismus

Loth unterteilt die Anfänge der deutschen Kolonialokkupation in Namibia in zwei Etappen: die Konzessionsperiode und die des Abschlusses von „Schutzverträgen".68

Die Konzessionsperiode setzte zu Beginn der 80er Jahre ein und bereitete die offizielle Annektion Namibias durch Deutschland weitgehend vor, indem sie de facto bereits koloniale Besitzverhältnisse schuf. Sie „war dadurch charakterisiert, daß verschiedene Kolonialinteressenten ohne jede Mitwirkung der deutschen Regierung Land- und Minenrechte zu erjagen suchten."69

Im April 1882 landete der Bremer Kaufmann Adolf Lüderitz in Angra Pequena,[70] um mittels Abschlusses von betrügerischen Verträgen mit ansässigen Häuptlingen Land zu erwerben und an der Küste eine Fabrik zu errichten.[71] Durch „Transaktionen", in denen die Vertragspartner von Lüderitz und dessen Beauftragten Heinrich Vogelsang permanent übervorteilt wurden,[72] hortete der Bremer Kaufmann bis 1885 eine riesige Landfläche in Namibia, die er als seinen „Besitzstand" auswies. Dazu hatte er sich die Konzessionsrechte für Mineralien in einem beträchtlichen Teil des noch verbleibenden Landes gesichert. Doch sein Landhunger ließ ihm am Ende nicht mehr das Kapital zur profitablen Verwertung seines Imperiums. Er hatte sich verspekuliert. Am 3. April 1885 übertrug er die Nutzungsrechte für 500.000 Mark an die eigens dafür gegründete „Deutsche Kolonialgesellschaft für Südwestafrika."

Am 5. September 1884 war derweil bereits die Südwestküste Afrikas vom Oranje bis zum Kunene formell unter den „Schutz" des Deutschen Kaiserreichs gestellt worden. „Rechtliche" Grundlage hierfür war der Landbesitz von Lüderitz gewesen. Zu dem daraufhin praktizierten „System der Vertragsabschlüsse" vermerkt Loth:

„Der im Jahre 1884 proklamierten ‚Schutzherrschaft' über Südwestafrika wurde durch den Abschluß von ‚Schutzverträgen' erst nachträglich der Schein der Rechtmäßigkeit verliehen... Die besondere Bedeutung der Verträge lag jedoch nicht in ihrer völkerrechtlichen Begründung des Herrschaftsanspruchs des deutschen Kolonialismus, sondern in der Schaffung von Bedingungen, welche die Unterwerfung der Bevölkerung erleichtern sollten. In ihrer Grundtendenz richteten sich diese Bedingungen gegen jede Neuauflage einer Hegemonie. Die Stammeszersplitterung wurde konserviert beziehungsweise vertieft."[73]

Dabei diente die Ausnutzung der im Lande vorhandenen Gegensätze als Basis des Systems der Vertragsabschlüsse.[74] Ziel dieser Vorgehensweise war es, dadurch im Territorium ein „Gleichgewicht" der Kräfte zu sichern, das die weitere koloniale Durchdringung unter Ausnutzung der inzwischen künstlich geschaffenen und erhaltenen Widersprüche als desintegrativem Moment unter der autochthonen Bevölkerung erleichterte.[75]

Parallel zur Schaffung von der systematischen Kolonisierung nützlichen Ausgangsbedingungen durch Schwächung der Widerstandskraft der namibischen Bevölkerung begann die „wirtschaftliche Erschließung" des Landes, die sich zu jenem Zeitpunkt noch in einem Embryonalzustand befand und als „Ära der Konzessionsgesellschaften" wohl adäquat bezeichnet werden kann.

„Das infantile Stadium des noch nicht an die Macht gekommenen monopolistischen Kapitalismus ließ die koloniale Beute als einen überflüssigen Ballast erscheinen, den man sich unnötigerweise aufgeladen hatte."[76]

Die deutsche Kolonialpolitik sah zur Erschließung der Kolonialbesitzungen deshalb in dieser Anfangsphase vor, das wirtschaftliche Engagement und die verwaltungsmäßigen Aufgaben in den Kolonien an Konzessionsgesellschaften zu übertragen, die somit quasi die Rolle eines Staates übernehmen sollten.

„Entsprechend dem Bismarckschen Konzept wurde die Kolonisierungsaufgabe von Privatgesellschaften übernommen. Diese sollten das Kapital stellen, die Risiken tragen und das Land verwalten."[77]
Diese Konzessionsgesellschaften, die Gann als „überprivilegiert und unterkapitalisiert" bezeichnet, [78] und von denen die „Deutsche Kolonialgesellschaft für Südwestafrika" bereits als Erbin des Lüderitz'schen Besitzes erwähnt wurde,
„...wurden mit Landflächen betraut, die der Größe europäischer Fürstentümer entsprachen. In wirtschaftlichen Kategorien blieben die Kolonien weitgehend unterentwickelte Ländereien, zu Spekulationsabsichten erworben und mehr durch ihre Skandale berüchtigt als durch ihre wirtschaftliche Leistung."[79]
Der Plan, die Erschließung der Kolonien an Konzessionsgesellschaften zu übertragen, erwies sich damit als ineffektiv, da diese lediglich an Spekulationsgeschäften interessiert waren.[80] Das Finanzkapital beteiligte sich lediglich über diese Konzessionsgesellschaften an den Bodenspekulationen,[81] investiert wurde in Namibia nicht. Der deutsche „Entwicklungsplan" für Namibia scheiterte folglich. Das Territorium erwies sich in den Klauen der wenigen Profitgeier als enormes Zuschußgebiet für die deutsche Regierung.

„Ab 1890 übernahm der deutsche Staat die Aufgabe, die Kolonien zu erschließen, das heißt für Warenabsatz, Kapitalanlage, Rohstoffgewinnung und eventuelle Besiedlung aufzubereiten, die Kolonien ausbeutungsfähig zu machen."[82]
Gleichzeitig initiierten die Konzessionsgesellschaften den Versuch, die Einwanderung weißer Siedler zu stimulieren, um damit eine Steigerung der Landpreise zu erreichen und Gewinne aus Landverkäufen zu erzielen. 1893 übernahm das Deutsche Reich die gesamte Verwaltung Namibias.

2.2.2. Die Systematisierung der deutschen Kolonialpolitik

In den Jahren nach 1890, gestützt auf die Stärke des 1889 gegründeten Militärapparates, wurden die existierenden „Schutzverträge" durch neue Abmachungen ersetzt, „die nach Inhalt und Handhabung die Häuptlinge in verschiedenem Grade zu ausführenden Organen der deutschen Kolonialverwaltung machten.[83]

Erstmals wurde damit vonseiten der deutschen Kolonialmacht begonnen, die im Lande existierenden afrikanischen Herrschaftsstrukturen aktiv in das Verwaltungssystem miteinzubeziehen und den Versuch zu unternehmen, sie damit Teil des Machtapparates werden zu lassen.
„Der zwiespältige Charakter der traditionellen afrikanischen Häuptlingsinstitutionen tritt in diesem Zeitraum offen zutage: passive Bestechung auf der einen Seite, aktive Wahrnehmung von Führungsaufgaben im antikolonialen Kampf auf der anderen Seite."[84]
Kooperationswilligen Stammesführern, die als verlängerter Arm der Kolonialmacht den Widerstand gegen die Fremdherrschaft unter der autochthonen Bevölkerung abwiegeln sollten, wurde als Gegenleistung eine Jahresrente bis zu 2.000 Mark ausgezahlt. Gleichzeitig erhielten die Stammesgruppen Landgebiete zugewiesen, um somit zugunsten einer effektiveren militärischen Kon-

trolle deren Bewegungsfreiheit einschränken und überwachen zu können. Damit wurden erstmals von staatlicher Seite Reservate installiert, die in der später entwickelten rassistischen Apartheid-Diktion schließlich als „traditionelle Heimatgebiete" ihren Platz fanden. Ausdruck dieser systematischeren Politik war das nach dem ersten von deutscher Seite eingesetzten Gouverneur Theodor Leutwein benannte „System Leutwein", das sich ganz an der „divide et impera" Politik englischen Musters orientierte. Leutwein „...zog friedliche Lösungen (Verträge und Gehälter an die Häuptlinge) gewaltsamen (Zerschlagung und Entwaffnung der Stämme wie bei den Buren) vor."[85]

Unter Leutwein verfolgte die deutsche Kolonialpolitik in Namibia auf dem politischen Feld vorrangig zwei Ziele, die der gleichen Absicht − der endgültigen Zerstörung einer potentiellen Oberherrschaft seitens der Herero oder Nama unter der afrikanischen Bevölkerung − entsprangen.

In der Praxis fand diese Zielsetzung ihre Anwendung in der Aushöhlung der Oberhäuptlingschaft bei den Herero. Einerseits unterstützte Leutwein die Verselbständigung von Herero-Häuptlingen, die sich bis dahin in einem Abhängigkeitsverhältnis zu Maharero befanden. Andererseits sorgte die Kolonialverwaltung durch Unterstützung der „Eigenständigkeit" der Bergdama mittels Schaffung von drei Reservaten und deren direkte Unterstellung unter die deutsche Oberhoheit für die Auflösung des bis dahin herrschenden „Vasallenverhältnisses". Dies sollte sowohl die Schwächung der Herero bewirken, als auch durch getroffene Regelungen (Nutzungsrecht des Bodens für die Bergdama im Austausch gegen die Verpflichtung, Arbeitskräfte für die Kolonialverwaltung zu stellen) die Zufuhr von Arbeitern zu sichern. Parallel dazu versuchte Leutwein, die Hegemonie Hendrik Witboois unter den Nama zu zerschlagen und seine Führungsrolle zu untergraben. Da sich dies nicht auf friedlichem Wege erreichen ließ, wurde der Nama-Führer 1894 durch militärische Aktionen zur Kompromißbereitschaft und damit zur zeitweiligen Kapitulation vor dem Kolonialregime gezwungen. Nach Eroberung des Zentrums seines Einflußgebietes mußte sich Hendrik Witbooi durch vertragliche Regelungen in einem ihm und seinen Gefolgsleuten zugewiesenen Landgebiet ansiedeln und auf Rente setzen lassen.[86]

„Gegen Mitte der 90er Jahre,... hatten die Deutschen durch Bündnisse mit den zwei mächtigsten Führern (Hendrik Witbooi und Samuel Maharero, d.V.), die sie nicht bekämpfen wollten und nicht besiegen konnten, eine lose Oberherrschaft in Südwestafrika errichtet. Die deutsche Invasion hatte bis dahin jedoch wenig ökonomischen Einfluß auf die Stämme... Die Rinderwirtschaft der Stämme funktionierte noch immer unabhängig von der deutschen Anwesenheit."[87]

Das „System Leutwein" orientierte sich allerdings nur unvollständig an der Kolonisierungsstrategie englischen Modells und beschränkte sich hauptsächlich auf Vertragsabschlüsse als letztlich unzureichenden Versuch, über die Funktionalisierung von Stammeshäuptlingen oder „Stillhalteabkommen" den Widerstand der namibischen Bevölkerung im Zaum zu halten. Die im Sinne einer gesamtgesellschaftlich integrativen Wirkung notwendigen Komplementärmaßnahmen gegenüber der afrikanischen Bevölkerung, wie beispielsweise die Errichtung von Schulen, Aufstiegsmöglichkeiten für Afrikaner oder den Aufbau einer Infrastruktur zum Nutzen aller Landesbewohner, wurden unterlassen.

„Leutwein übernahm ... die ‚ökonomische' Methode der Engländer nur in beschränktem Maße, hinsichtlich ihrer Taktik den Stämmen gegenüber, ohne sie auf die ‚Arbeiterfrage' auszudehnen."[88]

Die Grenzen des Leutwein'schen Systems fanden sich in der einsetzenden Besiedlung des Landes durch deutsche Einwanderer. Grundlage der Siedlerwirtschaft bildete dabei der extensive Farmbetrieb.

„Für Namibia bestanden die Hauptaufgaben darin, afrikanisches Land und Vieh zu rauben und zugleich den afrikanischen Widerstand dagegen möglichst gering zu halten. Dieser planmäßige Raubzug wurde noch nicht unter dem Aspekt der damit verbundenen Freisetzung von Arbeitskräften gesehen; vielmehr kalkulierte man den Untergang afrikanischer Stämme ein...".[89]

Die Interessen der Siedler zielten vornehmlich auf den — auch durch Anwendung gewaltsamer Methoden verfolgten — Erwerb von Land und Vieh, sowie dessen juristische Absicherung durch die deutsche Verwaltung.[90] Die Praktiken, deren sich die Siedler dabei bedienten, entsprachen ganz der Tradition von Eroberungszügen. Um diese Methoden von staatlicher Seite aus nicht unterlaufen zu müssen, und somit eventuell dem Konzept der Siedlungspolitik entgegenzuwirken, war Gouverneur Leutwein gezwungen, ständig neue Gesetze und Verordnungen zu erlassen. Dabei änderte sich auch der Standpunkt der Kolonialverwaltung, die anfänglich einen Staat nach europäischem Muster errichten wollte, in dem die Stämme die Möglichkeit zur Anpassung mittels physisch gewaltfreier Methoden haben sollten. Wirtschaftliche Interessen traten stattdessen verstärkt in den Vordergrund:

„Die Verwaltung war erst Ordnungsmacht, dann Fiskus und schließlich an der Landesökonomie interessiert."[91]

Tatsächlich waren die Anfänge der Siedlungs- und Wirtschaftspolitik jedoch noch viel zu geringfügig, um in ihnen eine akute Gefährdung der elementaren Lebensbedingungen der Afrikaner erkennen zu können. Die wirtschaftlich Stärkeren waren in der ersten Hälfte der neunziger Jahre noch immer die Herero. Sie verfügten über große Rinderherden und saßen in den besten Weidegebieten. Und obwohl sie keinen regelmäßigen Viehhandel betrieben, bestimmten sie dennoch durch Gelegenheitsverkäufe den Markt.[92]

Die Brechung der ökonomischen Vorrangstellung der Herero wurde 1897 von der Rinderpest eingeleitet. Sie vernichtete nahezu den gesamten Rinderbestand der Herero (Mortalitätsziffer schätzungsweise 95 %). Damit waren die Herero ihrer Produktionsgrundlage beraubt und entscheidend geschwächt.

„Die Viehverluste durch die Rinderpest hatten die Herero vom europäischen Güterangebot abhängiger gemacht als bisher, vor allem aber das Vieh als Tauschmittel ausgeschaltet und den Landbesitz selbst zum Geschäftsobjekt machen lassen."[93]

Erstmals verdingten sich eigentumslos gewordene Herero in nennenswerter Zahl als Lohnarbeiter, weiße Siedler ließen sich im Hereroland nieder, die namibische Wirtschaft begann sich nach „europäischem Muster" zu entwickeln. Damit einhergehend verminderte sich das Risiko einer langfristigen Investitionspolitik für das deutsche Kapital, es wurde erstmals ökonomisch geplant. Es kam zu Investitionsentscheidungen für die Errichtung eines Eisenbahnnetzes und anderen infrastrukturellen Verbesserungen, die sowohl von strategisch-militärischem Wert waren als auch die Exportbedingungen von Rohstoffen verbesserten. Der Mangel an afrikanischen Arbeitskräften wuchs.[94] Verstärkt wurde bei der Beschaffung von Arbeitskräften von der Anwendung außerökonomischen Zwangs Gebrauch gemacht.

„Auf den Gedanken, daß die grausamsten Methoden nicht unbedingt die profitabelsten sein müssen... kamen von sich aus nur wenige deutsche Kolonialbeamte und Unternehmer."[95]

Dabei ging es in erster Linie um Beschaffung von Landarbeitern für die weiße Farmwirtschaft und Arbeiter für die Minen und den Eisenbahnbau. Zu dieser Zeit trat der gewalttätige Charakter deutscher Kolonialherrschaft offen zutage.

„Die ‚kleinen Verhältnisse' in der Basis, das starke feudal-militärische Element im Überbau plus die historisch und ökonomisch (dominierende Rolle der Schwerindustrie und Rüstung) bedingte Vorliebe der deutschen Bourgeoisie für Gewalt, führten zur Vorherrschaft des außerökonomischen Zwangs, der administrativen Methoden in der deutschen Kolonialpolitik."[96]

Obwohl als Siedlerkolonie konzipiert, vollzog sich die Besiedlung des Territoriums nach wie vor nur sehr zähflüssig, der Zustrom deutscher Einwanderer war gering. Zwar verdoppelte sich die zivile europäische Bevölkerung nahezu in den Jahren von 1897 bis 1903, aber auch dies nur in der bescheidenen Größenordnung von 2.628 zu 4.682 Europäern.[97]

„Die Militärs und Beamten bestimmten das Gesicht der deutschen Kolonien. Wie ein sozialdemokratischer Arbeiter aus Swakopmund (Deutsch-Südwestafrika) 1901 berichtete, machten die Militärs und Beamten drei Fünftel der weißen Bevölkerung aus."[98]

1903 belief sich das Verhältnis von weißen Siedlern und autochthoner Bevölkerung auf 1:64.

„Südwestafrika war die einzige deutsche Kolonie, in der die Unterdrückung der Eingeborenen amtlich eingeplant wurde. Denn in diesem Land, das zu neun Zehntel aus Wüste bestand, waren die einzigen geeigneten Gebiete zur europäischen Ansiedlung bereits zum größten Teil von Afrikanern bewohnt."[99]

Leutweins Bemühen, die afrikanische Bevölkerung ohne Anwendung physischer Gewalt in das ökonomische und staatliche System der Kolonialverwaltung zu integrieren, stieß dabei auf den heftigen Widerstand der Siedlerschaft. Diese plädierte für menschenverachtende, terroristische Maßnahmen, die darauf abzielten, die afrikanische Bevölkerung — auch unter Inkaufnahme ihrer physischen Vernichtung – der Siedlerschaft unterzuordnen und gefügig zu machen. Widerstand wurde unter den veränderten Bedingungen für die Afrikaner, die bis zu Beginn der 90er Jahre in den Siedlern noch keine Bedrohung ihrer Existenzgrundlage gesehen hatten, zu einer existenziellen Frage, zum Kampf ums Dasein.

Ende des 19. und zu Beginn des 20. Jahrhunderts kam es zu einer Reihe von Aufständen, die allerdings auf regionale Erhebungen beschränkt blieben und damit die militärische Niederlage unumgänglich machten. Die Niederwerfung dieser isolierten kriegerischen Auseinandersetzung nutzte die koloniale Verwaltung, um die bereits praktizierte Reservatspolitik auszubauen. Die Zerschlagung der ineffektiven Formen tribalen Widerstands bedeutete gleichzeitig „Friedensverträge" mit dem Kolonialregime, das damit sein Kontrollsystem effizienter zu gestalten vermochte und die Zuweisung von räumlich begrenzten Siedlungsgebieten implizierte. Aufständische Stammesführer wurden liquidiert, Landflächen konfisziert, die Stämme entwaffnet, Afrikaner zur Zwangsarbeit (speziell beim Bahnbau) verschickt. Die Widersprüche verschärften sich, eine Eskalation bahnte sich an.

Die Verheerungen durch die Rinderpest, von Deutschen verübte Grausamkeiten an Afrikanern, ein anhaltendes Gefühl der Unsicherheit, die Landvertreibung und die Angst vor künftigen Erniedrigungen vermengten sich, um gemeinsam eine Explosion herbeizuführen."[100]

Im Kampf um ihre Existenz griffen die Stämme zu den Waffen, um sich mit Gewalt gegen die gewaltsame Vernichtung durch die Siedler und das koloniale Regime zur Wehr setzen. Der von Kolonialapologeten als barbarischer Raubzug blutrünstiger Wilder verketzerte Aufstand der Jahre 1904 bis 1907 entpuppte sich unter den gesellschaftlichen Verhältnissen als schlichter Akt von Notwehr.

„Auf der Seite der Afrikaner waren der politische Zweck und das militärische Ziel identisch: die Grundlagen ihrer Produktion zu erhalten. Diese defensive Bestimmung war ebenso modifiziert, wie die Grundlagen der Produktion modifiziert waren... Die Nama und Herero hatten bessere Ausweichmöglichkeiten (im Vergleich zu den seßhaften Ambo-Stämmen, d.V.), wobei sie auf der anderen Seite gerade deshalb ihr Land preisgaben. Die Kriegsführung der Afrikaner hatte also einen defensiven Charakter."[101]

Der Aufstand der Herero 1904 führte zu einem blutigen Vernichtungsfeldzug der deutschen „Schutztruppe". Gleichzeitig bedeutete der Kriegsausbruch den Zusammenbruch des Systems Leutwein, das von der Siedlerschaft und den national-kolonialen Kreisen als „Eingeborenenliebkosungspolitik" von Anbeginn angefeindet und faktisch ad absurdum geführt worden war.

„Ihren komprimierten Ausdruck fanden diese Vorstellungen in dem Vorgehen des Generals von Trotha, der im Juli 1904 vom Generalstab mit der Leitung der Operationen in Südwest betraut wurde... Nach Trothas ‚Theorie'... wurde der Völkermord zur notwendigen Arbeit, geradezu zur kulturhistorischen Aufgabe."[102]

Trothas menschenverachtende Ausrottungsphilosophie und die davon bestimmte Vorgehensweise gegen die afrikanische Bevölkerung gipfelte in dem von ihm gegen das Hererovolk ausgestellten Vernichtungsbefehl. Gleichzeitig wurde der Propagandafeldzug gegen alle Afrikaner ungeheuer verstärkt. Rainer Clauß sieht darin einen Grund, daß sich auch Hendrik Witbooi schließlich noch dazu entschloß, die Waffen gegen die „Schutzherrschaft" zu erheben, und zwar zu einem Zeitpunkt, als die Herero bereits entscheidend geschlagen waren. Denn:

„Es war jetzt offensichtlich, daß die Taktik der Bestechung, Postenvergabe, den grausamen Vernichtungsfeldzug nicht ausschloß, sondern beides zusammen die koloniale Unterdrückung darstellte."[103]

Während die Herero sich bereits im Jahr des Aufstandes zu einer Entscheidungsschlacht am Waterberg stellten und vernichtend geschlagen wurden,[104] verfolgten die Nama im Süden des Landes eine effektive, zermürbende Guerilla-Strategie, die die deutsche Kolonialmacht in einen langwierigen und verlustreichen Kleinkrieg verwickelte.

Die schlagkräftigsten militärischen Zentren bildeten sich um Hendrik Witbooi und Morenga... Tatsächlich spielte die Stammeszugehörigkeit bei einer dieser Guerillatruppen nur noch eine untergeordnete Rolle."[105]

Während Hendrik Witbooi sich in den Kämpfen eine tödliche Verwundung zuzog, konnte Jacob Morenga nur mit Hilfe der englischen Kolonialisten im angrenzenden Kapland nach langer Verfolgungsjagd zur Strecke gebracht werden. Dabei erwarb er sich durch seine geschickte Kriegsführung einen legendären Ruf als Freiheitskämpfer seines Landes. Jacob Morenga und Hendrik Witbooi sind auch heute noch für das um seine Freiheit kämpfende Volk Namibias Symbol des Widerstandes und Sinnbild des ungebrochenen Kampfgeistes gegen die koloniale Fremdherrschaft.[106]

2.2.3. Entwickelte Kolonialwirtschaft Deutsch-Südwestafrikas und die Arbeiterfrage

Mit der endgültigen Niederschlagung des afrikanischen Widerstandes 1907 hatte die deutsche Kolonialmacht erstmals die totale faktische Kontrolle des Territoriums gesichert.

„In den Jahren die den Aufständen folgten, wurde Südwestafrika in einem derartigen Umfang in ein von Europäern beherrschtes Land verwandelt, wie es in Afrika keinen Vergleich fand, nicht einmal in Südafrika. Die überlebenden 25.000 Nama und Herero wurden fast ausschließlich Farmarbeiter, vor allem Viehhüter auf den europäischen Ländereien. 1914 gab es nur 200 Männer der beiden Stämme, die nicht im Lohnverhältnis standen."[107]

Mit der „Pazifizierung" begann eine Intensivierung der wirtschaftlichen Aktivitäten. Gleichzeitig traten die ökonomischen Konsequenzen der Trotha'schen Ausrottungspolitik durch den immer stärkeren Mangel an Arbeitskräften offen hervor. Denn, wie Nachtwei richtig feststellt:

„Die sich bis zum Völkermord steigernde Zerstörung der Stammesverbände widersprach – wenn auch von vornherein einkalkuliert – sogar der ökonomischen Logik des Kapitals."[108]

Das deutsche Kapital, durch die in Deutschland inzwischen erfolgte Konsolidierung und Monopolisierung verstärkt expansiv orientiert und an den deutschen Kolonialgebieten interessiert, lief mittlerweile Gefahr, in menschenleerem Raum investieren zu müssen.

Die namibische Siedlergesellschaft jedoch intensivierte wiederum den Ausbau des Systems außerökonomischen Zwangs und traf mit diesen Maßnahmen gleichzeitig Vorkehrungen, um künftige Aufstände der Afrikaner ein für alle Mal aus der Welt zu schaffen.[109] Ein 1905 erlassenes Gesetz verbot außerdem Mischehen und verankerte somit die ohnehin bestehende soziale Trennung entlang der Hautfarbe auch im Bereich des gesetzlichen Überbaus.[110] Der Rassenunterschied wurde damit bereits endgültig zum Klassengegensatz. Doch damit nicht genug.

„Der größte Teil der Bestimmungen zielte darauf hin, neben wirtschaftlicher Entmachtung und dem Zwang, bei Weißen arbeiten zu müssen, den Zusammenhang der Stämme untereinander zu zerreißen..."[111]

1906 wurde allen Nicht-Ovambo der Zutritt zum Ovamboland verboten, im gleichen Jahr wurde im deutschen Reichstag von der Kolonialverwaltung beschlossen, die besiegten Afrikaner von Land und Vieh zu enteignen. Damit wurde den Stämmen die letzte Möglichkeit genommen, eine – sei es auch nur bescheidene – Fortsetzung ihrer gewohnten Produktionsweise und Wirtschaftsform zu praktizieren. Die Weichen waren gestellt, die Dominanz der Siedler in allen Sphären gesichert. Hauptproblem der künftigen Entwicklung war nun die Lösung der Arbeiterfrage, auf die sich die Verwaltung vorrangig zu konzentrieren hatte, und die sich mit Entdeckung der Diamantenvorkommen 1908 und dem daraufhin einsetzenden Aufbau einer arbeitsintensiven Diamantenindustrie noch zuspitzte.[112]

„Das Ergebnis der Niederlage war nicht nur die politische Entmachtung, sondern durch Enteignung und ein lückenloses System gesetzlicher Kontrollmaßnahmen ergab sich eine Arbeitsverfassung, die die Eingeborenenfrage je länger je mehr ausschließlich zur Arbeiterfrage werden ließ."[113]

Grundlage für die künftige Versorgung mit Arbeitskräften waren die Verordnungen vom 18. August 1907 („Ordinance No. 82") – „Maßregeln zur Kontrolle der Eingeborenen", „Verordnung über Dienst- und Arbeitsverträge", sowie die „Verordnung über die Paßpflicht der Eingeborenen". Das Bündel an Gesetzen umfaßte u.a. die folgenden Bestandteile:
- Verbot des Landerwerbs für Afrikaner,
- Verbot der Viehhaltung für Afrikaner,
- Einführung der geregelten Kontraktarbeit und der Paßgesetze.

Das Siedlungsgebiet der Ambo-Stämme, bislang von der deutschen Kolonialverwaltung nur indirekt berührt, wurde als Arbeitskräftereservoir attraktiv und mußte zur Ausweitung der Kolonialwirtschaft und deren Produktionssteigerung erschlossen und nutzbar gemacht werden. Die deutsche Kolonialmacht hatte es bis dahin nicht gewagt, auch das nördliche Gebiet Namibias unter seine direkte Kontrolle zu stellen und die Existenz der ansässigen Ambo-Stämme unmittelbar zu bedrohen. Statt dessen hatte man sich auf ein System indirekter Herrschaft konzentriert, das auf die Statthalterfunktion kollaborierender Häuptlinge gestützt war. Die Ausübung direkter Herrschaftsformen beschränkte sich auf die sogenannte *„Polizeizone",* die vom Oranje bis an die südliche Grenze des Ovambo-Gebietes reichte. In den Grenzen dieses südlichen und zentralen Teiles Namibias entfalteten Siedler und Verwaltung ihre Aktivitäten und etablierten die kolonialen Machtverhältnisse in direkter Konfrontation mit der autochthonen Bevölkerung. Die Widerstandskraft der Ambo-Stämme, aufgrund ihrer Seßhaftigkeit und den entwickelten Stammesstrukturen zu einem entschlosseneren Kampf gegen die unmittelbare koloniale Durchdringung gezwungen und befähigter als die nomadisierenden Stammesgesellschaften in der Polizeizone, hätten sich für die militärische Schlagkraft der deutschen „Schutztruppe" als zu stark erweisen können. Man wollte es auf diesen Vergleich nicht ankommen lassen.[114]

So begann erst ab 1908 die Rolle der Ovambo als Produktivkraft in der Kolonialwirtschaft Namibias eine größere Bedeutung zu gewinnen,[115] wenngleich bereits der Erlaß einer Verordnung vom 25. Januar 1906 die Anwerbung von Ovamboarbeitern regelte und die staatliche Regulierung des Arbeitsmarktes sich damit abzuzeichnen begann.[116]

„Das Ovamboland wurde zum Reservoir der Wanderarbeiter und so dem europäischen Bereich angeschlossen."[117]

1911 wurde die erste staatliche Arbeitsvermittlungsstelle für Kontraktarbeiter an der Grenze des Ovambolandes eingerichtet, um die Produktivkräfte der Ambo-Stämme für die „weiße Wirtschaft" effektiver erschließen zu können. Ende 1912 wurden gar aufgrund des nach wie vor chronischen Mangels an Arbeitskräften Ovambo selbst als Anwerbungsagenten in den nördlichen Gebieten eingesetzt.[118]

Mit der ökonomischen Durchdringung der Ambo-Gesellschaft und der Integration der Arbeitskräfte in die Lohnarbeit des kapitalistischen Sektors der Kolonialwirtschaft wurde die militärische Eroberung des Gebietes hinfällig. Die fortschreitende Entfaltung der kolonialen Wirtschaft hatte die Produktionsweise und Gesellschaftsstruktur der Ambo-Stämme letztlich weitaus effektiver und „rentabler" unterminiert und in den letzten Jahren deutscher Kolonialherrschaft das Potential an Arbeitskräften für die Fremdherrschaft und deren Profitinteresse auf unblutige Weise nutzbar gemacht. So „...zersetzte das System der Zwangsarbeit, Zwangswerbung und erzwungenen Wanderarbeit die afrikanische Bevölkerungsstruktur in rein destruktiver Weise."[119]

Die Auswirkungen der in Deutsch-Südwestafrika installierten Kontraktarbeit waren verheerend. Die Arbeitsverhältnisse gestalteten sich für die Afrikaner schlimmer als in Sklavenhaltergesellschaften, da sie — (zwangs-)verpflichtet auf begrenzte Zeit — einer gnadenlosen Überausbeutung ihrer Arbeitskraft ausgelie-

fert waren, die auf die pysische Zerstörung ihrer Existenz abzielte.[120]
Am Charakter dieser Arbeitsverhältnisse hat sich bis heute nichts Grundsätzliches geändert.

2.2.4. Das Ende deutscher Kolonialherrschaft

„1913 arbeiteten 90 % der erwachsenen männlichen Afrikaner der Polizeizone im kapitalistischen Sektor, 12.523 auf Farmen, 9.541 in größeren (Bergbau- oder Staats-) Betrieben. Hinzu kamen die durch indirekten Zwang gewonnenen Ovambo-Wanderarbeiter; ..."[121]
Die namibische Kolonialwirtschaft begann zu florieren. Mit der völligen Zerschlagung der afrikanischen Gesellschaftsstrukturen und der damit einhergehenden Durchsetzung kolonialkapitalistischer Produktionsverhältnisse, wurde erstmals Profit erwirtschaftet.

„Von 1908 bis 1912, als Exporte erstmals die Importe überstiegen, setzte eine gesunde ökonomische Entwicklung ein, wobei die Landwirtschaft einen bescheidenen Beitrag von mehr als eine halbe Million Mark zu den Exporten von 1912 beisteuerte. Der Wert an ausgeführten Diamanten während dieses Jahres betrug 30.414.078 Mark, der von Kupfer 6.293.408 Mark... Bis 1. April 1913 befanden sich 1.331 Farmen mit einer Gesamtfläche von 13.393.606 Hektar im Besitz von 1.042 weißen Farmern, 914 davon waren Deutsche, der Rest größtenteils Buren.
...die Gesamtzahl der Rinder im Territorium (ausgenommen Ovamboland, der Okavango und der Caprivi-Zipfel) betrug 205.643, von denen 183.167 im Besitz der Europäer waren und 22.476 den Nicht-Europäern gehörten. Die Gesamtzahl des Kleinviehs überstieg eine Million. Davon besassen die Europäer mehr als 700.000 und Nicht-Europäer über 300.000."[121a]
Die Infrastruktur wurde erweitert und vervollständigt, war Ausdruck der „gesunden ökonomischen Verhältnisse" und diente zur weiteren Erschliessung des Landes.

„Von dem Eisenbahnnetz aller deutscher Kolonien war das Südwestafrikas das umfassendste. 1912... wurde das Gebiet von etwa 2.100 Meilen Schienenstrang durchzogen... Das gesamte Eisenbahnsystem spielte eine unersetzliche Rolle in der Unterstützung europäischer Landbesiedlung, bei der Ausbeutung der Bodenschätze des Landes und im Transport jener afrikanischen Arbeiter, ohne deren Arbeit die Kolonie nicht hätte funktionieren können."[122]
Dernburg, Staatssekretär im Reichskolonialamt, bezifferte den Reingewinn an Diamanten zweier Gesellschaften bis zum Jahre 1910 bereits auf 248 Millionen Mark.[123]

„1912 gab es 51 Diamantengesellschaften, deren Zahl bis 1913 auf 79 anstieg. Von diesen waren 22 wichtige Unternehmungen."[124]
Das letzte Stadium der deutschen Kolonialära in Namibia war bestimmt von der planmäßigen, menschenverachtenden Logik (kolonial-) kapitalistischen Verwertungsinteresses, allerdings ohne dabei die Anwendung außerökonomischen Zwanges aufzugeben.[125] Dieser bildete nach wie vor eine der Hauptstützen des Systems, schlug sich in einem monströsen, rigiden gesetzlichen

Überbau nieder und war entscheidend dafür mitverantwortlich, daß sich die unterschiedliche Rassenzugehörigkeit (also das Kriterium der Hautfarbe) zum Klassengegensatz entwickelte. So gelangt Bley in seiner Analyse zu dem Ergebnis, daß

„...in der Rationalität, mit der das politische und soziale System der Kontrolle errichtet wurde, ein wesentlicher Faktor für die Verschärfung der Konflikte lag. Damit kommt diese Arbeit jenen Thesen zur Kolonisation entgegen, die gerade davon ausgehen, daß ein Kennzeichen der Siedlungskolonisation die bewußte, soziale Planifikation war, zu der die Lage in einem ‚Neuland' einlud... In Südwestafrika ist ein Stadium erreicht worden, in dem alle Lebensmöglichkeiten der Afrikaner dem europäischen Machtwillen und dem Sicherheitsinteresse untergeordnet wurden."[126]

Prägnanter und treffender, als John Iliffe dies getan hat, läßt sich die gesellschaftliche Situation in Namibia am Ende der deutschen Kolonialherrschaft kaum mehr beschreiben:

„Südwestafrika muß die einzige Kolonie der Welt gewesen sein, in der sich die Siedler der Besteuerung von Afrikanern widersetzten. Es war unnötig."[127]

So trauerten in der Zeit der Weimarer Republik Kolonialenthusiasten wie ein gewisser Josef Maria Abs:

„Das deutsche Siedlungsland Südwestafrika mit seiner reich entwickelten Viehzucht, mit seinen noch unübersehbaren Bodenschätzen (Diamanten, Kupfer, Zinn usw.) konnte ... seinen Außenhandel während der letzten sieben Jahre verdreifachen. Hieraus kann man die Größe des Verlustes ermessen, der Deutschland trifft, wenn es für alle Zukunft auf dieses wertvolle Reserveland verzichten wollte."[128]

Wenngleich auch das Bemühen Hitler-Deutschlands wenige Jahre nach dem Wehklagen des Herrn Abs, die verloren gegangenen Pfründe Deutsch-Südwestafrikas „Heim ins Reich" zu holen, scheiterten, so bleibt dem deutschen Volk doch wenigstens bis zum heutigen Tag der ideelle Trost, durch das Wirken des deutschen Kolonialismus in Namibia bislang bleibende Werte geschaffen zu haben. So äußerte Ex-Missionar Vedder im Senat der Südafrikanischen Union am 28. Mai 1956 voll Stolz hinsichtlich der deutschen Pionierleistungen in Namibia:

„In Südwestafrika wurde die Basis der Apartheid vor fünfzig Jahren gelegt... die deutsche Regierung begann hiermit... Das Nebeneinanderwohnen von Europäern und Nichteuropäern war seit 1908 durch Gesetz verboten... Die Europäer leben getrennt in den Städten... Südwestafrika ist das einzige Land in der Welt, wo Apartheid in steigendem Maße seit fünfzig Jahren besteht."[129]

2.3. Südafrikas Mandatsherrschaft über Namibia

Es wäre zu umfangreich, in dieser Arbeit ausführlich die in Verbindung mit Namibia und der Frage der Mandatsherrschaft entstandene und andauernde völkerrechtliche Debatte über die Legalität-Illegalität des südafrikanischen Kolonialregimes aufzugreifen. Sie ist für uns im weiteren Verlauf der Analyse lediglich von Interesse, sofern dadurch der südafrikanische Kolonialismus in Namibia Veränderungen erfahren hat. Soweit sich diese aus der völkerrechtlichen Situation ableiten lassen bzw. sich aus der internationalen Debatte Bestimmungs- und Erklärungsmomente für den weiteren Kurs Südafrikas ergeben haben, werden wir diese kurz benennen. Ansonsten sei an dieser Stelle lediglich auf die Fülle des Materials zur juristischen Frage des Status Namibias verwiesen.[130]

Für uns genügt es, anzumerken, daß sich bislang entgegen aller auf das Völkerrecht gestützten Beschlüsse der UNO und anderer internationaler Gremien, die Situation in Namibia selbst für die Afrikaner nicht entscheidend verändert hat; daß es sich bei der südafrikanischen Verwaltung des Territoriums — unabhängig von legalistischen Modalitäten und unabhängig vom Inhalt des ursprünglichen Mandatsauftrages — um eine unverschleierte Form von Kolonialismus handelt.

Daran vermochte bislang weder die UNO noch deren Beschlüsse zu Namibia etwas zu ändern.

2.3.1. Zur Vorgeschichte des Mandats

Fast ohne Kämpfe fiel Namibia schon 1915 an die Union von Südafrika.[131]

„1918 wurde es augenscheinlich, daß die Alliierten in Europa den Krieg gewinnen würden und viele Siedler aus der Union wanderten als Händler, Geschäftsleute und Farmer in das Territorium."[132]

Damit wurde seitens der Südafrikanischen Union bereits der Versuch unternommen, der militärischen Besetzung Namibias — proklamiert als Unterstützung der Alliierten — die faktische Inbesitznahme des Territoriums durch Besiedlung mit weißen Südafrikanern vornehmlich burischer Abstammung folgen zu lassen, um damit vollendete Tatsachen zu schaffen.

In einer zur damaligen Zeit verfaßten Studie wurde bereits auf das Interesse Südafrikas an einer (Mandats-) Herrschaft über Namibia hingewiesen und die Vorteile einer Verfügungsgewalt über das Gebiet für die Südafrikaner mit erstaunlicher Klarheit benannt:

„Es wird die Regierung Botha in Namaqualand und Damaraland mit mehr Land für die arme weiße Klasse der ‚Bijwohners' versorgen, und wenn eine energische Politik betrieben wird, dürften die armen Weißen und eine noch beträchtlichere Klasse von burischen Farmern ihre Heimat in der neuen südwestlichen Provinz der Union finden."[133]

In der Tat hatte die Entfaltung der Gold- und Diamantenindustrie in Südafrika bereits seit den 90er Jahren des 19. Jahrhunderts in Südafrika den Aufbau einer extraktiven Industrie bewirkt, die einen großen Teil der burischen Farmer von ihrem Land vertrieben hatte.[134] Für die südafrikanische Regierung bestand mit fortschreitender Entwicklung der Industrie und der damit verbundenen Expropriation weißer Landbevölkerung somit das Problem, diese verarmten Weißen in das System zu integrieren, ohne durch eine völlige soziale Deklassierung dieser „poor whites" und damit einhergehenden Gleichstellung mit der besitz- und rechtlosen afrikanischen Bevölkerung eine Solidarisierung der proletarisierten Weißen mit den ebenfalls von Land und Produktionsbedingungen enteigneten Afrikanern zu riskieren.

So war das südafrikanische Finanz- und Industriekapital zwar noch nicht in der Lage und auf dem Entwicklungsstand, um bereits expansiv orientiert auf Investitionsmöglichkeiten in Namibia zu spekulieren, denn die im Aufbau befindliche Sekundärindustrie in Südafrika selbst absorbierte zu diesem Zeitpunkt noch das gesamte Kapital. Statt dessen jedoch bot sich Namibia der südafrikanischen Regierung als ideale Gebietserweiterung, um die landlosen Buren ansiedeln zu können und ihnen gleichzeitig die Möglichkeit zu bieten, ihre bis dahin praktizierte rückständige Produktionsweise, nämlich die extensive Bewirtschaftung von Farmen, fortzuführen.

„Die südafrikanische Haltung schien bereits von den ökonomischen Bedürfnissen der Union geprägt — Land und billige Arbeit für weiße Farmer und ein Zustrom billiger Kontraktarbeit in die Bergwerke des Territoriums und auch nach Südafrika. Hier war der neue Faktor namibischer Knechtschaft, der Prototyp des Kolonialismus, den das imperiale Blendwerk Deutschlands niemals aufzubauen geschafft hatte."[135]

Der Versailler Friedensvertrag vom 28. Juni 1919 beendete nicht nur formal den imperialistischen Krieg der Jahre 1914—1918, sondern hatte auch die Neuverteilung des ehemals deutschen Kolonialbesitzes zur Folge. Zwar nahmen die Modalitäten noch eine beträchtliche Zeit in Anspruch, die Union von Südafrika bekam jedoch — wie erwartet — die Verwaltung Namibias als C-Mandat übertragen.

„Die ‚C'-Mandate konnten — gemäß Artikel 22 der Übereinkunft des Völkerbundes — aufgrund einer geringen Bevölkerung, kleiner Größe, Entlegenheit von den Zentren der Zivilisation, geographischer Nachbarschaft zum Mandat selbst oder anderen passenden Gegebenheiten am besten als integraler Bestandteil des Territoriums der Mandatsmacht unter der Voraussetzung der Berücksichtigung der Interessen der eingeborenen Bevölkerung verwaltet werden."[136]

Das Unionsparlament, der sicheren Beute gewiß, verabschiedete bereits 1919 ein Gesetz — „The Treaty of Peace and South West Africa Mandate Act" (No. 49 of 1919) —, das dem Generalgouverneur der Südafrikanischen Union die Regierungsgewalt für die Verwaltung des Territoriums übertrug.[137] Der offizielle Mandatsauftrag selbst dagegen wurde erst am 17. Dezember 1920 unterzeichnet, als der Rat des Völkerbundes der britischen Krone die Verwaltung Namibias übertrug. Doch schon zuvor hatte General Smuts in Windhoek gegenüber Vertretern einer deutschen Delegation namens der südafrikanischen Regierung deren Pläne klar benannt, als er erklärte: „Mandat bedeutet Annexion bis auf den Namen."[138]

Und in einer Rede vor dem Parlament der Union formulierte er seine Vorstellungen 1925 folgendermaßen:

schaft bereits bis 1935 mehr als verdoppelt und belief sich auf 31.800.[148]

Bedingt durch die Auswirkungen der Wirtschaftskrise von 1930—34, in der die Kolonie erstmals die Konsequenzen aus der Integration in den Weltmarkt mit voller Härte verspürte, und dem Kriegsausbruch zwischen den Metropolstaaten, stagnierte die Zuwanderung in Namibia von Mitte der 30er bis Mitte der 40er Jahre. Dem Kriegsende folgte eine zweite Einwanderungswelle weisser Siedler,[149] 1946 belief sich die Zahl der im Lande ansässigen Weißen noch auf 37.858, bis 1955 hatte der Zuwachs die Einwohnerzahl der Europäer auf 49.930 steigen lassen.[150]

„Seit dem Ende des Zweiten Weltkrieges absorbierte die neue Besiedlung durch Weiße zusätzliche zehn Millionen Hektar — ein Achtel des Territoriums. Die weiße Besiedlung schritt in einer Rate voran, die selbst von Regierungskommissionen 1948 und 1952 sowie der Landbank als störend empfunden wurde."[151]

Der Zustrom an Siedlern hatte eine extensive Besiedlung Namibias bis in marginale Gebiete zur Folge. Die durch hohe Trockenheit und schlechte Bodenverhältnisse gekennzeichnete Peripherie des agrarisch nutzbaren Teils Namibias wurde vom Landhunger der Weißen nicht verschont. Bley spricht im Zusammenhang mit dieser Siedlungspolitik von einem planmäßigen Raubbau:

„Weidegebiete wurden übersetzt, die Reserveweiden mitbeansprucht und auch die für die Kontrolle der Wüsten entscheidenden Randzonen zur Beweidung genutzt; außerdem verbuschte das Land in wichtigen Teilen."[152]

Die Subventionspolitik der südafrikanischen Regierung, die als Komplementärmaßnahme zum Besiedlungsprogramm Namibias die Zuwanderung weisser Farmer anregen sollte, wurde durch die begrenzten landwirtschaftlichen Nutzungsbedingungen dieser zur Ansiedlung nur noch verbleibenden Randzonen verstärkt strapaziert. Finanzielle Förderung durch die Administration und Kreditvergabe durch die Landbank wurden in noch stärkerem Ausmaß als zuvor von den Neuansiedlern beansprucht, die staatlichen Ausgaben zur Unterstützung der weißen Siedler erhöhten sich gewaltig.

„...Siedler haben nicht nur weite, zur Verfügung stehende Flächen in Besitz genommen...sondern haben dadurch unleugbar den Staatshaushalt zusätzlich belastet... Es können nur wenige Länder der Erde sein, in denen die Regierungsausgaben pro Kopf der Farmergemeinschaft über einen solch langen Zeitraum hinweg so hoch gewesen sind. In den blühenden anderthalb Dekaden seit Ende des Zweiten Weltkrieges sind die Schulden der weißen Farmer an die Regierung und die Banken ständig gewachsen."
[153]

Bis Ende der 50er Jahre hatte sich in Namibia die weiße Siedlerschaft den letzten Quadratmeter landwirtschaftlich nutzbaren Landes aufgeteilt. Die bodenständige weiße Farmerschaft — neben den „alteingesessenen" deutschen Siedlern fast ausschließlich burischer Abstammung — hatte sich eingegraben

und verwurzelt. Die Fünfte Kolonne Südafrikas war geschaffen und bildete fortan hinreichend Garantien zur Wahrung südafrikanischer Herrschaftsinteressen.
Am 31. Dezember 1965 wurde die Zahl der „weißen" Farmeinheiten in der Polizeizone mit 8.803 angegeben. Die Gesamtfläche dieser Farmen betrug 158.653 Quadratmeilen, das entspricht einem Anteil von 49,85 Prozent an der Landesfläche Namibias.[154]
Bis Ende der 40er Jahre ergaben sich im wirtschaftlichen Bereich Namibias keine strukturellen Veränderungen. Lediglich in der Landwirtschaft selbst begann sich die „Weitsichtigkeit" deutscher Kolonialbeamter und Agrarexperten auszuzahlen, die gegen Ende der deutschen Kolonialherrschaft versuchsweise mit aus der Buchara eingeführten Tieren den Aufbau einer Karakulschafzucht begonnen hatten. Die Karakulindustrie entwickelte sich zum devisenbringenden agrarischen Hauptexportprodukt. Wurden 1924 nur 12.000 Persianerfellchen im Gesamtwert von 7.200 englischen Pfund zur Pelzverarbeitung ausgeführt, so betrug die Zahl der exportierten Fellchen 1950 bereits 2.607.327, mit einem Verkaufserlös von 5.061.360 englischen Pfund.[155]
Am agrarischen Charakter Namibias änderte sich dadurch jedoch nichts. Investitionen wurden fast ausschließlich von staatlicher Seite getätigt, und dies eben auch im Bereich der Landwirtschaft, um das Besiedlungsprogramm finanziell abzustützen. Der anhaltende Boom in der Diamantenindustrie hatte keine nennenswerten Investitionen zur Folge. Der erwirtschaftete Profit floß entweder in die Taschen ausländischer Aktionäre oder wurde zur weiteren Kapitalakkumulation in die Südafrikanische Union transferiert.
Dies änderte sich mit der fortschreitenden kapitalistischen Entwicklung in Südafrika. Über die Jahre hinweg hatte die Union eine stetige industrielle Expansion gefördert. Durch staatliche Kontroll- und Protektionsmaßnahmen und gezielte Unterstützung seitens der Regierung hatte sich mit Hilfe der Ressourcen und des ausländischen Kapitals in Südafrika selbst eine burische Kapitalfraktion herausgebildet. Verstärkt durch den zweiten imperialistischen Weltkrieg und der damit einhergehenden wachsenden Bedeutung südafrikanischer Rohstoffe für den Weltmarkt, konnte die industrielle Entwicklung einen Aufschwung nehmen, die dem burischen Kapital erstmals die Möglichkeit zur Expansion bot.[156] Ebenso bewirkte der dem zweiten imperialistischen Krieg folgende Mangel an Rohstoffen und die daraus resultierende Erschließung neuer Rohstoffquellen ein verstärktes Interesse an Namibia. Sowohl burisches Kapital als auch im Südlichen Afrika operierendes anderes Femdkapital versuchte in der Folgezeit zielgerichtet die namibischen Ressourcen zu erschließen und auszubeuten.
Neben südafrikanischem nahm sich vornehmlich amerikanisches und britisches Kapital der attraktiven Mineralien Namibias an. Ende der 40er Jahre etablierte sich mit der Tsumeb Corporation der Gigant unter den nicht-diamantenproduzierenden Gesellschaften. Burisches Kapital investierte ab 1948 zielstrebig zur Schaffung von Ausbeutungsmöglichkeiten der Fischreichtümer vor der namibischen Küste. Von 1948 bis 1954 wurde die Fischerei und fischverarbeitende Industrie in Walvis Bay und der Langustenfang in Lüderitzbucht

"Ich glaube nicht, daß es für uns notwendig ist", Südafrika der Union einzuverleiben. Mir reicht das Mandat und es sollte auch der Union genügen. Es gibt der Union solch völlige Unabhängigkeit, nicht nur administrativ sondern auch legislativ, daß wir nicht um irgendetwas mehr zu fragen brauchen."139

Mit der Mandatsübergabe an die Union erwarb Südafrika auch das Enteignungsrecht am deutschen Besitz in Namibia, gemäß Artikel 297 des Versailler Friedensvertrages. Damit ging das von der deutschen Kolonialverwaltung durch Enteignung der Afrikaner geraubte „Kronland" in südafrikanischen Besitz über.

„Die deutsche Regierung hatte sich durch die Beschlagnahmung des Landes der Eingeborenen mit einem großen Teil des Territoriums als Kronland versorgt, welches gemäß des Vertrages von Versailler Kronland Südwestafrikas unter dem Mandat wurde.

Die Unionsregierung, als Mandatar, erntete so die Vorteile der Handlungsweise der deutschen Regierung, die als unwürdig erachtet wurde Kolonien zu besitzen."140

Die Anglo-American-Corporation übernahm mit Gründung der „Consolidated Diamond Mines of South West Africa" (CDM) und der „South West Finance Corporation" die Interessen der „Deutschen Kolonialgesellschaft für Südwestafrika" und des deutschen Kapitals im lukrativen Diamantengeschäft Namibias. Und auch das deutsche System kolonialer Herrschaft und Ausbeutung wurde übernommen. Die verschiedenen Konzessionsgesellschaften arrangierten sich in unterschiedlichem Maße mit der Mandatsverwaltung. Die Landflächen der ansässigen deutschen Siedler verblieben mehrheitlich in deren Besitz.

Und so wenig sich für die im Lande bleibenden früheren deutschen Kolonialherren und deren auf Kosten der afrikanischen Bevölkerung zusammengeraubten Besitzstände änderte, so wenig sollte sich künftig auch für die Afrikaner ändern.

2.3.2. Konsolidierung der südafrikanischen Kolonialherrschaft

Nach offizieller Übernahme der Mandatsherrschaft durch die Südafrikanische Union folgte eine Phase der Konsolidierung kolonialer Herrschaft in Namibia, die sich im politischen Konzept vornehmlich auf die Besiedlung des Landes mit weißen Südafrikanern einerseits und die Perfektionierung des Kontrollsystems über die Afrikaner andererseits konzentrierte. Letzteres manifestierte sich insbesondere in zwei Bereichen: der systematischen Errichtung von Reservaten als Aufbewahrungslager für das „schwarze Menschenmaterial" und die Regelung der Arbeiterfrage.

Die wirtschaftliche Entwicklung des Territoriums war während dieser ersten Phase südafrikanischer Fremdherrschaft ein Nebenaspekt, der erst einhergehend mit dem ökonomischen Aufschwung in Südafrika selbst zunehmend an Bedeutung gewann.

Wir werden uns in diesem Teil auf die benannten Aspekte südafrikanischer Herrschaft konzentrieren und im folgenden einen kurzen Abriß über die weitere Entwicklung Namibias als Siedlungskolonie, sowie der damit verbundenen Herausbildung und Verfestigung der wirtschaftlichen und politischen Strukturen, die südafrikanische Politik hinsichtlich der afrikanischen Bevölkerung und der damit einhergehenden „Lösungsversuche" der Arbeiterfrage skizzieren.

2.3.2.1. Siedlungspolitik und wirtschaftliche Entwicklung

In den vier Jahrzehnten, die dem südafrikanischen Mandatsauftrag für Namibia folgten, war die weitere Entwicklung des Landes im Bereich der weissen Siedlerschaft gekennzeichnet durch die Zuwanderung einer großen Zahl weißer Südafrikaner, die sich vornehmlich als Farmer niederließen oder in der südafrikanischen Verwaltungsmaschinerie in Namibia als Regierungsbeamte Verwendung fanden.

„Er (Smuts, d.V.) und seine Regierung sahen Südwestafrika einfach als ein geeignetes Land zur weißen Besiedlung, zur Aufteilung in Farmen Weißer, bereitstehend. Südafrika hatte eine Kolonie erworben."[141]

Diese systematische Südafrikanisierung des Territoriums (treffender sogar als „Burisierung" zu bezeichnen, da der englischsprachige Bevölkerungsteil der weißen Siedlerschaft quantitativ nie ins Gewicht fiel) war dabei anfänglich weniger von der ökonomischen Interessenlage im Sinne kurzfristigen Profits bestimmt, als vielmehr unter einem strategischen Aspekt betrachtet worden.

„In den frühen Tagen des Mandats betrachtete Südafrika seine Beute als ein teures aber strategisch notwendiges Stiefkind."[142]

Der immer deutlicher hervortretende Charakter einer burischen Siedlungskolonie veranlaßte Ruth First zu der Analogie, daß Namibia das Sudetenland Südafrikas sei.[143] Und die südafrikanische Regierung ließ sich die Schaffung ihres „Sudentenlandes" einiges kosten — auf Kosten der Afrikaner. Während beispielsweise von 1928 bis 1938 für die afrikanische Bevölkerung Namibias von staatlicher Seite Gelder in Höhe von insgesamt 566.544 englischen Pfund aufgewendet wurden — und diese zumeist ohnehin nur für Maßnahmen zur Kontrolle der Afrikaner verwendet wurden, nicht etwa zur Verbesserung ihrer Lebensbedingungen —, wurde im gleichen Zeitraum alleine für die Ansiedlung von 2.901 Angola-Buren die Summe von 674.012 englischen Pfund investiert.[144]

„Landhungrige Südafrikaner kauften eifrig die billigen Farmen, und die Regierung stellte dafür reichlich Mittel zur Verfügung. Kurz, man lebte... in einem Land, das das Gebiet Südafrikas fast verdoppelt hatte und den Kindern reiche Farmen und eine sichere Zukunft bieten sollte. Den kleinen Schönheitsfehler, daß Südwestafrika trotz allem ein Mandat war, bemerkte man kaum."[145]

1939 war bereits alles besiedlungsfähige „Kronland" unter weißen Farmern aufgeteilt.[146] Betrug die Zahl der in Namibia ansässigen Weißen 1913, also gegen Ende der deutschen Kolonialära, 14.830,[147] so hatte sich die Siedler-

auf- und ausgebaut. Die Jahresproduktion belief sich bereits zehn Jahre später, 1965, auf 44.280.000 Rand.[157]

„Der weiße Herrenmensch Südafrikas fand ein benachbartes Gebiet, in dem er seine politische Macht ebenso zementieren konnte wie sein wirtschaftliches Wohlbefinden fördern. Südafrika benutzte das Mandat nicht nur zur Ansiedlung seiner Bürger, sondern auch als Ventil für seine Industrie und das Kapital. An seiner Schwelle fand es einen vorgefertigten Markt für seine Produkte und das Territorium trägt beträchtlich zur Unterstützung der südafrikanischen Industrie bei. Es läßt darüberhinaus den Überseehandel seines Beschützers anschwellen... Kolonien *sind* bequem! Von Buren finanzierte Gesellschaften, sorgsam vom Reddingsdaadbond, der wirtschaftlichen Bewegung der Nationalen Partei, umhegt, stiegen spät in Handel und Industrie Südafrikas ein, aber fanden Raum genug, um sich in der Domäne breit zu machen, die zu Südafrikas Füßen lag. Das Mandat wurde eines der größten ausländischen Anlagegebiete für burische Kapitalinvestitionen."[158]

Die kolonialkapitalistische Wirtschaftsstruktur mit den heute noch bestimmenden Produktionszweigen wurde damit endgültig etabliert und zementiert. Gestützt auf die drei Pfeiler der Produktion: Landwirtschaft, Fischindustrie und Bergbau, dient Namibia seitdem als Abnehmer südafrikanischer Produkte, durch eine auf Karakul- und Rinderzucht spezialisierte Agrarstruktur als Lieferant spezifischer Erzeugnisse einer einseitig orientierten landwirtschaftlichen Produktion (Felle und Fleisch), und als Kapitalanlage für den Bereich der Primärindustrie mit dem Vorteil der Verfügbarmachung billiger Arbeitskräfte, deren Überausbeutung die aus dem natürlichen Reichtum erzielten Gewinne noch erhöht. So gelangte Ruth First vor 15 Jahren zu dem Ergebnis:

„Obwohl die Ökonomie während des letzten Jahrzehnts diversifiziert wurde, bleibt Südwestafrika vom Bergbau, der Fischerei und der Landwirtschaft abhängig. Die Haupterzeugnisse werden auf eine Handvoll Märkte exportiert. Wenig industrielle Entwicklung fand statt. Es handelt sich immer noch um eine koloniale Wirtschaftsform mit Südafrika als imperialistischer Macht und ein paar internationalen Gesellschaften, welche die Beute teilen."[159]

Und wie die gegenwärtige Bestandsaufnahme der namibischen Ökonomie in einem späteren Abschnitt dieser Arbeit zeigt, hat sich am spezifischen Charakter der kolonialen Wirtschaftsstruktur Namibias seither nichts geändert. Niemals zuvor war die nachfolgend zitierte Feststellung Ruth Firsts zutreffender als in der gegenwärtigen Phase des namibischen Dekolonisierungsprozesses:

„Südwestafrika ist auf den Lippen der Politiker, in den Händen der Farmer und in der Tasche der großen Minen- und Finanzgesellschaften."[160]

2.3.2.2. Die „Eingeborenenfrage"

Während der deutsche Kolonialismus in Namibia zur Zeit seiner „Hochblüte" die Zufuhr billiger und „disziplinierter" afrikanischer Arbeitskräfte für die Kolonialwirtschaft zu gewährleisten bemüht war, indem er die afrikanischen Gesellschaften atomisierte und mit kombiniertem ökonomischen und außerökonomischen Zwang die Ansätze eines namibischen Proletariats schuf, versuchte die Südafrikanische Union nun,

„... das ökonomische Ziel der Beschaffung billiger Arbeitskräfte und das politische Ziel der Verhinderung emanzipatorischer Ansätze vor allem mit ihrer Reservatspolitik zu erreichen – unter Beibehaltung verschiedener ‚bewährter' Unterdrückungsmechanismen aus deutscher Zeit..."[161]

1920 wurde eine „Eingeborenenpolitik" konzipiert, die zweieinhalb Millionen Hektar Land für die Schaffung von „Eingeborenenreservaten" in der Polizeizone vorsah. Bis 1925 wurden für die dort ansässigen Afrikaner, deren Zahl zu dieser Zeit etwa 75.000 betrug, Reservate mit einer Gesamtfläche von ungefähr 2.100.000 Hektar geschaffen.[162]

„Der Mandatsbericht von 1921 erklärt offen, daß die Afrikaner in weißen Ortschaften deshalb ‚unerwünscht' sind, weil sie ‚die weiße Bevölkerung hinsichtlich der Weideplätze und des Wassers stören'. Und während die Kommission das allgemeine Prinzip der Absonderung bejaht, hält sie es für ‚unerwünscht, eine genügend große Eingeborenen-Bevölkerung für den örtlichen Arbeitsmarkt in der Nachbarschaft der Beschäftigungszentren zu halten'."[163]

Die Landfläche wurde im Verlauf der Reservatspolitik in der Polizeizone schließlich auf sechs Millionen Hektar erweitert. Dabei handelte es sich fast ausschließlich um unfruchtbare Gebiete, die den Ansprüchen einer weißen Besiedlung ohnehin nicht genügt hätten.[164] Die Reservate stellten somit eine planmäßige Verhinderung ausreichender Selbstversorgung dar, verhinderten jede wirtschaftliche Entwicklungsmöglichkeit und verschlechterten stattdessen sogar noch kontinuierlich die Reproduktionsbedingungen der Afrikaner.[165] Die ökonomischen Bedingungen wurden somit zum ersten Arbeitszwang.

„Es besteht kein Zweifel, daß die geographische Lage der Reservate so bestimmt wurde, daß praktisch in jedem Distrikt ein Reservat (als Arbeitsquelle) existiert."[166]

Ein Umsiedlungsprozeß großen Umfangs wurde eingeleitet, die Festlegung räumlich begrenzter Aufenthalts- bzw. Aufbewahrungsgebiete für die afrikanische Bevölkerung systematisiert. Im gesetzlichen Überbau wurde dazu die „Native Administration Proclamation Nr. 15 of 1928" (Laws of South West Africa, Volume 7, page 58) erlassen, die dem Minister für „Bantuangelegenheiten" die Vollmacht erteilte,

„... Kommissare für Eingeborenenangelegenheiten zu ernennen und das Strafrecht an sie zu übertragen; Häuptlinge zu berufen und abzusetzen und die Stammesgebiete festzulegen, die Entfernung eines Stammes oder Teile dessen aus einem Gebiet anzuordnen, sofern dies im öffentlichen Interesse ist und Leute zu bestrafen, die diesen Anordnungen nicht nachkommen (kein Gericht oder Gesetz hat das Recht zu intervenieren); Gesetze bezüglich Heirat

oder Nachfolge zu erlassen und Verordnungen zu verabschieden, die sich unter anderem mit der Kontrolle von Dörfern in den Reservaten, dem Verbot oder der Überwachung von Versammlungen und dem Tragen von Waffen befassen. Die Proklamation bezeichnete es als ein Vergehen, irgendetwas absichtlich zu unternehmen, um die Feindschaft zwischen Weißen und Nicht-Weißen zu fördern."[167]
Zwischen 1920 und 1934 wurden die Herero in nördlichen und östlichen Teilen der Polizeizone zusammengepfercht, die Namastämme wurden in den südlichen Landesteil verfrachtet.[168] Der Bitte der Afrikaner, ihnen das von den deutschen Kolonisten gestohlene Land zurückzugeben, wurde seitens der südafrikanischen Verwaltung nicht einmal eine Antwort zuteil, geschweige denn entsprochen.

So kam es in der Anfangsphase südafrikanischer Kolonialherrschaft zu einem letzten Verzweiflungskampf von Afrikanern gegen die fortwährende Fremdherrschaft, der in dem bewaffneten Widerstand der Bondelswarts 1922 und der Rehobother 1925 seinen militanten Ausdruck und gleichzeitig die rücksichtslose blutige Niederschlagung fand. Aktueller Anlaß der Aufstände war jeweils die beabsichtigte Durchführung neuer Gesetze. In beiden Fällen handelte es sich dabei um Stammesgesellschaften, die unter der deutschen Kolonialherrschaft nicht völlig enteignet und zerstört worden waren.

„Beide Niederlagen waren schnell und eindeutig und zeigten die inzwischen krasse militärische Überlegenheit der Kolonialisten...die Phase des primären Widerstandes der Stammesverbände hatte somit 40 Jahre nach Beginn der offenen Kolonialokkupation ihr Ende gefunden."[169]

Von nun an herrschte Ruhe im Land...[170]

Die deformierten Strukturen der afrikanischen Stammesgesellschaften, Ausdruck und Folge der dreißigjährigen deutschen „Schutzherrschaft" über Namibia — sowohl bewirkt durch die militärische Vernichtungsstrategie eines von Trotha als auch Resultat der mit Gewalt aufoktroyierten kolonialkapitalistischen Produktionsweise als der künftig bestimmenden — hatten für die autochthone Bevölkerung irreparable Konsequenzen. Dennoch unternahm die südafrikanische Verwaltung in der Folgezeit als Bestandteil der Reservatspolitik den Versuch, „traditionelle" Stammesstrukturen zu restaurieren und „Formen lokaler Selbstverwaltung" zu etablieren.

„Die Förderung traditioneller Häuptlinge und Stammesführungsschichten hatte zum Ziel, durch ein System indirekter Herrschaft die Kolonialmacht aus der direkten Konfrontation mit den Afrikanern herauszunehmen und den Antagonismus von Unterdrückern und Unterdrückten zumindest zum Teil unter die Afrikaner selbst zu verlegen. Darüberhinaus ließ sich durch die Restauration beschränkter traditioneller Beziehungen der Entstehungsprozeß eines namibianischen Proletariats stören."[171]
Gestützt auf Kompradoren und Kollaborateure war die südafrikanische Verwaltung bemüht, die kontinuierliche Aufrechterhaltung und Verfestigung des kolonialen Herrschafts- und Ausbeutungsverhältnisses in Namibia durch eine

Dezentralisierung in den Reservaten selbst zu verschleiern. Damit wurde bereits in der Konsolidierungsphase der südafrikanischen Mandatsherrschaft die Schicht jener korrupten Stammesfürsten herangezüchtet, die heute im Namen der Mehrheit des namibischen Volkes zu reden beanspruchen und in der „Turnhalle" – den Verfassungsgesprächen nach südafrikanischer Vorstellung – als die authentischen und legitimen Vertreter der jeweiligen Bevölkerungsgruppe auftreten. Dabei scheute sich die südafrikanische Verwaltung nicht, die Handlanger ihrer Herrschaftsinstanzen in Anerkennung ihrer Dienste zu entlohnen. Bereits in den zwanziger Jahren wurden die kooperationswilligen „chiefs" auf die Lohn- und Gehaltslisten der „Bantu"-Administration gesetzt.

„Häuptling und Hauptleute erhalten kleine Gehälter vom Amt für Eingeborenenverwaltung und -entwicklung und sind verantwortlich gegenüber den Kommissaren für Eingeborenenangelegenheiten oder Magistraten zur Aufrechterhaltung von Recht und Ordnung in ihren Gebieten."[172]

Darüberhinaus bestand für die „Bantuverwaltung" gemäß der 1928 erlassenen Proklamation Nr. 15 immer noch die Möglichkeit, „abtrünnige" oder renitente Stammesführer abzusetzen und an deren Stelle Volksverräter zu Volksvertretern zu ernennen, um sich die Aufpasser- und Zuliefererdienste zu sichern.

1939 hatte die südafrikanische Verwaltung in der Polizeizone insgesamt 17 Reservate errichtet, in deren Grenzen von den 109.000 in der Polizeizone lebenden Afrikanern 25.000 dahinvegetierten.[173] Bis 1962 wurden die Reservate in der Polizeizone auf insgesamt etwa 13 Millionen Hektar erweitert, während die Zahl der Afrikaner ungefähr 112.000 in diesem Landesteil betrug. Im gleichen Jahr lebten 73.000 weiße Siedler im Lande, die in der Polizeizone 6.821 vermessene Farmen mit einer Gesamtfläche von ca. 41 Millionen Hektar besaßen – also fast die Hälfte des gesamten Territoriums.[174]

Das „SWA Handbuch 1967" enthält eine Liste aller „Reservierte Gebiete für Eingeborene und Rehoboth Basters", die 23 Gebietseinheiten umfaßt.[175] Von diesen sind alleine sechs kleiner als beispielsweise die Nutzungsfläche der privaten Karakulfarm „Neue Haribes". Die Gesamtfläche der Reservate, einschließlich der (flächenmäßig) im „Urzustand" belassenen nördlichen Gebiete, betrug 21.780.852 Hektar, also knapp mehr als ein Viertel der Landesfläche Namibias.

Mit der Schaffung von Reservaten ging die verstärkte Kontrolle der Afrikaner in dem „weißen" Teil der Polizeizone und die Sicherung der Zufuhr schwarzer Arbeitskräfte durch systematischen Ausbau eines dichten Netzes von Gesetzeserlässen einher. Dieses ergänzte den ökonomischen Zwang zu Lohnarbeit aufgrund des unterentwickelten Charakters der Reservate durch „legale" Zwangsmaßnahmen.

Die Proklamation Nr. 3 von 1917 befaßte sich bereits mit der Überwachung und Behandlung von afrikanischen Arbeitern in den Minen. Die darauffolgende Proklamation Nr. 34 von 1920 bedeutete inhaltlich nichts anderes als die Anwendung des bereits in Südafrika praktizierten „Masters and Servants Act" für Namibia. Damit wurde Kontraktbruch zu einem kriminellen Vergehen.[176] Das System der Kontraktarbeit, erstmals unter dem deutschen Kolonialregime zur Versorgung mit Wanderarbeitern aus den nördlichen Gebieten installiert, wurde nicht nur aufrechterhalten, sondern in der Folgezeit perfektioniert und gesetzlich zementiert. 1925 berief die Administration eine Konferenz von Minengesellschaften ein, auf der zwei Rekrutierungsorganisationen zur Anwerbung von Kontraktarbeitern aus dem Norden gegründet wurden. Die eine zur Versorgung der Kupferminen und Farmbetriebe, die andere sollte den Nachschub von Arbeitskräften in ausreichender Zahl für die Diamantenfelder sicherstellen.[177]

„Innerhalb der Polizeizone wird das System der Kontraktarbeit nicht angewendet, aber die Herero, Nama und Berg-Damara sind in ein eisernes Korsett von Gesetzen, Regelungen, Verordnungen, Proklamationen und amtlichen Erlässen eingeschnürt."[178]

Proklamation Nr. 25 von 1920,[179] ergänzt durch die Proklamation Nr. 32 von 1927:[180]

„...erklärte es zum kriminellen Vergehen, sich als ‚müßige oder herumstreichende Personen ohne sichtbare Unterhaltsmittel' zu bewegen. Dies wurde konzipiert um den Arbeitsproblemen zu begegnen, insbesondere da vorgesehen war, daß im Falle einer Haftverurteilung dem Magistrat oblag, den Straftäter einer Beschäftigung bei öffentlichen Einrichtungen oder einer Privatperson zuzuteilen... Unter den gegebenen Umständen hatten die Eingeborenen keine Wahl. Entweder sie stellten ihre Arbeitskraft freiwillig oder unter Zwang zur Verfügung."[181]

Diese gesetzlich verankerte Form außerökonomischen Zwanges zur Beschaffung zusätzlicher Arbeitskräfte für die Bedürfnisse der weißen Siedlerschaft in Form von Zwangsarbeit willkürlich illegalisierter Afrikaner durch eine Reihe terroristischer Gesetze, deren Inhalt und Zweck eben lediglich jene Verfügbarmachung afrikanischer Arbeitskräfte zum Ziel hatte, ist bis heute intakt geblieben.[182] Das lückenlose Netz von Regulierungen und Verordnungen – unter der Bezeichnung „Paßgesetze" zusammengefaßt – zur totalen Kontrolle der Afrikaner, wurde bislang weder abgeschafft noch gemildert, sondern erfuhr lediglich eine den aktuellen Bedürfnissen entsprechende Modifizierung.[183] Mit Hilfe dieser Gesetze ließ sich die Reservatspolitik perfektionieren, die politische Kontrolle effektiver gestalten und der Zwang zur Lohnarbeit steigern.

„Jene Bewohner einer Lokation, die außerstande sind, sich eine Beschäftigung in der Stadt zu sichern, müssen in die Reservate. Was zur Folge hat, daß sie im allgemeinen auf weißen Farmen Arbeit suchen müssen."[184]

Doch mit dem Ausbau des zwanghaften Arbeitssystems wuchs auch der Widerstand unter den Afrikanern. Denn ebenso wie das deutsche Kolonialregime vermochte auch die südafrikanische Verwaltung den permanenten Mangel an Arbeitskräften nicht zu beheben, wenngleich Kontraktarbeiter aus Angola verstärkt zum Einsatz in der namibischen Ökonomie eingesetzt wurden. Anstatt durch verbesserte Arbeitsbedingungen, Abmilderung der krassen Überausbeutung und die Aufhebung des rechtlosen Objektstatus die Afrikaner zur Partizipation am System zu bewegen und den Ausbeutungscharakter dadurch zu verschleiern, wurden die gesetzlichen Zwangsmaßnahmen nur noch verschärft.

„Der juristische Kodex des Landes wurde geschaffen, um den Mangel an Arbeitern zu beheben. Aber außer in Dürrezeiten, wenn Farmer weniger Arbeitskräfte benötigten, ist der Mangel chronisch geworden. Verschleierter oder offener Zwang ist immer die akzeptierte Methode gewesen, um die Versorgung mit Arbeitern zu verbessern. Rationale Prioritäten, wie z. B. die Erhöhung der Löhne und Verbesserung der Arbeitsbedingungen, werden konstant abgelehnt."[185]

Desertierung (also Flucht aus dem Arbeitsvertrag) blieb für die Afrikaner über lange Zeit hinweg die einzige Form des individuellen Widerstandes.

„So weit verbreitet und normal wurde das Desertieren, daß die Farmer ihre Kontraktarbeiter ‚Inspektoren' nannten, da sie auf Kontrakt zur Farm kamen, diese ‚inspizierten' und dann flüchteten."[186]

Der dem zweiten imperialistischen Krieg folgende Boom in der namibischen Wirtschaft verstärkte den Arbeitskräftemangel noch. Schätzungen von 1958 bezifferten die Höhe der fehlenden Arbeiter auf weißen Farmen auf 10.817. [187] Die weißen Siedler, insbesondere die Farmerschaft, beantworteten die „Sabotage-Strategie" der Afrikaner mit weiteren Repressalien und individuellem Terror. Selbstjustiz an auf der Flucht gestellten Kontraktarbeitern stieg. Vielfach wurde den Arbeitern der Hungerlohn auch vorenthalten und erst mit Ablauf des Kontrakts ausgezahlt. Die Desertierungen nahmen daraufhin eine organisierte Form an; zugleich begannen sich die Kontraktarbeiter in kollektiver Form zur Wehr zu setzen. So wurden zwischen dem Kriegsende und dem Generalstreik von 1971 insgesamt 43 Mal Formen kollektiven Widerstands von Ovambo-Kontraktarbeitern im industriellen Sektor registriert.[188] Gordon gewinnt dabei in seiner Studie den Eindruck eines

„...geschichtlichen Wechsels der Häufigkeit von Aktionen, die sich gegen Individuen richteten und aus spezifischen Umständen resultierten, zu breiteren, allgemeineren Fragen wie denen der Löhne oder Arbeitsbedingungen."[189]

Über die steigende zwangsweise Integration afrikanischer Produktivkräfte in die prosperierende „weiße" Kolonialwirtschaft wurde die Schaffung eines afrikanischen Proletariats gefördert.[190] Das revolutionäre Potential wuchs.

2.3.2.3. Die politischen Verwaltungsstrukturen des Mandatsgebietes

Bevor wir dieses Kapitel mit einer abschließenden Einschätzung der südafrikanischen Herrschaft während der Konsolidierungsphase in Namibia beenden, wollen wir noch kurz die wichtigsten Gesetze benennen, die während dieser Periode von der Südafrikanischen Union bezüglich der politischen Verwaltung Namibias verfügt wurden. Dabei läßt sich unschwer in der Entwicklung die integrative Tendenz erkennen, die auf eine Einverleibung des Territoriums abzielte.

So gelangt auch der südafrikanische Geschichtsdozent Ballinger in einer Untersuchung der südafrikanischen Namibia-Politik bis 1960 zu der Einschätzung: „Die Haltung der Union ist historisch begründet und auf reale Bindungen mit Südwestafrika in Bezug auf Familie, Wirtschaft und Sicherheit basierend. Einverleibung war das einzige Ziel, das die Union auf lange Sicht anstreben konnte. Südafrikas Annahme des Mandats war nicht das Ergebnis humanitärer Lebensanschauungen und Vorstellungen von Abhängigkeit und Treuhandschaft. Historisch gesehen war das C-Mandat ein Kompromiß, der — wie im Falle anderer Mandataren — Südafrikas strategischen Befürchtungen und Notwendigkeiten entsprach und zugleich den Schritt der Annektierung vermied. Da die alliierten Mächte übereingekommen waren, Annektionen nach dem Ersten Weltkrieg zu vermeiden, bedeutete das C-Mandat eine Formel, um diese Möglichkeit zu umgehen und doch gleichzeitig deren Vorteile zu wahren."[191]

Anfänglich hatte der von der Südafrikanischen Union eingesetzte Administrator für Namibia die alleinigen legislativen und exekutiven Befugnisse. In der Ausübung der Verwaltung stützte er sich lediglich auf die Empfehlungen eines Beirates (Advisory Council).

Der „South West Africa Constitution Act, Nr. 42 of 1925" billigte stattdessen der weißen Siedlerschaft eine begrenzte Selbstverwaltung zu. Ein 18-köpfiger Landesrat wurde etabliert. Zwölf seiner Mitglieder wurden von der weißen Siedlerschaft mit britischer und/oder südafrikanischer Staatsbürgerschaft gewählt, sechs nominierte der Administrator. Ebenso konstituierte sich eine fünfköpfige Exekutive, bestehend aus dem Administrator und vier vom Landesrat gewählten Mitgliedern. Zusätzlich wurde ein Beirat geschaffen, der aus dem Exekutivkomitee und drei weiteren Mitgliedern bestand, von denen eines „Kenntnisse in Eingeborenenangelegenheiten" haben mußte...[192]

In der Folgezeit entstand unter der burischen Fraktion der weißen Siedlerschaft Namibias eine politische Bewegung, die die Einverleibung des Territoriums in die Südafrikanische Union zum Ziel hatte und als „Fifth Province Movement" bekannt wurde. Durch die politische Agitation der Nationalsozialisten Anfang der 30er Jahre verstärkte sich diese Tendenz unter den Buren; am 29. November 1934 wurde in einer Versammlung des Landesrates eine Resolution verabschiedet, die sich für die Verwaltung Namibias als Provinz der Union aussprach.[193]

Als Folge der Auseinandersetzung innerhalb der weißen Siedlerschaft Namibias benannte die Unionsregierung am 26. April 1935 eine „Südwestafrika-Kommission", um die Effektivität der existierenden Verfassung des Territoriums zu überprüfen. Diese Untersuchungskommission endete jedoch vergleichbar dem Hornberger Schießen.

„Die Unionsregierung lehnte jene Ergebnisse und Empfehlungen ab, die sich gegenüber der Verwaltung kritisch verhielten. Sie verwarf auch den Vorschlag, die Kontrolle der Eingeborenenangelegenheit im Unionsministerium für Eingeborenenangelegenheiten zu verankern. Sie war der Meinung, diese seien besser lokal zu verwalten. Dieser Ansicht sollte später eine totale Kehrtwendung folgen."[194]

1939 wurden die Umtriebe faschistischer deutscher Siedler in Namibia von der Unionsregierung dazu benutzt, die Integration südwestafrikanischer Polizeieinheiten in die südafrikanische Polizei zu legitimieren und die Entsendung von Polizeitruppen in das Territorium — ein krasser Verstoß gegen die Mandatsbestimmungen — zu rechtfertigen.

„Am 23. April 1939 sandte Smuts, inzwischen Justizminister im Kabinett Hertzog, mit dessen Unterstützung etwa 300 bewaffnete Polizisten nach Windhoek, um den Frieden aufrechtzuerhalten und als Vorsichtsmaßnahme gegen einen deutschen Putsch. Er erklärte später, daß diese Aktion einem Coup zuvorgekommen sei."[195]

Nach Kriegsende wurde die Annektionsfrage erneut diskutiert. Während sich die United Party unter General Smuts und Hertzog für eine politische Partizipation der weißen Siedler in den Institutionen der Union aussprach, plädierten die Vertreter der Nationalen Partei für die konstitutionelle Schaffung eines Fünfte-Provinz-Status für Namibia. Einen prinzipiellen Unterschied in der Absicht gab es jedoch nicht. So äußerte sich der „Experte" der Nationalen Partei zu Fragen der Inkorporation — ein gewisser Herr Louw — 1948 im Parlament der Union hinsichtlich der Strategie der Parteien folgendermaßen:

„Der einzige Unterschied ,war organisatorischer Art... Ich fordere eine fünfte Provinz und der Premierminister direkte Vertretung im Parlament. Das Prinzip ist das gleiche'."[196]

Smuts selbst hatte im gleichen Jahr bereits kurz zuvor erklärt,

„... daß es nicht länger ein Mandat gebe und (er) sprach von einem Verhältnis ähnlich dem eines kolonialen Besitzes."[197]

Mit dem Wahlsieg der Nationalen Partei in Südafrika änderte sich zwar nicht die Strategie zur Verwirklichung der Integrationspläne, wohl aber die Töne, die dabei angeschlagen wurden. Die Annektionsabsichten wurden von nun an aggressiver vertreten, der legalistische Disput mit der UNO um die rechtmäßige Zuständigkeit für das Territorium verschärfte sich. Mit dem „South West Africa Affairs Amendment Act, No. 23 of 1949"[198] änderten sich die politischen Strukturen der namibischen Landesverwaltung. Die Nationale Partei hatte diese konstitutionelle Änderung in sicherer Erwartung eines Wahlsieges in Namibia verabschiedet. Das Gesetz verfügte — unter Berufung auf den Mandatsauftrag, der eine Verwaltung des Territoriums als integralen Bestandteil legitimierte —, daß künftig die weiße Bevölkerung Namibias mit sechs Abgeordneten im südafrikanischen Parlament vertreten sein solle. Ebenso wurden im Senat der Union vier Sitze für Senatoren aus Namibia geschaffen (weiße Senatoren, versteht sich...). Das Gesetz von 1949 schaffte die Nominierung von sechs Abgeordneten des Landesrates durch den Administrator ab. Künftig wurden alle 18 Vertreter der weißen Siedler durch diese direkt gewählt. Zudem wurde der Beirat aufgelöst. Seine beratende Funktion wurde von der Exekutive übernommen, die verfassungsmäßig unverändert fortbestand.

An dieser konstitutionellen Form der für die weißen Siedler geschaffenen politischen Strukturen hat sich bis heute nichts mehr geändert. Lediglich die Ressortzuständigkeit der namibischen Landesverwaltung sollte in späteren Jahren erheblich beschnitten werden.

Bei den Wahlen vom 30. August 1950 erhielt die Nationale Partei in Namibia erwartungsgemäß eine überwältigende Mehrheit. Die United National South West Party von General Smuts mußte sich fortan mit drei Sitzen im Landesrat begnügen, die fünfzehn anderen gingen an die Nationalisten, deren Wahlsieg durch die einmütige Unterstützung der deutschstämmigen Siedlerschaft so hoch ausfiel. Der Wahlausgang in Namibia führte zu einer Verstärkung der südafrikanischen Parlamentsfraktion der Nationalisten um sechs Sitze, da alle Abgeordneten aus Namibia diese Parteizugehörigkeit aufwiesen, ebenso die vier Senatoren. Die Nationale Partei hatte dies bereits im voraus eingeplant und damit ihre geringe Regierungsmehrheit im Unionsparlament von fünf auf elf Stimmen ausbauen können.[199]

1954 wurde der erste drastische Eingriff in die Verwaltungsautonomie Namibias (sprich: der weißen politischen Institutionen des Territoriums) unternommen, als die „Eingeborenenangelegenheiten" in den Verantwortlichkeitsbereich der Unionsregierung überführt wurden.[200]

Bis zum Odendaal-Plan, den wir in einem späteren Abschnitt gemeinsam mit den weiteren politisch-integrativen Maßnahmen behandeln werden, sollte sich fortan nicht mehr viel ändern.

2.3.3. Zur Bestimmung Südafrikas als kolonialer Macht

Die Kolonisierung Namibias durch die Union von Südafrika unterscheidet sich von der kolonialen Expansion des sogenannten „Zeitalters des Imperialismus": die faktische Annektion des Gebietes war nicht ausschließlich Folge einer militärischen Eroberung in dem Sinne, daß die autochthone Bevölkerung durch südafrikanische Waffengewalt erst unterworfen werden mußte.

Die strukturellen, politischen und sozialen Konsequenzen einer systematischen Kolonisierung existierten in Namibia bereits, als Südafrika zur neuen Kolonialmacht über das Gebiet durch ein Mandat des Völkerbundes „legal" und unblutig eingesetzt wurde. Die kolonisatorische Vorarbeit war zu diesem Zeitpunkt bereits über drei Jahrzehnte hinweg gründlich durch die Rheinische Missionsgesellschaft, die deutsche Kolonialverwaltung, deren „Schutztruppe", der weißen Siedlerschaft und dem Kapital geleistet worden und abgeschlossen.

Die militärische Eroberung des Territoriums beschränkte sich für Südafrika lediglich auf ein kurzes und bescheidenes Engagement zum Ausbruch des ersten imperialistischen Weltkrieges – als Bündnispartner Großbritanniens im Rahmen der alliierten Kämpfe gegen die deutschen Hegemonieansprüche –, was die Besetzung „Deutsch-Südwestafrikas" zur Folge hatte. Diese Intervention selbst war innerhalb der Union von Südafrika nicht unumstritten: hatten die Besiedlungs- und Kolonisierungspraktiken der Buren und der „Gewaltpolitiker" Deutschlands neben der ideologischen Verwandtschaft im Süden Afrikas zu ähnlich brutalen Enteignungs- und Vernichtungsmethoden bezüglich der ansässigen Afrikaner geführt, so zögerten die burischen Elemente in dieser Situation, gegen das deutsche Kolonialregime ins Feld zu ziehen.

Nicht zuletzt befand sich die Union zu diesem Zeitpunkt noch in einem Stadium der ökonomischen Entwicklung, die das südafrikanische Kapital noch nicht zur Expansion zwang, damit ein koloniales Engagement und dessen wirtschaftliche Vorteile noch nicht gänzlich transparent machte.

Insofern läßt sich bezüglich der historischen Genese Südafrikas als kolonialer Macht feststellen, daß sich Kriterien zur Charakterisierung Südafrikas als Kolonialstaat erst in der konkreten Verwaltungspraxis in Namibia manifestierten, die Vorgehensweise somit Form und Wirkungsweise kolonialer Unterdrückungspolitik annahm.

„Der auf militärische Macht der Siedlerschaft gestützte Enteignungsprozeß an landwirtschaftlich nutzbarem Land war mit der Totalenteignung der Herero, Nama und der Eingrenzung der südlichen Ovambogebiete nicht beendet, sondern ging unter der südafrikanischen Mandatsherrschaft verstärkt weiter."[201]

Die traurige Ironie in der hundertjährigen Geschichte namibischer Knechtschaft besteht darin, daß der Pseudo-„Befreier" vom kolonialen Joch der deutschen Schreckensherrschaft sich als ebenbürtiger Nachfolger der deutschen Gewaltpolitik in Namibia erwies und nur zu dankbar und bereitwillig die bereits geschaffenen Strukturen als Fundament gebrauchte, um eine ebenso brutale und menschenfeindliche Unterdrückungsmaschinerie zu etablieren und zu perfektionieren, den kolonialen Status Namibias zu verankern und auf Jahrzehnte hinaus festzuschreiben.

„Der deutsche Kolonialismus in Südwestafrika ist gekennzeichnet durch Brutalität, Ausbeutung und Unterdrückung, wodurch die Legende von der ‚guten deutschen Zeit' zur Lüge wird. Die südafrikanische Gewaltherrschaft hat dieses Erbe von Blut und Schande einfach übernommen und bis in die gegenwärtige Zeit weiter durchgeführt."[202]

In eben dieser Feststellung liegt auch begründet, von der Republik Südafrika heute als kolonialem Staat zu sprechen und die „Mandatsverwaltung" Namibias mit den dabei verwendeten Herrschaftspraktiken vor dem Hintergrund der südafrikanischen Interessen an und in dem Territorium, bei gleichzeitiger Berücksichtigung der weiteren Auswirkungen auf den ohnehin deformierten Kolonialcharakter Namibias, als koloniale Unterdrückung zu charakterisieren.[203]

2.4. Exkurs: Zur Rolle der deutschstämmigen Siedlerschaft

„Eine weitgreifende Veränderung und bis in alle Einzelheiten gehende Umgestaltung der heutigen Gegebenheiten und Gepflogenheiten in diesem Lande bereiten sich vor — Umstellungen, die das Schicksal des Landes auf weite Sicht hin festlegen. Und über das Schicksal des Landes Südwestafrika entscheiden die Menschen, die in diesem Lande ansässig sind und die ihm verbunden sind — alle Menschen? Und eine Gruppe von Menschen, die deutsche Staatsbürger sind, die über lange Zeiträume hinweg diesem Lande dienten, die hierzulande Besitz erwarben, deren Kinder wiederum ihre Pflicht gegenüber ihrer Heimat erfüllen, ist ausgeschlossen von dem Recht, mit über die Zukunft des Landes und sein Schicksal zu entscheiden?"
(Aus einem Leserbrief in der „Allgemeinen Zeitung", Windhoek, vom 2. März 1977)

„Diese Einwanderer sind in unser Südwest gekommen, sind...durch den Mandatar Südafrika großzügig behandelt worden: sie wurden durch keinerlei Gesetz verpflichtet, ihre Staatsbürgerschaft zugunsten der südafrikanischen Staatsbürgerschaft aufzugeben, konnten Besitz erwerben und sich auch sonst wirtschaftlich frei entfalten. Der Krieg sprang mit den bis dahin Eingewanderten zusammen mit uns hier Geborenen und den alten Südwestern etwas rauh um, da wir alle — oder sagen wir sehr viele — in das Kamp kamen, aber nach dem Kriege und mit dem Siege der Nationalen Partei wurde den Eingewanderten wieder das Land geöffnet mit noch größerer Freizügigkeit und Förderung als vorher. Auch die Möglichkeit, sich polititsch zu betätigen, wurde ihnen geboten, dadurch daß sie sich unter leichten Bedingungen naturalisieren lassen konnten."
(Aus einem Leserbrief in der „Allgemeinen Zeitung", Windhoek, vom 14. März 1977)

2.4.1. Die Rolle des Deutschtums nach Ende der deutschen Kolonialherrschaft

Nach der Besetzung Deutsch-Südwestafrikas durch die Unionstruppen 1915 änderte sich für die Mehrheit der deutschen Siedler im Lande nichts. Die Zahl der weißen Gesamtbevölkerung belief sich 1913 auf 14.830 Europäer. [204] Nach der Kapitulation der deutschen Kolonialtruppe in Namibia wurden lediglich die deutschen Kolonialbeamten, Polizeikräfte und reguläre Truppeneinheiten sowie deren Familienangehörige, eine kleine Anzahl freiwilliger Rückkehrer und „unerwünschte Bürger" deportiert.[205] Insgesamt handelte es sich um 6.374 Personen, wobei einem Teil der Ausgewiesenen später wieder die Rückkehr in das Territorium gestattet wurde.

„Die Gesamtzahl der Deutschen, die unmittelbar nach der Repatriierung im Lande verblieben, ist nicht bekannt, aber 1921 waren in Südwestafrika 7.855."[206]
Als die Südafrikanische Union die Mandatsherrschaft über Namibia zugesprochen erhielt, saßen die deutschen Farmer bereits in den besten Weidegebieten des Landes, die sie sich während der deutschen Kolonialherrschaft angeeignet

hatten. Die Großgrundbesitzer unter ihnen sollten auch künftig im Bereich der Siedlerschaft einen wichtigen ökonomischen und politischen Faktor darstellen. Darüberhinaus setzte sich die deutsche Siedlerschaft überwiegend aus selbständigen Handwerkern, Kaufleuten und Besitzern mittlerer Farmbetriebe zusammen. Noch 1922 wurde der Anteil der deutschen Siedler an der europäischen Bevölkerung auf 55 Prozent geschätzt, obgleich die Siedlungsstrategie Südafrikas bereits auf Hochtouren lief.[207]

Die deutsche Regierung – ihres Stützpunktes in der einstigen Kolonie bewußt – trat mit der südafrikanischen Besatzungsmacht in Verhandlungen. Im Herbst 1923 kam es in London zu einem Abkommen zwischen dem Ministerpräsidenten der Union, General Smuts, und zwei Regierungsvertretern Deutschlands. Die am 23. Oktober 1923 geschlossene Vereinbarung (bekannt als „De Haas-Smuts agreement") sicherte der deutschen Siedlerschaft den Erhalt der kulturellen Identität zu und traf Maßnahmen zur Ermöglichung der Partizipation am politischen Entscheidungsprozeß in der weißen Siedlerschaft Namibias,[208] indem den deutschen Siedlern die Zuerkennung der britischen (und somit auch südafrikanischen) Staatsbürgerschaft zugebilligt werden sollte, sofern von den Betroffenen kein Einspruch dagegen formuliert wurde. Diese Doppelstaatsangehörigkeit ermöglichte den deutschen Siedlern die Wahrnehmung politischer Rechte. Die vereinbarte Einbürgerung fand ihren gesetzlichen Ausdruck im Naturalisierungsgesetz von 1924.[209]

Von den insgesamt 3.489 betroffenen deutschen Staatsbürgern im Lande sprachen sich lediglich 261 gegen die Annahme der doppelten Staatsbürgerschaft aus.[210] Der Zuerkennung begrenzter Selbstverwaltung für die weiße Siedlerschaft durch den „South West Africa Constitution Act, No. 42 of 1925" folgten 1926 die ersten Wahlen.

„...insgesamt waren für die erste Stimmabgabe zur gesetzgebenden Versammlung 6.092 stimmberechtigte Wähler registriert, von denen die Zahl der automatisch und freiwillig naturalisierten Deutschen 3.228 betrug. Dies brachte ihnen eine Wahlmehrheit."[211]

Diese Mehrheit der deutschstämmigen Siedlerschaft spiegelte sich im Wahlergebnis und der Zusammensetzung des Landesrates wider. Von den zwölf gewählten Mitgliedern waren sieben deutscher Herkunft.[212] In der Folgezeit begann sich jedoch das politische Kräfteverhältnis durch den kontinuierlichen Zustrom südafrikanischer Siedler zu verschieben.

„Bei den Wahlen von 1929 gewannen die Südafrikaner acht von den 12 Parlamentssitzen. Die Zweidrittelmehrheit bekamen sie aber nicht, weil der Administrator die Sitze der sechs zu ernennenden Mitglieder gleichmäßig auf Deutsche und Südafrikaner verteilte."[213]

Die systematische Siedlungspolitik und die damit einhergehende Zuwanderung südafrikanischer Buren schuf Spannungen im Verhältnis der weißen Siedlergruppen. Die kontinuierliche Inbesitznahme des Landes durch die Buren weckte Ängste unter der deutschen Siedlerschaft, die eine Benachteiligung befürchteten. Sie sahen sich kulturell bedroht und ihr Herrenmenschentum gefährdet. Dies wurde durch die Arroganz der deutschstämmigen Farmerschaft noch gefördert, die sich als Eroberer und Pioniere des Territoriums ver-

standen und sich in ihrem „Sendungsbewußtsein" der burischen Gemeinschaft (nicht minder sendungsbewußt) überlegen fühlte. Diese Überlegenheitsgefühle verstärkten gleichzeitig die Ängste, die dominierende Position zugunsten der südafrikanischen Siedlungspolitik und der damit einhergehenden quantitativen Zunahme der burischen Siedler aufgeben zu müssen. Die staatliche Förderungspolitik, die eine Einwanderung südafrikanischer Bürger durch gezielte Subventionen stimulierte, trug nicht gerade zum Abbau dieser Ängste bei.214
Die Auswirkungen der sich abzeichnenden Willkürherrschaft faschistischer Regime in Europa auf die Haltung der deutschen Siedlerschaft in Namibia wird in den uns vorliegenden Quellen unterschiedlich interpretiert.215 Ziel des in Deutschland aufkommenden Faschismus war es jedoch zweifelsohne, sich durch den systematischen Aufbau einer Fünften Kolonne unter der deutschstämmigen Siedlerschaft langfristig die Wiederaneignung des Territoriums als Kolonie zu sichern.216 Dabei bedienten sich die Nazis des „Deutschen Bundes" als Plattform zur Schaffung einer breiten Basis. Dieser war 1924 von Deutschen in Namibia gegründet worden und war bereits Ende der 20er Jahre sowohl zum repräsentativen Verband des Deutschen Bevölkerungsteils geworden als auch fest in den Händen der Faschisten. Als seine Aufgabe wurde bezeichnet, „‚...das Deutschtum in Südwestafrika ‚in allgemeinpolitischer, wirtschaftspolitischer sowie kultureller Beziehung' zu vertreten."217

Die usurpatorischen Intentionen des Faschismus, die sich in einer Unterwanderung aller deutschstämmig-geprägten Institutionen Namibias manifestierten, ließen englische Zeitungen von einer „zwangsweisen Nazifizierung des Deutschtums in Südwest" sprechen.218 Parallel zu den verdeckten Agenturen des Faschismus wurden Nazi-Zellen offen institutionalisiert. Namibia gehörte zu den wenigen Gebieten, in denen die Auslandsorganisationen der NSDAP schon vor 1933 Ortsgruppen besaß.
Unterdessen hatten sich die Rivalitäten zwischen der deutschen und burischen Siedlergruppe kontinuierlich verschärft. Die unterschiedlichen Interessen fanden ihre Zuspitzung in der politisch-ideologischen Konfrontation zwischen dem deutschen und südafrikanischen Chauvinismus. Während ersterer durch die Welle des Faschismus gekennzeichnet war, schlug sich letzterer in der Herausbildung der bereits erwähnten „5th Province Movement" nieder, die auf eine Einverleibung Namibias in die Südafrikanische Union abzielte. Dabei gereichte der burischen Siedlerschaft zum Vorteil, daß die politische Macht seit den Landesratswahlen von 1929 in ihren Händen ruhte. — Der tatsächlichen und rechtmäßigen Einwohnerschaft Namibias, den Afrikanern, schien in dieser Phase im Bereich der politischen Diskussion übrigens noch weniger Aufmerksamkeit geschenkt worden zu sein als je zuvor. Sie war schlichtweg irrelevant für die Auseinandersetzungen.
Am 3. August 1933 beschloß die Gesetzgebende Körperschaft angesichts des aggressiven Charakters der nationalsozialistischen Bewegung ein Gesetz, das die Landesverwaltung ermächtigte, bei Störung des öffentlichen Friedens einzuschreiten. Im Februar 1934 wurde es als „Criminal Law Amendment Act

of 1933" durch den südafrikanischen Generalgouverneur genehmigt.[219] Hitlerjugend und NSDAP wurden noch 1934 für illegal erklärt. Die Aktion allerdings erwies sich als Schlag ins Wasser. Die Nazi-Partei agierte und agitierte munter, mehr oder weniger offiziell und subversiv weiter, die Hitlerjugend hieß künftig Pfadfinderjugend.[220]
Bei der Wahl im Oktober 1934 konnte die burische Siedlerschaft ihre politische Vorherrschaft sichern. Neun der zwölf Sitze im Landesrat fielen an die Buren, zwei weitere Mandate wurden von unabhängigen Kandidaten errungen, die Nationalsozialisten waren lediglich durch einen Vertreter repräsentiert. Der Administrator übte in der Nominierung der sechs restlichen Abgeordneten weiterhin Neutralität. Die Sitze wurden erneut zu gleichen Teilen an die burische und deutsche Siedlerschaft vergeben. Erstmals hatten die Buren damit eine Zweidrittel-Mehrheit gesichert, mit der am 29. November 1934 die bereits erwähnte Resolution zugunsten einer Verwaltung Namibias als 5. Provinz Südafrikas verabschiedet wurde.[221]
„Wenn die Regierung trotzdem sehr vorsichtig vorging, so hatte dies zwei Gründe: Einmal waren die Deutschen wirtschaftlich das stärkste und fortgeschrittenste Element. Sie besaßen die größten und besten Farmen und spielten auch in Handel und Industrie eine bedeutende Rolle. Zum anderen hatten die Deutschen in Pretoria mächtige Freunde."[222]
Zur Beruhigung der burischen Bevölkerung Namibias erließ die Regierung im Herbst 1936 eine Proklamation, in der Ausländern die Mitgliedschaft in einer politischen Organisation untersagt wurde. In einer Proklamation vom 2. April 1937 erklärte der Administrator außerdem den Deutschen Bund zur politischen Organisation. Dies bedeutete somit, daß ihm künftig keine Personen angehören durften, die nicht die britische Staatsangehörigkeit besaßen. Damit wurde die Unterbindung der ideologischen Wühlarbeit aus Deutschland eingeschleuster Nazi-Agenten beabsichtigt. Erfolglos, denn der Deutsche Bund löste sich auf und konstituierte sich neu als „Deutscher Südwestbund", um die Illegalisierung politischer Aktivitäten der Reichsdeutschen zu unterlaufen.[223]

Durch ein neues Einwanderungsgesetz vom 30. Januar 1937 schuf sich die Südafrikanische Union eine gesetzliche Handhabe, um die weitere Einwanderung von Deutschen künftig zu verhindern.
Wenngleich die kolonialpolitischen Anstrengungen der Faschisten sich nicht davor scheuten, nonkonformistische Siedler in Namibia durch die Anwendung psychologischer und materieller Druckmittel sowie einer Vielzahl anderer Repressalien einzuschüchtern und in die Nazi-Gefolgschaft zu zwingen, setzten sich dennoch deutschstämmige Siedler dem faschistischen Terror zur Wehr. Dies lag vor allem in ihrer ökonomischen Position begründet. Insbesondere reiche deutsche Farmer versprachen sich von einer Herrschaft Hitlers in Namibia keine Vorteile. Ein Konflikt zwischen Deutschland und Großbritannien wegen der Kolonialfrage hätte für sie nur die Gefährdung ihres Besitzes bringen können. Dieser aber garantierte ihnen eine ausreichende Existenzgrundlage unter jeder Regierung.[224]

Die Zahl derer, die sich aufgrund ihrer ökonomischen Unabhängigkeit dem massiven Druck des Faschismus entziehen oder widersetzen konnte, blieb jedoch letzten Endes klein. Sie hatten sich zur „Volksdeutschen Gruppe" zusammengeschlossen, deren Mitgliederzahl sich auf etwa 400 Personen belief.
„Sie mußten damit rechnen, ihr Leben verwirkt zu haben, wenn Südwestafrika an Deutschland zurückkam."[225]
Der Anteil der Nationalsozialisten an der Gesamtzahl der Deutschen in Namibia wurde auf 80 bis 95 Prozent geschätzt. Stuebel hält die letztere Zahl für wahrscheinlicher, ohne dabei jedoch zwischen überzeugten Vertretern des Faschismus und den unter existentiellem Zwang zu seinen Gefolgsleuten zählenden Siedlern zu unterscheiden. Jedenfalls brachten auch die 1940 im Mandatsgebiet durchgeführten Wahlen zum Landesrat nicht mehr das von den Faschisten erhoffte positive Ergebnis.
„Obwohl die Deutschen ungefähr die Hälfte der Wahlberechtigten ausmachten, waren unter den zwölf Gewählten zehn Smuts-Anhänger und nur zwei Parteigänger des pronazistischen Nationalisten Malan."[226]
Politische Ironie: die Faschisten erreichten durch ihre Umtriebe in Namibia das genaue Gegenteil der von ihnen angestrebten Okkupationsabsichten.
„Als sich die internationale Lage Anfang 1939 zuspitzte und Malan-Nationalisten ihre Arbeit zugunsten Deutschlands verschärften, verordnete die Regierung Südafrikas im April 1939 die Entsendung von Polizeieinheiten nach Südwestafrika. Das bedeutete eine Besetzung des Mandatsgebietes. Smuts rechtfertigte diesen Einmarsch mit der Erklärung, dies wäre nur eine gewöhnliche Polizeimaßnahme, die geplanten Zwischenfällen vorbeugen sollte. Gleichzeitig brachte er ein Gesetz ein, das die Eingliederung der Südwestafrika-Polizei in jene der Union vorsah. Seine Worte von 1920, ‚Mandat bedeutet Annexion, bis auf den Namen!' schienen Realität werden zu wollen."[227]
Hitler-Deutschland reagierte auf diese Maßnahme mit heftigen Protesten. Smuts sah sich dadurch lediglich in seinem Mißtrauen gegenüber den deutschen Rückeroberungsabsichten Namibias bestätigt und verfolgte umso zielstrebiger die Eingliederung des Territoriums. Zwar kam es tatsächlich zu örtlichen Aufstandsversuchen faschistischer deutscher Siedler, aber offensichtlich handelte es sich hierbei nicht um organisierte Putschversuche. Die Fünfte Kolonne des deutschen Imperialismus stand wohl auch in Namibia zum Einsatz bereit, ihre Schlagkraft jedoch war weniger hoch einzuschätzen.
Stattdessen trug der deutsche Faschismus durch die eigene aggressive Haltung, mit der die propagierte Zielsetzung der „Rückkehr ins Reich" betrieben wurde, zu einer diesen Ambitionen konträren Entwicklung im Südlichen Afrika bei. Gleichzeitig wurde damit die Südafrikanische Union als potentieller Bündnispartner vergrault. Hitler spielte damit Smuts die Legitimation zu, die dieser für eine engere Bindung Namibias an die Union benötigte und die Maßnahmen zur weiteren politischen und militärischen Herrschaftssicherung rechtfertigte.
Bleibt abschließend anzumerken, daß auch in dieser historischen Phase das Gebiet Namibias und dessen Einwohner lediglich Objekt und Spielball machtpolitischer Interessen waren. Denn es versteht sich von selbst, daß bei dem

Schacher um das Land die Wünsche der afrikanischen Bevölkerung keinerlei Berücksichtigung fanden, selbst die Siedler letztendlich nur instrumentalisiertes Werkzeug darstellten.
Nach der Ablehnung der Neutralitätserklärung des Generals Hertzog durch das südafrikanische Parlament am 4. September 1939 (Stimmenverhältnis 80:67) und der darauf folgenden Kriegserklärung Südafrikas an das Deutsche Reich, wurden die Namibia-Deutschen, die mit dem Nationalsozialismus offiziell liiert waren, inhaftiert und interniert. 1942 wurde den deutschen Siedlern durch „Act No. 35 of 1942"[228] die britische Staatsbürgerschaft und somit auch das Wahlrecht entzogen, „soweit sie nicht als Freiwillige dienten oder nächste Angehörige eines Freiwilligen waren."[229] 1944 wurde die Mehrzahl der deutschen Bevölkerung in die frühere Heimat zurückbefördert. Die Kriegsmaßnahmen der südafrikanischen Regierung gegen die Deutschen wurden allerdings schon 1949 durch die inzwischen regierende Nationale Partei wieder rückgängig gemacht.[230]

„Nach dem Siege der Nationalen Partei erlaubte die Regierung Malan den Deutschen die Rückkehr nach Südwestafrika und gab ihnen nach ihrer Ankunft im Lande das beschlagnahmte Eigentum zum größten Teil zurück."[231]
Der Anteil der Deutschen an der weißen Landesbevölkerung wurde so durch die nationalsozialistische „Episode" lediglich von etwa 40 % vor Ausbruch des Krieges auf ungefähr ein Drittel in den 50er Jahren dezimiert (dieser Anteil an der Siedlerschaft ist bis heute unverändert geblieben). Die einflußreiche Position innerhalb der Siedlergemeinschaft wurde restauriert. Es wurde alles wieder so wie es war...

2.4.2. Die Namibia-Deutschen und die Nationale Partei

Die Deutschen erwiesen sich den südafrikanischen Nationalisten gegenüber dankbar für die Rehabilitierung. Wie bereits erwähnt, verhalfen sie der Nationalen Partei bei den ersten Nachkriegswahlen, die gleichzeitig erstmals die Parteizugehörigkeit der sechs Abgeordneten für das südafrikanische Parlament festlegten, zu einer politischen Macht im Territorium, die bis vor kurzem ebenso ungebrochen blieb wie die Unterstützung durch das Deutschtum. Die deutsche Wählerschaft wurde zu einer Hochburg der Regierungspartei.[232]

„Die Nationalisten gewannen unter den deutschen ‚Südwestern' an Popularität durch Schachzüge wie die Ernennung von Deutsch zur dritten amtlichen Sprache neben Afrikaans und Englisch — (Ovambo, von der Hälfte der Bevölkerung gesprochen, ist nicht berücksichtigt!) — und der Vergabe von Kriegsrenten an frühere deutsche Soldaten; nicht nur an jene, die in den Herero/Nama-Kriegen gekämpft hatten, sondern auch jene, die Südafrika 1915 bekämpften."[233]
Das Wahlverhalten der deutschstämmigen Siedlerschaft erlebte vor Aufnahme der „Turnhallengespräche" nur einmal eine kurzlebige Veränderung unter der 25-jährigen politischen Monopolstellung der Nationalen Partei, als sich 1961 die „Südwestpartei" unter Japie Basson konstituierte.[234]

Diese „Aufweichung" lag offensichtlich in der Sorge um die ökonomische Zukunft der nationalen Siedlerbourgeoisie begründet, die unter dem Eindruck des stetig wachsenden organisierten afrikanischen Widerstandes und der Herausbildung des nationalen Befreiungskampfes um ihre Stellung in Namibia zu bangen begann. Aufgrund der „Kompromißfähigkeit" hinsichtlich einer neokolonialen Entwicklung, die zwar den Afrikanern partielle politische Rechte zugestehen, jedoch die eigene ökonomische Position nicht grundsätzlich gefährden würde, bröckelte die Grundlage der Nationalen Partei in diesen Jahren vorübergehend geringfügig ab.[235]

Bis heute setzt sich die deutsche Siedlerschaft des Territoriums hauptsächlich aus Farmern, Geschäftsleuten, Angehörigen des kleinen und mittleren Gewerbes und des Handels zusammen. Sie haben die Management-Funktionen in der ansässigen Industrie inne. Diese relativ starke ökonomische Position liegt im unterentwickelten Kolonialcharakter Namibias begründet, der eine eigene hochentwickelte Industrie bislang nicht zugelassen hat. Somit kommt den „Schmalspurkapitalisten" der deutschen Siedlerschaft ein größeres Gewicht in der Ökonomie und der lokalen weißen Siedlerschaft zu, auf das sich auch Kapitalinteressen aus der BRD bislang zu stützen verstanden haben.[236] Reduziert wurde diese Domäne durch die Kapitalentwicklung in Südafrika und den Nachkriegsboom der namibischen Ökonomie. Seit den 50er Jahren wurde der namibische Markt verstärkt durch das burische und anderes ausländisches Kapital erschlossen. Dies führte zu einer Relativierung des deutschen Einflusses in der „Geschäftswelt".[237]

Trotzdem stellt die deutschstämmige „Geschäftswelt" Namibias immer noch den für jede Ökonomie unerläßlichen Mittelbau, ihr Einfluß ist nach wie vor gewichtig.

2.4.3. Zur gegenwärtigen Bestimmung der deutschen Siedlerschaft

Um nun die Rolle der deutschstämmigen Siedlerschaft Namibias im weiteren politischen Entwicklungsprozeß präzise beurteilen zu können, gilt es, deren Konsistenz genauer zu beleuchten und in der weiteren Einschätzung zu differenzieren. Dies erfordert eine grobe Unterteilung in drei Gruppen.

Zum einen die Farmer, deren Landbesitz ihre Existenzgrundlage darstellt. Sofern sie nicht inzwischen bereits derartig viel Profit aus ihren Latifundien erwirtschaftet haben, um sich jederzeit anderswo eine neue Existenz schaffen zu können, werden sie auch künftig auf den Erhalt ihrer Landflächen angewiesen sein. Dies drückt sich in einem konservierenden bis reaktionären Bewußtsein aus, da ihnen aufgrund ihrer „Bodenständigkeit" jegliche Mobilität genommen ist. Einzig der Erhalt des status quo sichert ihnen die weiteren Produktionsbedingungen. Sie sind damit das Rückgrat einer starren, an der Festhaltung der Machtverhältnisse orientierten Politik, wenngleich auch unter ihnen eine Zahl „Alt-Liberaler" agiert, die sich für beschränkte Reformen im Sinne eines paternalistischen Herr-Knecht-Verhältnisses einsetzt und nicht in einen Topf mit dem faschistischen Flügel geworfen werden kann.

Zum zweiten die, etablierten, selbständigen Geschäftsleute der deutschen Siedlerschaft, die Handel und Gewerbe der Kolonie seit Beginn der Fremdherrschaft beherrscht haben. Sie stellen sicherlich, gemeinsam mit dem Management der Industrie und Angehörigen anderer selbständiger Berufe, das flexibelste Element des Deutschtums dar, das auch pragmatischer Realpolitik zugetan ist.[238] Derzeit orientierten sich diese Namibia-Deutschen vornehmlich an ,,liberalen" Lösungsversuchen im Rahmen des namibischen Dekolonisierungsprozesses; unter ihnen dürfte die Unterstützung der Nationalisten am meisten abgebröckelt sein. Das beweisen die Aktivitäten seit Aufnahme der Turnhallen-Konferenz, die wir an anderer Stelle aufgreifen wollen.

Zum dritten gibt es eine Reihe von Neueinwanderern, deren Ansiedlung nicht bestimmt ist von ihrer mobilen Funktion im Verwertungsinteresse des internationalen Kapitals, also ihrer Versetzung in das Territorium durch einen dort tätigen Konzern. Sie sind seit den 50er Jahren nach Namibia gekommen, um sich – dank ihrer Zugehörigkeit zur weißen Rasse, also nicht aufgrund eigener, individueller Qualifikationen – eine neue Existenzgrundlage zu schaffen. Dabei gehören sie jener sozialen Schicht an, die sich in der kolonialen Situation dem Abstieg ins Proletariat entziehen möchte. Die geschichtliche Parallele zum existentiell bedrohten Kleinbürgertum des deutschen Kaiserreichs drängt sich förmlich auf. Ihr sozialer Abstieg ins Proletariat läßt sich nur unter Aufrechterhaltung des rigiden rassistischen Kolonialcharakters und der damit einhergehenden privilegierten Zugehörigkeit zur herrschenden Rasse aufhalten bzw. sozialpsychologisch verschleiern. Aus diesen Neueinwanderern setzt sich – zusammen mit dem reaktionären Element der Farmerschaft – überwiegend der harte Kern der (neo-)faschistischen Teile des Deutschtums in Namibia zusammen. Organisierter Ausdruck dieser Fraktion ist der ,,Bund Nationaler Deutscher", der sich am 6. Februar 1974 in einer offiziellen Gründungsversammlung in Windhoek der Öffentlichkeit vorstellte.[239]

Festzuhalten bleibt dabei, daß diese junge und alte Garde der Nazi-Gefolgschaft in engem Kontakt mit faschistischen Gruppen in der Bundesrepublik steht.

Allerdings huldigen entgegen der häufig vertretenen propagandistischen Einschätzung nicht alle Namibia-Deutsche samt und sonders dem Faschismus. So ehrenwert die Motive der Politiker und Journalisten sein mögen, die dieses Pauschalurteil immer wieder aufgreifen und in die Welt posaunen – stellvertretend sei hier der ehemalige UNO-Kommissar Sean McBride genannt –, so aufrichtig die damit verbundene moralische Entrüstung über die immer noch in Namibia gefeierten Geburtstage des Kaisers und des ,,Führers" sein mag, so irreführend ist sie – und damit auch schädlich. Leider unterläuft diesen Kritikern damit der gleiche Irrtum, der mit Recht auch der rassistischen Polemik der Südafrikanischen Republik angekreidet wird, nämlich in ,,tribalistischen" Kategorien zu denken. Alle Deutschen in Namibia sind Faschisten – dieses Pauschalurteil verkennt die Grundlage des Faschismus, die hauptmäßig und als bestimmendes Moment in der ökonomischen Position der Träger des Bewußt-

seins angesiedelt ist. Und nicht alle Namibia-Deutschen sind der gleichen Klasse im Sinne identischer Existenzgrundlagen zuzurechnen. Eine solch undifferenzierte Aussage kann sich nur als nachteilig für den politischen Kampf in Namibia erweisen, denn im gegenwärtigen Stadium der Befreiung Namibias gilt es auch und besonders die Widersprüche innerhalb der weißen Siedlerschaft zu berücksichtigen und zu nutzen. Diese sind gerade in der deutschstämmigen Siedlerschaft relativ stark. Die Homogenität des Deutschtums ist längst zur Fassade geworden, hinter der sich unterschiedliche bis gegensätzliche politische Positionen verbergen.
Bereits Anfang der 60er Jahre gab Eberhard Czaya unter dem Eindruck der kurzlebigen „Liberalisierungsbestrebungen" der „Südwestpartei" zu bedenken, daß es auch bei Vertretern einer neokolonialen „Lösung" gilt, den Doppelcharakter der (sei es auch nur systemimmanenten) Widersprüche innerhalb der weißen Siedlerschaft zu berücksichtigen und für die Durchsetzung einer fortschrittlichen Politik funktionabel zu gestalten,

„...die verschiedenen Strömungen innerhalb der deutschen Bevölkerungsgruppe sorgfältig zu beobachten und die um eine Neuorientierung ringenden Kräfte nicht vor den Kopf zu stoßen. Der politische Gärungsprozeß bringt erstarrte Fronten in Bewegung und kann ein Klima schaffen, das der Befreiungsbewegung eine Betätigung unter erleichterten Bedingungen ermöglicht."
240

2.5. Die Apartheid-Politik Südafrikas in Namibia und die weitere Integration des Territoriums

Der Odendaal-Plan bedeutete für Namibia Anfang der 60er Jahre die Präliminarmaßnahme und Grundlage für die Verpflanzung der südafrikanischen Apartheid, wie sie in der Republik bereits Ende der 50er Jahre im „Promotion of Bantu Self-Government Act, No. 46 of 1959" gesetzlich verankert wurde.241 Diese Politik — im amtlichen Sprachgebrauch inzwischen zur „Politik der getrennten Entwicklung" avanciert — produzierte mittlerweile in Südafrika selbst mit der Transkei den ersten pseudounabhängigen Embryo-Staat.
Da der sogenannte Odendaal-Plan für die Namibia-Politik der südafrikanischen Regierung und die Politik der in Namibia regierenden Nationalen Partei nach wie vor als Grundlage zu betrachten ist — jedenfalls wurde er bislang selbst angesichts der fortschreitenden Entwicklung nicht revidiert bzw. widerrufen — werden wir uns mit den Empfehlungen der Odendaal-Kommission und deren Konsequenzen für Namibia zu beschäftigen haben. Dabei gilt es, das proklamierte Ziel dieser Apartheid-Politik auch hinsichtlich der aus den Turnhallen-Gesprächen resultierenden „Kompromisse" im Auge zu behalten.
Darüberhinaus werden wir darzustellen haben, inwieweit sich mit dem „South West Africa Affairs Act" von 1969 die politisch-legislative Integration Namibias in die Republik verstärkte und das Territorium den Status einer fünften Provinz zugewiesen erhielt. Unsere Absicht ist es, somit in diesem Kapitel praktisch die

aktuelle Ausgangslage im Verwaltungsbereich Namibias vor Aufnahme der konstitutionellen Gespräche in der Turnhalle zu skizzieren.

2.5.1. Der Odendaal-Plan — vom „Eingeborenenreservat" zum „Heimatgebiet"

Am 11. September 1962 benannte die südafrikanische Regierung eine Untersuchungskommission, die eine Bestandsaufnahme der Situation in Namibia durchführen sollte und mit der Erarbeitung von Empfehlungen für die künftige Entwicklung des Territoriums beauftragt wurde. Sie wurde nach ihrem Vorsitzenden, dem Administrator Transvaals, als Odendaal-Kommission benannt. Die Richtlinien für die Arbeit der Kommission lauteten:

„...einen Bericht vorzulegen, mit Empfehlungen für einen umfassenden Fünf-Jahres-Plan zur beschleunigten Entwicklung der verschiedenen Nicht-Weißen Gruppen Südwestafrikas, sowohl innerhalb wie auch außerhalb ihrer eigenen Gebiete und zur weiteren Entwicklung und dem Aufbau solcher Eingeborenengebiete in Südwestafrika."[242]

Zur politischen Funktion der Kommission äußerte dabei O'Linn die Vermutung,

„... daß man nicht so sehr an der Ausarbeitung einer neuen Formel für ein neues Konzept interessiert war, sondern daß man viel eher die derzeit gültige Regierungsideologie zu rechtfertigen suchte und Mittel und Wege finden wollte, um sie zu praktizieren."[243]

Im Januar 1964 legte die Odendaal-Kommission ihren Bericht [244] dem südafrikanischen Parlament vor. Sie gelangt darin zu der — unter Berücksichtigung der namibischen Herrschafts- und Ausbeutungsverhältnisse nur noch als zynisch zu bezeichnenden — Erkenntnis:

„...die meisten der eingeborenen Bevölkerungsgruppen sind immer noch auf einer Stufe, auf der sie gegen die mögliche Ausbeutung einer hochkonkurrierenden Ökonomie geschützt werden müssen."[245]

Als Entwicklungsstrategie empfahl die Kommission deshalb:

„Eine Politik der Differenzierung..., unter der die verschiedenen Gruppen als die Grundeinheiten von Entwicklung anerkannt und geachtet werden..." [246]

Weiterhin gelangte die Kommission als Grundlage ihrer Empfehlungen zu der Einschätzung, daß es sich in Namibia um keine homogene Bevölkerung handele, sondern um 12 Bevölkerungsgruppen mit unterschiedlichem Entwicklungsstand und unterschiedlicher Größe. Dies würde ihrer Meinung zufolge sowohl eine Demokratie im Sinne des allgemeinen Wahlrechts als auch eine Staatsform unter zentraler Regierungsverwaltung ausschließen.

„Es ist die wohldurchdachte Überzeugung der Kommission, daß die fortgesetzte Existenz eines Heimatgebietes für jede einzelne Bevölkerungsgruppe als unantastbares Gebiet dieser eingeborenen Gruppe im besten Interesse der verschiedenen Bevökerungsgruppen sei. Und, daß, in Übereinstimmung mit deren erklärtem Wunsch, diese Heimatgebiete als solche weiterbestehen und mehr und mehr unabhängig werden sollen."[247]

Entsprechend dieser Ergebnisse forderte die Kommission die Schaffung von zehn „Eingeborenen-Heimatgebieten", die allesamt eine Form der Selbstverwaltung zugestanden bekommen sollten.

„Aufenthaltsberechtigt sollten in den ‚Homelands' nur die Angehörigen der jeweiligen ethnischen Gruppe sein, sowie Weiße mit Sondergenehmigung. Ein Verlassen der ‚Homelands' sollte nur zwecks Arbeitsaufnahme im ‚weißen' Gebiet gestattet sein."[248]

Außerdem empfahl die Kommission den Ausbau der Infrastruktur. Straßenverbindungen in das nördliche Namibia sollten erweitert und verbessert werden, mehr Flugplätze und Rollfelder angelegt und ein hydro-elektrisches Staudamm-Projekt am Kunene erbaut werden. Für die folgenden fünf Jahre sollten zur langfristigen Sicherung der Wasser- und Energieversorgung 72 Millionen Rand investiert werden. Die strategische Bedeutung dieser infrastrukturellen Verbesserungen und deren Nutzen für die lokale Industrie ist offensichtlich.

Am 29. April 1964 akzeptierte die südafrikanische Regierung durch die Vorlage eines Weißbuches „prinzipiell" die Empfehlungen des Odendaal-Planes.[249] Bezeichnenderweise wurden die Infrastrukturmaßnahmen als erste in Angriff genommen.

In einer Parlamentsdebatte am 5. Mai 1964 setzte sich Premier Verwoerd gegen die Anschuldigungen der Opposition zur Wehr, mit dem Odendaal-Plan die Apartheid auf Namibia zu transplantieren, indem er auf die historisch erwiesene Trennung der afrikanischen Stämme untereinander verwies und das Regierungskonzept als die realistische Anerkennung und Fortführung der geschichtlich vorgegebenen Entwicklung des Landes bezeichnete:

„...die Grundidee, mit der wir uns beschäftigen, ist nicht die Schaffung von Heimatländern. Es ist deren Erhaltung."[250]

Die „traditionellen Stammesführer" des Ovambolandes erwiesen sich als getreue und zuverlässige Vasallen des südafrikanischen Regimes. Bereits im Oktober 1964 appellierten sie an die südafrikanische Regierung, unverzüglich eine Gesetzgebende Versammlung gemäß den Empfehlungen des Odendaal-Planes zu installieren, da dies

„...uns auf den Weg zu Selbstregierung und Selbstunterstützung unter der Leitung und mit Hilfe der Regierung der Republik Südafrika führen wird."
[251]

Die südafrikanische Regierung scheute jedoch die Konfrontation mit den Vereinten Nationen angesichts des zu jener Zeit schwebenden Verfahrens vor dem Internationalen Gerichtshof in Den Haag, der sich mit der Klage von Liberia und Äthiopien bezüglich der rechtmäßigen Mandatsverwaltung Südafrikas über das Territorium auseinandersetzen mußte.[252] Deshalb wurden die Empfehlungen der Odendaal-Kommission hinsichtlich der institutionellen Schaffung von „Selbstverwaltungsgremien" in den „Heimatgebieten" vorläufig auf Eis gelegt.

Trotzdem fiel die Wahl Südafrikas offensichtlich auf Ovamboland, um ihm als erstes „Muster-Heimatland" in Namibia lokale Autonomie zu gewähren. Die Gründe waren einleuchtend: einerseits waren die tribalistischen Strukturen zumindest auf der Erscheinungsebene nach wie vor relativ traditionell angelegt und über die Jahre hinweg erhalten worden; sie boten sich daher als geeignetes Experimentierfeld, ohne allzu große Eingriffe vornehmen zu müssen. Zum anderen hätte man mit einem unabhängigen Ovamboland erst einmal knapp die Hälfte der namibischen Bevölkerung formal aus der territorialen Einheit Namibias herauslösen können.

Nach Abweisung der Klage Liberias und Äthiopiens vor dem Internationalen Gerichtshof ging deshalb die südafrikanische Regierung verstärkt daran, das Odendaal-Modell in die Praxis umzusetzen. Bereits am 21. März 1967 überbrachte der „Minister für Bantuangelegenheiten und -entwicklung", M.C. Botha, namens Premierminister Vorster den Stammesvertretern Ovambolandes die Nachricht,

„... daß das Volk von Ovamboland eine Stufe erreicht hat, auf der es fähig ist, wichtige Schritte zur Selbstregierung zu unternehmen, die zur Selbstbestimmung und mit der Hilfe der südafrikanischen Regierung letztlich zur völligen Unabhängigkeit führen könnten."[253]

Am 4. April 1968 legte „Bantuminister" Botha dem südafrikanischen Parlament ein Gesetz vor,[254] das den Staatspräsidenten ermächtigte, Gesetzgebende Körperschaften im Damaraland, Hereroland, Kaokoland, Okavangoland, Ovamboland und dem Ost-Caprivi-Zipfel zu ernennen. Gleichzeitig wurden diese „Heimatgebiete" durch den Gesetzestext zu „eingeborenen Nationen" deklariert.[255]

Am 2. Oktober 1958 wurde der Gesetzgebende Rat von Ovamboland ausgerufen. Der Rat setzte sich aus 42 Stammesdelegierten zusammen, jeweils sechs von den sieben Stammesgruppen nominierte Vertreter. Ebenso wurde eine siebenköpfige Stammesexekutive mit jeweils einem Delegierten der sieben Stämme etabliert, von deren Mitglieder eines zum „chief councillor" ernannt wurde. Dem Gesetzgebenden Rat wurde die Verantwortung über das eigene Erziehungswesen, die örtliche Justiz, die Wirtschaft, öffentliche Arbeiten, Landwirtschaft, Finanzwesen und Kommunalangelegenheiten übertragen. Weiterhin erhielt er das Recht, bezüglich spezifischer lokaler Angelegenheiten Erlässe zu verabschieden — vorbehaltlich der Zustimmung des Staatspräsidenten der Republik Südafrika.

„Jedes Mitglied des Exekutivrates steht einem Departement vor; jedes Departement wird aber von einem Direktor geleitet, wobei ausschließlich weiße südafrikanische Beamte, die Ovamboland ‚geliehen' wurden, zu Direktoren bestimmt wurden."[256]

Als zweites Bantustan erhielt Okavangoland im Juli 1971 einen Legislativrat und damit beschränkte Selbstverwaltungsbefugnisse. Im März 1972 folgte Ost-Caprivi mit einer eigenen Legislative.

Die zweite Stufe zur „Unabhängigkeit" — der Status eines „selbstregierten Gebietes" innerhalb des Territoriums Namibias — wurde 1973 Ovamboland und Kavango durch Proklamation seitens der südafrikanischen Regierung

Winfried Nachwei sieht im Odendaal-Plan das „divide et impera"-Prinzip der Leutwein'schen Häuptlingspolitik und der südafrikanischen Reservatspolitik auf die Spitze getrieben. Ihm zufolge ist der Zweck der getrennten Entwicklung jeweils ethnisch homogener Pseudo-Nationen:
— durch Vorgaukeln einer Scheinunabhängigkeit ein proletarisches Klassenbewußtsein und nationalistische, stammesübergreifende Strömungen ethnozentristisch aufzufangen,
— das politische System indirekter Herrschaft zu effektivieren,
— die Pufferzone abhängiger Agrarstaaten durch den hufeisenförmigen Ring von Stammesgebieten im Norden Namibias zu vervollständigen.258

Das Ziel der Apartheid-Politik sei es, damit eine Herrschaft zu legitimieren, die durch ihre ideologische Verpackung versucht,

„...traditionelle afrikanische Elemente — ihrer ökonomischen Voraussetzungen entblößt und schon deshalb verstümmelt — ihren Herrschaftszwekken dienstbar zu machen."259

Als Hauptstütze dieses Herrschaftskonzepts dienen dabei die kollaborierenden Stammeshäuptlinge.260

Abgesehen von der — unserer Auffassung nach korrekten — Pauschaleinschätzung Nachweis halten wir es aufgrund der gesellschaftlichen Bedeutung des Odendaal-Planes jedoch für notwendig, sich neben der abstrakt-theoretischen Analyse detaillierter mit dem „Bantustan-Konzept" südafrikanischer Prägung auseinanderzusetzen und die Konsequenzen für die namibische Bevölkerung darzustellen. Denn unserer Auffassung zufolge kann die allgemeine „Entlarvung" der Fragmentierung Namibias, wie sie der Odendaal-Plan beinhaltet, nicht die konkrete Auseinandersetzung mit dem Gegenstand selbst adäquat ersetzen, allenfalls sinnvoll ergänzen.

Die Konsolidierung der „Eingeborenenreservate" zu „Bantustans" implizierte einen Konzentrationsprozeß, in dessen Verlauf die bis dahin existierenden 23 „Reservierten Gebiete für Eingeborene und Rehoboth Basters"261 auf zehn „Heimatgebiete" reduziert wurden. Dabei sollte im Rahmen der Schaffung dieser zehn Gebietseinheiten auf Vorschlag der Odendaal-Kommission eine Erweiterung der Landflächen für Afrikaner um etwa 50 % auf 32.629.364 Hektar stattfinden. Zur Verwirklichung des Programms sollte die Regierung auch Farmland weißer Siedler ankaufen.

„Bedenkt man allerdings, daß diese vorgeschlagene Erhöhung zu mehr als der Hälfte reines Jagd- und Steppenland betraf, das den Buschmännern (2.392.671 ha) und den Damaras (4.173.636 ha) zugeschlagen wurde, schrumpft diese von südafrikanischen Quellen als sehr großzügig und menschenfreundlich gepriesene Vergrößerung der Heimatländer der nichtweißen Völker auf relativ kleine Proportionen zurück."252

Folgende „Heimatgebiete" sollten nach Abschluß des Konsolidierungsprozesses existieren:

Hereroland	5.899.680 ha
Ovamboland	5.607.680 ha
Kaokoveld	4.898.219 ha
Damaraland	4.799.021 ha
Okavangoland	4.170.050 ha
Buschmannland	2.392.671 ha
Namaland	2.167.707 ha
östlicher Caprivi-Zipfel	1.153.387 ha
Rehobother-Gebiet	1.386.029 ha
Tswanaland	155.400 ha
Die Mischlinge sollten am Ufer des Oranje erhalten.[263]	92.421 ha

Die Landesverteilung ergab damit folgendes Verhältnis:[264]

Landwirtschaftliches Land der Weißen	46,7 %
Städte und Straßen	0,6 %
„Heimatländer" der Afrikaner und Rehobother	39,5 %
Tier- und Naturparks	5,3 %
Diamantensperrgebiet	6,7 %
Land für die Mischlinge	0,1 %
Regierungsland	1,1 %

Dieser proportionale Vergleich macht deutlich, daß durch die „Heimatgebiete" die Ungleichheit an Landbesitz selbst quantitativ keinesfalls ausgeglichen wurde. Nach wie vor befindet sich das meiste Land, das zugleich die fruchtbarsten Regionen umfaßt und sämtliche mineralische Reichtümer besitzt, in den Händen der weißen Siedler, deren Anteil an der Bevölkerung sich gemäß den Daten der letzten amtlichen Volkszählung von 1970 auf 90.658 gegenüber einer Gesamtzahl der Einwohner Namibias von 746.328 belief.[265]

„Schwarzen, die außerhalb der Polizeizone lebten, blieb der status quo mehr oder weniger erhalten (die Deutschen hatten sich nie sehr um den Norden gekümmert). Aber jene, die in den zentralen oder südlichen Teilen lebten, fanden sich in die desolaten, wasserlosen Flanken im Osten und Westen des Zentralplateaus gedrängt."[266]

„Somit ist heute ‚das Land zwischen den Wüsten', von kleinen Ausnahmen abgesehen, beinahe ausschließlich bis zur Nordgrenze der alten Polizeizone in weißem Besitz. Im Vertragsbüro in Windhoek gibt es zahlreiche Landkarten, die die Geschichte in enthüllender Klarheit erzählen: weißer Landbesitz ist da, wo das Wasser ist."[267]

Wie der Odendaal-Plan selbst eingestehen mußte, war die erstrebte wirtschaftliche Autonomie der „Heimatländer" unter den existierenden Bedingungen eine Fiktion, die sich nicht realisieren ließ.[268]

Als Motor einer „modernen Entwicklung" der „Homeland"-Wirtschaft wurde lediglich die „Bantu Investment Corporation" (BIC) gegründet, die eine lokale Kleinproduktion in afrikanischem Besitz ankurbeln sollte. Die Investitionen haben sich dabei bislang auf die Installierung von Miniaturbetrieben im Dienstleistungs- und Konsumgüterbereich und im Handel beschränkt.

„Mit Krediten an Afrikaner und mit eigenen Unternehmen fördert sie eine Kleinproduktion, die als Grundlage auch einer eigenständigen kapitalistischen Entwicklung nicht geeignet ist. Sie ist einzig und allein geeignet als ökonomische Brutstätte eines afrikanischen Kleinbürgertums, gedacht als zweite soziale Stütze des Apartheidregimes unter den Afrikanern neben der ‚Homeland'-Bürokratie".[269]

Sehr fundiert und brauchbar ist die von dem Oppositionspolitiker Bryan O'Linn formulierte Kritik am Odendaal-Plan. Seine Analyse gewinnt dadurch an Wert, daß die von ihm angeführten Einwände das südafrikanische Bantustan-Modell systemimmanent widerlegen und dessen Untauglichkeit nachweisen.[270] Dabei übernimmt er eingangs die Bestandsaufnahme der geographischen Untersuchung von Professor Wellington, der in seiner Studie das Wirtschaftspotential der afrikanischen Reservate Namibias untersucht und dabei zu einem deprimierenden Ergebnis gelangt.[271]

O'Linn selbst faßt unter Einbeziehung des Kontrakt- und Wanderarbeitersystems als Ausdruck der ökonomischen Lebensunfähigkeit der „Heimatgebiete" die Aussichten folgendermaßen zusammen:

„Vertragsarbeit demonstriert jedoch im großen Umfang die ständige Existenzunfähigkeit der schwarzen Heimatländer. Diese ist gekoppelt mit dem Unvermögen, den Bewohnern ein menschenwürdiges Dasein zu bieten. Dann noch zu hoffen, daß bei dem natürlichen Bevölkerungszuwachs auch noch der Teil der Bevölkerung, der augenblicklich außerhalb wohnt, jemals in den festgelegten Heimatländern ein menschenwürdiges Dasein werde führen können, ist in der Tat eine Illusion."[272]

Da weiterhin der kapitalistische Sektor der namibischen Ökonomie zur Erwirtschaftung von Profiten auf die ständige Zufuhr, Verwertung und Ausbeutung billiger schwarzer Arbeitskräfte angewiesen ist, führt dies hinsichtlich der räumlichen Verteilung der Einwohner Namibias zu einer absurden Situation, die sich mit der zunehmenden Expansion des kapitalistischen Produktionsbereiches und der damit einhergehenden Integration schwarzer Arbeitskräfte lediglich verschärfen wird. Bereits 1971 gelangte Gerhard Tötemeyer in einem Aufsatz über die Entwicklung im Ovamboland zu dem Ergebnis:

„Etwa 35.000–40.000 junge Männer aus Ovamboland über 18 Jahre arbeiten augenblicklich ständig für eine ununterbrochene Periode von 12 bis 30 Monaten (in der Fischindustrie oft nur neun Monate) hauptsächlich in Südwestafrika. Insgesamt 31 % dieser Ovambos arbeiten in den Minen, 35 % in den Industrien, 6 % in Haushalten und 28 % auf Farmen. Schätzungsweise arbeiten damit ständig etwa 60 % der arbeitsfähigen männlichen Bevölkerung Ovambolandes außerhalb ihres Landes."[273]

Ergänzend dazu hat O'Linn durch ein Rechenexempel mit dem ihm vorliegenden Zahlenmaterial von 1970 eine handfeste Beweisführung angetreten. Zur Bevölkerungszusammensetzung im „weißen" Gebiet ergibt seine Untersuchung, daß

„es in den weißen Städten im Jahre 1970 mehr Nichtweiße, die ständige

Bewohner dort waren, gab als Weiße, nämlich 80.500 Nichtweiße und 64.500 Weiße.
Auf dem Lande gab es im weißen Gebiet 1970 ungefähr 24.000 Weiße gegenüber 87.500 Nichtweißen, von denen höchstens 20.000 Vertragsarbeiter waren. Dies bedeutet, daß im weißen Farmgebiet ungefähr 67.500 ständige nichtweiße Einwohner gegenüber 24.000 weißen wohnten.
...Zusammenfassend kann daher mit Recht behauptet werden, daß sich die Gesamtbevölkerung des sogenannten weißen Gebietes im Jahre 1970 aus 148.000 Nichtweißen und 88.500 Weißen zusammensetzte."[274]
Gleichzeitig warnt O'Linn vor etwaigen Illusionen der Apartheid-Ideologen, daß dies langfristig zugunsten der weißen Siedlerschaft in andere Proportionen umgewandelt werden könne:
„Wenn...etwas vorübergehend ist, os ist dies nicht die nichtweiße Mehrheit, sondern die Illusion der Nationalen Partei über die Dauer der Anwesenheit der Nichtweißen im sogenannten weißen Gebiet."[275]
Dennoch ging die südafrikanische Regierung nach Verabschiedung des Odendaal-Planes daran, die zur Umsetzung erforderlichen praktischen Maßnahmen zu ergreifen. Dabei wurde deutlich, wie die „Heimatgebiete" der Afrikaner am Reißbrett konzipiert worden waren. Das zugrunde liegende Kriterium war ganz offensichtlich nicht etwa die von den Stammesgesellschaften nachweisbar historisch bewohnten Siedlungsgebiete aus vorkolonialer Zeit,[276] sondern das noch zur Verfügung stehende Regierungsland und die zumeist aus Halbwüste oder Wüste bestehenden Randzonen, die sich als Ausweichmöglichkeiten anboten. Ein Teil der „Heimatgebiete" wurde schlichtweg aus der Retorte entwickelt.
So kalkulierte Muriel Horrell aus den im Odendaal-Report angegebenen Daten[277] den Anteil der Afrikaner, die aufgrund der Gebietszuteilung für ihre ethnische Gruppe in die „Heimatgebiete" umgesiedelt werden müßten.[278]

Tswana	100,0 %
Damara	95,4 %
Nama	93,4 %
Herero	74,5 %
Bushmen	66,6 % (gesch. Ziffer)
Rehoboth Basters	21,0 %
Ovambo	3,7 %
Okavango	0,6 %
Kaokovelders	---
East Caprivians	---

So bezeichnet Eugen Fehr den von der Regierung entsprechend der Vorschläge der Odendaal-Kommission eingeleiteten Umsiedlungsprozeß als „eine Völkerwanderung von ins Gewicht fallendem Ausmaß."[279] Dieser Vergleich verkennt allerdings den zwanghaften Charakter dieser gewaltsamen Evakuierungs- und Internierungsmaßnahmen.
Eine simple Meldung der Johannesburger Tageszeitung „Rand Daily Mail" vermag die Unmenschlichkeit der Umsiedlungspolitik Südafrikas an einem einfachen, in Südafrika und Namibia fast alltäglichen Beispiel, wohl am besten konkret zu demonstrieren:

„Im Alter von ungefähr 106 Jahren bereitet sich Ouma Maria Dawids darauf vor, ihre Heimat im nördlichen Kapland zu verlassen und 1.300 Kilometer weit zu ziehen, um ein neues Leben im Damaraland, Südwestafrika, zu beginnen.
Frau Dawids macht die Reise nicht aus freien Stücken. Sie gehört zu den 920 Menschen von Riemvasmaak (einem Reservat in der nördlichen Kapprovinz, d.V.), die an die südliche Grenze des Etosha Wildschutzgebietes umgesiedelt werden...
Es wird damit gerechnet, daß Frau Dawids sowie ihr Sohn und ihre Tochter, die sich um sie kümmern, im Januar einen Zug nach Damaraland besteigen werden."[280]

Gleichzeitig straft der Umfang der Deportationen zur Beseitigung der bis dahin existierenden „schwarzen Inseln" in den ländlichen Gebieten der Polizeizone den eigenen Anspruch der südafrikanischen Apartheid-Ideologie Lügen.

„Das Ausmaß dieser Umsiedlungen, ob diese im Einzelfall nun human oder unmenschlich durchgeführt werden, widerlegt die Behauptung der weißen Behörden, die Bantustan-Politik habe das Ziel, afrikanische Heimatländer in Übereinstimmung mit der afrikanischen Kultur, Tradition und Geschichte zu schaffen. Die Umsiedlungen bestärken vielmehr die Ansicht, daß die ganze Bantustan-Politik kein anderes Ziel hat, als ein starkes, zentrales, weißes Herrschaftsgebiet zu schaffen, das von einer Anzahl kleiner leicht kontrollier- und beherrschbarer schwarzer Randländer umgeben ist. Prinzip dieser Politik ist nicht die Entfaltung der afrikanischen Völker, sondern Grundziel ist die Herrschaft der Weißen; nach den Wünschen und Zielen der Weißen werden die Heimatländer geformt und gestaltet, nicht nach afrikanischer Kultur und Geschichte."[281]

2.5.2. Namibias Degradierung zur fünften Provinz

Die „Säuberung" der Polizeizone[282] von den kleinen Reservatsflecken und die Konzentration der afrikanischen Bevölkerung entlang der ethnischen Zugehörigkeit in räumlich begrenzte Gebiete reduzierter Zahl, ließ die künftige Verwaltung der Afrikaner übersichtlicher und effizienter gestalten. Die Kontrollmöglichkeiten ließen sich noch perfektionieren. Gleichzeitig damit ging eine Konsolidierung einher, die einer künftigen Einverleibung des „weißen" Territoriums entgegenkam. Dies wurde ergänzt durch die legislativen Maßnahmen hinsichtlich der Bantustans, die eine formale Unabhängigkeit tendenziell anstrebten und vorbereiteten.

„Im Geiste des Mandats, den die südafrikanische Regierung niemals zu betonen vergaß, wenn es darum ging, Kritik von außerhalb zu erwidern, ging sie daran, in Südwestafrika das gleiche Prinzip der ‚Heimatländer' fortzuführen (1969). Das notwendige Ergebnis der Abgrenzung von Landesteilen zu jeweiligen ‚Heimatländern' aller verschiedenen Eingeborenenstämme ließ den Rest des Territoriums als das ‚Heimatgebiet der Weissen' zurück."[283]

Dabei vermutete Bryan O'Linn bereits hinter den Empfehlungen der Odendaal-Kommission mehr als nur die Modifizierung der Reservatspolitik:

„Obwohl der zukünftige Status des von Weißen kontrollierten Gebietes nicht genau bestimmt wurde, zeigten die neu vorgeschlagenen Maßnahmen die Tendenz, von der Selbstregierung fortzuführen und das Gebiet als fünfte Provinz der Republik von Südafrika einzuverleiben."[284]

Tatsächlich wurde mit dem Erlaß des „South West Africa Affairs Act", No. 25 of 1969, ein drastischer Eingriff in die bislang gewährte relative Verwaltungsautonomie der weißen Siedlerschaft vollzogen und deren Entscheidungskompetenzen einschneidend reduziert.

„Die südafrikanische Regierung übernahm nun von der Gesetzgebenden Versammlung des Gebietes eine große Anzahl anderer Sachgebiete, einschließlich aller nicht-weißer Angelegenheiten."[285]

Gleichzeitig damit wurde fast das gesamte Finanzwesen der Administration geschluckt und künftige Etats vornehmlich in die Entscheidungs- und Verfügungsgewalt der südafrikanischen Ministerien überführt.

„Pretoria kontrolliert die meisten Ausgaben im Territorium, mit Ausnahme einer Zuweisung an die Administration in Windhoek, um den Verbindlichkeiten einer provinziellen oder lokalen Behörde nachkommen zu können. Finanziell behandelt Südafrika Namibia wie eine fünfte Provinz, wobei die meisten Ausgaben darauf abzielen, die für den südafrikanischen Zugang zu den Rohstoffen Namibias notwendige Entwicklung der Infrastruktur zu verbessern."[286]

Dies war umso überraschender, denn im Gegensatz zu dem für die afrikanische Bevölkerung vorgesehenen Entwicklungsmodell a la Odendaal, gelangte die südafrikanische Regierung noch Mitte der 60er Jahre zu dem Ergebnis, daß die weiße Siedlerschaft des Territoriums „...von Beginn des Mandats an auf einer Entwicklungsstufe stand, die eine gewisse Selbstregierung parlamentarischer Art rechtfertigte."[287]

Goldblatt, der im übrigen diese Maßnahme seitens der Südafrikanischen Republik im Rahmen des Mandatsauftrages für vertretbar hält, stellt insofern auch kritisch fest:

„... die Bedeutung dieser Maßnahmen liegt in der Tatsache begründet, daß der früher von der Unionsregierung verfolgte politische Kurs der Ausweitung der selbstregierenden politischen Gewalten des Territoriums nun ins Gegenteil verkehrt wurde und die Verfügungsgewalt der Einwohner des Territoriums radikal reduziert wurde. Seitdem wurde Südwestafrika in großem Rahmen als eine Provinz Südafrikas verwaltet."[288]

Und die „Financial Mail" kommentierte diesen Schritt kategorisch:

„Obwohl SWA krasse Richtungswechsel während der ungefähr 50jährigen verfassungsmäßigen Wüstenei erleben mußte – zwischen Notstand und beinaher Selbstregierung pendelnd – ist es seit 1969 de facto eine fünfte Provinz Südafrikas."[289]

Insgesamt wurden durch das Gesetz 25 Ressorts der Zuständigkeit der Landesverwaltung entzogen und der Kontrolle durch die zuständigen Organe in der Republik direkt unterstellt.[290] In dieser Verringerung der Amtsgewalt der Territorialregierung und dem gleichzeitigen Ausbau der Pseudo-Autonomie von „Heimatgebieten" zu Schattenstaaten sieht O'Linn eine klare Trennung in zwei Richtungen:

„Die neue Struktur zielt dem Wesen nach hauptsächlich auf eine Einverleibung eines Teils von Südwestafrika als 5. Provinz der Repbulik von Südafrika ab. Andererseits wurden die als schwarze Heimatländer vorgesehenen Gebiete in eine Einbahnstraße in Richtung auf separate ethnische Entwicklung geschoben.[291]
Damit schien die Zukunft des Landes vorprogrammiert. Jedoch — Namibia läßt sich auch nicht von den Südafrikanern ungeachtet der internationalen Entwicklung und insbesondere der Situation in den benachbarten Territorien verwalten. Die jüngsten Ereignisse beweisen dies.

2.6. Die Herausbildung des nationalen Befreiungskampfes

„Die Geschichte kolonialer Befreiungsbewegungen zeigt, daß die erste, grundlegende Sache die der Organisation ist. Einige mögen sagen, Einheit, aber Einheit erfordert vorab Organisation. Zumindest bedarf es einer Organisierung um das Land zu vereinen..."[292]

2.6.1. Die Entwicklung des nationalen Bewußtseins

Die blutige Niederwerfung der Aufstände der Bondelswarts und Rehobother in den 20er Jahren hatte die endgültige Zerschlagung des primären, gegen die Kolonisierung gerichteten Widerstandes zur Folge.
Die afrikanische Bevölkerung begann sich unter Ausnutzung der kirchlichen Institutionen — die in ihrer Situation die einzigen Möglichkeiten des sozialen Kontaktes und der gemeinsamen Aktionen darstellten — in religiösen Sammlungsbewegungen zu organisieren. Dies drückte sich nicht nur in Massenbekehrungen zum christlichen Glauben aus, sondern auch in der Entstehung von religiös-nativistischen Sektenbewegungen, die politischen Widerstand durch religiösen Protest artikulierten.[293]
Auf der politischen Ebene entwickelte sich gewaltloser Widerstand in Form von Petitionen. Insbesondere die Eingabe von Bittschriften an die UNO begann schon Ende der 40er Jahre nahezu organisierte Formen anzunehmen.[294]

Grundsätzlich jedoch gilt für die Zeit zwischen den beiden imperialistischen Kriegen hinsichtlich des afrikanischen Widerstandes in Namibia die gleiche Aussage, die Bettina Decke in ihrer Studie zu Zimbabwe formulierte:
„Von einem afrikanischen ‚Proletariat' kann für die Epoche vor dem 2. Weltkrieg kaum gesprochen werden, es sei denn, mit diesem Begriff wird nur die formale Seite der Lohnarbeit gemeint. Es existierte weder ein nationales, noch ein Klassenbewußtsein. Auf die Entwicklung des Bewußtseins und der Organisation von Arbeiterinteressen bei den schwarzen Lohnsklaven wirkte hemmend nicht nur ihre zahlenmäßige Schwäche und das Trauma der Kolonisierung, sondern die Institution der Wanderarbeit. Denn die Wanderarbeiter sahen die Lohnarbeit nur als vorübergehenden Ausweg aus der Krise der Selbstversorgungswirtschaft. In die gleiche Richtung wirkte auch die große Entfernung der industriellen Inseln von-

einander (besonders Bergbau), sowie die Trennung der Arbeiter nach Stammeszugehörigkeit in den Arbeitskolonien und Wohnlagern und ihre armeemäßige Kasernierung."[295]

Dies änderte sich durch die gesellschaftliche Entwicklung infolge des Nachkriegsbooms der namibischen Ökonomie und der damit einhergehenden Veränderungen in den Lebensbedingungen der Afrikaner. Wiederum erwies sich die namibische Situation der in Zimbabwe frappierend ähnlich:

„Während die Zahl der schwarzen Lohnarbeiter schnell anstieg, sanken die Reallöhne für die afrikanischen Arbeitskräfte kontinuierlich, zugleich verringerte sich die Produktivität in den Reservaten, so daß die schwarzen Arbeiter auch ihr (notwendiges) wirtschaftliches und psychologisches Rückzugsgebiet — die Sicherheit in der Großfamilie — verloren.
Unter diesen Bedingungen wurden sich die Afrikaner ihrer klassenspezifischen Interessen bewußt."[296]

Partikularer Widerstand begann sich Anfang der 50er Jahre bei den Arbeitern zu artikulieren, das erwachende Klassenbewußtsein der afrikanischen Lohnarbeiter resultierte in der organisierten Form des Kontraktbruches als Sabotage, dem Streik als kollektivem Widerstand gegen das Arbeitssystem und im Versuch, erste Ansätze einer gewerkschaftlichen Organisierung zu etablieren.[297]

2.6.2. Anfänge des organisierten nationalen Widerstandes

Die erste afrikanische Widerstandsgruppe Namibias mit rein politischer Zielsetzung, deren Zusammensetzung auf keinerlei Stammesgrundlage beruhte, konstituierte sich Anfang der 50er Jahre in Kapstadt. Sie bestand aus einer kleinen Zahl namibischer Intellektueller, die sich zum Studium in der Südafrikanischen Union aufhielten, und denen sich namibische Kontraktarbeiter in der Kapprovinz anschlossen. Dieser 1953 gegründete „South West Africa Student Body" rekonstituierte sich 1955 zur „South West African Progressive Association" (SWAPA). Die SWAPA beschränkte sich in Anspruch und Praxis auf den Rahmen eines Debattierclubs. Dennoch hatte dieser vom Charakter her eher politisch-intellektuelle Zirkel Bedeutung als künftiger Multiplikator und Initialfunktion.

„...alle diejenigen, die bei der Bildung der politischen Parteien mitwirkten, waren einmal Mitglieder dieser studentischen Körperschaft, so daß die SWAPA als die Vorläuferin aller Parteien in Südwestafrika betrachtet werden kann."[298]

Im April 1959 wurde mit der „Ovamboland Peoples' Organisation" (OPO) die erste politische Stammesorganisation gegründet. Sie war zugleich Vorläuferin der „South West African Peoples' Organisation" (SWAPO), die heute als nationale Befreiungsbewegung die Mehrheit des namibischen Volkes hinter sich vereinigt.

„Das vorrangige Ziel der OPO war die Abschaffung des Systems der Kontraktarbeit, die in Ovamboland so verbreitet ist. Die Führer der OPO, ebenso wie die der Progressive Association von den Zielen des Nationalismus inspiriert, glaubten, daß die unterdrückerischen und ausbeuterischen Bedingungen und die langanhaltenden Entsagungen, zu denen die Afrikaner getrieben wurden, innerhalb des Kontraktsystems die unmittelbarsten und brennendsten Fragen waren, um die die afrikanischen Arbeiter in Namibia organisiert und politisiert werden konnten."[299]

Im September 1959 konstituierte sich die „South West African National Union" (SWANU) als Dachorganisation. Ihrer Exekutive gehörten Vertreter aller politisch aktiven Gruppierungen an. Die SWANU beanspruchte für sich, als erste nicht stammesmäßig organisierte Partei nationale Interessen zu vertreten:

„Zu den Grundzielen der Organisation gehörte das Streben nach einem System, das auf folgenden Prinzipien beruhen sollte: Wahlrecht für jedermann, freie und obligatorische Erziehung für alle, freie Gesundheitsfürsorge für alle, Verbesserungen der Lebensbedingungen, gleiche Löhne für gleiche Arbeit, gleiche Verteilung des Landes und der Bodenschätze des Landes, Rückzug der südafrikanischen Präsenz, und als Hauptziel: die Unabhängigkeit."[300]

Doch bereits in der ersten Konfrontation mit dem staatlichen Gewaltapparat des Rassistenregimes erwies sich die Zusammensetzung der SWANU als zu heterogen. Bei einer friedlichen Massendemonstration der afrikanischen Einwohner Windhoeks im Dezember 1959 gegen die geplanten Zwangsumsiedlungen in ein neues Vorstadt-Ghetto, eröffnete die Polizei wahllos das Feuer auf die Menge, erschoß elf Afrikaner und verwundete über fünfzig der Demonstranten. Die Einschätzung über die weitere politische Vorgehensweise hinsichtlich der künftigen Strategie und Taktik führte in der SWANU zu Differenzen, die sich auch auf die unterschiedliche Basis der in ihr zusammengeschlossenen Organisation zurückführen ließen. OPO, als Organisation verankert in der Arbeiterschaft, entschied sich aufgrund der wankelmütigen Haltung der intellektuell bestimmten SWANU und der zögernden, von Traditionalisten geprägten Politik des Herero-Häuptlingsrates zur Aufgabe der Zusammenarbeit und der Gründung der SWAPO als nationaler Organisation.

„So gab es 1959–60 drei eindeutig antikoloniale Gruppierungen im Lande, jede mit einer etwas unterschiedlichen Orientierung. Der Herero-Rat von Häuptling Hosea Kutako blieb unter traditioneller aber antikolonialer Führung. Verfassungsmäßig blieb er auf eine einzelne ethnische Gruppe, die Herero beschränkt. Durch die Wahrung dieses Charakters versuchte Kutakos Rat die traditionellen Herrschaftsinstitutionen zu beschützen. Im Kern war die South West Africa National Union (SWANU) sowohl ein Produkt des elitären South West Africa Student Body und der Progressive Association... Folglich war ihr Selbstverständnis das einer intellektuellen Organisation. SWAPO dagegen suchte die Unterstützung hauptsächlich unter den ländlichen und städtischen Arbeitern..."[301]

Anfänglich genoß SWAPO eindeutig die Unterstützung des zuvor ebenfalls mit SWANU kooperierenden Herero-Häuptlingsrates. Dieser schien die radikalen Kräfte in der SWANU zu fürchten und um die Abschaffung der traditionellen Stammesinstitutionen (speziell der Häuptlingsämter) zu bangen.[302] Als jedoch die Möglichkeiten einer Einflußnahme von Hosea Kutako und dessen potentiellem Nachfolger in der Führungsrolle, Chief Clemens Kapuuo, auf die Führung der SWAPO immer mehr schwanden, zog sich der Häuptlingsrat wieder zurück.[303]

Da sich in der Folgezeit die SWAPO kontinuierlich als nationale Bewegung unter der namibischen Bevölkerung verbreitete und inzwischen repräsentativ für den Befreiungskampf des namibischen Volkes ist — auch wenn immer wieder in den Konflikten um die Unabhängigkeit Namibias involvierte Interessen dies als bloßen und nicht gerechtfertigten Anspruch der SWAPO bezeichnen —, werden wir uns auf die Darstellung der weiteren Entwicklung der SWAPO als der heute relevanten politischen Kraft im Kampf für die Unabhängigkeit Namibias konzentrieren.

2.6.3. Die Entwicklung der SWAPO zur nationalen Befreiungsbewegung

Während die SWAPO selbst als erste Etappe ihres Befreiungskampfes den Aufbau der OPO als politischer Organisation in der zweiten Hälfte der 50er Jahre bezeichnet[304] und darin die Schaffung des organisatorischen Rahmens zur Koordinierung der antikolonialen Aktivitäten der afrikanischen Arbeiterschaft mit dem Ziel der Vereinheitlichung und Kanalisierung des politischen Widerstandes sieht, folgte dem Massaker von Windhoek die zweite Etappe des Aufbaus der SWAPO zur nationalen Bewegung.

Aus der Erkenntnis der Konzessionslosigkeit des südafrikanischen Kolonialsystems entwickelte sich die Einsicht in die Notwendigkeit des breit organisierten Widerstandes des namibischen Volkes. Dies bestimmte das zweite Stadium im Aufbau und der Entfaltung der SWAPO als nationaler Organisation.

„,...SWAPO fest in der namibischen Gesellschaft zu verankern, wurde die Hauptaufgabe während der ersten Hälfte der 60er Jahre."[305]

SWAPO begann mit dem Ausbau eines landesweiten Netzes von Ortsverbänden und etablierte sich schwerpunktmäßig in den Arbeiter-Ghettos der industriellen Zentren in der Polizeizone. Die Verankerung unter den Kontraktarbeitern wurde — entsprechend der spezifischen Situation des Landes — zur Hauptaufgabe der Bewegung.[306] Gleichzeitig ließ die zunehmende Organisierung der namibischen Arbeiterschaft die SWAPO auf breiter Basis zum organisierten Ausdruck des afrikanischen Proletariats werden.

„Diese enge Bindung mit den Interessen der leidenden Massen unseres Volkes ist einer der Hauptgründe, die die Anpassungsfähigkeit unserer Bewegung im Vergleich zu anderen antikolonialen Gruppen erklärt, die in Namibia entstanden waren und entweder auseinanderbrachen oder Papierorganisationen blieben."[307]

Dieser Konsolidierungsprozeß leitete zugleich eine Reorientierung in der Zielsetzung ein. Denn die Forderungen, unter denen der nationale Befreiungskampf geführt wurde, mußten der kolonialen Situation des namibischen Volkes entsprechen, um die antikolonialen Kräfte des Landes damit mobilisieren und vereinen zu können.

„Dies bedeutete, daß SWAPO die partikularistischen Probleme, wie beispielsweise die unerträglichen Verlegungen der Wohngebiete und die Kontraktarbeit in den breiten Kontext der nationalen Unabhängigkeit Namibias stellen mußte. Dies war der tatsächliche Beginn der Entwicklung des namibischen Nationalbewußtseins."[308]

Im März 1964 kam es zur ersten organisierten Massenflucht von Namibiern seit dem Herero-Krieg. Dem voraus war die Ankündigung des African Liberation Committee (ALC) der Organisation of African Unity (OAU) gegangen, künftig die Ausbildung von Befreiungskämpfern materiell zu unterstützen. Eine größere Zahl von Afrikanern aller Stammeszugehörigkeiten überschritt in einer „Nacht- und Nebelaktion" die Grenze zu Betschuanaland, dem heutigen Botswana.309
Im Oktober 1964 verzeichnete die SWAPO einen weiteren Erfolg ihrer Mobilisierungskampagne zur Vereinheitlichung des Widerstandes, als sich die im selben Jahr unter Bredan K. Simbwaye gegründete „Caprivi National Union" (CANU) auflöste und der SWAPO anschloß.310

2.6.4. Die Aufnahme des bewaffneten Kampfes

Derweil war die im Exil arbeitende Führung der SWAPO[311] damit beschäftigt, auf dipplomatischer Ebene die SWAPO zu repräsentieren und die Aufnahme des bewaffneten Kampfes vorzubereiten. Gleichzeitig galt es, die internationale Anerkennung als nationale Befreiungsbewegung Namibias durchzusetzen, wobei der Exilflügel der SWANU diese Legitimation für sich beanspruchte.
Das Befreiungskomitee der OAU hatte durch Koordinierungsbemühungen verschiedentlich zwischen den beiden Organisationen zu vermitteln versucht. Organisatorisch fanden diese Einigungsversuche ihren Ausdruck in der „South West African National Liberation Front" (SWANLIF). Die Zusammenarbeit scheiterte jedoch schon im Anfangsstadium aufgrund unüberbrückbarer Differenzen hinsichtlich der Strategie.
„Im Prinzip sind die Ziele bei der Organisation die gleichen, und was an Meinungsverschiedenheiten besteht, beruht nur auf den von beiden Organisationen angewandten Methoden und der Organisationsform."[312]
So verfocht die SWANU nach wie vor eine gewaltfreie Konzeption des Widerstandes zur Durchsetzung ihrer Ziele, während die SWAPO zu jener Zeit bereits die Notwendigkeit des bewaffneten Kampfes zur Erringung der Unabhängigkeit erkannte.
„Nach vielen Jahren fruchtloser Petitionsanträge... wurde uns unleugbar klar, daß dieser Kolonialismus ohne den bewaffneten Kampf nicht beendet werden konnte."[313]
Diese konsequent antikoloniale Haltung verlieh der SWAPO die notwendige Glaubwürdigkeit sowohl im Lande als auch international. Dadurch konnte sie noch mehr ihre Basis im namibischen Volk als revolutionäre Organisation festigen.[314] Zugleich führte dies zur Anerkennung als einzig legitimer Vertreterin der Interessen des namibischen Volkes im Ausland.
„Obwohl die Aufgabe nicht leicht war, schienen die Bemühungen des Befreiungskomitees (der Organisation für Afrikanische Einheit, d.V.) um koordiniertes Vorgehen zwischen ihnen (SWAPO und SWANU) mit der Gründung der South West African National Liberation Front im Oktober 1963 Resultate zu ziehen. Aber die Zusammenarbeit in SWANLIF wurde abgebrochen und das Komitee hatte wieder jede der beiden Organisationen getrennt zu unterstützen. In der Folgezeit, als SWANU an Bedeutung verlor und SWAPO eine Befreiungsarmee auszubilden begann, entschloß es sich zur ausschließlichen Anerkennung der effektiveren Organisation."[315]

Als am 18. Juli 1966 der Internationale Gerichtshof in Den Haag die Klage Äthiopiens und Liberias gegen Südafrika abwies, wurde die Nutzlosigkeit der vorherigen gewaltlosen Aktionen für alle offenbar. Die Reaktion der SWAPO auf diesen Gerichtsentscheid machte klar, welche Konsequenzen das Urteil hatte. Eine in Dar es Salaam veröffentlichte Erklärung besagte: „Wir glauben zuerst einmal, daß keine Notwendigkeit bestand, diesen Fall vor Gericht zu bringen. Das Urteil hat uns mit Abscheu erfüllt und unseren Glauben bestärkt, daß keine gerechte Auseinandersetzung von Weltorganen erwartet werden kann, in denen Imperialisten eine dominierende Rolle spielen. Wir haben keine Alternative als uns in Waffen zu erheben und unsere Befreiung herbeizuführen."[316]

Am 26. August 1966 gab der damalige Justizminister Vorster im südafrikanischen Parlament die Aufnahme der Kampftätigkeiten von SWAPO-Einheiten bekannt und berichtete über erste militärische Aktionen im Caprivi-Zipfel.[317] Als Reaktion auf die Kampfaktivitäten kam es zu Massenverhaftungen unter der Bevölkerung im nördlichen Namibia, Deportationen und Schauprozessen. Noch im gleichen Jahr wurde bei Omgulumbashe im nördlichen Namibia von südafrikanischen Militärs ein Ausbildungslager der SWAPO ausgehoben. Von den dabei verhafteten 37 Befreiungskämpfern wurden 1968 in Pretoria 31 zu teilweise lebenslanger Haft verurteilt.[318]

Unter den zu lebenslanger Haft Verurteilten befand sich auch Herman Toivo ja Toivo, Gründer der OPO. Toivo ja Toivo, derzeit auf Robben Island — der berüchtigten Gefängnisinsel vor Kapstadt — eingekerkert, ist inzwischen zu einer schon zu Lebzeiten legendären Figur für den namibischen Widerstandskampf geworden. Seine Rede vor Gericht ist zum Dokument für den Freiheitskampf des unterdrückten namibischen Volkes geworden, ist die Anklage eines erbamungslosen Kolonialregimes und zeigt die Entschlossenheit der Kolonisierten:

„Ich habe inzwischen gelernt, daß unser Volk den Fortschritt nicht als Geschenk von irgend jemand erwarten kann, seien es die Vereinten Nationen oder Südafrika. Fortschritt ist etwas, um das wir ringen und uns bemühen müssen...

Ich bin ein loyaler Namibianer und könnte mein Volk nicht an seine Feinde verraten. Ich gebe zu, daß ich beschlossen habe, denen zu helfen, die zu den Waffen gegriffen haben. Ich weiß, daß der Kampf lange und bitter sein wird. Ich weiß auch, daß mein Volk diesen Kampf führen wird, was er auch immer kosten mag. Wir werden ihn erst beenden, wenn wir die Unabhängigkeit erlangt haben. Nur, wenn uns unsere Menschenwürde zurückgegeben wird und wir den Weißen gleichgesetzt sind, wird es Frieden zwischen uns geben."[319]

Ende der 60er Jahre wurde durch die Aufnahme des bewaffneten Kampfes die Strategie der SWAPO vorübergehend von der militärischen Aktion bestimmt. So meldete die Deutsche Welle über das Ergebnis eines Konsultativ-Kongresses der SWAPO, der vom 26. Dezember 1969 bis zum 2. Januar 1970 in Tanga (Tansania) stattfand:

„Die südwestafrikanische Volksorganisation SWAPO in Namibia hat wieder bestätigt, daß der bewaffnete Kampf der einzig erfolgreiche Weg zur Befreiung von Namibia ist und daß das namibische Volk eine bewaffnete Revolution im Kampf für Selbstbestimmung und nationale Unabhängigkeit bereits als unvermeidlich akzeptiert hat."320

Anfang 1971 benannte Sam Nujoma als Prioritäten die Ausweitung des Befreiungskampfes auf weitere Gebiete des Landes und die Fortsetzung der diplomatischen Kampagne gegen die Republik Südafrika zum Zweck ihrer Isolierung.321 Und Ende des gleichen Jahres bekräftigte der SWAPO-Präsident die Notwendigkeit der weiteren Intensivierung des bewaffneten Kampfes:

„Jeder spricht von einer friedlichen Lösung. Doch die Westmächte bilden weiterhin ein Hindernis für den Frieden in Südafrika. Als einzige Alternative bleibt uns nur die Fortsetzung des Kampfes... Wir müssen der Realität der Lage ins Gesicht sehen. Wir haben keine andere Möglichkeit, unsere Freiheit zu gewinnen, als bewaffneten Widerstand in größerem Umfang zu leisten." 322

Der bewaffnete Kampf ist seitdem von zentralem Stellenwert für die Befreiung des namibischen Volkes geblieben; allerdings änderte sich die Einschätzung seiner Funktion. So konstatierten zwei Führungsmitglieder der SWAPO:

„Wir von der SWAPO betrachten die Guerilla-Kriegsführung mehr als politisches statt als militärisches Unternehmen."323

Die weitere Linie der SWAPO wurde deshalb in der Folgezeit, die als vierte Etappe des Kampfes bezeichnet werden kann, von der Erkenntnis bestimmt, die politische Mobilisierung als ebenso elementare und komplementäre Bedeutung für den Erfolg des Kampfes zu werten.

„Bewaffneter Kampf ist nun die Haupterfordernis des Kampfes. Aber es ist immer noch grundsätzlich ein politischer Kampf und als solcher muß er mit politischer Massenarbeit und -organisation kombiniert werden. Dies prägt die gegenwärtige Aufgabe des Kampfes in Namibia. Die Verbindung von bewaffnetem Widerstand und politischer Kriegsführung erfordert die Errichtung neuer politischer Strukturen oder Massenorganisationen."324

2.6.5. Alternativen und gesellschaftliche Konzeption der SWAPO

Das Hauptziel des Befreiungskampfes der SWAPO stellt die nationale Befreiung vom Joch kolonialer Fremdherrschaft dar und die Schaffung einer unteilbaren Nation. Diese Zielsetzung wird von der Einschätzung bestimmt, daß die Ära des Kolonialismus in Namibia als historische Phase gesellschaftliche Verhältnisse geschaffen hat, die die Bevölkerung zu einer Nation vereint.

„Die Reihe gesellschaftlicher Veränderungen, die der Kolonialismus hervorgerufen und bewirkt hat, war von größter Wichtigkeit und weitreichender Bedeutung. Dadurch werden auch noch so viele Beschwörungen der vorkolonialen Gesellschaftsstrukturen und Wertvorstellungen von keinerlei Haltbarkeit sein, soweit es die gegenwärtigen Anforderungen zur Neuorganisation unserer Gesellschaft betrifft... gemeinsame Unterdrückung hat in dialektischer Weise in diesen Menschen ein kollektives Schicksal als Nation geformt."325

Die Auswirkung des Kolonialismus in der Schaffung einer Nation manifestiert sich dabei auch in der Unterstützung der SWAPO als nationaler Befreiungsbewegung:
> „... es sind die Bauern, Arbeiter und das antikoloniale Kleinbürgertum, die die gesellschaftliche Grundlage unserer Bewegung für nationale und soziale Befreiung bilden. Sie stellen eine antikoloniale Bündnisallianz dar, trotz der Tatsache, daß jede dieser Schichten eine gesellschaftliche Position innehat, die relativ unterschiedlich zu der der anderen ist."[326]

Grundsätzlich wird die Politik der SWAPO und ihre Zielsetzung durch die gesellschaftlichen Verhältnisse bestimmt, gegen die sie den Kampf führt. Präsident Sam Nujoma faßte dies prägnant zusammen:
> „Unser Kampf wurde inmitten von Unterdrückung, Ungerechtigkeit und Ausbeutung geboren. Er muß deshalb eine Negation aller dieser gesellschaftlichen Übel sein."[327]

Daß sich der Kampf der SWAPO um nationale Unabhängigkeit und das Selbstbestimmungsrecht als Nation nicht zugleich gegen die weißen Siedler des Landes in toto richtet, wurde im Verlauf der Jahre stets auf Neue betont. Kriterium für die künftige Existenzberechtigung in Namibia wird nicht die Rassenzugehörigkeit, sondern die Bereitschaft zur Zusammenarbeit beim Aufbau einer neuen Gesellschaft sein.

So betonte Sam Nujoma in einer Erklärung vor dem UNO-Sicherheitsrat am 5. Oktober 1971 in New York:
> „Die Weißen haben nichts zu befürchten, so lange sie eine konstruktive Aufgabe in der Neugestaltung des Landes übernehmen."[328]

Diese Haltung steht jedoch keineswegs — wie Apologeten der weißen Vorherrschaft im Südlichen Afrika oftmals konstruieren und gerne glauben machen möchten — im Gegensatz zu der Entschlossenheit des Kampfes um Freiheit, aus der die Aufnahme des bewaffneten Kampfes als Konsequenz der rigiden und konzessionslosen Gewaltherrschaft der weißen Minderheit und dem südafrikanischen Kolonialregime resultierte. Darauf wies Mishake Muyongo, amtierender Vize-Präsident der SWAPO, in einer Rede am Eröffnungstag der Namibia-Konferenz am 14. Februar 1972 in Brüssel hin:
> „SWAPO fällte diese Entscheidung (die Aufnahme des bewaffneten Kampfes, d.V.) nicht wegen einer angeborenen Liebe zum Blutvergießen, nicht wegen des Wunsches, den weißen Menschen ins Meer zu jagen, sondern aus der Überzeugung heraus, daß Selbstbestimmung und Volkseinheit universale Rechte sind, für die unter bestimmten Umständen gekämpft werden muß." [329]

Und anläßlich der gleichen Konferenz legte Sam Nujoma in seiner Eröffnungsrede die humanistische Konzeption der SWAPO folgendermaßen dar:
> „Es gibt genug Raum für alle Einwohner Namibias, um zusammen leben zu können, gemeinsam aufzubauen und die Reichtümer des weiten Landes auf gleichberechtigter Grundlage zu teilen. Soweit es die SWAPO betrifft, sind Befreiung und Unabhängigkeit, die Entwicklung des menschlichen Wesens, die Achtung des Einen vor dem Anderen, die Annahme eines anderen Menschen als sich selbst gleichgestellt. Es bedeutet, daß jeder Mensch sich gegenüber anderen so zu benehmen hätte, wie er erwartet, daß sich diese ihm ge-

genüber benehmen, den größtmöglichen Beitrag für sein Volk und Land zu leisten und ein verantwortungsbewußter Mensch in allen seinen Taten zu sein. Unabhängigkeit ist die Schöpfung eines neuen Menschen, dessen Gedanken, Gefühle, Ausdrucksformen, Handlungsweisen und Taten von dem Bewußtsein seiner Verantwortung gegenüber der Menschlichkeit insgesamt motiviert sind. Einer Menschlichkeit, in der Haß, Diskriminierung Unterdrückung anderer, Gewalt und soziale und ökonomische Ausbeutung für immer begraben sind. Dies sind die Eckpfeiler der SWAPO-Politik sowohl auf nationaler als auch auf internationaler Ebene."[330]

Zwar fanden inzwischen gewisse taktische Modifikationen in der Ausrichtung der SWAPO statt, die politische und gesellschaftliche Konzeption hat sich bislang jedoch nicht prinzipiell verändert. Hinsichtlich der künftigen Gesellschaftsstruktur eines unabhängigen Namibias wurde sie lediglich mit fortschreitender Entfaltung des Kampfes konkretisiert. Darüberhinaus versteht sich von selbst, daß sich in den letzten Jahren aufgrund der veränderten politischen Situation in Namibia, den daraus resultierenden Bedingungen für den weiteren Kampf der SWAPO, den Veränderungen des internationalen Kräfteverhältnisses und des Prozesses innerhalb der SWAPO Modifikationen ergeben haben, die den spezifischen Bedingungen und den daraus resultierenden Anforderungen, Rechnung tragen. Denn:

„... der Kampf ist ein dialektischer und historischer Prozeß der Veränderung, der Etappen durchläuft die durch spezifische Aufgaben bestimmt werden."[331]

Das gegenwärtige Stadium des nationalen Befreiungskampfes, Ergebnis der veränderten Situation im Lande und außerhalb, werden wir bei der Einschätzung der Turnhallen-Konferenz zu berücksichtigen und einzuordnen haben.

Anmerkungen zu Kapitel II

1. Zur Widerlegung der „Geschichtslosigkeit" des afrikanischen Kontinents im allgemeinen siehe die Werke von Basil Davidson, dessen differenzierte Forschung und Darstellungsweise viel zum Verständnis vorkolonialer afrikanischer Gesellschaftsverhältnisse und deren unterschiedlichen Entwicklungsstand beigetragen hat. Basil Davidson, „Urzeit und Geschichte Afrikas", rowohlts deutsche enzyklopädie, Rowohlt Verlag, Reinbek b. Hamburg, Juni 1961; ders., „Vom Sklavenhandel zur Kolonialisierung", rowohlts deutsche enzyklopädie, Rowohlt Verlag, Reinbek b. Hamburg, Dezember 1966; ders., „The Africans – An Entry to Cultural History", Penguin African Library, Harmondsworth 1973; ders., „Africa in History", Paladin, Books revised and enlarged edition, Granada Publishing Limited, Frogmore 1974.
Zu Namibia speziell sei auf folgende Arbeiten verwiesen: Elhanan Hagolani, „Das Kulturmodell der bantu-sprechenden Rindernomaden Südwestafrikas", New York 1968; Rainer Clauß, a.a.O., S. 17–32; Winfried Nachtwei, „Namibia – Von der antikolonialen Revolte zum nationalen Befreiungskampf", Verlag Jürgen Sendler, Mannheim 1976, 2. Kap., S. 19–26; Israel Goldblatt, „History of South West Africa", Juta & Co., Cape Town/Wynberg/Johannesburg 1972, Chapter 1–15, pp. 3–78; Lukas de Vries, „Sending en Kolonialisme in Suidwes-Afrika, Die Invloed van die Duitse Kolonialisme op die sendingwerk van die Rynse Sendinggenootskap in die vroeere Duits-Suidwes-Afrika (1880–1914/1918)", Dissertationsschrift, Brüssel 1971, Hoofstuk I vi) „Ekskursie: C. Wandres: Regspraak by die Namas en Bergdamas", S. 41–47.
Auch aus aktuell-apologetischen Aufsätzen südafrikanischer Provenienz lassen sich teilweise aus den Beschreibungen und Interpretationen interessante Rückschlüsse ziehen. Siehe beispielsweise:
J.P. van S. Bruwer, „Die Khoisan – en Bantoebevolking van Suidwes-Afrika", in: „Die Ethnischen Gruppen in Südwestafrika", Wissenschaftliche Forschung in Südwestafrika (3. Folge), herausgegeben anläßlich des 40-jährigen Jubiläums der S.W.A. Wissenschaftlichen Gesellschaft vom Vorstand, Windhoek, o.J., S. 45–72.
Ebenso enthalten zum Teil auch die von Kulturarroganz, Missionsbesessenheit und Rassenwahn geprägten Beschreibungen aus der deutschen Kolonialzeit durch Missionsangestellte und Kolonialbeamte empirisches Material, das bei kritischem Studium entsprechende Hinweise und Quellen erschließt, so zum Beispiel:
Heinrich Vedder, „Das alte Südwestafrika", Erstausgabe 1934 im Martin Warneck Verlag, Berlin, erste und zweite Neuauflage im Offsetdruck, Verlag der S.W.A. Wissenschaftlichen Gesellschaft, Windhoek 1973; ders., „Zur Vorgeschichte der eingeborenen Völkerschaften von S.W.A.", Sonderveröffentlichung No. 3, S.W.A. Wissenschaftliche Gesellschaft, Windhoek 1965; C.H.L. Hahn/H. Vedder/L. Fourie, „The Native Tribes of South West Africa", first edition 1928, new impression Frank Cass & Co. Ltd., London 1966.
Zurecht relativiert Rainer Clauß jedoch unter Berücksichtigung des vorliegenden Materials die Möglichkeiten einer umfassenden Aussage unter gleichwertigen zugrun deliegenden Kriterien für den Forscher: „Die Darstellung der vorkolonialen Verhältnisse der Völker Namibias ist heterogen, weil das ethnographische Material nicht jeweils die im historischen-materialistischen Kontext zentralen Aspekte des gesellschaftlichen Lebens berücksichtigt." (Rainer Clauß, a.a.O., S. 17 f).

2. J.P. van S. Bruwer, a.a.O., S. 47
3. „Tatsache ist, daß die Nama bereits im 17. Jahrhundert im südlichen Teil Südwestafrikas lebten, aber ihre Ankunft datiert sehr viel früher zurück." Ebd., S. 48
4. Ebd., S. 49
5. Ebd., S. 50
Die ersten offiziellen Bevölkerungszahlen der ansässigen afrikanischen Stämme:

Saan („Buschleute")	4.858 (amtl. Volkszählung von 1910)
	3.931 (amtl. Volkszählung von 1921)
Damara (Bergdama,	20.000 (Schätzungen von 1840 und 1874)
„Bergkaffern")	18.613 (amtl. Volkszählung von 1910)
Nama	16.850 (Schätzung von 1876)
(„Hottentotten")	13.858 (amtl. Volkszählung von 1910)
Herero	90.000 (Schätzung von 1874)
	84.000 (Schätzung von 1876)
	19.962 (amtl. Volkszählung von 1910)
Caprivi-Stämme	9.000 (Schätzung von 1909)
Caprivi-Stämme und	
Kavangos	24.249 (amtl. Volkszählung von 1910)
Ovambo	90.000 (Schätzung von 1876)
	191.984 (amtl. Volkszählung von 1914)

Zusammengestellt nach: J.P. van S. Bruwer, a.a.O., S. 55, und H.E. Lenssen, „Chronik von Deutsch-Südwestafrika 1883–1915", Verlag der S.W.A. Wissenschaftliche Gesellschaft, Windhoek 1972, S. 202 und 210.
Eine erst als Resultat aus Kontakten mit den weißen Kolonialisten entstandene homogene Volksgemeinschaft sind die „Rehoboth Basters", Nachkommen der Kapholländer und „Südwestdeutschen" einerseits und Nama oder Herero andererseits. Die Rehobother bilden bereits seit 1870 eine relativ autonome Gruppe. Stets kam ihnen ein gewisser Sonderstatus zugute, der ihnen gegenüber den Afrikanern vonseiten der Kolonialmächte relative Privilegien zusicherte.

6. Rainer Clauß, a.a.O., S. 17
7. Israel Goldblatt, a.a.O., S. 9
Zur Rolle der Orlam-Hegemonie vermerkt Winfried Nachtwei:
„Einen höheren Grad gesellschaftlicher und politischer Zentralisierung hatten die Orlamstämme erreicht, christianisierte Nama, die Anfang des 19. Jahrhunderts in das Gebiet Namibia einwanderten... Den Druck der Kolonialexpansion in Südafrika im Rücken, suchten sie hier neue Lebensmöglichkeiten. Diese Stämme hatten die Gentilverfassung überwunden. Ihr Zusammenschluß unter gewählten Häuptlingen zu neuen, zeitweilig mächtigen Stammesgemeincahften und ihre moderne Bewaffnung machte sie den einheimischen Nomadenstämmen überlegen, 1856 hatten die Orlam unter Jonker Afrikaaners Führung das ganze Hereroland unterworfen... Ideologisch gestützt durch einen christlichen Missionierungsanspruch, bildeten sich mit der Orlamhegemonie zum ersten Mal in diesem Raum eine machtvolle, verschiedene Stämme zusammenfassende politische und ökonomische höhere Einheit heraus, die ihren Ausdruck in der Führerschaft Jonker Afrikaaners fand." Winfried Nachtwei, a.a.O., S. 22
8. Peter Schmitt-Egner, a.a.O., S. 67
Schmitt-Egner bleibt mit dieser Beschreibung allerdings unkritisch deskriptiv. Wir werden im nächsten Abschnitt aufzeigen, daß eine solche Darstellung und Erklärung von Stammesauseinandersetzungen als Raubzüge den militärischen Konflikt nur sehr vereinfachend und damit oberflächlich erfaßt.
9. Rainer Clauß, a.a.O., S. 18 f
„Mehrere Patriklans bildeten eine Siedlungseinheit. Zentralisierung auf den Ebenen der Verwandtschaft erleichterten die Bildung von ‚power-groups'; d.h. die Frequenz der kriegerischen Aktivitäten bei den Nama war sehr hoch". (Ebd., S. 19)
Zur Struktur innerhalb der Nama-Stämme vermerkt Bruwer:
„Der wichtigste Einfluß auf das ethnische Bild während des bewegten 19. Jahrhunderts ist hinsichtlich der Zusammensetzung der Gruppe die Vermischung der Nama- und Orlamfraktionen in einem solchen Maße, daß sie gegen Ende des Jahrhunderts

nicht mehr voneinander zu unterscheiden waren." (J.P. van S. Bruwer, a.a.O., S. 54) Dies verdeutlicht die Konsolidierung innerhalb der Nama-Orlam-Gruppe und ist als deutlicher Schritt in die Richtung eines zu bildenden Staatswesens für den gesamten namibischen Raum zu werten.

10. „Eine einflußreiche Aristokratie von frühfeudalem Charakter trat an die Spitze der Stämme. Der soziale Differenzierungsprozeß war soweit fortgeschritten, daß sich die Klassengesellschaft bereits in ihren Konturen abzuzeichnen begann. In den sich entwickelnden Abhängigkeitsverhältnissen sind deutlich Züge des feudalen Ausbeutungssystems erkennbar, deren Basis jedoch nicht der feudale Grundbesitz, sondern das Eigentum an Vieh bildete, das die Hauptform des Privateigentums an Produktionsmitteln war."
Horst Drechsler, „Südwestafrika unter deutsche Kolonialherrschaft", Akademie Verlag, Berlin (DDR) 1966, S. 24, zit. nach: Rainer Clauß, a.a.O., S. 19.

11. „Nur was der Einzelne mit seinen eigenen Händen angefertigt hatte, galt als Eigentum". Peter Schmitt-Egner, a.a.O., S. 67.

12. „Der Übergang von Produkten zu Waren findet nicht zwischen den Teilen des Gemeinwesens statt, sondern an seinen Grenzen... Das Auftreten von Ovamboschmieden, die den Herero, die noch kein Erz schmelzen, Werkzeuge und Geräte veräussern, kann als embryonale Stufe zur Warenwirtschaft verstanden werden." Rainer Clauß, a.a.O., S. 24 f.
„Als korrespondierender Faktor bildet sich im Innern einerseits die ‚patriarchalische' Sklaverei über Bergdama und Buschleute, anderseits eine Differenzierung innerhalb der Herero heraus." (Ebd., S. 25).

13. „So waren nicht einmal die Häuptlinge berechtigt, das Land ihres Volkes zu verkaufen, bestenfalls konnten sie Nutzungsrechte erteilen." Rainer Clauß, a.a.O., S. 26.

14. Maximilian Scheer, „Schwarz und Weiß am Waterberg — Südwestafrika heute und gestern", Petermänken-Verlag, Schwerin 1961, S. 68.

15. Winfried Nachtwei, a.a.O., S. 19 f.

16. „Die Bergdama wurden als erste in größerer Zahl in den Dienst der Weißen gestellt — als ‚Boys' und als Arbeiter beim Eisenbahnbau". Rainer Clauß, a.a.O., S. 28.

17. Bezugnehmend auf ein Fernhandelssystem im vorkolonialen Namibia weist Helmut Bley darauf hin, daß die Ovambo „...insbesondere natürlich wegen dem Zugang zu Kupfer und später den Straußenfedern und Elfenbein an diesem System beteiligt (waren). Hier hat es immer Kommunikation gegeben. Diese Kommunikation ist gewaltsam unterbrochen worden durch die Deutschen." (Helmut Bley, „Die politische, soziale und wirtschaftliche Situation in Namibia", Referat, in: „Die Zukunft Namibias und die Kirchen", Bericht einer Tagung vom 3. bis 5. Oktober 1975, Evangelische Akademie Bad Boll, Protokolldienst 1/76, S. 6—15, aus der Diskussion nach dem Vortrag von Dr. Bley, S. 22.

18. Rainer Clauß, a.a.O., S. 28 (Hervorhebung im Original).

19. Winfried Nachtwei, a.a.O., S. 24.

20. „Der Häuptling mit seinem Zwangsstab kann als Ausgangspunkt für die Herausbildung einer Ausbeuterklasse und die Entstehung des Staates betrachtet werden. Es ist aber nur ein Ausgangspunkt, denn die Institutionalisierung eines Ausbeutersystems ist in keiner Weise gegeben. So gibt es z.B. keine einer Steuer vergleichbaren Abgaben." Rainer Clauß, a.a.O., S. 31.

21. Siehe dazu: Winfried Nachtwei, a.a.O., S. 24 f.
Auch die komprimierte Darstellung zum Klassenformationsprozeß im Norden Namibias von Clarence-Smith und Moorsom ist in diesem Zusammenhang erwähnenswert. Sie zeigt auf, daß erste Ansätze einer Überschußproduktion der Ambostämme, die diese über die Stufe der Subsistenzökonomie hob, zur Bildung von Klassen beitrug. Siehe: W.G. Clarence-Smith und Richard Moorsom, „Underdevelopment and Class Formation in Ovamboland, 1845—1915", in: Journal of African History, Vol. XVI, No. 3, 1975, pp. 365—381.

22. Winfried Nachtwei, a.a.O., S. 26.
23. Eugen Fehr, „Namibia — Befreiungskampf in Südwestafrika", Laetare/Imba Verlag, Reihe: Stichwörter zu Afrika, Freiburg (Schweiz) 1973, S. 20.
24. Helmut Bley, „Die politische, soziale und wirtschaftliche Situation in Namibia", a.a.O., S. 22.
25. J.P. van S. Bruwer, a.a.O., S. 56.

Da Bruwers Aufsatz gerade im Hinblick auf die unmittelbar mit dem Staatsbildungsprozeß verknüpften militärischen Kämpfe um die Oberherrschaft in Namibia sehr aufschlußreich ist (wenngleich der Verfasser selbst die Ereignisse in einem anderen Licht sieht), seien hier noch kurz die wichtigsten Geschehnisse zur Erhärtung der These zusammengefaßt und chronologisch dargestellt (nach J.P. van S. Bruwer, a.a.O., S. 51 ff):

Jonker Afrikaaners Versuch, die Oberherrschaft über die Herero zu gewinnen, wurde durch die Stammesstruktur und -organisation der Herero begünstigt, die keine zentrale Herrschaftsinstanz besaßen, sondern ein Konglomerat von Fraktionen darstellten, die unter der Leitung von „ovahonas" (Rinderkönigen) standen. Diese „Stammesfürsten" haben auch ihren Viehreichtum, auf den sich ihre Macht gründete, untereinander und auf Kosten benachbarter lokaler Führer vermehrt. Dies erleichterte Jonker Afrikaaner die Ausnutzung interner Fraktionskämpfe zu seinen eigenen Gunsten, und er vermochte die drei Häuptlinge Kahitjene, Tjamuaha und Mungunda als Führer verschiedener Herero-Fraktionen dazu zu bewegen, mit ihm ein Bündnis zur Durchsetzung seiner eigenen Interessen abzuschliessen. Damit hatte Jonker Afrikaaner seine Vormachtstellung abgesichert und unbestreitbar die Führung über Nama und Herero inne. Bereits 1857 entsandte er eine kombinierte Streitmacht von Nama- und Herrerokriegern ins Ovambogebiet und ließ achtzehn Rinderherden „einsammeln"... Im August 1860 befand sich Jonker Afrikaaner selbst im Gebiet der Ambo-Stämme und erbeutete über 20.000 Rinder. Jonker Afrikaaner und der Herrerohäuptling Tjamuaha, inzwischen bewährte Bündnispartner, starben beide 1861, und ihre führende Rolle im Prozeß der Staats- und Nationenbildung konnte von ihren Söhnen Christiaan Afrikaaner und Maharero (auch unter dem Namen Kamaherero bekannt) nicht übernommen werden. Statt dessen nutzte Maharero die Führungsschwäche Christiaan Afrikaaners, um die Herero zu konsolidieren und eine Vereinheitlichung zugunsten seiner eigenen uneingeschränkten Oberherrschaft in Namibia anzustreben.

Nach einer Schlacht bei Otjimbingwe 1863, bei der Christiaan Afrikaaner als Führer eines Überraschungsangriffes der Nama auf die Herero eine Niederlage erlitt und im Kampf fiel, hatte Maharero die uneingeschränkte Kontrolle über das Land erobert. Jan Jonker, Bruder Christiaans und dessen Nachfolger, begann mit verschiedenen anderen Namagruppen eine Allianz aufzubauen. Maharero vermochte jedoch mit Unterstützung durch die Swaartboois mit seiner Heeromacht Jan Jonkers Armee zu schlagen und sich zu behaupten. Dabei wurde erstmals in der Geschichte des Landes die aktive Rolle europäischer Eindringlinge vermerkt. Denn wie Bruwer beiläufig erwähnt, hatte der Händler Andersson beim Sieg Mahareros als dessen Verbündeter seine Hände mit im Spiel. 1870 schließlich schlossen die um die Oberherrschaft rivalisierenden Parteien einen Friedensvertrag. Jan Jonker verlor immer mehr an Einfluß und Macht unter den Nama. Stattdessen wuchs mit einer Orlam-Fraktion unter Kido Witbooi eine neue Kraft im Staatsbildungsprozeß heran. Maharero sah seine Stellung bedroht, und unter dem nachweisbaren Einfluß von weißen Missionaren und Händlern appellierte er schließlich 1872 an Kapstadt, sein Land unter militärischen Schutz zu stellen (der Bitte wurde — zum Vorteil der Deutschen — nicht entsprochen). Zwischen 1880 und 1884 entbrannte erneut ein Kampf um die Vormachtstellung zwischen Nama und Herero, wobei auf

Seiten der Orlam-Nama-Allianz in Hendrik Witbooi eine neue Führungspersönlichkeit heranreifte, die für viele Jahre die Geschichte des Landes mitbestimmen sollte. Zu dieser Zeit begann bereits die Anwesenheit der deutschen Kolonialmacht eine bedeutende und einflußreiche Rolle zu spielen, der Kampf um die Vormachtstellung im Staatsbildungsprozeß Namibias wurde durch fremdländische Einflüsse und Machtfaktoren von außen völlig deformiert und fehlgeleitet. Ein neues Kapitel namibischer Geschichte begann.

26. Israel Goldblatt, a.a.O., S. 3.
27. Es war Sitte angesehener Stammesfürsten, sich mit einem Missionar zu „schmükken"...
Den anfangs recht fruchtlosen messianischen Eifer der Missionare belegt eine kategorische Feststellung des Missionars Ebner, der 1818 in einem Brief konstatiert: „They were more interested to get powder, lead, guns and horses from us". (zit. bei: Israel Goldblatt, a.a.O., S. 5).
28. Die daraus resultierenden Konsequenzen für die ansässigen Stammesgesellschaften versuchten wir bereits darzustellen.
„Die Zuwanderung der Orlam führte in Namibia zu einer Verknappung von Weideplätzen und Wasserstellen, was vor allem in Dürrezeiten den Kampf um Weide und Wasser zur Folge hatte." Winfried Nachtwei, a.a.O., S. 31.
29. Am Rande sei vermerkt, daß der in der angrenzenden portugiesischen Kolonie Angola wütende Sklavenhandel bis in den nördlichen Teil des heute so benannten „Ovambolandes" vordrang, die dort ansässigen Ambo-Stämme jedoch nicht erheblich schwächte. Darüberhinaus liefen Jagdexpeditionen, die aus dem Norden bis ins Kavangogebiet und Kaokoveld vordrangen, barbarisch unter dem dortigen Wildbestand Amok – insbesondere Elefanten wurden wegen des begehrten Elfenbeins völlig dezimiert.
„Slaves in the north, ostrich feathers in the south and cattle through out the area supplemented the trade in ivory, but were never more than subsidiary items." W.G. Clarence-Smith/Richard Moorsom, a.a.O., S. 372.
30. J.H. Esterhuyse, „South West Africa 1880–1894", Verlag C. Struik, Cape Town 1968, zit. nach: Peter D. Banghart, „Migrant Labour in South West Africa and its Effects on Ovambo Tribal Life", M.A. Thesis (Anthropology), University of Stellenbosch, December 1969, S. 19.
Die britische Kapregierung annektierte aufgrund dieser Funde zwischen 1861 und 1866 diese Inselkette. „Auch aus Scheiße kann man Geld machen" – Handelskapitalistisches Sprichwort.
Guano ist extrem phosphathaltiger Vogelmist, der als Düngemittel und zur Verwendung in der chemischen Industrie hohe Preise erzielt. Noch heute wird vor der Küste Namibias durch künstliche Inseln Guano gewonnen. Welcher Reichtum dem Lande damit bereits im 19. Jahrhundert geraubt wurde, verdeutlicht das extreme Beispiel der Südseeinsulaner von Nauru, die ausschließlich von dem auf ihrer Insel abgelagerten Guano leben (und nicht schlecht). Siehe dazu: „Stern", Nr. 13, 17. März 1977, Hamburg, S. 38 ff. „Ein Paradies auf Vogelmist".
31. Rainer Clauß, a.a.O., S. 57 f.
Auf die besondere Rolle der christlichen Mission in Namibia und deren Beteiligung am Kolonisierungsprozeß werden wir in dem anschließenden Abschnitt zu sprechen kommen.
32. Dabei kam ihnen zugute, daß aufgrund der bis dahin geringen Aktivitäten der Weißen im Lande und deren geringer Zahl das Vertrauen der Afrikaner noch nicht erschüttert worden war.
33. Israel Goldblatt, a.a.O., S. 31.
34. Peter D. Banghart, a.a.O., S. 19 f.
Hauptsächlich wegen der Interessen dieses Unternehmens und auf Betreiben des englischen Händlers Palgrave, der gleichzeitig als Beauftragter der Kapregierung in Namibia aktiv war, wurde die Walvis Bay am 12. März 1878 durch Großbritan-

nien annektiert. Zu den Modalitäten und „legalen" Festschreibungen siehe Israel Goldblatt, a.a.O., S. 62 f.
35. Siehe dazu: Israel Goldblatt, a.a.O., S. 64 ff.
36. Ebd., S. 70
37. Rainer Clauß, a.a.O., S. 58
38. J.H. Esterhuyse, a.a.O., zit. nach: Peter D. Banghart, a.a.O., S. 20. Dieses Resumee läßt freilich die sozialen und strukturellen Auswirkungen des wirtschaftlichen Engagements unberücksichtigt. Dieser Aspekt findet im folgenden Abschnitt besondere Berücksichtigung in Verbindung mit der „Wühlarbeit" der Rheinischen Mission. Zu den Auswirkungen der Handelsaktivitäten in dieser ersten Phase bemerkt Nachtwei: „Waffenlieferungen, Kreditsystem und Schnapsimporte führten zu einer gewaltigen Verschärfung der innerafrikanischen Kämpfe." (Winfried Nachtwei, a.a.O., S. 31). Im übrigen scheint uns die Bedeutung der Missionsarbeit, von Esterhuyse als „only constructive work done by the Europeans" idealisiert, durch ihre Auswirkungen derart grundlegend, daß wir sie im folgenden ausführlicher analysieren. Dies scheint uns nicht zuletzt auch durch die Tatsache gerechtfertigt, daß aufgrund der systematischen Missions- und Kolonisationsarbeit in der Geschichte Namibias, der Anteil der christianisierten Afrikaner heute einer der größten in den afrikanischen Ländern ist und die Rolle der christlichen Kirchen im politischen Kampf in Namibia eine zentrale Bedeutung einnimmt.
39. Die englischen Methodisten waren in ihrer Bekehrungsarbeit erfolgreicher als ihre Londoner Glaubensbrüder und drangen 1844 sogar bis Windhoek vor, um dort die inzwischen bereits im Lande agierenden Rheinischen Missionare abzulösen – was einer zeitweiligen Niederlage der Rheinischen Mission gleichkam, da diese somit eine bedeutsame Einflußzone vorübergehend aufgeben mußte. Windhoek bildete zur damaligen Zeit das Zentrum des neuen Orlam-Staatsgebietes.
„Die Missionspläne der Wesleyanischen und der Rheinischen Mission haben sich nicht unterschieden. Beide wollten sich bei der Verwirklichung einer Art Missionsherrschaft auf die Orlam-Hegemonie stützen. Die Rheinische Mission gab ihre Missionstätigkeit in Windhoek auf – aber nicht in Feindschaft mit Jonker Afrikaaner, sondern in Feindschaft mit der wesleyanischen Mission."
Heinrich Loth, „Die christliche Mission in Südwestafrika – Zur destruktiven Rolle der Rheinischen Missionsgesellschaft beim Prozeß der Staatsbildung in Südwestafrika (1842–1893)", Akademie Verlag, Berlin (DDR) 1963, S. 46.
Als jedoch in der Folgezeit die Rheinische Mission durch ihre Vorgehensweise ständig an Einfluß gewann und sich die Verhältnisse zugunsten ihrer Herrschaftspläne änderten, wurde den Wesleyanern der Wirkungskreis entzogen. 1850 gaben die englischen Missionare Namibia als Missionsgebiet auf.
40. „Handel und Wirtschaftsbetätigung der Rheinischen Missionsgesellschaft festigten die Position der Missionare..." – Heinrich Loth, a.a.O., S. 33.
41. „Der Handel mit Waffen und Munition stand zeitweilig an erster Stelle... Damit verfügte die Mission im Handel über ein wirkungsvolles Instrument der Einflußnahme auf den Prozeß der Staatsbildung." Ebd., S. 33.
42. Fritz Ferdinand Müller, „Kolonien unter der Peitsche", Rütten & Loening, Berlin DDR 1962, S. 157.
43. Winfried Nachtwei, a.a.O., S. 33.
44. Als Beispiel verweist Loth auf die Orlamstämme: „Obgleich die Missionare im Expansionsgebiet der Orlamstämme, also im Norden Südwestafrikas, jahrzehntelang in ideologischer Hinsicht keinen nennenswerten Erfolg erzielen konnten, übten sie hier zeitweilig die unbeschränkt herrschende Macht aus." Heinrich Loth, a.a.O., S. 36.
45. Heinrich Loth, a.a.O., S. 36
So reichte der Einfluß der Rheinischen Mission im Süden des Landes „lediglich" bis zur völligen indirekten Herrschaft. „Dies schloß zwar die Einsetzung und Absetzung von Häuptlingen in sich ein – jedoch stets unter Ausnutzung innerer Zwi-

stigkeiten. Es war weder in Rehoboth, in Bethanien noch in Berseba möglich, die Häuptlingsrechte einfach zu negieren, ohne einen offenen Bruch der Mission mit der herrschenden Klasse zu provozieren." Heinrich Loth, a.a.O., S. 37 f.

46. Im Gegensatz zu Loth, der diesen Begriff des „Staatsbildungsprozesses" in seiner Arbeit verabsolutiert, dient uns dieser Ausdruck lediglich als Hilfsmittel. Eine kritische Anwendung des Terminus würde stattdessen erfordern, diesen „Staatsbildungsprozeß" inhaltlich genauer zu füllen und zu spezifizieren. Denn es handelt sich dabei keinesfalls um die Herausbildung von Rudimentäransätzen einer bürgerlichen Staatsform im Sinne unserer Darlegung in Kapitel 1.5. Von daher würden wir für die Verwendung eines Begriffes plädieren, der den Prozeß der Herausbildung zentralisierter Herrschaftsinstanzen betont, wenngleich ein solcher „Kompromiß" den gesellschaftlichen Charakter der Produktions- und Besitzverhältnisse und deren konkrete Herrschaftsformen unberücksichtigt läßt. Im folgenden allerdings werden wir uns an die Loth'sche Diktion des „Staatsbildungsprozesses" anlehnen müssen, da uns die selbständige Erarbeitung eines zutreffenderen Begriffes im Rahmen dieser Arbeit als unangemessen erscheint.

47. Zumindest im Sinne einer integrativen Wirkung, die wiederum eine Differenzierung der Herrschaftsstrukturen und Herausbildung von Klassenverhältnissen zur Folge gehabt hätte.

48. „Nachweisbar liegt hier das erste Zeugnis einer Frühform der sektenkirchlichen Bewegung in Südafrika vor, die sich mit der Orlam-Hegemonie verband." Heinrich Loth, a.a.O., S. 47.

49. „Unter Führung der Mission sollten Handwerksbetriebe und Handelsgeschäfte angelegt werden... Hahn selbst brachte 1864 die ersten Kolonisten aus Deutschland mit." J. Baumann, „Einfluß und Bedeutung der Mission für die zivilisatorische Entwicklung der Eingeborenen Südwestafrikas", in: „Die Ethnischen Gruppen in Südwestafrika", a.a.O., S. 80.
„...Hahn's scheme envisaged a full-blooded trading establishment in competition with European traders...". Israel Goldblatt, a.a.O., S. 35.

50. Heinrich Loth, a.a.O., S. 48.

51. „In no sense was the war between the Hereros and the Namas a race war. Hahn himself described it rather as a war of the oppressed against the oppressor." Israel Goldblatt, a.a.O., S. 33.
Zurecht hält Loth dieser Interpretation entgegen:
„Nur unter Voraussetzung der wissenschaftlich unhaltbaren These, daß die Staatsbildung der Orlam die Unterdrückung einer ethnischen Gruppe zur Grundlage hatte, kann man die Vorgänge, die sich um das Jahr 1863 ereigneten, als einen Volksbefreiungskrieg interpretieren." Heinrich Loth, a.a.O., S. 57. Daß dies nicht zutrifft, beweist die inter-ethnische Bündnispolitik Jonker Afrikaaners, wie sie in der chronologischen Zusammenfassung unter Anmerkung 25 dieses Kapitels beschrieben wird.

52. Heinrich Loth, a.a.O., S. 51.

53. Der einzig nennenswerte „Privathändler" zu dieser Zeit war der Däne Andersson, der gleichfalls die künftige Entwicklung Namibias Hand in Hand mit den Missionaren zu beeinflussen vermochte.

54. Heinrich Loth, a.a.O., S. 33.

55. Vgl. Anmerkung 25 dieses Kapitels.

56. Womit wir nicht Geschichte durch das Schicksal einzelner Menschen beschreiben und erklären wollen. Es wäre aber ebenso falsch, die Führungsfunktion charismatischer Persönlichkeiten und deren Bedeutung in toto zurückweisen zu wollen.

57. Heinrich Loth, a.a.O., S. 64.

58. J. Baumann, a.a.O., S. 79.
Auszüge aus dem „Buch der Grund-Gesetze und Rechte" des Missionars Knudsen, der dies für den Bethanierstamm der Nama anfertigte und vom 1. Januar 1847 datiert, geben frühes Zeugnis über das Rechtsbewußtsein der Missionare.

So lautet es eingangs im Paragraphen 1: „Gottes Wort ist unser Gesetz...". – Gottes Wort allerdings wurde vom Missionar verkündet, der dies personifizierte. Ebenso im Paragraphen 6: „Der Kapitän hat das Recht, alles zu verordnen, was nicht gegen Gottes Wort oder das Gesetz ist...". Während Baumann in seinem Vortrag stolz verkündet: „Das Christentum brachte der Frau Gleichberechtigung", zitiert er auf der gleichen Seite aus Knudsens Rechtsfibel, die im Paragraphen 10 anordnet: „Ein Mann darf seine Frau, und eine Frau ihren Mann nicht schlagen, oder beißen oder auf ähnliche Art behandeln. Wenn aber die Frau ihrem Mann ungehorsam ist und er sie vor dem Rat verklagt, so empfängt sie sieben Schläge und muß einen Tag am Schandpfahl angebunden stehen". – Ungehorsam beim Manne gab es scheinbar nicht, jedenfalls nicht in Knudsens Rechtsfibel... (Alle Zitate sind entnommen aus: J. Baumann, a.a.O., S. 79).
59. J. Baumann, a.a.O., S. 77
60. Ebd.
Zur subtilen Vorgehensweise der Mission in Südwestafrika spricht die Sprache Vedders, legendäre Gestalt unter den Missionaren Südwestafrikas und für die weiße Siedlerschaft noch heute Symbol der „Zivilisierung" des Landes, Bände. Er starb 1972 im Alter von 96 Jahren auf seinem Altersruhesitz in Okahandja. Vedder selbst äußerte:
„Wie will der Missionar in der Schule und Kirche, bei Werft- und Krankenbesuchen mit geschickter Hand hier beseitigen, dort aufbauen und das Geistesleben in neue Bahnen lenken, wenn er mit dem Denken und Fühlen seiner Geistes Leute nicht vertraut ist? Wie will er ihr Vertrauen gewinnen, wenn er unablässig von ihnen fordert, auf seine Gedanken einzugehen, sie aber deutlich merken, daß ihm ihre Gedanken unbekannt und wertlos sind. Man muß nur einmal selbst gesehen haben, wie die Augen aufleuchten und wie das Interesse erwacht, wenn als Beweis für seine Darlegung eines ihrer Sprichwörter zitiert wird oder einem der zahlreichen Märchen eine sie überraschende Lehre und Ermahnung entnommen wird. Wer zu lehren hat, wird nie ungestraft die feststehenden Gesetze der Assoziation übertreten oder außer Acht lassen. Wo es gilt, durch Beeinflussung Volks- und Geistesleben eines Stammes in neue Bahnen zu lenken, ist die Kenntnis der alten Bahnen unerläßlich."
Heinrich Vedder, zit. nach: J. Baumann, a.a.O., S. 76.
61. Nachtwei listet folgende Aspekte der missionarischen „Bekehrung" auf:
– totale Diffamierung der Stammesgesellschaften,
– Vernichtung der Identität durch Entfremdung der Afrikaner von Volk und Geschichte,
– Indoktrination bürgerlicher Norm- und Wertvorstellungen,
– Vermittlung der Ideologie des Privateigentums,
– Dressur zu Pflichtgefühl und Leidensfähigkeit.
Er gelangt dabei zu dem Schluß: „Privatisierung und Vereinzelung, das waren die sozialen Hauptziele der ideologischen Zersetzungsarbeit der Mission." Winfried Nachtwei, a.a.O., S. 32.
62. L.H. Gann, „Economic Development in Germany's African Empire, 1884–1914", in: L.H. Gann/Peter Duignan (ed.), „Colonialism in Africa 1870–1960", Volume 4, The Economics of Colonialism", Cambridge University Press, London/New York 1975, Chapter 6, S. 244.
63. Heinrich Loth, a.a.O., S. 133.
64. Ebd., S. 134.
65. Winfried Baumgart, „Der Imperialismus", Wiesbaden 1975, S. 11.
66. Heinrich Loth, a.a.O., S. 95.
67. zit. nach: Winfried Baumgart, a.a.O., S. 12.
68. siehe dazu: Heinrich Loth, a.a.O., S. 96.
69. ebd.
70. Heute trägt dieser Küstenort (noch) den Namen Lüderitzbucht.

71. „My purpose is to introduce German goods under German labels.... but before I can start on such a large project I need the protection of the German flag." Adolf Lüderitz, „Die Erschließung von Deutsch-Südwest-Afrika durch Adolf Lüderitz", No. 2, Oldenburg/Stalling 1945, S. 14, zit. nach: Israel Goldblatt, a.a.O., S. 81.
72. Die Praxis des Landerwerbs erwies sich als symptomatisch für die künftigen „Geschäftsgebaren" nachfolgender deutscher Siedler. Eine detaillierte Beschreibung der „Transaktionen" findet sich bei Israel Goldblatt, a.a.O., S. 101 f.
73. Heinrich Loth, a.a.O., S. 102. Zu Beginn der deutschen Kolonialära existierten objektiv zwei Möglichkeiten für die Bildung größerer politischer Einheiten und die Neuauflage einer Oberherrschaft. Maharero hatte im Norden des Landes, gestützt auf die Missionare und Händler, unter den Herero-Großen eine Oberhäuptlingsstellung errungen. Im Süden des Landes wuchs mit Hendrik Witbooi unter der Orlam-Aristokratie einer der aussichtsreichsten Träger einer neuerlichen Oberherrschaft heran.
74. „Die Widersprüche... waren solche, die sich aus der inneren historischen Entwicklung ergaben und keinesfalls ‚Rassengegensätze'... In erster Linie war es der Prozeß der Klassenbildung. Der wirkungsvollste Bundesgenosse... war die Zwietracht innerhalb der Stämme, die Ausdruck für den sozialen Differenzierungsprozeß war." Heinrich Loth, a.a.O., S. 104.
75. „Bis mit der endgültigen Unterwerfung des Landes begonnen wurde, bestand die Politik der deutschen Eroberer darin, durch Zuteilung und Sperrung von Waffen- und Munitionslieferungen die Kräftekonstellationen der Stämme weiterhin für die Eroberung günstig zu beeinflussen." Heinrich Loth, a.a.O., S. 112.
76. Manfred Nussbaum, „Vom ‚Kolonialenthusiasmus' zur Kolonialpolitik der Nonopole – Zur deutschen Kolonialpolitik unter Bismarck, Caprivi, Hohenlohe", Akademie Verlag, Berlin (DDR) 1962, S. 135.
„In den ersten zehn bis fünfzehn Jahren der deutschen Kolonialpolitik gab es so gut wie keinen Kapitalexport nach den deutschen Kolonien." Gerda Weinberger, „An den Quellen der Apartheid", Akademie Verlag, Berlin (DDR) 1975, S. 60. Siehe auch: Manfred Nussbaum, a.a.O., S. 144 f.
77. L. H. Gann, a.a.O., S. 225.
78. Ebd., S. 220.
79. Ebd. Noch 1903, „... the six major concessionary companies in the country laid claim to 29,500,000 hectares, more than once-third of the entire territory". L.H. Gann, a.a.O., S. 225.
80. „Ihren Hauptprofit bezogen die Gesellschaften ... vielfach aus Gründergewinnen und staatlichen Subventionen". Gerda Weinberger, a.a.O., S. 61. Siehe dazu auch: Manfred Nussbaum, a.a.O., S. 144 f.; Fritz Ferdinand Müller, a.a.O., S. 61 f.
81. So verfügte unter dem Gigant unter den Konzessionsgesellschaften, die „Deutsche Kolonialgesellschaft für Südwestafrika", anfänglich über 240.000 Quadratkilometer namibischen Territoriums. Siehe, dazu: Gerda Weinberger, a.a.O., S. 61; und Horst Drechsler, a.a.O., S. 11 f.
„Es entsteht der Typ jener Gesellschaften, die Minenrechte besitzen, Landrechte erhalten, Eisenbahnrechte erwerben und hier und da sich obendrein an Handelsgesellschaften beteiligen... sie sind gemischte Gesellschaften, was den Kreis ihrer Unternehmer betrifft, sie sind manchmal in deutschen, vielfach in ausländischen und deutschen, oft in rein ausländischen Händen; sie sind die internationalen Polypen Südwestafrikas." Maximilian Scheer, a.a.O., S. 107.
82. Winfried Nachtwei, a.a.O., S. 28.
83. Heinrich Loth, a.a.O., S. 118.
84. Rainer Clauß, a.a.O., S. 69.
85. Gerda Weinberger, a.a.O., S. 66.

86. Zu Hendrik Witbooi als politischer Führungspersönlichkeit bemerkt Randolph Vigne: „This dynamic patriot and soldier was limited by his times. His intense sectional loyalty to the Nama led inexorably to their destruction as a national unit, without achieving the greater good of leading them into a Namibian nationhood which might have withstood the German power... Witbooi's ultimate failure to withstand the domination of Germany lay in his inability to sacrifice his ideals of independent kingship." Randolph Vigne, „A dwelling place of our own. The Story of the Namibian Nation", International Defence and Aid Fund, London 1973, S. 10 und 11.
87. John Iliffe, „The Herero and Nama Risings: South West Africa, 1904–1907", in: „Aspects of South African History" (mimeo), edited by G. Kibodya, Institute of Education, University College, Dar es Salaam, o.J. (1968?), Chapter 6, S. 100.
88. Gerda Weinberger, a.a.O., S. 66 f.
89. Winfried Nachtwei, a.a.O., S. 38.
90. Was also die „legale Sanktionierung" brutaler Enteignungsmethoden bedeutete, die der afrikanischen Bevölkerung einen rechtlosen Status von Objekten zuwies.
91. Helmut Bley, „Kolonialherrschaft und Sozialstruktur in Deutsch-Südwestafrika 1894–1914", Leibniz-Verlag, Hamburg 1968, S. 345.
92. Die Afrikaner waren sich dabei durchaus ihrer ökonomischen Stärke bewußt, wie die folgende Darstellung eines Kolonialapologeten verdeutlicht:
„... wo der mit fast unzählbaren Rinderherden begüterte Unterhäuptling Kambazembi herrschte, der wegen seines Reichtums auch politisch bedeutsam war. Dieser schlaue Neger liebte nicht, als einflußreich zu gelten, sondern betonte bei Gelegenheiten, er sei nur Herr über seine Rinderherden." H.E. Lenssen, a.a.O., S. 77.
93. Helmut Bley, a.a.O., S. 178.
94. Bereits 1890 wurde aufgrund des herrschenden Kräftemangels der Versuch unternommen, afrikanische Arbeiter aus Deutsch-Ostafrika zu importieren. Siehe dazu: Peter D. Banghart, a.a.O., S. 27.
95. Fritz Ferdinand Müller, a.a.O., S. 35.
96. Gerda Weinberger, a.a.O., S. 61. „Der deutsche Imperialismus verleugnete auch in Afrika niemals seine besondere Prägung durch Junkertum und Militarismus." Fritz Ferdinand Müller, a.a.O., S. 34.
97. Dies lag darin begründet, daß die für den Aufbau einer unabhängigen Farmerexistenz notwendigen Investitionen für den Landkauf und infrastrukturelle Maßnahmen (Brunnenbohrungen etc.) keinesfalls mit den Intentionen der Besiedlungsstrategie harmonisierten. Landpreise waren hoch, das erforderliche Grundkapital für den deutschen Kleinbürger unerschwinglich.
So kommt Scheer zu dem Ergebnis „Südwestafrika erscheint als Filiale der Junker", Maximilian Scheer, a.a.O., S. 103.
98. Gerda Weinberger, a.a.O., S. 59.
99. Robert Cornevin, „The Germans in Africa before 1918", in: L.H. Gann/Peter Duignan (ed.), „Colonialism in Africa 1870–1960, Volume 1, The History and Politics of Colonialism 1870–1914", Cambridge University Press, London/New York 1969, Chapter 12, S. 387.
100. L.H. Gann, a.a.O., S. 227.
„... at the beginning of the rising, out of 83,500,000 hectares in the colony, the Africans owned 31,400,000, the companies 29,175,000, the government 19, 250,000 and the settlers 3,684,500." Ebd.
101. Rainer Clauß, a.a.O., S. 70.
„Ihre entscheidende und – auf der Stufe des primären Widerstandes – unvermeidbare Schwäche war, daß ihre einzige politische Perspektive die Restauration traditioneller vorkapitalistischer Verhältnisse war; daß sie über die Überwindung tribaler Grenzen auf der Ebene der kämpfenden Einheiten hinaus eine

umfassende Einheitsfront aller dem Kolonialismus gegenüberstehenden Stammesverbände mit einer zentralisierten Führung nicht herausbilden konnten." Winfried Nachtwei, a.a.O., S. 49 f.
102. Gerda Weinberger, a.a.O., S. 70.
Nach amtlicher Statistik lebten von den 80.000 Herero 1906 noch 16.000. Von den 1892 auf 20.000 geschätzten Nama lebten 1911 noch 9.800. Siehe dazu: „pro africa project papers" – „Aktion Namibia Farm", Gießen 1973, S. 10.
103. Rainer Clauß, a.a.O., S. 77.
John Iliffe dagegen gelangt in seinem Aufsatz zu der hypothetischen Schlußfolgerung, „that the military strength of the Herero and Nama paradoxically proved an obstacle to united action." John Iliffe, a.a.O., S. 110.
104. Eine ausführliche, fast schon sadistische Beschreibung der Vernichtungsmethoden der „Schutztruppe" findet sich bei H.E. Lenssen, a.a.O., S. 155 ff.
105. Rainer Clauß, a.a.O., S. 77.
106. „Im Krieg gegen den deutschen Kolonialismus konstituierte sich in Ansätzen die namibische Nation." Winfried Nachtwei, a.a.O., S. 49.
107. John Iliffe, a.a.O., S. 109.
108. Winfried Nachtwei, a.a.O., S. 51.
109. „Um von vornherein und langfristig ein Aufbegehren der Afrikaner gegen ihre Lage zu ersticken, die weiße Herrschaft strategisch abzusichern, kam es dem Kolonialstaat darauf an, eine Restauration der Stammesverbände, der Träger des bisherigen militanten antikolonialen Widerstandes, zu verhindern, ihre Bewegungs- und Niederlassungsfreiheit zu beschneiden und die Afrikaner einem scharfen Kontroll- und Bestrafungssystem zu unterstellen..." Winfried Nachtwei, a.a.O., S. 53.
110. Siehe dazu: H.E. Lenssen, a.a.O., S. 178.
Der zentrale Aspekt rassischer Segregation, der die Frage der Klassenzugehörigkeit hinter dem im kolonialen Kontext bestimmenden Widerspruch der Rassenzugehörigkeit einordnet, wird vor allem im „orthodoxen" Ansatz der DDR-Autoren häufig ignoriert, bzw. unterschätzt. Siehe dazu insbesondere Klaus Brade, „Zur Rolle der Arbeiterklasse in der Republik Südafrika", in: „Die Arbeiterklasse in Asien und Afrika – Formierung und Kampf", Akademie Verlag Berlin (DDR) 1974, S. 263–273.
111. Helmut Bley, a.a.O., S. 211.
112. Helmut Bley, a.a.O., S. 312.
Detaillierte Beschreibungen zur sozialen Lage der proletarisierten Afrikaner finden sich in den Aufsätzen von Fritz Wege: „Die Anfänge der Herausbildung einer Arbeiterklasse in Südwestafrika unter der deutschen Kolonialherrschaft", in: Jahrbuch für Wirtschaftsgeschichte, 1969/I, S. 183–221 und „Zur sozialen Lage der Arbeiter Namibias unter der deutschen Kolonialherrschaft in den Jahren vor dem ersten Weltkrieg", in: Jahrbuch für Wirtschaftsgeschichte, 1971/III, S. 201–218.
Trotz seiner eingehenden Darstellung gelangt auch Wege dabei nicht zu der konsequenten Einschätzung, hinsichtlich des bestimmenden Widerspruchs unter kolonialen Verhältnissen die rassische Zugehörigkeit zu benennen.
114. „The Germans did not establish proper control over the whole Territory. Their influence never really extended beyond the southern and central parts – the areas then known as the Police Zone. The northern areas – the Kaokoveld, Ovamboland and the Okavango – were left virtually untouched and controlled indirectly through the chiefs, while in the Caprivi only a very sketchy form of administration existed from 1910." J.H.P. Serfontein, „Namibia?", Fokus Suid Publishers, Randburg 1976, S. 19 f. Über den ersten Vorstoß einer Patrouille der deutschen „Schutztruppe" 1899 ins Gebiet der Ambo-Stämme berichtet Lenssen: „Der Ritt war gewagt, weil es sich um das erste Erscheinen deutscher Soldaten in dem seitens der Regierung streng abgeschlossenen Lande handelte. Obgleich sich der Führer den überraschten Häuptlingen und Vorleuten gegenüber besonnen zurückhielt, auch

die Begleiter sich einwandfrei benahmen, fühlte doch jeder den entrüsteten Widerstand aller Ovambo. Die mit hohen Palisaden-Pfählen umhegte Werft des Ondonga-Häuptlings Kambonde war umlagert von Hunderten bewaffneter Ovambo, die auffallend gern ihre Gewehre und gefüllten Patronengurte zeigten." H.E. Lenssen, a.a.O., S. 100.
115. Hinweise auf die Beschäftigung von Ovamboarbeitern erscheinen erstmals 1891. Ab 1892 wurden Ovambo als Minenarbeiter in den Kupferminen bei Otavi eingesetzt. In einer Mine der „South West Africa Company" bei Groß Otavi kam es auch in der Geschichte Namibias am 1. Dezember 1893 zum ersten Streik von Arbeitern.
Siehe dazu: Robert Gordon, „A Note on the History of Labour Action in Namibia" in: „South African Labour Bulletin", edited by the Institute for Industrial Education, Durban, Vol. 1, No. 10, April 1975, S. 8. Eine ausführliche Schilderung der Gründe für die Arbeitsniederlegung und die Verhandlungen zur Beilegung des Streiks finden sich in: J.W. Brandt, „Oor Mynwese in die ou Suidwes", in: „Die Ethnischen Gruppen in Südwestafrika", a.a.O., S. 16 ff.
Der Swakopmunder Hafen wurde von November 1898 bis Februar 1903 mit Hilfe des Einsatzes von Arbeitskräften aus dem Ovamboland erbaut. Auch zum Eisenbahnbau wurde bereits die Arbeitskraft der Ovambo verwendet.
116. Siehe dazu: E.L.P. Stals, „Die Aanraking tussen Blankes en Ovambo's in Suidwes-Afrika 1850–1915", Proefskrif vir die graad van Doktor in die Wysbegeerte aan die Universiteit von Stellenbosch, August 1967, S. 200 ff.
117. Helmut Bley, a.a.O., S. 312.
Als Beschreibung zur Erschließung des nördlichen Namibias für die deutsche Kolonialwirtschaft ist die Dissertation von Stals sehr brauchbar, insbesondere Kapitel VII, „Die Ovambo as arbeider in Duits-Suidwes-Afrika, 1898–1915", S. 190–234. Er gelangt dabei zu einem ähnlichen Ergebnis wie Bley, indem er feststellt, „... daß die Berührung zwischen den Weißen und den Ovambo sich letztendlich in der einen Sache konzentrierte, nämlich der Arbeiterfrage. Das wichtigste Problem, das nach Beendigung der deutschen Periode in Südwestafrika bestand, war die Frage, wie die Zufuhr von Arbeitern erhöht werden konnte, um die Bedürfnisse des Gebietes zu erfüllen. Die andere damit zusammenhängende Frage bestand darin, wie das Ovamboland effektiver zu einem Teil von Südwestafrika gemacht werden könnte... Die Einbeziehung der Ovambo in die Ökonomie Südwestafrikas machte die endgültige Besetzung Ovambolandes unvermeidlich." E.L.P. Stals, a.a.O., S. 234.
118. „In 1911, a total of 9.295 Ovambo labourers were recruited; 6.076 in 1912, of which 4.219 came from the Ukuanjama tribe; 12.025 in 1913; and 11.536 in 1914, of which 6.971 came from the Ukuanjama tribe. A heavy drought is the probable cause of the large increases in labour for 1913 and 1914." Peter D. Banghart, a.a. O., S. 28.
119. Fritz Ferdinand Müller, a.a.O., S. 36.
120. „Damit gestaltete sich die Lage der Arbeiter... im Prinzip verhängnisvoller als selbst die von Sklaven. Denn die volle individuelle Reproduktion des Sklaven liegt in der Regel im Interesse eines Besitzers, weil der Sklave als volles Eigentum ja einen Wert repräsentiert. Beim ‚Arbeitgeber' eines der juristischen Fiktion nach freien und nur ‚kontraktlich' gebundenen Kolonialarbeiters entfällt dieses Interesse." Ebd.
121. Winfried Nachtwei, a.a.O., S. 59.
121a. Israel Goldblatt, a.a.O., S. 199.
122. L.H. Gann, a.a.O., S. 241.
124. Peace Handbook, „German African Possessions", Vol. 18, H.M. Stationery Office, London 1920, zit. nach: Peter D. Banghart, a.a.O., S. 31.

125. Diese Modifikation erfordert u.E. die modifizierte Ausdrucksform kolonialkapitalistisch für die Bestimmung der gesellschaftlichen Verhältnisse in Namibia.
126. Helmut Bley, a.a.O., S. 314 f.
„Indem der Kolonialstaat von vorneherein den herrschenden Klasseninteressen entsprechend und ohne jede Verbrämung agierte, konnte er bei den Kolonisierten nie den Anschein einer über den Klassen stehenden Institution erlangen. Der bürgerliche Staat offenbarte sich an der kapitalistischen Peripherie von vorneherein und durchgängig als offen terroristischer Klassenstaat, als permanenter Faschismus für alle Völker, die sich nicht in seine Produktionsweise als besitz- und rechtloses Menschenmaterial einfügen wollten." Winfried Nachtwei, a.a.O., S. 111.
127. John Iliffe, a.a.O., S. 109.
128. Zit. nach: pro africa project papers, a.a.O., S. 10.
129. Zit. nach: Maximilian Scheer, a.a.O., S. 153.
130. Siehe dazu u.a.: Ronald B. Ballinger „South West Africa, The Case Against the Union", South African Institute of Race Relations, Johannesburg 1961; Anthony Lejeune, „The Case FOR South West Africa", Tom Stacey Ltd., London 1971; Augustine Ukiomogbe Obozuwa, „The Namibian Question – Legal and Political Aspects", Benin City (Nigeria) 1973; Solomon Slonim, „South West Africa and the United Nations: an International Mandate in Dispute", Baltimore & London 1973; Bryan O'Linn, „Die Zukunft Südwestafrikas in realistischer Sicht" (erweiterte und modernisierte Fassung des Originals – aus dem Afrikaansen übersetzt), John Meinert (Pty) Ltd., Windhoek o.J. (Ende 1975); Vereinte Nationen, „Ein veruntreutes Pfand: Namibia", New York 1975. Erklärung des offiziellen Vertreters des UN-Kommissars für Namibia, Joel Carlson, abgedruckt in: „Die Zukunft Namibias und die Kirchen", a.a.O., S. 25–38; International Institute of Human Rights (ed.), „Dakar International Conference – Namibia and Human Rights: past and future", human rights journal, Vol. IX–2–3, Paris 1976; Gail-Maryse Cockram, „South West African Mandate", Juta and Company Ltd., Cape Town/Wynberg/Johannesburg 1976.
131. Bei Kriegsausbruch befanden sich in Deutsch-Südwestafrika fünf Automobile, H. E. Lenssen, a.a.O., S. 210.
132. Peter D. Banghart, a.a.O., S. 33.
133. Albert F. Calvert, „South West Africa during the German occupation (1884–1914)" T. Werner Laurie, London 1916, pp. XIV – zit. nach: Barbara Rogers, „Foreign Investment in Namibia", United Nations Council for Namibia (75–04859), submitted September 1974, published New York, 5 March 1975, S. 7.
134. „Die Etablierung der Diamanten- und Goldindustrie und der von ihr abhängigen Industriezweige (hauptsächlich Kohle, Erz, Dynamit) erzwang nicht nur die Proletarisierung der Schwarzen, sondern versetzte die weißen Kolonisten, die – in der Mehrzahl Landbewohner – extensive Viehzucht und Agrikultur auf dem Subsistenzniveau betrieben, in ein qualitativ neues Bezugs- und Abhängigkeitssystem. Extrem niedrige Produktivität in Verbindung mit der Praktizierung des römisch-holländischen Erbrechts, das zur Aufteilung einstmals großen Grundbesitzes in kleine Parzellen geführt hatte, hatten besonders in Transvaal eine relative Überbevölkerung geschaffen. Zugleich existierte dort eine Schicht besitzloser Landbewohner, die sog. Bywoners, die zumeist untätig auf einem ihnen von den Bodenbesitzern zugestandenen Stück Land wohnten und zu einer Art von Aufseherschicht über die schwarzen Landarbeiter geworden waren. Die Entwicklung des Goldbergbaus nun führte direkt oder indirekt zur Verdrängung der verarmten vor allem burischen Landbesitzer und Bywoners aus der Landwirtschaft". Bettina Decke, „Industrialisierung und Herrschaft in Südafrika", Hermann Luchterhand Verlag, Neuwied und Berlin, Januar 1972, S. 59.
135. Randolph Vigne, a.a.O., S. 14.
136. Ruth First, „South West Africa", Penguin African Library, Harmondsworth 1963, S. 96; siehe auch: Israel Goldblatt, a.a.O., S. 207 f.
Der genaue Wortlaut des Mandatsauftrages ist in deutscher Übersetzung abgedruckt in: Bryan O'Linn, a.a.O., S. 19 ff.

137. Israel Goldblatt, a.a.O., S. 207.
138. Zit. nach: Alexandre Kum'a N'dumbe III, „Hitler-Deutschland und die Union von Südafrika: Freundschaft oder Feindschaft?", unveröffentlichtes Manuskript o.J., S. 37. (Die Arbeit erschien in französisch: „Hitler, l'Afrique du Sud et la menace imperialisme. Les relations secretes entre Hitler et l'Afrique du Sud" Documents historiques, Paris 1973 – Sonderdruck aus: „Les Temps Modernes", 29e annee, No. 327, Octobre 1973).
139. Zit. nach: Israel Goldblatt, a.a.O., S. 210.
140. Ebd., S. 226.
141. Ruth First, a.a.O., S. 106.
142. Ebd., S. 156.
143. Ebd., S. 157.
144. Siehe dazu: Eugen Fehr, a.a.O., S. 34.
145. Werner Talkenberg, „Südafrika und Turnhalle", in: „Allgemeine Zeitung", Windhoek, 24. September 1976.
146. Siehe dazu: Israel Goldblatt, a.a.O., S. 226.
147. Israel Goldblatt, a.a.O., S. 200.
148. Ruth First, a.a.O., S. 248.
149. „At the end of Second World War, vast new stretches were opened and advertised for settlement by ex-servicemen. The Smuts government soon afterwards fell from office, but Nationalist farmers and politicans, with their sons, were not slow to take advantage of the project in order to add vast new acres to their family estates". Ruth First, a.a.O., S. 157 f.
150. Beide Bevölkerungsangaben finden sich in einer Tabelle bei Ruth First, a.a.O., S. 248.
151. Ruth First, a.a.O., S. 148.
152. Helmut Bley, „Die politische, soziale und wirtschaftliche Situation in Namibia", a.a.O., S. 10.
153. Ruth First, a.a.O., S. 149.
154. Siehe dazu: „SWA Handbuch 1967", published by South West Agency Co. (Pty.) Ltd., Windhoek 1967, S. 73.
155. Ebd., S. 71.
156. Siehe dazu: Bettina Decke, a.a.O., V. Kap., „Staatlich forcierte Industrialisierung und ihre sozio-ökonomischen Konsequenzen", S. 85 ff.
157. „SWA Handbuch 1967", a.a.O., S. 69.
158. Ruth First, a.a.O., S. 158.
159. Ebd., S. 157.
160. Ebd., S. 151.
161. Winfried Nachtwei, a.a.O., S. 66.
162. Siehe dazu: Israel Goldblatt, a.a.O., S. 265. Alleine 1921 wurde weißen Einwanderern ein ähnlich großes Gebiet als Siedlungs- und Farmland zur Verfügung gestellt.
163. Maximilian Scheer, a.a.O., S. 119.
164. „The new Reserves comprised large areas of sand-veld, where grazing lacks phosphate constituents and gallamsiekte (eine Viehkrankheit; d.V.) was rife, where underground water supplies were very deep or unfavourably situated..... The average depth for all wells drilled that year (1925; d.V.) was 241 feet. Well drilling in areas allocated to the tribes often achieved nothing at all. (Of thirteen wells completed in the Reserves, only six yielded usable water.)" Ruth First, a.a.O., S. 111.
165. Die Unionsregierung hob zwar das unter deutscher Kolonialherrschaft, erlassene Verbot der Großviehhaltung für Afrikaner auf, bestimmte jedoch fortan die Zahl des Viehs in den Reservaten. So betrug 1939 der durchschnittliche Besitz an Vieh für jeden weißen Siedler im Lande 175 Stück, jeder im Reservat lebende Afrikaner dagegen besaß im Durchschnitt eineinhalb. Siehe dazu: Maximilian Scheer, a.a.O., S. 117.

166. M.J. Olivier, „Inboorlingbeleid en Administrasie in die Mandaatgebied van Suidwes Afrika", University of Stellenbosch, D. Phil. Diss., 1961, S. 256 — zit. nach: Peter D. Banghart, a.a.O., S. 41.
167. Muriel Horrell, „South West Africa", South African Institute of Race Relations Johannesburg 1967, S. 23; siehe auch: Israel Goldblatt, a.a.O., S. 228.
Eigentlich hätte sich damit der Gesetzgeber selbst auf die Anklagebank setzen müssen, denn mit der praktizierten „Eingeborenenpolitik" machte er sich zumindest im Sinne des letzten Satzes selbst schuldig.
168. Siehe dazu: Israel Goldblatt, a.a.O., S. 212.
169. Winfried Nachtwei, a.a.O., S. 71.
Aus dieser eindeutigen militärischen Ungleichheit und dem desolaten Zustand der Stammesorganisationen entwickelte sich die zweite Phase des afrikanischen Widerstandes, die wir im Rahmen dieser Arbeit nicht genauer verfolgen. So sei an dieser Stelle lediglich darauf verwiesen, daß diese gekennzeichnet war durch Aktivitäten, die auf eine systemimmanente Verbesserung der Lebensbedingungen abzielte und wenigstens partielle Zugeständnisse seitens der Kolonialmacht zur Intention hatte. Die Eingabe von Petitionen war typische Form dieses Versuches. Jedoch, diese Form des Widerstandes blieb letztendlich gänzlich ohne Wirkung auf die Vorgehensweise des Kolonialregimes, so daß wir es mit dieser Fußnote ruhigen Gewissens belassen können. Auf die Herausbildung des nationalen Befreiungskampfes werden wir noch an anderer Stelle eingehen.
170. Vor einem Ausschuß des Völkerbundes äußerte sich ein südafrikanischer Regierungsbeamter zum afrikanischen Widerstand in dieser Anfangsphase. Ihm zufolge — und wir wollen ihm da nicht widersprechen — war die Ursache in dem Glauben verhaftet, daß durch die Niederlage und Vertreibung der deutschen Kolonialmacht aus dem Lande den Afrikanern ihre Landrechte zurückerstattet wurden.
„But soon they realized that the Europeans were going to remain, that conditions would remain practically the same, and that they would not have their lands restored." League of Nations publication with serial number A 19 of 1923, p. 129, zit. nach: Israel Goldblatt, a.a.O., S. 129.
171. Winfried Nachtwei, a.a.O., S. 67.
172. Muriel Horrell, a.a.O., S. 25.
173. Siehe dazu: Israel Goldblatt, a.a.O., S. 265.
174. Ebd.
175. „SWA Handbuch 1967", a.a.O., S. 79 (Stand vor Odendaal-Plan).
176. „Although these laws theoretically applied, in the main, to all races, they were held by the courts, to be applicable only to unskilled work, performed, for the most part, by non-whites."
Muriel Horrell, „Legislation and Race Relations", revised edition, South African Institute of Race Relations, Johannesburg 1971, S. 6.
177. Siehe dazu: Ruth First, a.a.O., S. 132.
178. Ruth First, a.a.O., S. 136.
179. „Laws of South West Africa", Volume 1915—22, S. 280.
180. „Laws of South West Africa", Volume 6, S. 244.
181. Israel Goldblatt, a.a.O., S. 227.
182. Nach wie vor werden inhaftierte „kriminelle" Afrikaner an weiße Siedler zur Zwangsarbeit ausgeliehen. Kolonnen von Strafgefangenen verrichten auch heute noch Schwerarbeit unter der Aufsicht bewaffneter Gefängniswärter gegen eine „Leihgebühr" an die Administration für weiße Privatpersonen oder im Rahmen öffentlicher Projekte.
183. Bei Muriel Horrel findet sich eine zusammenfassende Darstellung der folgenden „Paßgesetze":
— Native Labour Proclamation of 1919
— Masters and Servants Proclamation of 1920
— Vagrancy Proclamation of 1920

- Native Administration Proclamation of 1922
- Native Passes (Rehoboth Gebiet) of 1935
- Natives (Urban Areas) Proclamation of 1951
- Aliens Control Act of 1963

Muriel Horrell, „South West Africa", a.a.O., S. 24 ff.
184. Israel Goldblatt, a.a.O., S. 227.
185. Ruth First, a.a.O., S. 138.
186. Robert Gordon, a.a.O., S. 12.
„In der Flucht vom Arbeitsplatz und in der ‚Faulheit' der ‚Eingeborenen' – seien sie Sklaven, Kontraktarbeiter oder de jure freie Proletarier – manifestiert sich der Widerstand gegen Ausbeutung unter den spezifischen Bedingungen des außerökonomischen Zwanges. ‚Faulheit' und Flucht vom Arbeitsplatz sind unter kolonialen Verhältnissen durchaus als Formen des Klassenkampfes zu werten." Fritz Ferdinand Müller, a.a.O., S. 82.
187. Siehe dazu: Robert Gordon, a.a.O., S. 12.
188. Nach: Robert Gordon, a.a.O., S. 14.
189. Robert Gordon, a.a.O., S. 15.
190. „In 1961 over 27,000 Africans were recruited: some 14,500 from South West Africa's northern areas, and almost as many – 12,500 – from Angola. Of the total number of recruits, 8,658 were allocated to South West African farms; 9,559 to industries and public works; 6,703 to South West African mines; and 2,24 1 – about one in twelve – to the mines in South Africa."
Ruth First, a.a.O., S. 133 f.
In ihrem Jahresbericht von 1964 vermerkte die staatliche Arbeiterrekrutierungsbehörde SWANLA (South West African Labour Association): „„... the South African Police notified us of 1805 desertions. This number represents 5,65 % of the total number of labourers distributed during the year."
SWANLA, Annual Report, Windhoek 1964, S. 9, zit. nach: Peter D. Banghart, a.a.O., S. 86.
191. Ronald B. Ballinger, a.a.O., S. 45.
192. Siehe dazu: Israel Goldblatt, a.a.O., S. 220 f.
193. Nach: Israel Goldblatt, a.a.O., S. 231.
194. Israel Goldblatt, a.a.O., S. 235.
195. Israel Goldblatt, a.a.O., S. 237.
196. Zit. nach: Ronald B. Ballinger, a.a.O., S. 20.
197. Ebd.
198. „Laws of South West Africa", Volume 28, p. 170.
199. Siehe dazu: Israel Goldblatt, a.a.O., S. 244.
200. Act No. 56 of 1954, siehe dazu: Israel Goldblatt, a.a.O., S. 228.
201. Helmut Bley, „Die politische, soziale und wirtschaftliche Situation Namibias", a.a.O., S. 6.
202. Lukas de Vries, a.a.O., S. 253 a.
Bei der Wiedergabe des Zitats haben wir die Übersetzung von Siegfried Groth übernommen. Siehe: Siegfried Groth, „Mission und Kolonialismus am Beispiel Namibias", Referat anläßlich der Tagung „Mission und Kolonialismus" vom 10. bis 12. November 1972 in der Akademie Arnoldshain, abgedruckt in: „epd Dokumentation", Nr. 13/73, Frankfurt/Main, 30. März 1973, S. 21.
203. De Vries unterläuft dagegen der Fehler, in These 10 seiner Schlußfolgerung die heutige südafrikanische Gewaltherrschaft in Namibia als „Neo-Kolonialismus" zu klassifizieren. Diese Begrifflichkeit trifft nicht den historischen Anachronismus südafrikanischer Kolonialpolitik, die bis heute an der formalen, militärischen, politischen und ökonomischen Zwangsverwaltung des Territoriums festgehalten hat. Siehe dazu: Lukas de Vries, a.a.O., S. 223 b.
204. Siehe dazu: Israel Goldblatt, a.a.O., S. 200.
205. Nach: Israel Goldblatt, a.a.O., S. 208.

206. Ebd.
207. Heinrich Stuebel, „Die Entwicklung des Nationalsozialismus in Südwestafrika", in: „Vierteljahreshefte für Zeitgeschichte", hrsg. von Hans Rothfels und Theodor Eschenburg, Deutsche Verlagsanstalt Stuttgart, 1. Jg. 1953, 2. Heft/April, S. 171.
208. Ein auszugsweiser Abdruck des Abkommens findet sich bei Israel Goldblatt, a.a.O., S. 219 f.
209. „South West Africa Naturalisation of Aliens Act – Union Act No. 30 of 1924", siehe dazu: Israel Goldblatt, a.a.O., S. 220. „Es setzte als Stichtag den 1.1.1924 fest. Alle Deutschen, die nach diesem Tage einwanderten, mußten, wenn sie Bürgerrechte erwerben wollten, einen Antrag auf Naturalisierung stellen, bei dessen Genehmigung sie die deutsche Staatsangehörigkeit verloren." Heinrich Stuebel, a.a.O., S. 171.
210. Siehe dazu: Israel Goldblatt, a.a.O., S. 220.
211. Israel Goldblatt, a.a.O., S. 221.
212. Heinrich Stuebel, a.a.O., S. 171.
213. Ebd.
214. „Obgleich die Regierung die heimatlichen Gefühle der deutschen Bevölkerung schonte, Deutsch auch im amtlichen Verkehr zugelassen war und die deutschen Privatschulen bis 1935 staatliche Zuschüsse erhielten, fühlten sich die Deutschen als Bürger zweiter Klasse behandelt und von einer Volksgruppe majorisiert, der sie sich kulturell und wirtschaftlich überlegen glaubten. Traditionell wurzelten sie im Kaiserreich, an dessen Farben sie unentwegt festhielten... Der Vertrag von Versailles hatte zwar das Band mit der alten Heimat durchschnitten, aber das Mandatssystem wurde nur als eine Zeiterscheinung angesehen, die verschwinden würde, wenn die politische Stellung Deutschlands in Europa sich änderte. Keinesfalls wünschte man eine Eingliederung in die Union. In den Herzen der Deutschen blieb vielmehr der Gedanke an eine Rückkehr SWA's ins Reich lebendig." Heinrich Stuebel, a.a.O., S. 172.
Die Machtübernahme Hitlers verstärkte Stuebel zufolge die insgeheim gehegte Hoffnung der Deutschen in Namibia auf eine Wiedereingliederung des Landes in das Deutsche Reich und wirkte mobilisierend auf die Vorbereitungen, um unter dem Banner der Hakenkreuzflagge der Nationalsozialisten die Rückkehr ins Reich anzutreten.
215. Siehe dazu: Heinrich Stuebel, a.a.O.; Horst Kühne, „Faschistische Kolonialideologie und Zweiter Weltkrieg", Dietz Verlag, Berlin (DDR) 1962, Viertes Kapitel: „Die Organisierung der nazistischen Kolonialpropaganda in den Kolonien – dargestellt am Beispiel Südwestafrikas", S. 119–145.
Während Stuebel die Ursachen der starken Nazi-Bewegung in Namibia – Kühnes Kritik zufolge – im ideologischen Überbau der Farmerschaft ansiedelt, und nach seiner Darstellung die Nazi-Bewegung auf den Illusionen und Wunschvorstellungen weltfremder Farmer aufbaute, diese damit gleichzeitig einen eher spontanen Charakter zugeschrieben erhält, sieht Kühne als Hauptantriebskraft des Faschismus in Namibia die gleichen Monopolisten, die Hitler zur Macht verholfen hatten, und die er „als die eigentlichen Hintermänner der Ausbreitung des Faschismus" in Namibia bezeichnet. Horst Kühne, a.a.O., S. 124 f.
Beide Argumentationen scheinen uns zu einseitig angelegt. Am zutreffendsten dürfte sich eine Einschätzung erweisen, die sich beide Standpunkte zueigen macht und verbindet. So leugnen beide Autoren nicht die systematische Anwendung psychologischer und materieller Repressalien gegen die Namibia-Deutschen, um sie zum Faschismus und den dahinter stehenden Annektionsplänen zu „bekehren". Ebenso fiel das faschistische Gedankengut, ganz in der Tradition der Kolonisationsideologie eines Paul Rohrbach stehend, sicherlich bei dem in Namibia gepflegten Herrenmenschentum der deutschen Siedler auf guten Nährboden. Doch die ökonomische Situation der Farmer, die in Namibia auch unter südafrikanischer

Verwaltung eine gesunde Existenzgrundlage hatten, waren für ein mit Risiken verbundenes Engagement sicherlich nicht so ohne weiteres motivierbar. So konnte nur eine Kombination von ideologisch gefärbter Agitation und repressivem Druck die gewünschte Wirkung erzielen.
216. Siehe dazu: Alexandre Kum'a N'Dumbe, a.a.O..
217. Horst Kühne, a.a.O., S. 133.
218. Ebd.
„Alle sozialen, kulturellen und politischen Einrichtungen, die hauptsächlich von naturalisierten Deutschen getragen waren, wurden in den nationalsozialistischen Machtbereich hineingezwungen. Die Schulen wurden die Pflanzstätten nationalsozialistischer Rekruten. Provozierende Umzüge mit Hakenkreuzfahnen und Absingen nationalsozialistischer Lieder wurden veranstaltet. Die Unionsflagge wurde vom Regierungsgebäude in Windhoek niedergeholt und an ihrer Stelle die deutsche Flagge gehießt. Propagandaschriften wurden verteilt, die die Rückkehr Südwestafrikas zu Deutschland forderten."
Übersetzung aus: „Report of SWA Commission". Printed in the Union of South Africa by the Government Printer, Pretoria 1936, U.G. No. 26, 1936 – zit. in der Übersetzung durch Stuebel, a.a.O., S. 172.
219. Bei einem im Juli 1934 organisierten „Tag der Deutschen Jugend", der zum Schauplatz nationalsozialistischer Propaganda großen Stils wurde, fand das Gesetz seine Anwendung.
220. „Die Regierung irrte aber, wenn sie glaubte, die Entwicklung des Nationalsozialismus dadurch irgendwie gedämpft zu haben. Im Gegenteil! Die Nazi-Reichsdeutschen entfalteten eine fieberhafte Tätigkeit, kulturelle und wirtschaftliche Organisationen ins Leben zu rufen. Das Land wurde mit einem engmaschigen Netz von ‚Kulturvereinen' überzogen, in die auch Nicht-Pgs aufgenommen wurden. Wirtschaftlich wurden die Deutschen in dem Verband Deutscher Berufsgruppen für SWA erfaßt. In Verbindung mit der Landwirtschaftskammer, dem Frauenbund, dem Scjul-, Turn- und Pfadfindervereinen wurde das Deutschtum zu einem soliden Block verschmolzen, in dem die gemäßigten Elemente durch die radikalen in den Hintergrund gedrängt wurden, die freie Meinungsäußerung so gut wie ausgeschlossen und die persönliche Haltung jedes einzelnen scharf kontrolliert wurde."
Heinrich Stuebel, a.a.O., S. 175.
221. Siehe dazu: Kap. 2.3.2.3. dieser Arbeit.
222. Heinrich Stuebel, a.a.O., S. 174.
Zum Einfluß des Nationalsozialismus in der Südafrikanischen Union – siehe: Alexandre Kum'a N'Dumbe, a.a.O.; Hans Denk, ehemaliger Vorsitzender der von den Nazis beherrschten Landwirtschaftskammer Namibias, äußerte sich in einem Vortrag, den er Ende 1939 in Berlin hielt, folgendermaßen zur Strategie der deutschen Siedlerschaft: „Wir ... schaffen unauffällig langsam, aber sicher geeignete Grundlagen für einen völlig neuen Aufbau im Sinne des Nationalsozialismus. Wir Deutschen bauen auf die Hoffnung der endgültigen Rückgliederung Südwests ans Reich. Es war also Erreichung politischer Ziele auf dem Wege über die Wirtschaft! ...Kapitalmäßig besitzen wir mindestens 70 Prozent aller Werte in Südwest."
Hans Denk, „Lage und Entwicklung der deutschen Farmerschaft Südwestafrikas 1936–1939" (Nur für den Dienstgebrauch), S. 10–12, zit. nach: Horst Kühne, a. a.O., S. 123 f.
223. „Da der Deutsche Südwestbund in Anspruch nahm, die Vertretung des Gesamtdeutschtums in wirtschaftlicher und kultureller Hinsicht zu sein, war es gesetzlich möglich, ‚Vertreter von Wirtschafts- und Kulturverbänden, Kulturvereinigungen und der Jugendorganisation, auch wenn sie nicht naturalisiert sind, als Mitglieder in den Deutschen Südwestbund aufzunehmen.' Auf diese Weise blieb die zentrale Leitung der faschistischen Organisationen bestehen. Die Aktion der südafrikanischen Regierung gegen den Deutschen Bund erwies sich mithin als ein ebensolcher Schlag ins Leere, wie das vorangegangene Verbot der NSDAP und der HJ."
Horst Kühne, a.a.O., S. 135.

224. Paul Leutwein schrieb in seinem Buch „Das deutsche Afrika und seine Zukunft", die Deutschen in Namibia wären der Auffassung, daß europäische Regierungsformen und Weltanschauungen nicht auf Südafrika übertragen werden könnten. Man müsse sich von der naiven Vorstellung frei machen, daß eine Kolonie nur zum Vorteil des Mutterlandes da sei. Die Namibia-Deutschen wären zwar gewiß gute Deutsche, aber trotzdem wollten sie, daß Namibia nur als „Halbdominion" an Deutschland angegliedert würde. Zusammengefaßt nach: Horst Kühne, a.a.O., S. 125. „Leutwein machte sich damit zum Sprecher derjenigen deutschen Kreise, ...die von einer uneingeschränkten Herrschaft der deutschen Monopole eine Schwächung der eigenen wirtschaftlichen Position zu erwarten hatten." Ebd.
225. Heinrich Stuebel, a.a.O., S. 176.
226. Horst Kühne, a.a.O., S. 141 f.
227. Alexandre Kum'a N'Dumbe, a.a.O., S. 45 – siehe auch: Kap. 2.1.3. dieser Arbeit.
228. „Laws of South West Africa", Volume 21, p. 2.
229. Heinrich Stuebel, a.a.O., S. 176.
230. „Act No. 44 of 1949", „Laws of South West Africa", Volume 28, p. 204 – siehe dazu: Israel Goldblatt, a.a.O., S. 243.
231. Heinrich Stuebel, a.a.O., S. 176.
232. Noch nach den Wahlen zum Landesrat vom 24. April 1974, in denen die Nationale Partei ungefähr 70 % der abgegebenen Stimmen auf sich vereinen konnte, und damit – wie bereits seit 1966 – alle Sitze gewann, schrieb Oppositionsführer Bryan O'Linn: „Die Südwester Wählerschaft besteht aus ungefähr 60 % Afrikaanssprechenden, 25 % Deutschsprechenden und nur 10 % Englischsprechenden Wählern. Obwohl die Mehrheit der 10 % Englischsprechenden die Vereinigte Partei unterstützt und auch ungefähr 30 % der Afrikaanssprechenden, waren es weniger als 5 % der Deutschsprechenden." Bryan O'Linn, a.a.O., S. 143.
233. Peter Fraenkel, „The Namibians of South West Africa", Minority Rights Group, Report No. 19, Revised edition, London, July 1974, S. 27.
234. „This grip was only broken for a short spell in 1960/61 when the South West Party (SWP) under Mr. Japie Basson made a short lived, but relatively successful, appearance on the scene. In the 1961 election for the Legislative Assembly, it received considerable German support, as well as from verligte moderate Afrikaans Nationalists. Its election pact with the UNSWP ('United National South West Party'; d.V.) guaranteed that the latter held its two seats in the Legislative Assembly, but these were lost in 1966."
J.H.P. Serfontein, a.a.O., S. 123. Siehe auch: Eberhard Czaya, „Achse zum Kap – Das Bündnis zwischen Bonn und Südafrika", Dietz Verlag, Berlin (DDR) 1964, S. 230 f.
235. Czaya verwies 1964 auf eine amerikanische Untersuchung über die Lage in Namibia, in der von einer oppositionellen, im Geheimen arbeitenden Gruppe gesprochen wird die eine Koalition zwischen prominenten deutschen und englischsprachigen Bürgern Namibias einerseits und Herero andererseits anstrebte. (Gemeint ist: Edwin S. Munger, „South West Africa: Evolution or Revolution?", in: American Universities Field Staff Inc., Reports Service, Central & Southern Africa Series, New York 1961, Nr. 6, S. 10 f.).
„Bemerkenswerterweise überwiegen unter den dazugehörigen Deutschen reiche Geschäftsleute aus Windhoek, darunter einige Direktoren der größten Firmen... Offen wird in dieser amerikanischen Quelle gesagt, daß es diesen Vertretern der herrschenden Klasse nicht um das politische Prestige, sondern um die Wahrung wirtschaftlicher Interessen geht."
Eberhard Czaya, a.a.O., S. 233.
236. „Ein Musterbeispiel dafür, wie das westdeutsche Monopolkapital bei seinem neuerlichen Eindringen in Südafrika auf dem Kapital der einheimischen Bourgeoisie deutscher Herkunft und dessen Verflechtung mit den anderen herrschenden Kreisen aufbaut, bietet der südwestafrikanische Trust Metje & Ziegler (M&Z): Das Unternehmen wurde 1906 mit seinem jetzigen Namen unter deutschem Kolonial-

status in Windhoek gegründet. Es verfügt heute über ein Stammkapital von 1,2 Millionen Rand und kontrolliert faktisch den Handel in Südwestafrika. Eine Tochtergesellschaft produziert Landmaschinen und Motoren, sie übernimmt Ingenieurprojekte und vertritt den Siemens-Konzern in Südwestafrika. Den Vorsitz von M&Z führt Ernst August Behnsen, der Schwiegersohn des Mitbegründers Metje, einer der einflußreichsten Aktionäre und Direktoren der Brauerei-, Konserven- und Fischindustrie, außerdem Direktor der Ohlthaver & List Trust Co. Ltd., die Verbindung zur Schering AG hat. Direktoren von M & Z sind Marthinus Smuts Louw, der mit dem Volkswagenwerk AG liiert ist; Paul Roy Röhrich, Direktor des südafrikanischen Zweigbetriebes der Neußer Schraubenfabrik Bauer & Schaurte und vieler Unternehmen der Volkskas-Gruppe; R.P. Froehlich, Teilhaber zahlreicher Industrieunternehmen süd- und südwestafrikanischer Kapitalisten deutscher Nationalität und zusammen mit Hermann Ohlthaver Direktor der mit der Thorer-Gruppe verbundenen South West African Karakul Centrale (1928) (Pty) Ltd..."
Eberhard Czaya, a.a.O., S. 95 f.
Berichtet Czaya über die Situation Anfang der 60er Jahre, so bleibt doch festzuhalten, daß sich inzwischen zwar zum Teil die Namen und Positionen geändert haben dürften, kaum aber die Kapitalbeziehungen und -verflechtungen.

237. Dies manifestiert sich als Oberflächenerscheinung — und im wahrsten Sinne des Wortes als „Ausdruck" der veränderten Verhältnisse — im Kommunikationsbereich. Während man noch bis in die 60er Jahre in der Windhoeker „Geschäftswelt" die Dominanz der deutschen Sprache feststellen konnte, ist Afrikaans inzwischen zu einer ebenbürtigen Geschäftssprache avanciert und salonfähig geworden.
238. „Entsprechend ihrer ökonomischen und sozialen Stellung sind die Erwägungen des beweglicheren Teiles der dortigen deutschsprachigen Bourgeoisie von der Sorge geleitet, wie die Kampffaktionen der nichteuropäischen Bevölkerung in eine Richtung gelenkt werden können, die insbesondere auch den ökonomischen Interessen der Deutschen breiten Spielraum läßt. Ihr Ziel ist es durch — teils nur scheinbare — Zugeständnisse an die angestammte afrikanische Bevölkerung die schlimmsten Auswüchse der Apartheidpolitik zu beseitigen und damit dem revolutionären Kampf durch Korrumpierung der Führer der nationalen Befreiungsbewegung die Spitze zu nehmen."
Eberhard Czaya, a.a.O., S. 230.
239. Siehe auch: Reinhard Spilker, „Schlechte ‚Sitten' der Namibia-Deutschen", in: „afrika heute / III. welt", Bonn, Heft 3, März 1974, 12. Jg., S. 12–13; abgedruckt auch in: Ökumenische Projektgruppe ‚namibia woche' (Hrsg.), Dingden 1975, S. 17.
240. Eberhard Czaya, a.a.O., S. 234.
241. „The solution to the problem of maintaining for all time the political, economic and social separate identity of the white man in South Africa, and his domination over the non-white, was sought in the introduction of separate ‚Homelands' for the different ethnical races in that country". Israel Goldblatt, a.a.O., S. 245.
242. Odendaal-Report, S. 3, zit. nach: Gail-Maryse Cockram, a.a.O., S. 305.
243. Bryan O'Linn, a.a.O., S. 111.
244. 557 Seiten, 148 Tabellen, 64 Landkarten und Zeichnungen.
245. Odendaal-Report, S. 425, Paragraph 1421, zit. nach: Gail-Maryse Cockram, a.a.O., S. 305.
246. Odendaal-Report, S. 427, Paragraph 1434, zit. nach: Gail-Maryse Cockram, a.a.O., S. 306.
247. Odendaal-Report, S. 79, Paragraph 293, zit. nach: Gail-Maryse Cockram, a.a.O., S. 306.
248. Winfried Nachtwei, a.a.O., S. 76.
249. Gail-Maryse Cockram, a.a.O., S. 310.
250. Assemby Debates, Vol. 11, col. 5452–3, zit. nach: Gail-Maryse Cockram, a.a.O., S. 312. Damit negiert Verwoerd in völliger Ignoranz die tatsächlichen Verhältnisse, wie sie in dieser Arbeit eingangs des Kapitels geschildert wurden.

251. Zit. nach: Gail-Maryse Cockram, a.a.O., S. 363.
252. Siehe dazu u.a.: Anthony Lejeune, a.a.O., Chapter 3, S. 37–44.
253. Zit. nach: Gail-Maryse Cockram, a.a.O., S. 363 f.
254. „Bill for the Development of Self-Government for the Native Nations in South West Africa", Act No. 54 of 1968.
255. Siehe dazu: Gail-Maryse Cockram, a.a.O., S. 383. Die relevanten Sektionen des Gesetzestextes sind abgedruckt bei: Leonard Lazar, „Namibia – Ill fares the Land", published by The Mandate Trust of the Africa Bureau, London 1972, Appendix J, S. 67 f.
256. Eugen Fehr, a.a.O., S. 59.
257. „Die Verwirklichung der Bantustan-Politik ist in Südwestafrika... in vollem Gange. Den einzelnen Heimatländern wird stufenweise vermehrtes Selbstverwaltungsrecht gewährt, wobei die entsprechende südafrikanische Gesetzgebung und Verwaltungsmitarbeit dafür sorgt, daß in keinem Volk ein ‚Bruch' entsteht: die traditionellen Führer der nichtweißen Völker, die heute von der südafrikanischen Regierung bezahlten Häuptlinge, behalten die Kontrolle in der Hand; neue unabhängige Kräfte kommen nur sehr beschränkt zum Zuge."
Eugen Fehr, a.a.O., S. 60 f.
Es versteht sich von selbst, daß diese „Heimatland-Regierungen" keinerlei Mitspracherecht am Entscheidungsprozeß über die Angelegenheiten Namibias als Ganzem haben – das bleibt nicht einmal den Siedlern vorbehalten.
258. Siehe dazu: Winfried Nachtwei, a.a.O., S. 75 f.
259. Winfried Nachtwei, a.a.O., S. 76.
260. Zur Funktion der Stammeshäuptlinge vermerkt eine UNO-Broschüre: „Die Regierungsverordnungen bestimmen, daß die Häuptlinge die Befehle des Kommissars oder Hauptverwaltungsbeamten ihres Gebietes ausführen. Sie müssen beim Eintreiben der Steuern mitwirken, illegale Landbesetzung verhindern, bei der Zulieferung von Arbeitskräften und bei der Verhinderung von Verbrechen mithelfen. Ferner müssen sie die nicht genehmigte Anwesenheit Fremder, illegalen Waffenbesitz und Versammlungen mit unerwünschten oder ungesetzlichen Zielen melden. Sie dürfen keiner politischen Vereinigung angehören und können von ihrem Amt suspendiert oder entlassen werden, wenn sie ihre Pflicht nicht erfüllen."
Vereinte Nationen (Informationsdienst), „Ein veruntreutes Pfand: Namibia", New York 1975, S. 29.
261. Siehe dazu: Tabelle im „SWA Handbuch 1967", a.a.O., S. 79.
262. Eugen Fehr, a.a.O., S. 53.
263. Nach: Eugen Fehr, a.a.O., S. 50.
Im Februar 1975 verkündete der „Bantuminister" im südafrikanischen Parlament, das Regierungsprogramm hinsichtlich des Landerwerbs zur Konsolidierung der Odendaal-„Homelands" sei abgeschlossen. Ihm zufolge hatte die Regierung von weißen Farmern für insgesamt 26.554.785 Rand eine Fläche von 3.227.754 Hektar Land angekauft. Siehe dazu: Hansard. Assembly Questions and Replies, 14 Feb. 1975, col. 109, nach: Gail-Maryse Cockram, a.a.O., S. 469.
Einen komprimierten chronologischen Überblick über die Odendaal-Maßnahmen bis 1970 gibt: Leonard Lazar, a.a.O., S. 28 f.
264. Nach: Eugen Fehr, a.a.O., S. 50 f.
265. „A Survey of Race Relations in South Africa 1973", compiled by Muriel Horrel and Dudley Horner, South African Institute of Race Relations, Johannesburg, January 1974, S. 377.
266. Financial Mail (ed.), „Desert Deadlock – South West Africa", Financial Mail Special Survey, Johannesburg, March 2, 1973, S. 27.
267. Ebd., S. 38.
268. Eugen Fehr, a.a.O., S. 57 f. Ihm zufolge „...gab bereits der Odendaal-Bericht zu, daß einige dieser Heimatländer wirtschaftlich nicht lebensfähig waren. Im Ovamboland könne von den zentralen Gebieten kaum eine Erhöhung des Ertrages erwartet

werden; Bewässerung sei unwirtschaftlich und daher nicht zu empfehlen (§ 1221, V). Das Kaokoveld sei infolge der ungünstigen Niederschläge und der fehlenden Bewässerungsmöglichkeiten immer auf Nahrungsmittel-Einfuhren angewiesen (§ 1228, V). Das Namaland charakterisiert der Odendaal-Bericht: ‚Wie praktisch alle Heimatländer wird diese Region von Einfuhren der Hauptnahrungsmittel von außen abhängig bleiben.' (§ 1248). Über das Buschmannland wird ausgesagt: ‚Es ist praktisch unmöglich, in dieser Region genügend Nahrung für das Volk zu produzieren' (§ 1235)." Diese Passage des Odendaal-Textes findet sich im Wortlaut abgedruckt bei: Leonard Lazar, a.a.O., S. 27.
269. Winfried Nachtwei, a.a.O., S. 80. Siehe dazu die Aufschlüsselung der BIC-Aktivitäten, die diese These en detail belegt: „A Survey of Race Relations 1975", a.a.O., S. 354 und „A Survey of Race Relations 1976", a.a.O., S. 462.
270. Bryan O'Linn, a.a.O., S. 88 ff.
271. Siehe: J.H. Wellington, „South West Africa and its Human Issues", Oxford University Press, London 1967, S. 383 ff.
272. Bryan O'Linn, a.a.O., S. 97 f.
273. Gerhard Tötemeyer, „Ovamboland im Übergang: Entwicklung vom Traditionalismus zum Verfassungsstaat", in: „Afrikanischer Heinatkalender 1971", hrsg. von O. Milk, Windhoek 1971, S. 145 f.
274. Bryan O'Linn, a.a.O., S. 98.
275. Ebd., S. 99.
276. Das hätte ja wiederum die Vertreibung der weißen Siedler aus den besten Weidegebieten und den rohstoffträchtigen Ländereien bedeutet.
277. Es handelt sich um das Zahlenmaterial des Odendaal-Reports auf den Seiten 29–41.
278. Die Tabelle gibt die Prozentanteile der Stammesangehörigen wider, die 1962 außerhalb der für sie geplanten „Heimatgebiete" lebten. Muriel Horrell, „South West Africa", a.a.O., S. 40.
279. Eugen Fehr, a.a.O., S. 71.
280. Zit. nach: „Race Relations News", South African Institute of Race Relations, Vol. 35, No. 11, Johannesburg, November 1973, S. 4.
281. Eugen Fehr, a.a.O., S. 71 f.
282. „Reference to the ‚Police Zone'...is, strictly speaking, archaic, because the red line on the map which used to mark the northern most extent of German, and later SA authority, has been replaced by the boundary lines drawn by the Odendaal Commission to demarcate the four Homelands which straddle the north of SWA. The Police Zone was the area patrolled by German troops and later SA police. Whites going north of the line could expect no protection, while Blacks crossing the line to the south had, and still have to have official permission. Similarly, Whites now travelling the magnificent road which links Windhoek and Luanda in Angola, have to be in possession of travel permits to pass through Ovambo. And once inside Ovambo, the White motorist has to keep going. Only emergency stops are tolerated." Financial Mail Special Survey, a.a.O., S. 12.
283. Israel Goldblatt, a.a.O., S. 245. Goldblatt verweist in diesem Zusammenhang darauf, daß der Begriff „weißes Heimatgebiet" tatsächlich von der Odendaal-Kommission in ihrem Bericht verwendet wurde, und zwar in Paragraph 296, S. 81, Odendaal-Report, R.P. No. 12 of 1964.
284. Bryan O'Linn, a.a.O., S. 109.
285. Muriel Horrell, „Legislation and Race Relations", a.a.O., S. 19.
286. Peter Fraenkel, a.a.O., S. 25. Zur Finanzstruktur Namibias vermerkt die „Financial Mail": „Pretoria controls taxation on all mining income, company tax (35 %), undistributed profits tax, diamond export duty and diamonds profits tax, stamp duty and marketable securities tax, transfer duties, film duties, customs and exercise, posts and telegraphs, and fire-arms licenses." Financial Mail Special Survey, a.a.O., S. 27.

287. „South West Africa Survey", 1967, S. 44 f., in der deutschen Übersetzung zit. nach: Eugen Fehr, a.a.O., S. 54.
288. Israel Goldblatt, a.a.O., S. 244.
289. Financial Mail Special Survey, a.a.O., S. 27.
„That was the year South Africa implemented the political recommendations of the Odendaal Commission. It involved a complicated rearrangement of administration to put the territory on a similar footing to the four provinces, with Pretoria holding most of the strings and Windhoek accorded provincial administration status."…. „The rearrangement was a vital adjunct to the Promotion of Self-Government for the Native Nations of SA Act of 1968. It gave substance to the Odendaal-Verword vision of consolidating the (rich) White south and thereby rounding off the process of pigeon-holding Blacks into the Homelands." Ebd.
290. Die in die Verantwortlichkeit der südafrikanischen Regierung transferierten Entscheidungs- und Kontrollbereiche sind in 28 Punkten aufgelistet bei: Leonard Lazar, a.a.O., Appendix H., S. 65 f.
291. Bryan O'Linn, a.a.O., S. 115.
292. Kwame Nkrumah, „Axioms of Kwame Nkrumah", Freedom Fighters Edition, PanAf Books, new and enlarged edition, London 1969, S. 34 f.
293. Siehe dazu: J. Baumann, a.a.O., S. 82, und Winfried Nachtwei, a.a.O., S. 130 ff.
294. Siehe dazu: Muriel Horrell, „South West Africa", a.a.O., S. 81.
295. Bettina Decke / Abisag Tüllmann, „betrifft: Rhodesien — Unterdrückung und Widerstand in einer Siedlerkolonie", edition mega, megapress, Frankfurt/M., Februar 1974, S. 145 f.
296. Ebd., S. 146 f.
297. Siehe dazu: Robert Gordon, a.a.O..
298. Nora Schimming, „Die Befreiungsbewegungen von Süd-West-Afrika", „tam tam" Aktuelles Afrika Archiv Nr. 1/72, Köln, 21. September 1972.
299. Hidipo Hamutenya / Gottfried Geingob, „African Nationalism in Namibia", in: Christian Potholm/Richard Dale (ed.), „Southern Africa in Perspective — Essays in Regional Politics", The Free Press, New York / London 1972, S. 89.
300. Nora Schimming, a.a.O..
Nora Schimming-Chase ist Mitglied des External Council der SWANU.
301. Hidipo Hamutenya / Gottfried Geingob, a.a.O., S. 90.
302. Richard Gibson, „African Liberation Movements — Contemporary Struggles Against White Minority Rule", Oxford University Press, London/Oxford/New York 1972, S. 134.
303. Hans Jenny, „Südwestafrika — Land zwischen den Extremen", Kohlhammer Verlag, Stuttgart 1966, S. 226.
304. Siehe dazu: „A Response to the Current Task of the Struggle", Editorial, in: „The Namibian Youth", Central Organ of the SWAPO Youth League of Namibia, Dar es Salaam, Vol. 1, No. 1, January-February 1974.
Die Beschreibung der historischen Genese SWAPOs und des weiteren Aufbaus der Bewegung wurde aus dem zitierten Aufsatz praktisch wörtlich als einleitende Darstellung für das Politische Programm der SWAPO übernommen, das während der Sitzung des erweiterten SWAPO Central Committee Ende Juli 1976 in Lusaka/Zambia verabschiedet wurde.
Vgl. dazu die deutsche Fassung in der Übersetzung durch die Informationsstelle Südliches Afrika: issa dokumentationsdienst südliches afrika, Nr. 1, Bonn, „SWAPO/Namibia — Politisches Programm." 1976.
305. „A Response to the Current Task of the Struggle", a.a.O., S. 1.
306. Zum System der Wanderarbeit als revolutionärem Potential vermerkt Kwame Nkrumah:
„Inside enemy strongholds and in key positions, African workers remain part of a vast mobile force. They come from the reserves, villages, rural areas and neighbouring territories to work for a stipulated period of time in the factories, mines, plan-

tations, harbours or transport centres. Once the contract is terminated they return to their homes either permanently, or to stay for a while before once again setting out to obtain work.

The permanent mobility of the African labour force was encouraged, and even deliberatly organised in places, by the enemy, in order to avoid confrontation with a corporate and fully-constituted African proletariat. But this very mobility has proved of great value to the revolutionary movement. Mobile workers establish an active liaison between the rural population and the centres of neo-colonialist strength. They penetrate the innermost strongholds of the enemy and are becoming qualified to take them over." Kwame Nkrumah, „Handbook of Revolutionary Warfare", PanAf Books, London 1968, S. 85 f.

307. „A Response to the Current Task of the Struggle", a.a.O., S. 2.
308. Ebd.
Hamutenya und Geingob weisen in diesem Zusammenhang die Interpretation verschiedener Autoren bezüglich der ideologischen Unterschiedlichkeit zwischen SWAPO und SWANU als irreführend zurück.

„Apart from the difference in backgrounds, there was no genuine evidence of either an ideological or a policy split between SWAPO and SWANU in the period between 1960 and 1962. During this time the two movements organized side by side in the country. Their policies were both characteristic of protest politics, based on petitioning to the United Nations intervention in Namibia. By 1962, however, SWAPO had come to the realization that to rely on the United Nations intervention to liberate Namibia was to leave this liberation to mere chance. SWAPO decided that political and military efforts in pursuit of national liberation were not contradictory, but rather they were complementary and should be pursued concurrently."

309. Siehe dazu: Hans Jenny, a.a.O., S. 225.
310. Simbwaye ist Vize-Präsident der SWAPO. Sein Schicksal jedoch ist unklar, da er bereits vor Jahren von den Südafrikanern unter Hausarrest gestellt wurde, anschließend dann völlig verschwand. Derzeit liegen keinerlei Informationen über seinen Aufenthaltsort vor, die südafrikanischen Behörden verweigern jegliche Auskunft.
311. Präsident Sam Nujoma mußte bereits kurz nach dem Blutbad in Windhoek das Land verlassen. Auch andere Führungskräfte waren unter dem massiven Druck des Regimes permanent Repressalien ausgesetzt, die sie zur Flucht ins Exil zwangen. Eine ausführliche Beschreibung der Lebensbedingungen, des Politisierungsprozesses und des politischen Kampfes während dieser Anfangsphase des organisierten nationalen Befreiungskampfes in Namibia stellt die Biographie Vinnia Ndadis dar: „Breaking Contract − The Story of Vinnia Ndadi", recorded and edited by Dennis Mercer, published by the Liberation Support Movement, LSM Press, Richmond/Canada 1974.
312. Nora Schimming, a.a.O..
313. „Namibia: Eight Years of Struggle", Statement by Sam Nujoma, President of SWAPO on the 8th anniversary of the launching of the armed liberation in Namibia, August 26, 1974, Lusaka, abgedruckt in: „The Namibian Youth", a.a.O., Vol. 1, No. 2, 1974, S. 5.
314. Zur Frage der Gewalt im kolonialen Kontext äußerte Nkrumah: „The basis of a revolution is created when the organic structures and conditions within a given society have aroused mass consent and mass desire for positive action to change or transform that society... Revolutionary violence is a fundamental law in revolutionary struggles. The privileged will not, unless compelled, surrender power. They may grant reforms, but will not yield an inch when basic pillars of their entrenched positons are threatened. They can only be overthrown by violent revolutionary action."
Kwame Nkrumah, „Class Struggle in Africa", PanAf Books, London 1970, S. 80.

315. Jon Woronoff, „Organizing African Unity", Methuen, N.J., 1970, S. 265.
316. In: „Africa Report", November 1967, zit. nach: Jon Woronoff, a.a.O., S. 267 f.
317. Siehe dazu: Richard Gibson, a.a.O., S. 26.
    Seitdem haben sich die Kampftätigen bis auf wenige Ausnahmen auf das nördliche Namibia beschränkt. Die Informationen über die militärischen Aktionen sind bislang nur sehr unzureichend und vage geblieben. Nicht zuletzt deshalb, weil die südafrikanische Regierung das nördliche Namibia systematisch und rigoros abschirmt und ausländischen Beobachtern lediglich Zutritt gestattet, sofern sie die Ideologie der Regierung teilen. Detaillierte Darstellungen über die Kriegsereignisse selbst finden sich u.a. bei: Richard Gibson, a.a.O., Part Three, „South West Africa (Namibia)", S. 107–142; Michael Morris, „Armed Conflict in Southern Africa", Jeremy Spence, Cape Town 1974, Chapter One, „South-West Africa", S. 1–27; Muriel Horrell, „South West Africa", a.a.O., S. 85 ff.
    Darüberhinaus finden sich Angaben in dem jährlich erscheinenden „Survey of Race Relations", a.a.O..
318. Siehe dazu: Franz Ansprenger, „Der Schwarz-Weiß-Konflikt in Afrika", Reihe Entwicklung und Frieden, hrsg. von der Wissenschaftlichen Kommission des Katholischen Arbeitskreises für Entwicklung und Frieden, Verlag Kaiser/Grünewald, München/Mainz 1971, S. 33.
    Zur Verurteilung der namibischen Patrioten wurde nach deren Verhaftung eigens das „Terroristen-Gesetz" durch das südafrikanische Parlament verabschiedet und rückwirkend für Südafrika und Namibia angewendet...
319. Entnommen aus der Rede Hermann Toivo ja Toivos vor Gericht 1968 in Pretoria zitiert in deutscher Übersetzung nach: Vereinte Nationen (Informationsdienst), „Ein veruntreutes Pfand: Namibia", a.a.O., S. 51.
320. Deutsche Welle, Monitor Dienst, 9. Januar 1970.
321. Vgl. dazu: „Anti-Apartheid News", London, February 1971, S. 10; „Pogrom", Informationsschrift für bedrohte Völker, hrsg. von der Gesellschaft für Leben und Zukunft bedrohter Völker, Hamburg, Nr. 9, 2. Jhrg., S. 25.
322. Zit. nach: Deutsche Welle, Monitor Dienst, 10. Dezember 1971.
323. Hidipo Hamutenya/Gottfried Geingob, a.a.O., S. 92.
324. „A Response to the Current Task of the Struggle", a.a.O., S. 2.
325. „On the Content of the Struggle", in: „The Namibian Youth", a.a.O., Vol. 1, No. 1, S. 3.
326. Ebd., S. 5.
327. „Namibia: Eight Years of Struggle", a.a.O., S. 6.
328. Zit. nach: „Africa Appeals to the International Community", issued by the South West Africa People's Organisation of Namibia (SWAPO); SWAPO Office in the United Kingdom, London, Vol. 5, No. 1–2, January–February 1972.
329. Zit. nach: „The Namibian Documentation 2", S. 13.
330. Zit. nach: „Namibia News", Vol. 5, No. 3, March 1972, issued by the South West Africa People's Organisation of Namibia (SWAPO), SWAPO Office in the United Kingdom, London, S. 12.
331. „A Response to the Current Task of the Struggle", a.a.O., S. 1.

3. Zur gegenwärtigen sozialökonomischen Bestimmung Namibias

Die zu einer umfassenden sozialökonomischen Bestimmung Namibias notwendigen empirischen Daten sind nur unzureichend vorhanden.[1] Die Behandlung dieser Daten stößt sowohl auf Schwierigkeiten der Verifizierbarkeit[2] als auch der Aufstellung von Vergleichen.[3] Dennoch gibt die Analyse der vorhandenen Daten genügend Einsicht in die koloniale Abhängigkeit Namibias von der Republik Südafrika (RSA).

3.1.1. Die Agrarproduktion

Die kommerzielle Agrarproduktion Namibias beruht auf der Rinderzucht und der Karakulschafzucht, „...die Viehzucht bestreitet einen Anteil von 98 % des Gesamtwertes der kommerziellen Agrarwirtschaft..."[4] Rinderzucht steuert ca. 60 %, die Karakulzucht ca. 34 % und der Ackerbau 0,6 % zur Agrarproduktion bei.[5] Auf 3.000 weißen Rinderfarmen zählte man 1971 1,8 Mio. Rinder, die zu einem Drittel in den Fleisch-Export nach der RSA gingen.[6] Die Fleisch-Produktion hauptsächlicher Agrarexportartikel Namibias, ist mit die höchste in Afrika.[7]

1976 wurden 260.000 Rinder in die RSA exportiert, während 128.000 in Namibia verarbeitet wurden.[8] Die Verarbeitung und Vermarktung geschieht hauptsächlich durch südafrikanische Firmen: Suid-Afrikanse Vleissproduzente (Centrale Cooperative) und die Afrikanse Sake-Ontwikkelings Korporasie (ASOKOR)[9] Es gibt 5.100 Farmen, die zu 60 % in Besitz von Südafrikanern und zu 40 % in Besitz von Deutschen sind[10] und die in der Trockenzone des Südens eine durchschnittliche Größe von 10.000 bis 13.000 ha. haben.[11]

Die kommerzielle Agrarproduktion erbrachte 1974 96 Mio. Rand (R), die sich auf folgende agrarische Produktionsbereiche verteilen:[12]

Wolle	1,79 Mio R
Karakulfelle	27,56 Mio R
Rinderzucht	53,20 Mio. R
Frischmilch	2,10 Mio. R
Ackerbau	1,00 Mio. R

Auf Grund des geringen Beitrages pflanzlicher Produktion befindet sich Namibia in einer großen Agrarimport-Abhängigkeit von der RSA. Die jährliche Maislieferung aus der RSA nach Namibia beläuft sich auf 27.000 t (subventionierte Kosten 1,2 Mio. R), die Weizenmehllieferung auf 9.000 t (subventionierte Kosten 700.000 R).[13] Weitere Abhängigkeit besteht besonders in Trockenperioden in der Viehnahrungsversorgung. So liefert die RSA jährlich Luzerne im Wert von 2 Mio. R und der Frischgemüse- und Butterbedarf Namibias wird durch RSA-Lieferungen im Werte von 10 Mio. R ergänzt. Die landwirtschaftlichen Produktionsmittel für den agrartechnologischen Bereich

(Insektizide, Maschinen) werden gänzlich aus der RSA importiert.[14]
Die Agrarproduktion Namibias ist durch hohe Einseitigkeit gekennzeichnet, die ihre Grundlage in dem Mißverhältnis von pflanzlicher und tierischer Produktion hat. Die Bodenbesitzverhältnisse sind einseitig zugunsten der weißen kapitlistischen Farmbewirtschaftung gestaltet, die die agrarische Produktion einzig auf das Verwertungsinteresse des Exportmarktes ausrichtet. Die ausreichende Nahrungsmittelversorgung der einheimischen schwarzen Bevölkerung mit Fleisch ist nicht gewährleistet.[15] Darüber hinaus führt eine ständige Überweidung des Bodens zu katastrophalen Verödungs- und Erosionsvorgängen. Die weißen Farmer beuten rücksichtslos den Boden aus.

„...Störrische Farmer bestellen den Boden immer noch nach überholten traditionellen Methoden der Farmbewirtschaftung, die samt und sonders den Boden ausmergeln und die zur unwiderruflichen Zerstörung des Graslandes und zum Verlust an Boden führen."[16]

3.1.1.1. Die Karakulwirtschaft

Namibia ist der größte Karakulexporteur (Persianer) der Welt und bringt fast die Hälfte des Import-Bedarfs der Welt an Fellen auf. Die geschätzte Zahl der Karakulschafe belief sich auf 4,6 Mio. in Namibia und auf 1,8 Mio. in der RSA.[17]; der jährliche Weltbedarf an Fellen beträgt 10 bis 11 Mio.[18]
Die Karakulfellproduktion Namibias ist ca. zweieinhalbmal so groß wie die der RSA.

Jahr	Zahl der Felle in Mio.	Wert der Felle in Mio. R
1968	4.870.240	27.175.983
1972	5.514.011	54.919.550
1974	4.692.500	43.781.025
1975	4.841.995	57.619.000
1976	5.514.000	–

Quellen: State of South Africa 1976, S. 197; Windhoek Advertiser, vom 4.5. 1976 und 22.11.1976.

Die gesamte Vermarktung geschieht durch den „Karakul Board", einer Vereinigung des „Karakul Industry Board of SWA" und des „Karakul Industry Committee of RSA", die durch die Proklamation Nr. R 172 vom 28.6.1968 seitens der RSA zustande kam.[19] Die Finanzierung der Vermarktung der SWAKARA Felle beruht auf einer Besteuerung in Höhe von 30 cts. pro verkauftem Fell. Die Versteigerung der Felle erfolgt durch die Auktionshäuser Eastwood-Holt und Hudson Bay and Ainnings in London, wobei die Hauptabnehmer mit 60 % die BRD und mit 20 % Italien sind.[20]
Wie eine moderne Kolonialausbeutung funktioniert, wird durch die Wertverteilung der Karakulfellproduktion deutlich:
Aufteilung der erwirtschafteten Werte aus der Karakulzucht pro Jahr:

Weiße Farmer   15 Mio. R
RSA Regierung   9 Mio. R (Steuern)
Londoner Auktionshäuser   0,75 Mio. R (Kommissionen)
20.000 afr. Kontraktarbeiter   0,72 Mio. R (Löhne)[21]

Legt man eine Zahl von 3.150 Karakulfarmer in Namibia zu Grunde, so beläuft sich das Jahreseinkommen der Farmer aus der Karakulfellproduktion auf 4761,80 Rand.
Die Karakulwirtschaft ist ein wichtiger Bestandteil der Exporte Namibias. Die Struktur der Karakulwirtschaft ist sowohl in Hinsicht auf die Besitzverhältnisse als auch bezüglich der Vermarktung und Wertverteilung extrem nachteilig für die Einheimischen.

3.1.1.2. Die Subsistenzwirtschaft

Die empirische Erfassung der Lebensbedingungen in den sogenannten „homelands" Namibias ist äußerst schwierig, da das Zahlenmaterial spärlich ist und direkte Feldforschung in den „Reservaten" von der Kolonialmacht behindert wird.
Die Landfläche der „Reservate" macht 39 % der Gesamtfläche Namibias aus.[22] Die Größe der Landfläche täuscht jedoch über die Quantität des agrarisch nutzbaren Bodens hinweg. Große Teile sind unbrauchbar für die Viehhaltung und den Anbau pflanzlicher Produkte, da unzureichende Wasserversorgung vorherrscht. 1962 gab es 35.000 Brunnenbohrungen, wovon 500 in den „Reservaten" erfolgten.[23] Ovamboland, das größte „Reservat", ist zu 50 %, Kaokoveld zu 70 % und Okavangoland zu 90 % ohne Wasser.[24] Es besteht also ein großer Unterschied zwischen dem Flächenausmaß der „Reservate" und dem wirklich nutzbaren Boden, so daß im Vergleich zur „Polizeizone" der Weißen 1970 die dortigen Personen, die von der Farmwirtschaft abhingen, 65 mal so viel agrarisch-nutzbares Land zur Verfügung hatten wie die Afrikaner in den „Reservaten".[25]
Der geschätzte Viehbesitz in Ovamboland, Kavangoland und dem Kaokoveld belief sich 1970 auf 844.000 Stück, wovon allein 567.000 auf Ovamboland entfielen; der Karakulschafbesitz wurde 1965 auf 124.146 geschätzt.[26] N. Rubin beziffert die Rinderanzahl, die sich 1976 im Besitz der „Homeland" Bewohner befand, auf 1,2 Mio.[27] Diese Zahl bedeutet gegenüber der von 1970 nur einen geringen Zuwachs. Der Anbau von pflanzlichen Produkten ist wegen der Trockenheit und der schlechten Bodenverhältnisse fast ausgeschlossen und nur entlang des Okavango-Flusses im Nordwesten begrenzt möglich.
Die territoriale Fragmentierung, die Qualität der Böden, die Übersiedlung und die unzureichende Wasserversorgung drücken die Produktivität in den Reservaten auf ein geringes Niveau. Schätzungen ergeben einen Anteil am Bruttosozialprodukt Namibias von 3–8 %.[28]
Der Versuch der Kolonialmacht, durch die „Bantu-Investment Corporation" (BIC) eine in den „Reservaten" ansässige Industrie aufzubauen, muß als gescheitert angesehen werden; seit Gründung der BIC 1964 wurden insgesamt 16 Kleinindustrien, wie z.B. eine Möbelfabrik, zwei Sägemühlen usw., 38 Handelsfirmen, von denen 13 in Besitz von Afrikanern waren, sowie 66 Ge-

schäftshäuser aufgebaut. In den drei Bereichen Handel, Industrie und Hausbau waren 1975 185 Weiße und 2.308 Schwarze beschäftigt.[29]
Eine erweiterte Existenzgrundlage wird in den „Reservaten" nicht geschaffen und die afrikanischen Bauern sind weiterhin gezwungen, auf einer „...phantastischen Minimalbasis, die wesentlich kleiner ist als im armen Tanzania..."[30] zu überleben oder sich in Form der Wanderarbeit als Lohnarbeiter in der kapitalistischen Produktion der „Polizeizone" zu verdingen.
Im Grunde genommen entspricht das Scheitern der „Homeland"-Politik den unausgesprochenen Interessen Südafrikas. Der ökonomische und politische Nutzen, insbesondere der beständige Zufluß billiger Arbeitskräfte sowie die politische Rechtlosigkeit der Namibier in der weißen „Polizeizone", den die RSA aus diesen Verhältnissen zieht, wird ja gerade durch die Verzögerung bzw. Verschleppung der Entwicklung dieser Gebiete weiterhin bestehen bleiben. Die „Homeland"-Politik der RSA ist konstitutives Element der südafrikanischen Kolonialherrschaft in Namibia. Auch wohlgemeinte, „radikale Kritik" von Autoren,[31] die Überlegungen anstellen, inwieweit diese Gebiete in eine allgemeine kapitalistische Entwicklung einbezogen werden sollen, verkennt, gewollt oder ungewollt, daß eine solche Entwicklung eben von den spezifischen kolonialkapitalistischen Verhältnissen, die die bewußte ungleichzeitige und ungleichwertige Entwicklung der gesellschaftlichen Bereiche bedingen, abhängen und diese von der RSA weiterhin zu ihrem Vorteil aufrechterhalten werden.[32] Erörterungen über die zukünftige Entwicklung Namibias, die von den meisten Autoren so geführt werden, als wenn es sich dabei um eine explizit kapitalistische Entwicklung handelt, lassen erkennen, daß sie einzig und allein die besonderen kolonialen Verhältnisse in Namibia kritisieren, nicht aber die den kolonialen Verhältnissen zu Grunde liegenden kapitalistischen Produktionsverhältnisse. Die bewußte Reduzierung der Diskussion, besonders im Hinblick auf die „Homeland"-Politik, auf die „kolonialen Hypotheken" für eine allgemeine kapitalistische Entwicklung, auf die Abschaffung „gewisser Hemmnisse", deutet darauf hin, daß durch solche „Kritik" eine neo-koloniale Entwicklung vorbereitet wird. Die Kritik an unmenschlichen kolonialen Verhältnissen ersetzt indes nicht die Kritik an den Verhältnissen, aus denen sie hervorgehen, nämlich den kapitalistischen.

3.1.2. Die Industrieproduktion

3.1.2.1. Die extraktive Industrie

Der Wert der Minenproduktion liefert 40 % des Bruttosozialproduktes, 50 % der öffentlichen Einnahmen und 60 % der Exporte Namibias.[33]
„Die extraktive Industrie ist die „wichtigste Ressourcen-Basis für die Entwicklung SWA", die von zwei Minen gänzlich beherrscht wird, nämlich, „....die Kupfermine in Tsumeb und die Diamantenmine in der Nähe von Oranjemund. Die beiden Minen produzieren 90 % des Wertes aller Mineralien, die in SWA ausgebeutet werden."[34]
Die Tsumeb Corporation ist ein Konsortium aus US-amerikanischem und britischem Kapital. Die Diamanten Mine ist im Besitz der Consolidated Dia-

mond Mines and De Beers (CDM South Africa).35 CDM holte 1973 1,6 Mio.
Diamanten — Karat aus Namibia, was 40 % des Gesamtprofits von 329 Mio. R
der De Beers Gruppe der RSA ausmachte.36

Namibia ist reich an Mineralien:
Anteil Namibias an der Mineralproduktion Afrikas 1970

25 %	der Cadmium Produktion
2,2 %	der Kupfer Produktion
28,3 %	der Blei Produktion
4,7 %	der Zinn Produktion
13,7 %	der Zink Produktion 37

Die wohl strategisch wichtigsten mineralischen Vorkommen hat Namibia durch das Uranvorkommen in der Rössing Mine, die von einer internationalen Kapitalgruppe, der Rio Tinto Zinc Corp., ausgebeutet wird. Es befinden sich dort ca. 100.000 t Uranoxyd und es bestehen längere Lieferabkommen mit Großbritannien und Japan.38
Darüber hinaus wird die Wichtigkeit des namibischen Urans dadurch deutlich, daß Anglo-American (SA) Prospektionsarbeiten in Zusammenarbeit mit der Firma Miratome und Aquitaine SWA in der Nähe von Swakopmund und Lüderitz durchführt.39 Die „Financial Mail" wies unter der Überschrift „Das Uranium Ei" in einem Artikel darauf hin, daß bereits viele neue internationale Konzerne wie z.B. General Mining, British Petrol, Anglo Alpha und Bob Aldworth of Barclays National in Namibia nach Uran forschen und den Uranabbau strategisch vorbereiten. Die Nachfrage nach namibischem Uran, die nach neuerlichen Uran-Preiserhöhungen um so größer sein wird je preiswerter es abgebaut werden kann, wird möglicherweise einen „Uranboom" auslösen, der laut der südafrikanischen Finanzzeitschrift denselben Industrialisierungseffekt für Namibia haben könnte, wie die Goldminen ihn für Südafrika hatten.40
Einige dieser Minen „... haben Kapitaleinlagen in Wertgrößen, die das Bruttoinlandsprodukt pro Jahr übersteigen."44

Die Kolonialmacht RSA kommt dem internationalen Kapital entgegen, indem sie niedrigere Steuerabgaben von nur 22,5 % bis 30 % in Namibia festsetzt, gegenüber einem Steuersatz von 30 % in Südafrika. Gleichfalls wurde das Gesetz, welches eine staatliche Zwangsbeteiligung der RSA bei Fremdinvestitionen im Bergbau Namibias von 50 % vorsah, auf 25,1 % heruntergeschraubt. Dieses Gesetz sieht sogar bis zu 100 %-ige Alleinverfügung des Fremdkapitals vor.45
Das internationale Kapital ist in der RSA mit Firmen vertreten, die auch in Namibia Filialen haben. Die Interessen des internationalen Kapitals werden von der Kolonialmacht Namibias weitestgehend berücksichtigt, da es sich dabei um Interessen handelt, die sich mit den Interessen des südafrikanischen Kapitals in Namibia weitgehend decken. Auf Grund der engen Verknüpfung der Wirtschaft Namibias mit derjenigen der RSA dominiert jedoch das südafrikanische Kapital.

„Die enge ökonomische Integration Namibias und der RSA erfolgt durch die verschachtelte Eigentumsstruktur großer Teile der Industrie und ist ein Resultat aus der ständig steigenden Einflußnahme durch südafrikanische halbstaatliche Organisationen und die finanziellen Interessen der Buren."[46]
Seit etwa 1975/76 investiert das internationale Kapital, wegen der zu erwartenden politischen Veränderungen in Namibia, entsprechend zögernd. Dennoch bleibt die extraktive Industrie der größte Wachstumsbereich.
„Der Wert der Minenproduktion, der sich zur Zeit auf 231 Mio. R pro Jahr beläuft, könnte innerhalb von wenigen Jahren verdoppelt werden."[47]
Der Hauptanteil wird der Uranförderung sowie der Diamantenproduktion zufallen.[48] Die RSA beutet die mineralischen Rohstoffe Namibias vornehmlich für die Weiterverarbeitung in der RSA aus,[49] von wo aus dann der Export erfolgt.

3.1.2.2. Die Fischindustrie

Die Fischindustrie bestritt in den sechziger Jahren 20–25 % der namibischen Exporte[50] und ist der wichtigste Teil der verarbeitenden Industrie Namibias. Die Bruttoverkäufe belaufen sich jährlich auf 55–65 Mio. R.[51] Der Fischfang wird hauptsächlich von der SWA Fishing Industry Ltd. (SWAFIL), der Marine Products Ltd. sowie der Kaap Kunene Belegging Ltd. betrieben. Der bisherige Rekordfischfang von 830.000 t Fisch 1974 ergab nach Verarbeitung folgende Werte:[52]

Rohfisch	17 Mio. R
Fischölmehl	35 Mio. R
Fischkonserven	50 Mio. R

Die Profite der SWAFIL beliefen sich 1973 auf 2,9 Mio. R[53], 1974 auf 3,8 Mio. R, was eine Aktiendividende von 40 cts. pro Aktie erbrachte[54] und bis Ablauf Dezember 1975 stiegen die Profite auf 4,48 Mio. R bei Dividenden von 142 cts. pro Aktie.[55]
Bis Ende 1976 stieg der Profit der SWAFIL auf 4,71 Mio. R bei einer Dividende pro Aktie von 40 cts.[56]
Da die SWAFIL Aktien zu einem Aktienpreis von 50 cents ausgegeben wurden, belief sich die Verzinsung der Aktien 1974 auf 80 % und 1975 sogar auf fast 200 % und 1976 wiederum auf 80 %.
Allerdings wird der Profitmaximierung des RSA-Kapitals in Namibias Fischindustrie durch die RSA-Regierung Grenzen gesetzt.

„... die namibische Industrie wurde gezwungen, Dosenfisch, Fischmehl und Fischöl an die RSA zu Preisen zu verkaufen, die bis zu 30 % unter Weltmarktniveau lagen, bevor diese Waren anderweitig exportiert werden durften."[57]

Dies ist ein untypisches Kolonialverhältnis.[58] Die RSA-Regierung zwingt die Namibia Fischindustrie zu niedrigen Abgabepreisen, um den armen Teil der Bevölkerung in der RSA mit billigen Fischprodukten zu versorgen. Dadurch schmälert die RSA-Regierung die Profitmarge des in Namibia in der Fischindustrie angelegten Kapitals. In diesem Falle rangieren die politischen Interessen der RSA-Regierung (Befriedigung armer Teile der RSA-Bevölkerung) vor dem Interesse an Schutz des privaten Kapitals. Trotzdem realisiert das RSA-Kapital in der Fischindustrie Namibias noch hohe Profite. Dies liegt insbesondere an den Niedriglöhnen der 6.750 Fischereiarbeiter und den Lohnunterschieden zwischen den einzelnen Besatzungsmitgliedern der Fischereiflotte.[59] Der Lohnunterschied zwischen Weißen und farbigen Besatzungen der Fischereiflotte bezieht sich auf die Länge der bezahlten Arbeitszeit sowie die Höhe der Löhne.

„... weiße Kutterfahrer stehen über einen Zeitraum von einem Jahr unter Lohn, während Farbige nur sechs Monate bezahlt werden. Weiße Besatzungsmitglieder erhalten 170 R pro Monat für zwölf Monate. Farbige bekommen jedoch nur 100 R pro Monat für die Dauer von sechs Monaten sowie 50 R für zwei weitere Monate."[60]

Die Löhne könnten ohne weiteres angehoben werden, weil die Nettoprofite der Fischindustrie 1975/76 auf 4,5 Mio. R anstiegen.[61]

Die Fischindustrie war Anfang 1977 einem Streik ausgesetzt, in dessen Rahmen die Fischereiarbeiter gleiche Bezahlung für gleiche Arbeit und Minimallöhne von 250 R für eine „crew" forderten.[62] Erstmals wurde mit Gründung eines „Works Committee for Black Fishermen" eine embryonale gewerkschaftliche Vertretung der schwarzen Fischereiarbeiter geschaffen.[63]

Der Streit um die internationalen Fischfangrechte in den reichen Fischfanggebieten vor der Küste Namibias wird von einer internationalen Fischfangflotte im Südatlantik rege ausgenützt.[64] So reduzierte sich die namibische Fischfangquote 1977 um 73,42 %, weil die einstig reichen Fischgründe vor Namibias Küsten rücksichtslos ausgebeutet wurden.[65]

Durch die Monopolisierung des Fischfangs und der Vermarktung durch die RSA wird der namibischen Bevölkerung eine ausreichende Proteinnahrung vorenthalten.

„Die Beschwerde der afrikanischen Wanderarbeiter, daß die Weißen ihre Hunde mehr lieben als ihre afrikanischen Mitmenschen, scheint wörtlich wahr zu sein..."[66]

Dr. Bollar vom Katutura-Hospital gab erst kürzlich bekannt, daß wieder Krankheiten in Katutura auftauchten, die seit mehr als zwanzig Jahren unbekannt waren. Dabei handelt es sich um Kwashiokor- und Marasmus-Erkrankungen, die oft die Ursachen der Kindersterblichkeit sind, was nicht zuletzt durch schlechte Ernährung zu erklären sei.[67]

3.1.2.3. Die verarbeitende Industrie

Die verarbeitende Industrie in Namibia ist wenig entwickelt und steuert gegenwärtig nur 6 % zum BSP des Landes bei.[68] Mit nur 224 Firmen bei durchschnittlicher Beschäftigungszahl von 40 Arbeitern umfaßt die Nettoproduktion 38 Mio. R.[69] Neben der übermäßigen Bedeutung der fischverarbeitenden Industrie nehmen sich die anderen Zweige der verarbeitenden Industrie noch geringer aus. Die Beschäftigtenzahl betrug 1971/72 9.684, bei einer Lohnsumme von 11,57 Mio. R.[70] Einzig in der Bauindustrie stieg die Bruttowertproduk-

tion, im Rahmen des Infrastrukturbaus, von 11,8 Mio. R 1961/62 auf 51,4 Mio. R 1971/72 um jährlich 15,8 % an.[71]
Durch die unterentwickelte Struktur der verarbeitenden Industrie Namibias ist die Abhängigkeit von Fertigwaren-Importen aus der RSA sehr stark und erreicht in manchen Bereichen 100 %.

„...SWA importiert fast alle verarbeiteten Nahrungsmittelgüter sowie Halbfertigwaren und dauerhafte Konsumgüter aus der RSA.[72]

3.1.3. Die Handels- und Finanzstruktur

Genaue Zahlen über die Entwicklung der Handelsstrukturen Namibias liegen nicht vor, da die RSA keinerlei besondere Handelsstatistiken über Namibia herausgibt.[73] Die Handelsbilanz Namibias ist wegen der hohen Exportquote jedoch positiv. Die Wirtschaft ist eine „Export Wirtschaft par exellence".[74] Die gegenwärtig geschätzte Exportrate, vornehmlich agrarische Produkte, wie Karakulfelle und Fleisch, sowie Fischkonserven und Mineralien, beläuft sich auf 250 Mio. R.[75] In den sechziger Jahren gingen die Exporte zu 90 % in die RSA. Die Benachteiligung Namibias durch niedrige Exportpreiserlöse ist durch die Monopolstellung der RSA als Absatzmarkt für namibische Exporte bedingt.

„Es ist tatsächlich möglich, daß SWA-Exporteure in der Lage wären, dieselben, wenn nicht höhere Preise für alle wichtigen Exportprodukte zu erzielen, falls die Produkte direkt auf anderen Märkten verkauft würden."[76]
Zudem erwachsen für Namibia große Nachteile aus den hohen Exportpreisen der RSA.

„SWA kann als selbständiger Staat durch eine Senkung der Einfuhrzölle bestimmte Güter billiger einkaufen als dies z.Z. auf dem südafrikanischen Markt der Fall ist."[77]
Der Warenimport Namibias hat ein Volumen von jährlich 600 Mio. R. Die Importe kommen zur Hälfte direkt aus der RSA.[77a]
Neben der RSA sind die BRD (Karakulfelle und Schmuckdiamanten) und Großbritannien importiert hauptsächlich Häute, Felle und Pelze, während es Maschinen und Transportausrüstungen sowie Genußmittel nach Namibia exportiert. Obgleich die Zahlen nur einen kleinen Handelsausschnitt erfassen, weisen die Import- und Exportstrukturen zwischen Großbritannien und Namibia eine einseitige Abhängigkeit Namibias von dem Export von Agrarprodukten und dem Import von industriellen Fertigwaren aus.[78]

Das Finanzwesen Namibias wird völlig von der RSA kontrolliert.

„Namibia konnte keine Subventionen wie die Provinzen der Republik für sich beanspruchen, derweil es auch nicht, wie ein unabhängiger Staat, internationale Anleihen aufnehmen konnte."[79]
Mit dem South West African Affairs Act von 1969 wurde die finanzielle Eigenständigkeit Namibias vollends zerstört.[80]

„Der administrative Zusammenschluß von 1969 war eine klare Absichtserklärung Südafrikas, die Kontrolle über das Gebiet, in dem Südafrika größere infrastrukturelle Entwicklung leistete und aus dem Südafrika

beträchtlichen ökonomischen Nutzen zieht, aufrecht zu erhalten."[81]
Seither kontrolliert Pretoria alle Steuern, die in Namibia erhoben werden.[82] Das Finanzbudget Namibias mit Auslauf vom 31.3.1975 sah Ausgaben in Höhe von 162.752.800 R und Einnahmen von 142.720.000 R vor.[83] Die Angaben über den Haushalt mit Ablauf vom 31.3.1976 sahen Ausgaben von 222.469.000 R und Einnahmen von 165.881.000 R, bei einem Defizit von 56.588.800 R vor.[84] Im Finanzjahr 1976/77 wurden 138.611.200 R Ausgaben des „South West African Account" verzeichnet[85] und für 1977/78 sind geschätzte 207 Mio. R Ausgaben sowie 169 Mio. R Einnahmen zu erwarten.[86]

Die Frage nach der finanziellen „Gesamtschuld" Namibias gegenüber der Kolonialmacht RSA wird oft gestellt. So gibt es Zahlen, wonach die RSA im Zeitraum von 1920–1975 insgesamt 1,058 Mrd. R Finanzierungszuweisungen an Namibia geleistet haben soll und bei Ausführung der Beschlüsse der Verfassungskonferenz ein totales Defizit Namibias 1976/77 von 203,4 Mio. R gegenüber der RSA bestehen würde.[87]

Die genaue Berechnung der finanziellen „Kolonialschuld" Namibias gegenüber der RSA ist indes nicht zu leisten, da

> „... die enge Verknüpfung zwischen Namibia und der RSA es nicht zulassen, die Frage zu klären, ob Nettobeträge von der RSA-Regierung in die SWA-Wirtschaft gezahlt wurden, besonders dann nicht, wenn man die finanziellen Einkünfte aus den Minen, der Fischerei und den anderen Investitionen südafrikanischer Firmen und den daraus sich ergebenen Steuern, die dem RSA-Fiskus zufließen, mit in Betracht zieht."[88]

Allein durch die namibischen Exportüberschüsse gestaltet sich die südafrikanische Handelsbilanz um 400–500 Mio. R jährlich positiver.[89]

Die RSA zieht aus dem Kolonialverhältnis zu Namibia entscheidende Vorteile, die sich nicht unmittelbar aus den verschleiernden Finanzstrukturen ablesen lassen.

> „Es handelt sich vielmehr um ein klassisches Kolonialverhältnis, in dem der größere Teil der gesamten geschaffenen Werte in die Taschen der Besatzungsmacht fließt, anstatt daß diese Werte der einheimischen afrikanischen Mehrheit zugutekommen."[90]

Ein jüngstes Beispiel zeigt, wie abhängig die Afrikaner in Namibia von den finanziellen „Zuwendungen" der RSA-Regierung sind. Die „SWA Administration" hatte 1,434 Mio. R von der RSA-Regierung als zusätzliche Anleihe gefordert, um den Ausbau des Verwaltungskomplexes für „Non-White Affairs" in Windhoek und den Bau einer Ovambo-Unterkunft in Katutura durchzuführen. Eigentlich wären 2,079 Mio. R dafür notwendig gewesen. Doch entschied sich das „City Council" von Windhoek, die Anzahl der Schlafstellen für Ovambos in Katutura von 1469 auf 734 zu kürzen. Die RSA-Regierung lehnte ab, „...obwohl sie ohne weiteres Geld zur Verfügung stellen konnte", und die Bedürfnisse der Ovambo Kontraktarbeiter „... blieben im Resultat unberücksichtigt."[91]
Wenn es einerseits übliche Praxis sein sollte, durch Verweigerung finanzieller Mittel gewisse Verbesserungen der Lebensbedingungen einfach zu blockieren, so scheut sich die RSA andererseits nicht, allein 400 Mio. für die Stationierung

südafrikanischer Truppen in Namibia jährlich auszugeben.[91a]

3.1.4. Das Verhältnis von Bruttoinlands- zu Bruttosozialprodukt in Namibia

Das extrem ungleiche Verhältnis von Wertschaffung und Wertverteilung in Namibia wird durch das Verhältnis von Bruttoinlands- zu Bruttosozialprodukten deutlich. Die Entwicklung des Bruttoinlandsproduktes (BIP) und des Bruttosozialproduktes (BSP) verdeutlichen dieses Verhältnis.

„„...Während das BIP und das BSP im Zeitraum von 1954—58 mehr oder weniger gleich groß waren, verbreitete sich der Abstand zwischen ihnen auf ungefähr 90,9 Mio. R (25 %) des gesamten BIP in Höhe von 368,9 Mio. R im Jahre 1969."[92]

Schätzungen ergeben ein BIP 1972 in Höhe von 455 Mio. R 1974 wird es auf 592 Mio. R ,zu 1974er Preisen und 1975 auf 700 Mio. R geschätzt.[93] 1976 soll das BIP zu konstanten Preisen auf 740,9 Mio. R angestiegen sein, was eine Steigerung von 93 Mio. R im Verhältnis zu 1975 bedeuten würde.[94] 1975 wies das BIP eine Steigerung um 5,4 % auf.[95]

Mit der raschen Entwicklung insbesondere der vom internationalen Kapital beherrschten Minenindustrie Namibias hat sich diese Lücke erweitert.

„Das Bruttoinlandsprodukt liegt nach neuesten Feststellungen 30 % über dem Bruttosozialprodukt. Das läßt darauf schließen, daß ein großer Teil des nationalen Einkommens bisher ausländischen Unternehmen und Kapitaleignern zufließt. Der ausländische Anteil an der Wertschöpfung ist in den vergangenen Jahren stark angestiegen."[96]

Das internationale Kapital führt die Werte aus Namibia ab und verstößt somit gegen alle bestehenden Mandatsbestimmungen und UNO-Resolutionen. 1971 belief sich z.B. der Bruttoprofit von den drei Hauptminen Namibias auf 91 Mio. US Dollar. Nach Besteuerung durch die RSA betrug der Nettoprofit 59,4 Mio. Dollar, von denen 9,8 Mio. Dollar in die USA, 1,3 Mio. Dollar nach Großbritannien und 46,3 Mio. Dollar in die RSA flossen.[97]

Der Nettokapitalabfluß pro Jahr wird auf 100 Mio. R geschätzt. Eine hohe Kapitalabflußquote wird auch dadurch begünstigt, daß den Firmen, die nicht aus Namibia stammen, eine dreijährige Abschreibungsklausel zugestanden wird[98], was heißt, daß sie ihre Investitionen in drei Jahren steuerlich abschreiben können.

Betrachtet man die Zahlen je Einwohner, so ergibt sich ein Verteilungsverhältnis, das die Afrikaner in Namibia stark benachteiligt. 1966 belief sich das Bruttoinlandsprodukt (BIP) auf 651 US Dollar pro Kopf.[99]

Die pro-Kopf-Verteilung auf die namibische Bevölkerung ergab 1966:

Gesamtbevölkerung	360 US Dollar
Weiße	1602 US Dollar
Afrikaner (Nordzone)	61 US Dollar
Afrikaner und Farbige (Polizeizone)	229 US Dollar

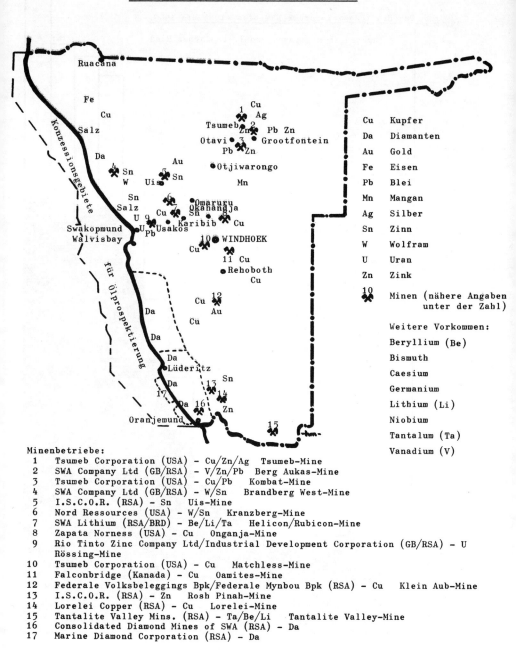

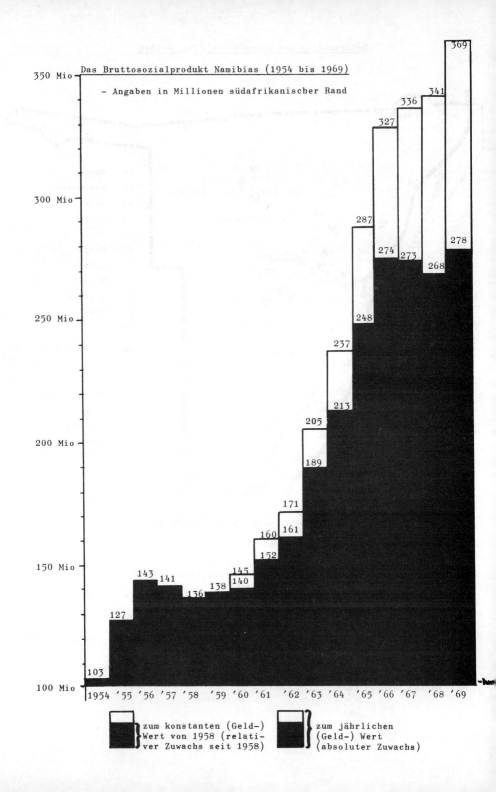

Bei gleichbleibenden Verteilungsverhältnissen des BIP ergäbe dies für 1970 folgende geschätzte Zahlen:

Gesamtbevölkerung	467 US Dollar
Weiße	2078 US Dollar
Afrikaner (Nordzone)	79 US Dollar
Afrikaner und Farbige (Polizeizone)	312 US Dollar

101

Das BIP von 651 Dollar 1966 war das zweithöchste BIP per capita nach Libyen in Afrika und rangiert weit vor den meisten Entwicklungsländern.[102]

Gerade aber dieses hohe Pro-Kopf-Einkommen bleibt eine statistische Größe, denn die realen Lebensverhältnisse der Afrikaner sind schlechter als das Pro-Kopf-Einkommen vermuten läßt. So hatten 1969 über 30 der 41 unabhängigen Staaten Afrikas ein höheres Pro-Kopf-Einkommen als die Bewohner der Nordzone Namibias, in der über die Hälfte der Gesamtbevölkerung Namibias lebt.[103]
Sowohl die Bodenbesitzverhältnisse, die Lohnunterschiede zwischen Weißen und Schwarzen als auch die Aufwendungen für das Gesundheits- und Schulwesen zeigen eine deutliche Benachteiligung der Afrikaner in Namibia.[104]
Das Verhältnis zwischen BIP und BSP in Namibia beweist einmal mehr, inwieweit die Kolonialmacht Südafrika nicht bereit ist, die Mandatsbestimmungen der UNO zu berücksichtigen, in denen von der Forderung des Wohlergehens der einheimischen Bevölkerung die Rede ist.

3.1.5. Die Arbeits- und Lohnverhältnisse in Namibia

Wenn wir uns hier auf die Untersuchung der Arbeits- und Lohnverhältnisse beschränken, so gehen wir dabei von einem Verständnis aus, daß die Verhältnisse von Menschen grundsätzlich durch die Art der jeweiligen Arbeitsverhältnisse sowie die dadurch ihnen mögliche Reproduktionsbasis gekennzeichnet ist.

Es gibt in Namibia einen getrennten Markt für Waren.[105] Gleichsam ist der Arbeitsmarkt strikt getrennt und unterliegt für Afrikaner strengen außerökonomischen Mechanismen, die sich für den Afrikaner in der Wahl und der Art der Arbeit sowie der Höhe des Lohns als Unfreiheit und soziale Unterdrückung äußern.[106]
Die Zahl der afrikanischen Arbeiter in den „weißen Gebieten" Namibias belief sich 1975 auf 96.182.[107]

Tabelle: Verteilung der Schwarzen und Weißen Namibias über die Produktionsbereiche.

	Schwarze	Weiße
Gesamtzahl der Bevölkerung	753.000[1]	99.000[2] (79.000)
davon ökonomisch tätig in den „Reservaten"	87.000[3]	--
im kapitalistischen Sektor	96.182[4]	35.000[5]
Nach Sektoren		
Farmen	24.354[6]	6.000[7]
Minen	18.000[8]	--
Verarb. Industrie	9.684[9]	--
Handel, Dienstleistungen und Verwaltung	40.000[10]	23.000[11]
Nicht klassifiziert	4.144	6.000

Quellen:
1 Objective: Justice, Vol. 8, Nr. 2, 1976, S. 33
2 Ebd., von dieser Zahl sind 20.000 Südafrikaner als Kolonialverwaltung Namibias abzuziehen.
3 F. Wilson, „Present and Future Aspects of Namibias Economy", Lecture delivered in Windhoek, Sept. 1, 1975, abgedruckt in: J. Lissner, Hrsg. „Namibia 1975 – Hope, Fear, and Ambiquity", Lutheran World Federation Dept. Studies, Geneva, Feb. 1976, S. 85.
4 Allgemeine Zeitung, Windhoek vom 24.2.1977.
5 Geschätzt.
6 AZ, a.a.O., (Anm. 4)
7 Geschätzt.
8 F. Wilson, a.a.O., S. 85.
9 South Africa Official Yearbook, First Edition 1974, Johannesburg 1974, S. 961 (Zahlen von 1971/72).
10 Geschätzt.
11 Der Spiegel vom 1.11.1976.

Nach Schätzungen sind 80 % der Arbeitskräfte Wander- oder Kontraktarbeiter.[108] Allein die Minenindustrie beschäftigt 18.000 Arbeiter, von denen 10.000 Ovambo-Wanderarbeiter sind.[109] Zeitweilig sind 30.000 Afrikaner gezwungen, die „Reservate" zu verlassen. Die Kontraktarbeiter verteilen sich auf folgende Arbeitsbereiche:

Minen	9.769
Landwirtschaft	6.433
Industrie	3.800
Einzel- und Großhandel	4.682
Öffentliche Regierungs- und Gemeindestellen	3.110
Öffentlich-technischer Bereich	1.018
Diener	1.129
Nichtklassifizierte	153 [110]

Das Kontraktarbeitersystem ist die Basis des kapitalistischen Sektors in Namibia. Die Kontraktarbeiter unterliegen rigiden Kontrollmechanismen und sie genießen keine gewerkschaftlichen Rechte. Sie erhalten weniger Lohn als die lokalen Arbeiter und haben kein Wohnrecht in der „Polizeizone". Die unzumutbare soziale und politische Situation der Kontrakarbeiter in den Minen führte 1971 zu einem Streik, in dessen Rahmen die Abschaffung des unmenschlichen Kontraktarbeitersystems gefordert wurde. Jedoch wurde diesen berechtigten Forderungen nicht entsprochen, sondern nur Änderungen in dem Anwerbeverfahren vorgenommen. Mehr Sorgen hingegen machten sich die kapitalistischen Verbände und die Kolonialregierung um die Löhne.

„... um höhere Löhne zu verhindern, waren verschiedene Gruppen von Arbeitgebern übereingekommen, nicht durch höhere Lohnangebote in Konkurrenz zueinander zu treten. Regierungsbeamte unterstützten dies." [111]

Selbst wenn sich nach dem Widerstand der afrikanischen Arbeiter Teile der Minenindustrie gezwungen sahen, den Lohn von 63,95 US Dollar (davon 29,9 in bar) auf 120 US Dollar (davon 64 in bar) zu erhöhen, so blieb diese Lohnerhöhung für die Afrikaner in „rassischer Relation"; denn im gleichen Zeitraum wurden die Löhne der weißen Arbeiter von 491,11 US Dollar (bei freier Wohnung und Zuwendungen) auf 750 erhöht.[112]

24.355, das sind 25 % der afrikanischen Arbeiter in der „Polizeizone", sind auf weißen Farmen beschäftigt und sollen 24,37 R in bar bzw. 47 R mit „Verpflegung" auf Rinderfarmen, 40,37 in bar bzw. 63 R mit „Verpflegung" auf Schaffarmen ausbezahlt bekommen. Hinzu kämen nach Berechnungen der Farmer Wasser und Holzbestückung im Werte von 13,5 R pro Einzelperson oder 25 R pro Familie.[113] Demgegenüber ergab eine Studie 1972/73 auf Basis von 265 Farmen einen durchschnittlichen Barlohn für afrikanische Farmbarbeiter in Höhe von 12,26 R pro Monat bei einem Minimumlohn von 8,78 R bzw. Maximallohn von 19,10 R[114] Die Festsetzung der Löhne für afrikanische Farmarbeiter geschieht willkürlich durch den Farmer und unterliegt keiner gesetzlichen Regelung. Die Löhne sind die niedrigsten in Relation zu anderen Bereichen,

Offizielle Mindestlohnsätze gibt es für ungelernte Arbeiter, die aber nicht für Farm- oder Hausarbeiter gelten: (Stand 1.6.1976) 25 cts. pro Stunde für Arbeiter in Betrieben, in denen 50 Stunden pro Woche gearbeitet wird; 26 cts. pro Stunde in Betrieben, in denen 48 Stunden pro Woche gearbeitet wird;

27 cts. pro Stunde in Betrieben, in denen 46 Stunden pro Woche gearbeitet wird;
eine 20 %-ige Lohnerhöhung sollen die erhalten, die gegenüber Juni 1975 schon mehr als den Mindestlohn erhalten hatten.[115] Das bedeutet bei 200 Stunden Arbeit pro Monat in der untersten Lohnsparte 50 % Barmindestlohn für einen afrikanischen Lohnarbeiter.
Dagegen belaufen sich die durchschnittlichen Bruttoeinkommen weißer Arbeiter auf das Zehnfache, nämlich ca. 500 R pro Monat, die der oberen unselbständigen Einkommen auf 500 bis 800 R, die der selbständigen Handwerker auf 1.500 R und die Einkommen der Farmer auf mindestens 2.000 R pro Monat.[116]
Als höchstentwickelte Wirtschaftsregion Namibias gilt das Gebiet um Windhoek, diese Region verdeutlicht somit alle wesentlichen sozialen Faktoren der kolonialkapitlistischen Verhältnisse Namibias.[117] Offizielle Erhebungen im Rahmen des „Windhoek Survey" 1968 ließen erkennen, daß

„... die Wirtschaftsverhältnisse in Windhoek nach rassischen Kriterien strukturiert sind — somit Weiße bevorzugt und Afrikaner diskriminiert werden.[118]
Die Arbeitsbereiche sind demzufolge aufgeteilt.

„In der Handelssphäre (30 %) und bei der Eisenbahn (25) sind hauptsächlich Weiße beschäftigt, während die verarbeitende Industrie (processing activities) der größte Beschäftigungsbereich für Afrikaner und Coloureds (41 %) ist. Hausdiener machen 27 % der afrikanischen Beschäftigten aus."[119]
Die Betätigung als Händler in Windhoek ist den Weißen vorbehalten, es gab 1972 1.233 Geschäftslizenzen.[120] In Katutura, der schwarzen Vorstadt Windhoeks, hatten Afrikaner 65 Lizenzen mit 40 Geschäften, die ihnen als Händler ein durchschnittliches Einkommen von 100 bis 400 US Dollar im Monat ermöglichten.[121]
Auf Grund eines „Survey of Family Living Standard" vom Juni 1967 wurde das Existenzminimum einer fünfköpfigen schwarzen Familie in Windhoek auf 73 US Dollar monatlich berechnet. Das effektive durchschnittliche Gesamteinkommen einer Familie hingegen lag 14 US Dollar unter der Existenz-Minimum-Grenze.[122] Eine Berechnung des „Minimum Standard Level" wurde 1973 vom „Non-European Affairs Department" in Windhoek durchgeführt, das den Minimumsatz pro Familie von 65,36 R pro Monat errechnete; eine gleichzeitige Studie der Universität von Port Elisabeth ergab einen Satz von 81,25 R; Professor Batson von der Universität Kapstadt errechnete einen „Minimum Effective Level" von 121,88 R für Windhoek aus.[123] Eine kürzliche Studie berechnete den „household subsistence level" für Coloureds auf 176,81 R pro Monat und für Afrikaner auf 151,14 R.[124]
Aus diesen unterschiedlichen Zahlen ist zu entnehmen, daß sie anhand willkürlich ausgesuchter Kriterien ermittelt wurden, was ihre Verläßlichkeit als Indikatoren des wirklichen Bedarfes einer schwarzen Familie in Windhoek in Frage stellt. Zudem steht man hier — da es an Zahlenmaterial für einen längerfristi-

gen Lohnvergleich fehlt — vor dem Problem der Identifizierung des wirklichen Lebensstandards des urbanen Schwarzen.
Selbst bei Erreichen einer qualifizierenden Ausbildung, was durch das koloniale Bildungssystem erheblich für die Afrikaner erschwert wird,[125] steht den Afrikanern nicht die „Welt offen".
Vielmehr scheitern sie an den kolonialen Arbeitsgesetzen, wie z.B. der sogenannten „colour bar", die ihnen den Zugang zu qualifizierten Arbeitsplätzen verwehrt,

„... die meisten Afrikaner erhalten dieselbe Art von Arbeit, ohne Rücksicht auf ihren Bildungsstand."[126]

Die extrem schlechten Arbeits- und Lohnverhältnisse der Afrikaner sind Ausdruck für den kolonialkapitalistischen Charakter der gesellschaftlichen Verhältnisse in Namibia. Die afrikanischen Arbeiter, insbesondere die Kontraktarbeiter auf Farmen und in den Minen, unterliegen den rigiden Arbeits- und Sozialverhältnissen, die von politischer Rechtlosigkeit — wie dem Verbot von Gewerkschaften — und ökonomischer Ausbeutung gekennzeichnet sind. Durch die diskriminierenden Arbeitsgesetze wird ihnen der Zugang zu qualifizierten Arbeiten verwehrt.[127]

Insgesamt sind die Arbeits- und Lohnverhältnisse für die Afrikaner ein koloniales Zwangssystem, das sie jeder sozial-emanzipatorischen Entwicklung beraubt und sie im Verhältnis des Untermenschentums beläßt. Andererseits kann die Erkenntnis des Mißverhältnisses in den Arbeits- und Lebensbedingungen zwischen Weißen und Afrikanern auch die Erkenntnis des kolonialen Ausbeutungs- und Unterdrückungsverhältnisses fördern, mithin eine emanzipatorische Einsicht fördern.

3.2. Die Rolle des BRD-Kapitals in Namibia

Die Rolle des BRD-Kapitals ist, im Vergleich zu anderen internationalen Kapitalien in Namibia, als gering anzusehen.[128] Die gesamte ausländische Investitionssumme soll sich in Namibia auf 500 Mio. DM belaufen.[129] Die Investitionen des ausländischen Kapitals in Namibia werden durch die Kolonialmacht gefördert, die

„...vor allem die billige Arbeitskraft eines afrikanischen Proletariats ohne gewerkschaftliche Rechte, exorbitant hohe Gewinnspannen und ... politische Stabilität als Sicherheit vor Nationalisierung und hohen Sozialleistungen garantiert."[130]

Der UN-Sicherheitsrat verabschiedete am 29.7.1970, in seiner Resolution Nr. 283, einen Beschluß, in dem alle UN-Staaten aufgefordert wurden, alle kommerziellen und industriellen Vorhaben sowie Konzessionen in Namibia zu beenden. Insbesondere im Hinblick auf den vom internationalen Kapital betriebenen raschen Abbau namibischer Mineralien erließ der UN-Rat für Namibia ein Dekret, welches von der Generalversammlung der UNO 1974 angenommen wurde und das die Beendigung der Ausbeutung namibischer Rohstoffe durch das internationale Kapital bindend vorsieht, soweit nicht eine Genehmigung des UN-Rates für Namibia vorliegt. Der UN-Delegierte der BRD erklärte dazu:

„"...wir betrachten das Dekret, welches vom UN-Rat für Namibia über die nationalen Ressourcen Namibias eingebracht wurde, als nicht rechtlich verbindlich."[131]

Die Auflistung der einzelnen Bereiche, in denen deutsche Kapitalinvestitionen in Namibia getätigt wurden, gibt keinen Aufschluß über die Höhe der einzelnen Investitionen.

MINENBEREICH

Metallgesellschaft AG: früher in Besitz der Klöckner und Co. Duisberg Mannheim Gesellschaft, heute von der Allgemeinen Verwaltungsgesellschaft für Industriebeteiligung GmbH kontrolliert. Die Gesellschaft verfügt über eine Aktienmehrheit der South West Africa Lithium Mines (Pty) Ltd. und ein Minderheitspaket der Kiln Products Ltd. Angeblich sollen alle Betätigungen dieser Gesellschaft in Namibia eingestellt worden sein.[132]

Olthaver Gruppe: Teilbesitz an der Olthaver and List Finance and Trading Corporation Ltd., die zu 100 % in Besitz der Kupfermine Khan Mine (Pty) Ltd. in der Nähe der Rössing Mine ist.

Otavi-Minen- und Eisenbahngesellschaft: 1906 gegründet, ist sie die älteste, noch heute bestehende BRD-Kapitalanlage in Namibia.[133] Die Gesellschaft besitzt 100 % der Otavi Mining Company (Pty) Ltd. of Johannesburg, die wiederum eine Anzahl Aktien der SWACO besitzt. Welche Tradition dieses deutsche Kapital in Namibia hat, wurde klar, als die Gesellschaft erst 1975 von einer Kolonial- in eine Aktiengesellschaft mit 12 Mio. DM Grundkapital umgewandelt wurde. 1976 erreichte die Gesellschaft eine 15 %-ige Umsatzsteigerung auf über 40 Mio. DM gegenüber 1975.[134]

Urangesellschaft GmbH, KG, AG: Ein BRD-Syndikat bestehend aus: Metallgesellschaft (33,3 %). Steinkohlen Elektrizität AG (STEAG) (33 %) und VEBA (33 %), dessen staatliches Aktienpaket sich auf 40 % beläuft. Die Gesellschaft finanzierte Anfangsprospektionen der Rössing Uran Mine, welche von dem Konsortium der Rio Tinto Zinc, der Industrial Development Corporation RSA und der General Mining and Finance Corp. Ltd. RSA getätigt wurden. Die Urangesellschaft zog sich angeblich 1972 aus Namibia zurück.[135], wohingegen eine andere Quelle angibt, daß sich „die von Bonn subventionierte Frankfurter Urangesellschaft eine 15 %-ige Option auf die Anteile der Rössing Mine gesichert."[136] hat.

ÖLBOHRUNGEN

Deutsche Schacht- und Tiefbohrgesellschaft GmbH: Ist im Besitz von Tiefbohr (Pty) Ltd. of South Africa, die Bohrungen für die Etosha Petroleum (Pty) Ltd. durchführt. Die Gesellschaft wird aus staatlichen Finanzquellen der BRD unterstützt.

BAUINDUSTRIE

Lurgi Gesellschaft AG: Gründung einer Lurgi SA (Pty) Ltd., mit Hauptsitz in der RSA, die elektrische Konstruktion in der Rössing und anderen Minen vornahm.

AGRARBEREICH

Thorer und Hollander / Thorer Gruppe: Niederlassung seit 1928 in Namibia und Gründung der SWA Karakul Zentrale (Pty) Ltd.; in Besitz von Karakulfarmen, Neue Haribes Company (Pty) Ltd. und Duwesib (Pty) Ltd.[137]

Walter Rau: Gründung einer SWA Oil Milling Company (Pty) Ltd. in Zusammenarbeit mit der Bantu Investment Corporation und Delcor (Pty) Ltd. SA zur Errichtung einer Ölpresse in Okarara, Hereroland und einer Raffinerie in Walvis Bay. Rau soll der zweitgrößte Margarine- und Pflanzenölproduzent Europas sein.[138]

BANKBETEILIGUNG

Commerzbank AG und Deutsche Bank AG: Ausgabe an Anleihen an die staatliche Electricity Supply Commission (ESCOM) RSA, die das Kunene Staudamm-Projekt im Norden Namibias indirekt finanziert.

Weitere Kapitalanlagegebiete deutscher Investitionen in Namibia sind Farmland oder Immobilien. Das Amt für Auswanderung beim Bundesverwaltungsamt gibt ein Informationsblatt mit der Frage heraus: „Welche Gesichtspunkte sind bei einem Farmkauf in Südwestafrika wichtig?"[139] Zuverlässigen Schätzungen nach legten Deutsche 1973 über 10 Mio. R in Farmen, Miets- und Geschäftshäusern in Namibia an.[140] Ob diese Tendenz indes sich ändernder politischer Verhältnisse in Namibia auch nach 1973 angehalten hat, muß bezweifelt werden. Die Haltung der Bundesregierung sowie des Auswärtigen Amtes ist in Hinsicht auf die Einhaltung der UNO-Resolutionen über das Verbot von Investitionen in Namibia zwiespältig. Solange keine öffentliche Klärung der ökonomischen Aktivitäten des deutschen Kapitals, insbesondere das mit staatlicher Beteiligung, in Namibia erfolgt, besteht der Vorwurf zu recht, daß die verbalen Aussagen der Regierung der BRD auf unzureichende Erklärungen über eine verwerfliche Praxis des deutschen Kapitals in Namibia hinauslaufen.

3.3. Zum Charakter der namibischen Ökonomie

3.3.1. Zur kolonialabhängigen Struktur

Es besteht kein Zweifel darüber, daß Namibia eine Kolonie der Republik Südafrika ist und sich in kolonialer Abhängigkeit auf den verschiedensten Gebieten von der RSA befindet.

„... SWA ist das einzig übrig gebliebene, wichtige Gebiet in Afrika, welches immer noch einen Kolonialstatus hat."[141]

Die Produktion Namibias ist hauptsächlich auf den Export agrarischer und mineralischer Produkte ausgerichtet. Die Handelsbilanz ist stark positiv. Jedoch besteht wegen der geringen Entwicklung der verarbeitenden Industrie eine hohe Importabhängigkeit von industriellen Fertigwaren. Die für den Weltmarkt bestimmten Exporte sowie die Importe Namibias werden nahezu monopolistisch durch die Kolonialmacht betrieben. Die Finanzressourcen Namibias werden von der RSA widerrechtlich verwaltet und entsprechend den kolonialen Interessen der RSA verwendet.

Das Verhältnis von Bruttoinlandsprodukt und Bruttosozialprodukt in Namibia läßt darauf schließen, daß ein großer Teil der nationalen Wertproduktion unmittelbar außer Landes in internationale Finanzkonsortien fließt, jedoch der Hauptanteil nach der RSA geht. Hier entwickelt sich ein gewisser Widerspruch zwischen dem Interesse des RSA-Kapitals und den Interessen des internationalen Kapitals. Das internationale Kapital scheint daran interessiert, die bevorzugte Ausgangsstellung der Kolonialmacht bei der Ausbeutung Namibias abzubauen. Zwar sichert die RSA für das internationale Kapital die allgemeinen Bedingungen für die Ausbeutung Namibias, insbesondere der mineralischen Rohstoffe; jedoch zieht die RSA aus der direkten Okkupation Namibias den Hauptnutzen und erreicht durch die Kolonialmachtstellung eine weitestgehende Ausschaltung der Konkurrenz des internationalen Kapitals, welches ein starkes Interesse daran hat, Namibia frei zugänglich für seine Investitionsabsichten zu machen. Die seit etwa 1975 zu beobachtende Zurückhaltung von Investitionen des internationalen Kapitals in Namibia läßt vermuten, daß erst nach Klärung der politischen Verhältnisse des zukünftigen Namibias die Frage nach weiteren Investitionen gestellt werden kann. Eine „formale" Unabhängigkeit Namibias, die eine Trennung von der Kolonialmacht zur Folge hätte, wäre dabei wahrscheinlich sogar im Sinne der längerfristigen Interessen des internationalen Kapitals.

Der kolonialabhängige Charakter der namibischen Ökonomie findet seinen Ausdruck in der externen Dimension in ungünstigen Warenströmen und einseitigem Wertabfluß. Auf interner Ebene wird dieser kolonialabhängige Charakter durch eine ausgeprägte „dualistische" Struktur der Ökonomie Namibias stabilisiert und verstärkt.

3.3.2. Zum „Dualismus" der Ökonomie Namibias

Die Kolonialwirtschaft Namibias ist der Einschätzung Nachtweis zufolge, der sie als die „Produktionsweise des kolonial-abhängigen Kapitalismus" versteht, von einem zweifachen Abhängigkeitsverhältnis bestimmt. Einem externen zwischen Kolonialmetropole bzw. imperialistischen Metropolen einerseits und dem kapitalistischen Sektor der namibischen Wirtschaft andererseits. Zum zweiten durch ein internes Abhängigkeitsverhältnis zwischen dem kapitalistischen und vorkapitalistischen Produktionsbereich.[142]

„Das interne Abhängigkeitsverhältnis läßt den vorkapitalistischen Sektor nur als Funktion des kapitalistischen zu: als Arbeitskräftereservoir, das die Kosten für die Aufzucht afrikanischer Arbeiter und für die aus dem Produktionsprozeß ausgeschiedenen Arbeiter reduzieren hilft und zugleich das System indirekter Herrschaft effektivieren soll. ... Aufgrund dieser Abhängigkeitsstruktur erreichen die Satellitenwirtschaften der Reservate und ‚Homelands' nicht einmal ihre historische Leistungsfähigkeit, die ausreichende Selbstversorgung einer Stammeswirtschaft. Als deformierte traditionelle Produktionsweise... sind sie zu Stagnation und Degeneration verurteilt."[143]

Aufgrund dieser Funktionalität des nicht-kapitalistischen Sektors wendet sich Nachtwei zurecht gegen die Dualismus-Theorie, die davon ausgeht, daß Namibias Ökonomie in dem Sinne eine dualistische, zweigeteilte sei, daß ein industrialisierter, kapitalistischer „weißer" Produktionsbereich parallel zur afrikanischen Subsistenzwirtschaft im traditionellen Sinne existiert und sich entwickelt, wobei beide Produktionsformen relativ unabhängig voneinander betrachtet werden.[144]

Ebenso weist Nachtwei diese Dualismus-Theorie als apologetisch zurück:

„Sie leugnet den permanenten Beitrag des Kolonialismus zur Stagnation des vorkapitalistischen Sektors seit 90 Jahren, isoliert die beiden Sektoren künstlich voneinander und versucht so, das koloniale Abhängigkeits- und Ausbeutungsverhältnis zu verschleiern."[145]

Evers setzt sich in seinem Manuskript zur Theorie des Staates im peripheren Kapitalismus im Rahmen eines Abschnittes zur strukturellen Heterogenität der Gesellschaftsformationen ebenfalls mit dem Dualismus-Begriff kritisch auseinander.[146]

Er vertritt darin die Auffassung, daß die nichtkapitalistischen Formen im peripheren Kapitalismus

„... keine bloßen Residualgrößen, sondern konstitutive Elemente (sind), ohne die kapitalistische Akkumulation dort nicht möglich wäre; sie sind daher auch nicht bloß Reste von real-historisch früheren Epochen; wo sie sich überhaupt in vorkolonialer Zeit zurückverfolgen lassen, sind sie jedenfalls in ihrem heute wirksam werdenden ‚Rang und Einfluß' *Produkte* der Durchsetzung des Kapitalismus in diesen Ländern, und daher früher dort existenten präkapitalistischen Produktionsverhältnissen nur scheinbar oder gar nicht ähnlich."[147]

Die heute noch existierenden Überreste von Naturalwirtschaft haben durch die aufgrund der ökonomischen Funktion pervertierten Form demnach

„... inhaltlich nichts mit präkapitalistischer gebrauchswertorientierter Produktion zu tun, sondern dienen der Verbilligung der Reproduktion der Arbeitskraft (bzw. der billigen ‚Aufbewahrung' einer relativen Überbevölkerung)."148

Dies bewirkt gleichzeitig die Verbilligung der Arbeitskraft unter ihren Wert im Bereich der Lohnarbeit im kapitalistischen Sektor der Nationalökonomie. Ermöglicht wird damit die allgemeine Senkung der Reproduktionskosten. Daraus ergibt sich, daß zwar auf der Ebene der Erscheinung eine Unterscheidung der namibischen Ökonomie zwischen den Subsistenzbereich einerseits und dem Mehrwert produzierenden, industriellen, kapitalistischen Sektor andererseits (die „weiße" Industrie und Farmwirtschaft) gemacht werden kann, gleichzeitig damit aber noch keine Aussage über den Charakter der Ökonomie als solcher zulässig ist. Dem Wesen nach handelt es sich nämlich keinesfalls um zwei trennbare, vollständig oder teilweise voneinander unabhängige Sektoren, sondern um *eine* Nationalökonomie, deren zwei Produktionssphären sich wechselseitig bedingen.

In Namibia selbst sind im Rahmen der Dualismus-Debatte zwei spezifische Formen bei der Durchsetzung dieser modifizierten Wirkung des Wertgesetzes (und den nicht durchkapitalisierten Bereichen als Ergebnis desselben) in dem daraus resultierenden Verhältnis von kapitalistischem Sektor und Subsistenzbereich zu beachten: die Schaffung von Reservaten für die afrikanische Bevölkerung per Gesetz, d.h. eine nicht durchkapitalisierte Ökonomie in einem staatlich festgelegten räumlichen Rahmen, bei gleichzeitiger perfekter Regulierung und Kontrolle des daraus resultierenden zweiten Phänomens, dem der Wander-, bzw. Kontraktarbeit, die in Namibia ein entscheidender Träger des ökonomischen Systems darstellt und völlig in ein Zwangssystem staatlicher Verordnungen eingeschnürt ist, das die vollständige Kontrolle über die Zufuhr an Arbeitskräften entsprechend den Bedürfnissen des kapitalistisch produzierenden Sektors erlaubt und die Ware Arbeitskraft der doppelten Freiheit der Lohnarbeit partiell beraubt.

„Einen Arbeitsmarkt, auf dem sich Eigentümer der Ware Arbeitskraft und Produktionsmittelbesitzer formal gleich als Verkäufer und Käufer gegenüberstehen, gibt es für die Afrikaner nicht. Ein formales Verfügungsrecht über ihre Arbeitskraft, zum Beispiel bezüglich der Wahl ihres Arbeitsplatzes, besitzen sie nicht. Durch Verbot jedes wirksamen Zusammenschlusses sollen die Afrikaner vereinzelt und in Konkurrenz zueinander gesetzt werden. Dagegen treten ihnen die Käufer und Verwerter der afrikanischen Arbeitskraft monopolistisch in der Rekrutierungsbehörde und den Unternehmerverbänden entgegen."149

Insofern können dirigistische, staatskapitalistische Elemente in der namibischen Wirtschaft nicht geleugnet werden, der Staat und dessen Institutionen werden zum unverschleierten Handlanger und ausführenden Organ privatkapitalistischer Interessen. Die Verdinglichung der Lohnarbeiter, deren Degradierung zum bloßen Instrument und Objekt kapitalistischer Produktion, tritt dabei offen zutage.

„Die afrikanischen Lohnarbeiter unterscheiden sich vom ‚freien' Lohnarbeiter der Metropolen dadurch, daß sie auch das formale Verfügungsrecht

über ihre Arbeitskraft an den Kolonialstaat verloren haben, der unter Anwendung ökonomischen und außerökonomischen Zwanges ihre Arbeitskraft monopolistisch aufkauft und an die Einzelunternehmen weiterverteilt."[150]
Diese Funktion des südafrikanischen Staates im Bereich der Nutzung schwarzer Arbeitskraft, sowohl hinsichtlich der zwangsweisen Verfügbarmachung als auch der dabei angewendeten Praktiken und Methoden der Verfügungsgewalt über die afrikanischen Produktivkräfte, läßt ein bestimmendes Element (kolonial-) faschistischer Herrschaft deutlich werden:
„Staatliche Gewalt wird zur Bedingung der Steigerung des Mehrwerts, zur Aufrechterhaltung von Surplusprofiten. Die Vermittlungsinstanzen bürgerlich-liberaler Herrschaft entfallen, die staatliche Organisation des Verhältnisses von Lohnarbeit und Kapital — nicht nur zur Wahrung der äußeren Reproduktionsbedingungen des Kapitals, sondern als Intensivierung des Ausbeutungsprozesses durch direkte staatliche Intervention — lassen die bürgerlich-faschistische Herrschaftsvariante zu Tage treten, modifiziert durch die Besonderheiten der ökonomischen Entwicklung und gesellschaftlichen Struktur..."[151]

3.4. Zur Bestimmung der Rolle der Klassen und Schichten im Kolonialkapitalismus Namibias

Die durch die koloniale Herrschaft der RSA bedingte und akzentuierte Ungleichmäßigkeit der ökonomischen und gesamtgesellschaftlichen Entwicklung Namibias spiegelt sich in den kolonialen Klassen- und Schichtenverhältnissen wider.

In Namibia entwickeln sich die klassenmäßigen Antagonismen entlang dem Widerspruch zwischen Produktionsmittelbesitzern und Nichtproduktionsmittelbesitzern, werden aber zudem in der Gestalt rassenmäßiger Auseinandersetzungen mitbestimmt. Die Klassenunterscheidung geht grundsätzlich mit der Rassenunterscheidung einher. Die rassistische Unterdrückung ist konstitutives Moment für die kolonialen Ausbeutungs- und Herrschaftsverhältnisse in Namibia.

Die Afrikaner Namibias unterteilen sich im wesentlichen: in Subsistenzbauern, Lohnarbeiter, Kleinbürgertum und die Schicht der Häuptlinge.

Die Agrarproduktion der afrikanischen Bauern in den „Reservaten" beruht auf der Subsistenzwirtschaft. Die Subsistenzbauern haben das formale Nutzungsrecht des Bodens, sind jedoch nicht Eigentümer. Auf Grund der unzulänglichen Infrastruktur in den „Reservaten", der minderen Qualität des Bodens und der Übersiedlung der „Reservate" reicht die Vieh- und Agrarproduktion nicht aus, um die dort ansässige Bevölkerung ausreichend zu ernähren. Deswegen sind die Subsistenzbauern gezwungen, in der „Polizeizone" sich zusätzlich als Lohnarbeiter zu verdingen. Als Subsistenzbauern befinden sie sich im antagonistischen Verhältnis zur Kolonialmacht, weil sie ihnen ausreichende Lebens- und Entwicklungsmöglichkeiten vorenthält.

Die afrikanischen Lohnarbeiter werden fast ausschließlich in der kapitalistischen „Polizeizone" als Farm- und Minenarbeiter sowie im Dienstleistungssektor beschäftigt. Die Hälfte der afrikanischen Arbeiter in der „Polizeizone" sind Kontraktarbeiter. Die afrikanischen Farmarbeiter unterteilen sich in drei Kategorien: Kontraktarbeiter, lokal Ansässige und Saisonarbeiter. Die Kontraktarbeiter auf Farmen werden mit geringeren Löhnen bezahlt als die ansässigen Farmarbeiter, deren Lohn sich aus Barlohn, Nahrungsmittelzuwendungen und begrenztem Weide- und Wasserrecht zusammensetzt. Die zusätzlichen Lebensmittel der Farmarbeiter müssen wegen der weiten Entfernungen von Einkaufsmöglichkeiten in den sogenannten „farm-stores" gekauft werden. Dies kommt einem „Trucksystem" gleich, wonach der Barlohnbetrag der Arbeiter in die Händlertasche des Farmers gelangt. Die Lohnhöhe unterliegt keiner gesetzlichen Regelung und wird vom Farmer festgelegt.

Die Minenarbeiter sind ausschließlich Wanderarbeiter und arbeiten in dem vom internationalen Kapital beherrschten Bergbausektor Namibias. Sie unterliegen rigiden Ausbeutungsverhältnissen, die nur noch von den sozialen Lebensbedingungen in den berüchtigten Minenwohnlagern übertroffen werden.

Die größte Anzahl der schwarzen Lohnarbeiter Namibias ist im Dienstleistungssektor als unqualifizierte Arbeiter wie Dienstboten, Lieferanten und Hausarbeiter beschäftigt. Auf Grund der sogenannten „colour bar" wird ihnen der Zugang zu qualifizierter Arbeit gesetzlich verwehrt. Ihre soziale Situation ist durch Niedriglöhne, drohende Ersetzung durch gleichfalls unqualifizierte Arbeiter und dem mit dem Arbeitsverlust einhergehenden Verlust des Wohnrechts in der „Polizeizone" gekennzeichnet und weist in ihrer Ausweglosigkeit eine extreme Unsicherheit auf, die diese Arbeiter weitgehend zu unterwürfigen und fungiblen Arbeitswesen degradiert hat.

Hingegen nehmen die Rehobother als Lohnarbeiter eine Ausnahmestellung in Namibia ein. Durch traditionelle Handwerksausbildung geschult, arbeiten sie vornehmlich als Facharbeiter im Hausbau. Sie sind somit unmittelbar in ihrer sozialen Entwicklung durch die kolonialen Arbeitsgesetze behindert. Die Rehobother erfahren auf Grund ihrer helleren Hautfarbe eine graduelle Privilegierung, sind jedoch im Prinzip ebenso von kolonialrassistischer Unterdrückung betroffen.

Die afrikanische Lohnarbeiterklasse in Namibia steht in einem antagonistischen Widerspruch zum Kolonialkapital und zum internationalen Kapital, weil sie scharfen ökonomischen Ausbeutungsbedingungen unterliegt, politisch wie gewerkschaftlich rechtlos ist und sozial und rassenmäßig unterdrückt wird. Dieser Widerspruch tritt in besonderer Weise bei den Kontraktarbeitern in den Minen hervor. Trotz der relativ geringen Zahl im Vergleich zur gesamten Lohnarbeiterklasse nehmen die Kontraktarbeiter eine Sonderstellung ein. Sie stehen direkt im Widerspruch zum internationalen Kapital und sind Teil des „räumlich konzentrierten" Arbeitskräftepotentials in der „Polizeizone". Ihre Auseinandersetzungen mit der Kolonialmacht — wie z.B. der Ovambo-Streik 1971 — haben nicht nur ökonomischen Charakter, sondern drücken gleichzeitig vehement den politischen Widerstand gegen die Kolonialmacht aus. Darüber hinaus sind die Kontraktarbeiter durch die Fluktuation zwischen dem kapitalistischen und dem nichtkapitalistischen Bereich Namibias ein soziales Bindeglied zwischen diesen beiden Bereichen. Diese besondere Situation läßt sie in ihrer politischen Bewußtheit über die Totalität des kolonialen Verhältnisses eine führende Rolle in der Auseinandersetzung mit dem Kolonialisten spielen.

Das afrikanische Kleinbürgertum ist zahlenmäßig gering und setzt sich aus kleinen Warenproduzenten, Händlern, Angestellten der Reservatsbürokratie und Intellektuellen zusammen. Als kleine Warenproduzenten und Händler unterliegen sie nicht der direkten Ausbeutung durch das Kolonialkapital, sind aber über Kredite der weißen Banken sowie der Beschränkung der Lizenzvergabe und der Niederlassungsfreiheit ökonomisch von den Kolonialisten abhängig. Die schwarzen Bürokraten unterstehen dem kolonialen Verwaltungsapparat der Südafrikaner. Die Intellektuellen, hauptsächlich Lehrer, sind durch die jeweiligen konkreten sozialen Bedingungen sowie durch ihr Bewußtsein über das Kolonialverhältnis bestimmt. Durch die Rigidität des unterdrückerischen Kolonialverhältnisses in Namibia und auf Grund der von ihnen täglich erfahrenen rassischen Diskriminierung sehen sich die Intellektuellen gezwungen, aktiv den antikolonialen Kampf zu unterstützen.

Die Schicht der Häuptlinge setzt sich zum großen Teil aus „Kompradoren" zusammen, die direkt von der südafrikanischen Kolonialmacht bezahlt werden. Die Häuptlinge haben eine relative Machtfülle, die aber von den Kolonialisten kontrolliert wird. Als traditionelle Häuptlinge verfügen sie über das Recht der Landzuweisung in den „Reservaten". Die Häuptlinge haben Einfluß auf die kolonialen Agenturen wie die „Bantu Investment Corporation" und die Rekrutierungsbüros für Wanderarbeiter. Die Häuptlinge besitzen in den „Reservaten" die hoheitliche Befehlsgewalt über die „Reservatspolizei" und kontrollieren die dortige Justiz. Als direkt von der Kolonialmacht bezahlte Verwaltungsagenten sind sie an die Weisungen der Kolonialmacht gebunden. Dieser Teil der Häuptlinge hat die objektive Funktion, die politische Kontrolle im Sinne der Kolonialmacht über die „Reservate" auszuüben.
Die Häuptlinge, die als kleine Warenproduzenten oder Händler agieren, sind anders in ihrer gesellschaftlichen Rolle einzuschätzen. Ihre gesellschaftliche Haltung mag antirassistischen und antikolonialistischen Charakter haben; sie kann jedoch durch die Verflechtung ihrer Interessen als Kleinkapitalisten mit den Interessen der Kolonialisten nicht antikapitalistisch sein. Sie neigen als Kleinkapitalisten zur Kollaboration mit der Kolonialmacht, um ihre Macht- und Bereicherungsinteressen in Einklang mit der Kolonialpolitik zu bringen. Insofern ist diese Fraktion der Häuptlinge, die teilweise als „Vertreter des namibischen Volkes" an der Turnhallenkonferenz teilnehmen, objektiv auf Seiten der Kolonialisten; sie sind auf Gedeih und Verderb mit dem kolonialistischen System verbunden. Deswegen ist anzunehmen, daß dieser Teil der Häuptlinge die Turnhallenkonferenz dazu benutzen wird, um Veränderungen herbeizuführen, die der Aufrechterhaltung des kolonialen Systems dienen.

Anders ist es mit den Häuptlingen, die ihre vornehmliche Rolle in der politischen Vertretung der „Reservatsbewohner" sehen. Zwar werden sie als Repräsentanten auch von der Kolonialmacht bezahlt, jedoch stehen sie in der Wahrnehmung der politischen Interessen des Volkes in der Tradition wirklicher Stammesführer. Dadurch sind sie der direkten Repression der Kolonialmacht ausgesetzt.
Die Widersprüche, die sich zwischen dem afrikanischen Kleinbürgertum und den „Kompradoren" einerseits und der afrikanischen Lohnarbeiterklasse andererseits gerade im Hinblick auf die Turnhallenkonferenz ergeben, sind nicht — wie vordergründig von den Kolonialisten behauptet wird — auf die jeweiligen „tribalistischen" Differenzen zurückzuführen, sondern entspringen vielmehr den jeweiligen unterschiedlichen gesellschaftlichen Situationen der Afrikaner in Namibia.
Die Kolonialisten setzen sich aus der weißen „Arbeiteraristokratie", der Siedlerbourgeoisie, dem namibischen weißen Kleinbürgertum, den namibischen Kolonialkapitalisten sowie den Repräsentanten des südafrikanischen und internationalen Kapitals zusammen.
Die „weiße Arbeiteraristokratie" Namibias befindet sich in einer sozial privilegierten Situation, die durch hohe Löhne, Zugang zu qualifizierter Arbeit und politische Rechte gesichert ist. Ihr Interesse liegt in der Ausschaltung der

Konkurrenz der afrikanischen Arbeitskraft, im „rassischen Abstand" zum schwarzen Lohnarbeiter und in der damit verbundenen Aufrechterhaltung ihrer sozialen Privilegien. Sie befindet sich objektiv auf Seiten der Kolonialisten, weil sie den Rassenstandpunkt und nicht den Klassenstandpunkt vertritt.

Die Siedlerbourgeoisie verfügt über den qualitativ besten und größten Bodenbesitz Namibias. Ihre Abhängigkeit als Großfarmer besteht im hohen Kapitalbedarf, im Bedarf an staatlichen Subventionen für den infrastrukturellen Ausbau, sowie im Bedarf nach kontinuierlicher Zufuhr von billigen Arbeitskräften. Nachteilhaft wirkt sich die Abhängigkeit für sie beim Absatz ihrer Waren aus; die RSA stellt nämlich einen monopolistisch organisierten Arbeitsmarkt dar, auf dem sie unter Weltmarktpreisen verkaufen müssen. Als „bodenständige" Landbesitzer sind sie an der Unveränderbarkeit des Kolonialverhältnisses trotzdem am stärksten interessiert.

Das weiße Kleinbürgertum besteht aus im Handels-, Transport- und Dienstleistungsgewerbe Tätigen. Das Interesse des Kleinbürgertums bezieht sich auf die Ausweitung der Zirkulationssphäre, der Erweiterung eines „nationalen" Marktes, und sie vertreten in Hinblick auf die Turnhallenkonferenz einen „pseudo-liberalen" Standpunkt, der auf den Abbau rassischer Diskriminierung und die Gewährung begrenzter politischer Rechte der Schwarzen, bei Aufrechterhaltung der kapitalistischen Rahmenbedingungen, zielt. Ihre Forderung nach höheren Löhnen für Schwarze ist eine, im Zusammenhang mit der von ihnen beherrschten Zirkulationssphäre betrachtet, „lebensnotwendige" Forderung, weil sich das Kleinbürgertum über diese Forderung eine Erhöhung des Konsumptionsvermögens der Afrikaner verspricht.

Die ansässigen Kolonialkapitalisten Namibias sind hauptsächlich Kleinindustrielle. Ihre Betriebe sind eher als Handwerksbetriebe zu bezeichnen, die nur eine geringe Anzahl Arbeiter beschäftigen. Diese Kleinindustriellen stehen in scharfer Konkurrenz zum südafrikanischen und internationalen Kapital. Die Chance einer eigenständigen „nationalkapitalistischen Entwicklung", wie es z.B. in Zimbabwe der Fall zu sein scheint, ist in Namibia sehr gering.

Das südafrikanische Kolonialkapital sowie das internationale Kapital beherrschen die entwickeltsten Produktionszweige Namibias. Sie haben das Interesse, Namibias Rohstoffe, besonders die strategisch wichtigen Rohstoffe wie Kupfer und Uranoxyd, möglichst rasch und billig auszubeuten. Das südafrikanische Kolonialkapital zieht auf Grund seines Quasi-Monopols über Namibia den größten Nutzen aus dem Kolonialverhältnis. Das internationale Kapital hat ein Interesse an der Ausweitung seiner Ausbeutungsmöglichkeiten in Namibia. Es entsteht ein nichtantagonistischer Widerspruch zwischen dem Quasi-Kolonialmonopol Südafrikas und dem internationalen Kapital über den jeweiligen Ausbeutungsanteil. In Hinblick auf die Turnhallenkonferenz drängt das internationale Kapital auf Beendigung der bevorzugten Stellung der RSA, um sich seinerseits größeren Zugang zur Ausbeutung der Rohstoffe Namibias zu verschaffen.

Der Klassencharakter des Kolonialkapitalismus Namibias ist dadurch gekennzeichnet, daß sich auf Grund der Eigentumsverhältnisse die weißen Kolonialisten als besitzende Klasse und als die herrschende Rasse erweisen. Die Afrikaner in Namibia stellen demgegenüber die besitzlose Klasse und die unterdrückte Rasse dar, die politisch entrechtet, ökonomisch ausgebeutet, sozial verarmt und kulturell entfremdet ist. Das antagonistische gesellschaftliche Verhältnis der Klassen und Rassen in Namibia ist hauptsächlich durch die direkte Herrschaft des kolonialen und internationalen Kapitals über Namibia sowie durch den Widerstand des namibischen Volkes gegen diese Fremdherrschaft bestimmt.

Im Hinblick auf die laufenden Verhandlungen über die „Dekolonisierung" Namibias im Rahmen der Turnhallenkonferenz, läßt sich anhand des kolonialantagonistischen Klassenverhältnisses in Namibia feststellen, daß, wenn die Turnhallenkonferenz den Hauptwiderspruch zwischen kolonialer Herrschaft und Widerstand des namibischen Volkes, der aus der Totalität kolonialkapitalistischer Verhältnisse hervorgeht, nicht reflektiert, sie die ursächlichen Bedingungen der Klassen- und Rassenherrschaft der weißen Kolonialisten in Namibia nicht erkennt. Wenn die Turnhallenkonferenz diese ursächlichen Bedingungen nicht zum Gegenstand ihrer Verhandlungen macht, bleiben die Verhandlungen auf die Ebene der Erscheinungsformen — z.B. die Abschaffung der „petty Apartheid" — bezogen und dienen nicht als Hebel zur Befreiung des namibischen Volkes von kolonialer und imperialistischer Herrschaft. Sie würden sich damit als vordergründige, verschleiernde Verhandlungen erweisen, die letztlich — wenn auch in modifizierter moderner Form — die Kontinuität der Fremdherrschaft über Namibia sichern.

ANMERKUNGEN ZU KAPITEL 3

1. W.H. Thomas, „The Economy of SWA: An Overall Perspective", School of Economics, University of Capetown, January 1975", S. 2: „The attempt to bring together relevant data on recent economic performance and expected development proved extremely frustrating in the light of the paucity of published and released information."
2. Die RSA kommt ihrer Informationspflicht über Namibia nicht nach. Der letzte offizielle Bericht, der „SWA Survey", stammt von 1967. Weitere Kurzberichte sind im „South Africa Yearbook 1974" und im „State of South Africa 1976" vorhanden. Die Daten, die dort aufgeführt werden, sind aber unzusammenhängend und unzureichend. Es liegt der Verdacht nahe, daß die RSA durch ihre „Publikationswut" über Namibia mehr zu verschleiern als zu veröffentlichen hat.
3. Siehe dazu H. Bley, „Politische Probleme um Namibia seit Ablaufen des Sicherheitsrats-Ultimatum vom 31.8.1976", in: Afrika Spektrum Nr. 3, 1977, S. 255, der sich in seinen Anmerkungen oft auf frühere empirische Veröffentlichungen bezieht.
4. W.H. Thomas, a.a.O., S. 11.
5. J. Morris / R. Murray / J. Dugard / A. Rubin, „Role of Foreign Firms in Namibia", Uppsala 1974, S. 50.
6. UN Council For Namibia, „Foreign Investments in Namibia", New York 1975,S.42
7. Africa Research Bulletin, Vol. 13, Nr. 5, 1975, S. 163.
8. WAd vom 24.5.1977.
9. Objective: Justice, Vol. 6, Nr. 2, 1974, S. 22.
10. Ebd.
11. „State of South Africa, Economic and Statistical Yearbook of the Republic of South Africa", Johannesburg 1976, S. 197.
12. Allgemeine Zeitung Windhoek (AZW) vom 20.5.1975.
13. AZW, ebd.
14. AZW, ebd.
15. J. Morris, a.a.O., S. 174.
16. Windhoek Advertiser (WAd) vom 7.9.1976: siehe dazu auch H. Bley, „Die politische, soziale und wirtschaftliche Situation Namibias", Vortrag in: „Die Zukunft Namibias und die Kirchen", Bericht einer Tagung vom 3. und 4.10.1975, herausgegeben vom Protokolldienst der Evangelischen Akademie, Bad Boll 1/76, S.10, wo Bley von „...planmäßigem Raubbau" spricht.
17. R. Murray, a.a.O., S. 50 und 57.
18. „State of South Africa", a.a.O., S. 197.
19. Ebd., S. 198.
20. Objective Justice, a.a.O., S. 23.
21. Ebd.; In dieser Aufstellung scheint der Lohn der Farmarbeiter nur aus dem Barlohn in der Höhe von rd. 3 Rand pro Monat errechnet zu sein.
22. R. Murray, a.a.O., S. 54.
23. Ebd., S. 55 sowie H. Bley, „Die politische, soziale...", a.a.O., S. 7.
24. Angaben aus dem „Odendaal-Report" zitiert nach R. Murray, a.a.O., S. 55.
25. P. Fraenkel, „The Namibians of South West Africa; Minority Rights Groups", 1974, S. 32 zitiert nach R. Murray, a.a.O., S. 55.
26. R. Murray, a.a.O., S. 57.
27. International Labour Office Geneva, Labour and discrimination in Namibia, 1977, S. 24.
28. H. Bley, „Die politische, soziale...", a.a.O., S. 9.
29. South African Institute of Race Relations, „A Survey of Race Relations in South Africa 1976", January 1977, Johannesburg, S. 462.
30. H. Bley, „Die politische, soziale...", a.a.O., S. 7, der als Grundlage die Richtwerte der südafrikanischen Regierung von 120 R Einkommen pro Jahr für eine Bauernfamilie benennt.
31. Siehe dazu u.a.: H.W. Thomas, a.a.O., S. 27 und 28–30, sowie ILO, Labour and discrimination...a.a.O., S. 39 f.

32. Siehe dazu Teil 3.3. dieser Arbeit.
33. Minilexikon SWA, Hrsg., Informationsabteilung der südafrikanischen Botschaft in Köln, o.J., S. 2.
34. W.H. Thomas, a.a.O., S. 9 f.
35. Siehe dazu: Über die Rolle der CDM und TSUMEB in Namibia E. Ferreira, „Internationales Kapital in Namibia (SWA)", in: Blätter für deutsche und internationale Politik, 12/72 und R. Murray, a.a.O., S. 42 sowie UN Council for Namibia, a.a.O., S. 14; zur TSUMEB Corp. siehe besonders B. Rogers, „White Wealth and Black Poverty", Greenwood Press, London/Westport 1976, S. 193.
36. W.H. Thomas, a.a.O., S. 10.
37. Africa Research Bulletin, Vol. 13, Nr. 5, 1975, S. 163; siehe dazu auch W.H. Thomas, a.a.O., S. 10.
38. R. Murray, a.a.O., S. 46 f und UN Council..., a.a.O., S. 28 f.
39. WAD vom 28.4.1977
40. WAD vom 28.4.1977
41. R. Murray, a.a.O., S. 43.
42. Ebd.
43. Objective: Justice, a.a.O., S. 16 f; dazu auch UN Council... S. 4 ff und zum US-Kapital in Namibia B. Rogers, a.a.O., S. 192 ff.
44. R. Murray, a.a.O., S. 43.
45. AZW vom 12.11.1974; Der Alleinbesitz ausländischer Firmen wird da gewährt, wo keine direkten Interessen der Kolonialmacht betroffen sind.
46. R. Murray, a.a.O., S. 46.
47. Financial Mail, Johannesburg vom 8.10.1976.
48. Bei einer Mineralproduktion im Gesamtwert von 250 Mio. R entfielen 1973 147 Mio. R, d.h. 64 %, auf die Diamantenproduktion. WAd vom 11.3.1975.
49. Hierüber gibt es kein Zahlenmaterial, da die RSA widerrechtlich Namibia als ein „integrales Gebiet" der Republik betrachtet.
50. W.H. Thomas, a.a.O., S. 12.
51. R. Murray, a.a.O., S. 48 und UN Council..., a.a.O., S. 29.
52. AZW vom 20.5.1975.
53. WAd vom 27.5.1975.
54. WAd vom 27.3.1975.
55. WAd vom 17.9.1975.
56. WAd vom 2.3.1977.
57. UN Council..., a.a.O., S. 33.
58. Ebd., S. 93 f; B. Rogers betrachtete die Auseinandersetzung als „...typical colonial arrangement". Diese Betrachtungsweise ist jedoch irrtümlich, weil im typischen Kolonialverhältnis das Kolonialkapital von der Kolonialregierung beschützt und nicht wie in diesem Falle benachteiligt wird.
59. Africa Research Bulletin, a.a.O., S. 163.
60. Windhoek Advertiser vom 19.1.1977.
61. Ebd.
62. Ebd.
63. Zur Rolle der „Works Committees" in der gewerkschaftlichen Organisierung der schwarzen Arbeiter in der RSA siehe L. Ensor, „The Problems of African Unions", in: South African Labour Bulletin, Vol. 1, Nr. 2, April 1974, S. 39 f. Vgl. dazu P. Ripken, „Zur Problematik gewerkschaftlicher Organisation von Afrikanern in Südafrika" in: P. Ripken und G. Wellmer (Hrsg.). „Wanderarbeit im südlichen Afrika." Ein Reader. issa – wissenschaftliche Reihe, Bonn 1976, S. 157–174.
64. R. Murray, a.a.O., S. 49.
65. WAd vom 14.3.1977.
66. UN Council..., a.a.O., S. 34.
67. WAd vom 20.4.1977.
68. AZW vom 20.5.1975.
69. W.H. Thomas, a.a.O., S. 14.

70.	South Africa Official Yearbook, First Edition, Johannesburg 1974, S. 961.
71.	WAd vom 11.3.1975.
72.	W.H. Thomas, a.a.O., S. 21.
73.	Ebd., S. 19; In Bezug auf den Handel mit Großbritannien gibt das Department of Trade, London, Zahlen heraus.
74.	W.H. Thomas, a.a.O., S. 19 sowie die Tabelle auf S. 20.
75.	„State of South Africa 1976", a.a.O., S. 197; W.H. Thomas schätzt diese Summe auf 368 Mio. R für 1973/74, a.a.O., S. 20.
76.	W.H. Thomas, a.a.O., S. 21.
77.	Blick durch die Wirtschaft vom 11.11.1976.
77a.	WAd vom 28.4.1977.
78.	Nach Angaben, herausgegeben vom Department of Trade, London.
79.	R. Murray, a.a.O., S. 36.
80.	Siehe zur Entwicklung der Finanzstruktur Namibias G.M. Leistner, „Public Finance in South West Africa 1945/1946 to 1969/1970", in: the South African Journal of Economics, The Quarterly Journal of the Economic Society of South Africa, Vol. 40, 1972, S. 1–32 sowie R. Murray, a.a.O., S. 36 f und UN Council..., a.a.O., S. 115 f.
81.	Financial Mail, SS, Johannesburg, zitiert nach R. Murray, a.a.O., S. 40.
82.	R. Murray, a.a.O., S. 38.
83.	WAd vom 18.4.1975.
84.	Rhodesia Herald vom 23.9.1976.
85.	WAd vom 31.3.1977.
86.	WAd vom 9.3.1977.
87.	AZW vom 4.10.1976.
88.	W.H. Thomas, a.a.O., S. 23.
89.	WAd vom 28.4.1977.
90.	UN Council..., a.a.O., S. 115.
91.	WAd vom 3.12.1976.
91a.	Financial Mail zit. nach WAd vom 28.4.1977.
92.	Nach Thomas in: Africa Research Bulletin, Vol. 13, 1976, S. 4028.
93.	W.H. Thomas, a.a.O., S. 14.
94.	WAd vom 24.5.1977.
95.	WAd vom 22.2.1977.
96.	Blick durch die Wirtschaft vom 11.11.1976.
97.	Objective: Justice, Vol. 5, Nr. 2, 1973, S. 21.
98.	WAd vom 28.4.1977.
99.	UN Documents, Conference Room Paper, SCI/72/8, zitiert nach B. Rogers, „White Wealth...", a.a.O., S. 206.
100.	US State Department, „Area Handbook of the Republic of South Africa", Washington D.C., Government Printing Office, 1971, zitiert nach B. Rogers, ebd., (Anm. 79)
101.	Ebd.
102.	R. Murray, a.a.O., S. 26.
103.	B. Rogers, a.a.O., S. 206.
104.	Siehe dazu UN Council..., a.a.O., S. 76 f und J. Morris, a.a.O., S. 132 f.
105.	„White" goods – dieser Terminus wurde in einem Jahresbericht der Barlow Rand Ltd. 1975 verwendet und bezieht sich auf Waren, die eigentlich nur von Weißen in Namibia gekauft werden können. WAd vom 19.1.1975.
106.	Siehe dazu J. Morris, a.a.O., S. 144 f sowie UN Council..., a.a.O., S. 64 f; auch R. Voipio, „The Labour Situation in Namibia", herausgegeben vom South African Institute for Race Relations, 1972, S. 10 f; insbesondere zum Kontraktarbeitersystem siehe B. Rogers, a.a.O., S. 183 f.
107.	AZW vom 24.2.1977.
108.	Report of the UN Council for Namibia covering the period 12th October 1974 – 12th September 1975, General Assembly, Official Records, 30th Supplement Nr. 24 (A/10024), UN New York 1976, Vol. 1, S. 34.

109. WAd vom 26.11.1974.
110. Ebd.; siehe auch Report of the UN Council for Namibia..., a.a.O., S. 34.
111. J. Kane Berman, Contract Labour in S.W.A., SAIRR, 1972, siehe dazu: S. 9–10.
112. Report of the UN Council for Namibia..., a.a.O., S. 34.
113. AZW vom 24.2.1977; diese Angaben sind nicht nachprüfbar, da sie auf einseitigen Angaben der Farmer beruhen.
114. B. Gebhardt, „The Socio-economic Status of Farm Labourers in SWA/Namibia", Saldru Farm Labour Conference, September 1976, Paoer Nr. 48, S. 16, School of Economics, University of Cape Town.
115. AZW vom 24.5.1976.
116. E.G. Kaschnik, Justice of the Peace, Windhoek 1974–76 macht diese Angaben in einem Interview am 30.1.1977 mit W. Schneider-Barthold, Deutsches Institut für Entwicklungspolitik, Berlin (West).
117. Eine Einschränkung ist hier in Hinsicht auf die sozialen Bedingungen in den „Reservaten" zu machen. Siehe dazu R. Murray, a.a.O., S. 54–64. Jedoch erlaubt die Berücksichtigung Katuturas einen urbanen Vergleich.
118. W.C. Pendleton, „Katutura: A Place Where We Do Not Stay", San Diego 1974, S. 52.
119. Ebd., S. 51 f.
120. Ebd., S. 52.
121. Ebd., S. 57.
122. Ebd., S. 58 f.
123. UN Council for Namibia..., a.a.O., S. 65; es ist immer wieder erstaunlich, daß – wie in diesem Berechnungsfall bis fast zu 50 % unterschiedliche Einschätzungen darüber gegeben werden, was ein Mensch zum Überleben braucht.
124. ILO, Labour..., a.a.O., S. 61.
125. Siehe dazu J. Morris, a.a.O., S. 166 f.
126. W.C. Pendleton, a.a.O., S. 52.
127. Vgl. dazu den „Industrial Conciliation Ordinance", welcher nicht für Haus- oder Farmarbeiter gültig ist. Sektion 64 sieht die Möglichkeit vor, Afrikaner nicht als „employee" einzustufen, was einer arbeitsrechtlichen Nichtexistenz gleichkommt. Vgl. ILO, Labour..., a.a.O., S. 54.
128. Zur Rolle des internationalen Kapitals in Namibia siehe Report on the UN Council..., a.a.O., Vol. 1, S. 25–36 sowie Vol. 2, Annex IX mit der Liste der ausländischen Firmen in Namibia S. 72 f; desweiteren R. Murray, a.a.O., Appendix B, S.89 UN Council..., a.a.O., S. 4 f.
129. Minilexikon, a.a.O., S. 15.
130. R. Rode, „Die Südafrikapolitik der Bundesrepublik Deutschland 1968–1972", München 1975, S. 4.
131. Der Vertreter der BRD bei den Vereinten Nationen von Uthmann, WAd vom 5.12.1975.
132. Report of the UN Council..., a.a.O., Annex IX, S. 80 wie auch Teile der hier aufgelisteten Firmen dort abgedruckt sind.
133. In der AZW vom 14.4.1975 steht ein Jubiläumsbericht über die Otavi Minengesellschaft.
134. Der Tagesspiegel, Berlin West, vom 15.1.1977.
135. Report of the UN Council..., a.a.O., S. 88.
136. Der Spiegel, Hamburg, vom 1.11.1976.
137. R. Murray, a.a.O., S. 102.
138. Report of the UN Council..., a.a.O., S. 108.
139. ISSA Informationsdienst, Bonn, Nr. 12, 1974. Beilage S. 22.
140. AZW vom 18.6.1973.
141. J. Baratt, „The Political Outlook in Southern Africa", in: The South African Institute of International Affairs, Vol. 8, Nr. 3, 1976, S. 28.
142. Siehe dazu: Winfried Nachtwei, „Namibia – Von der antikolonialen Revolte zum nationalen Befreiungskampf", Verlag Jürgen Sendler, Mannheim 1976, S. 99 f.

Anstelle der Bezeichnung „vorkapitalistisch" würden wir allerdings eher den terminus „nicht-kapitalistisch", bzw. „nicht durchkapitalisiert" verwenden.
143. Winfried Nachtwei, a.a.O., S. 101.
144. In der Regel vertreten bürgerliche Wissenschaftler — und insbesondere die Modernisierungstheoretiker unter ihnen — diese Auffassung. Doch auch bei Autoren mit marxistischem Anspruch wird oftmals deutlich, daß die Dualismus-Debatte noch nicht vollständig abgeschlossen ist.
145. Winfried Nachtwei, a.a.O., S. 102.
— Unverständlich allerdings bliebt, warum Nachtwei in seiner Kritik an der Dualismus-Theorie deren Behauptung als richtig konzediert, „als damit die Existenz unterschiedlicher Produktionsweisen im Rahmen der Kolonialwirtschaft bezeichnet und die relativ starke Fortdauer traditioneller, nicht vom Kapitalismus produzierter Elemente benannt werden soll." (Winfried Nachtwei, a.a.O., S. 101). Diese Konzession nimmt er selbst wenige Sätze später zurück, indem er abschließend darauf hinweist, daß „... jedoch der vorkapitalistische Sektor keineswegs nur ein Relikt aus vorkolonialer Zeit (ist). Er ist insofern und trotz der relativ geringen ökonomischen Beziehung zwischen den Sektoren voll in das Gesamtsystem des kolonialabhängigen Kapitalismus integriert, als er in seinem heutigen Zustand vom Kolonialismus geschaffen wurde und mit seiner ganzen weiteren Entwicklung von den Bedürfnissen des kolonialen Kapitals abhängt." (ebd.).
146. Tilman Evers, a.a.O., S. 21–25.
Wenngleich wir auch mit einigen seiner Ergebnisse zu diesem Abschnitt nicht völlig übereinstimmen (insbesondere sind unserer Auffassung zufolge einige von ihm benutzte termini und Ausdrucksformen verwirrend und irreführend angewendet), pflichten wir doch den zentralen Aussagen bei.
147. Tilman Evers, a.a.O., Seite 22, Hervorhebung im Original.
Aufgrund dieser Erkenntnis stellt sich allerdings die Frage, ob und inwieweit die Anwendung des Begriffes „nicht kapitalistisch" noch gerechtfertigt scheint, da zumindest in der zum Ausdruck gebrachten Form das Wesen dieses Subsistenzbereichs mißverständlich interpretiert werden könnte. Stattdessen scheint sich eher die Verwendung eines Begriffes wie „nicht durchkapitalisiert" anzubieten, um durch eine adäquate Ausdrucksform den gesellschaftlichen Zustand erfassen und Mißverständnisse ausräumen zu können.
148. Tilman Evers, a.a.O., S. 22 f.
Dazu müßte die zentrale Rolle der Frau — (Feldarbeit, Kinderaufzucht, Altenpflege etc.) zur Senkung der Reproduktionskosten schwarzer (männl.) Arbeitskraft durch ihre ökonomische und soziale Funktion in den Reservaten und Elemente traditioneller Verkehrsformen (Großfamilie) besonders berücksichtigt werden.
Vgl. dazu: P. Ripken und G. Wellmer: Wanderarbeit im Südlichen Afrika. Ein Reader. Issa — Wissenschaftliche Reihe, Bonn 1976, besonders den Aufsatz von Harold Wolpe: Kapitalismus und billige Arbeitskraft in Südafrika: Von der Rassentrennung zur Apartheidspolitik. S. 99–141.
149. Winfried Nachtwei, a.a.O., S. 85.
150. ebd., S. 107.
151. Michael Bochow, a.a.O., S. 51.
Wenngleich sich der Autor direkt auf die gesellschaftlichen Verhältnisse in der Republik Südafrika bezieht, so hat diese Aussage doch auch uneingeschränkte Geltung für die namibische Gesellschaft und die Funktionen des südafrikanischen Staates.

4. Südafrikas „Dekolonisierungspolitik" in Namibia

Der Plan, über eine Verfassungskonferenz die künftige politische Struktur Namibias zu erarbeiten und zu legitimieren, begann unter den Politikern der Nationalen Partei Südafrikas und Namibias 1974 Formen anzunehmen. Vier Faktoren waren für diese Revidierung des politischen Kurses bestimmend:
- die Zuspitzung der Auseinandersetzung um den Status Namibias mit den Vereinten Nationen,
- der an Intensität zunehmende Befreiungskampf in Namibia,
- das veränderte Kräfteverhältnis im Südlichen Afrika und
- die daraus resultierende Suche nach neuen Durchsetzungsformen und Legitimationen für Pretorias erklärte Politik der „getrennten Entwicklung".

Wir wollen diese Faktoren nachfolgend kurz ausführen und die daraus resultierenden Konsequenzen in der weiteren Vorgehensweise der Nationalen Partei vor Aufnahme der „Turnhallen"-Konferenz skizzieren, um durch die Benennung der Hintergründe bereits hypothetische Aussagen hinsichtlich Zweck und Ziel der konstitutionellen Gespräche zu ermöglichen. Dabei werden wir uns auf die Darstellung der internen Entwicklung Namibias konzentrieren.

Zum 18-monatigen Verlauf der Turnhallen-Gespräche selbst scheint es uns ausreichend, die wichtigsten und symptomatischsten Ereignisse und Ergebnisse kurz darzustellen und zu interpretieren. Anschließend wollen wir uns ausführlicher mit dem vorläufigen Resultat der Konferenz, der Schaffung bzw. Vorbereitung einer Interimsregierung für Namibia beschäftigen und uns konkret mit den damit verbundenen Implikationen für das Territorium auseindersetzen. Um dies richtig beurteilen zu können, haben wir auch in diesem Kapitel den nationalen Befreiungskampf zu berücksichtigen, um schließlich abschliessend die Intentionen der Verfassungskonferenz grundsätzlich einordnen und begründen zu können und unter Berücksichtigung der anderen gesellschaftlichen Kräfte deren Realisierungsmöglichkeiten zu beurteilen, ohne dabei allzu spekulativ argumentieren zu müssen.
Dabei haben wir die bisher erarbeiteten Teile der Arbeit als grundlegende Aspekte verstanden und behandelt, deren Stellenwert auch und insbesondere bei der Beurteilung der Turnhalle von Relevanz sind. Denn ohne Kenntnis der gesellschaftlichen Zusammenhänge, des Charakters der bestimmenden Bedingungsmomente – also der gesellschaftlichen Ausgangslage – kann die „Turnhalle" nicht erklärt und beurteilt werden.

4.1. Ursprung und Bedingungsmomente der Verfassungskonferenz

Die Situation in und um Namibia vor Aufnahme der Vorbereitungen zur Verfassungskonferenz war von verschiedenen Faktoren bestimmt und begleitet, die sich in interne und externe, gesellschaftliche und politische Prozesse unterteilen lassen. Während wir deshalb im ersten Abschnitt die gesellschaftlich bestimmenden Begleitumstände darstellen, die Südafrika zu einer Modifikation der Namibia-Politik zwangen, wollen wir uns im zweiten Abschnitt auf die Regierungspolitik selbst konzentrieren.

4.1.1. Die Situation vor Aufnahme des ,,Dialogs"

Die 70er Jahre bescherten der südafrikanischen Regierung in der Namibia-Frage eine Verschärfung der internationalen Auseinandersetzung und eine Intensivierung des namibischen Befreiungskampfes. Gekennzeichnet wurde diese Entwicklung durch die Entscheidung des Internationalen Gerichtshofes vom 21. Juni 1971, der mit 13 gegen 2 Stimmen entschied,

,,(1) daß Südafrika angesichts der Unrechtmäßigkeit seiner andauernden Präsenz in Namibia verpflichtet sei, seine Verwaltung sofort aus Namibia abzuziehen und somit seine Besetzung des Territoriums zu beenden."[1]

Noch im gleichen Monat traten die Kirchenführer der afrikanischen lutherischen Kirchen Namibias mit einem offenen Brief an Premierminister Vorster an die Öffentlichkeit, der die permanente Präsenz Südafrikas im Lande ebenso verurteilte, wie die Herrschaftspraktiken des Rassistenregimes.[2] Seine besondere Bedeutung hatte dieser offene Protest der namibischen Kirchenführer darin, daß die afrikanische Bevölkerung nahezu geschlossen hinter den lutherischen Kirchen stand und ebenso einmütig die politische Stellungnahme des Briefes unterstützte.

An der Basis manifestierte sich die Ablehnung des Regimes im Dezember 1971 durch einen wochenlangen Streik von 15.000 bis 20.000 Kontraktarbeitern im ganzen Land. Die namibische Ökonomie wurde fast völlig lahmgelegt. Minenbetriebe mußten vorübergehend schließen, der Dienstleistungssektor konnte nur durch den Einsatz von weißen Schülern und Militärs notdürftig aufrecht erhalten werden.

,,... es war das wichtigste Ereignis an der heimischen Front, seit das Territorium von Südafrika 1915 übernommen wurde... Nach dem Ovambo-Streik konnte Namibia – und Südafrika – nicht mehr wie früher sein. Die ,Nichtweißen' hatten eine neue politische Waffe entdeckt und wirksam eingesetzt."[3]

Die Ereignisse während und nach dem Streik und die modifizierte Aufrechterhaltung und Durchsetzung des Kontraktsystems als Ergebnis der ,,Schlichtungsverhandlungen" markierten eine entscheidende Zäsur in der weiteren politischen Entwicklung. Durch die Übertragung des Kontraktsystems an die ,,Bantustan-Institutionen" wurde eine dezentralisierte Form des vom Charakter her unveränderten Ausbeutungssystems unter ebenso unveränderten unmenschlichen Bedingungen geschaffen, die als formal verantwortlichen Träger künftig die Stammesinstitutionen benutzte. Damit verloren die tribalistischen Gremien die letzte Legitimation unter der Bevölkerung.

„Der Streik von 1971 und sein Nachspiel brachten eine neue Dynamik in die namibische Politik; seine vielleicht bedeutsamste Auswirkung war der Riß zwischen dem Ovambovolk und der Gesetzgebenden Versammlung Ovambos, der die Durchführung des revidierten Kontraktsystems aufgeladen wurde."[4]

Direkte Folge des Streiks und der damit einhergehenden staatlichen Gewalt zur Niederschlagung des Widerstandes[5] waren offener Widerstand und revolutionäre Gewalt im Nördlichen Namibia gegen Einrichtungen des Kontraktsystems und das sie repräsentierende politische System der traditionellen Stammesführer. Dies führte zur Verhängung der berüchtigten Proklamation R 17 vom 4. Februar 1972, die durch Proklamation 26 vom 14. Februar 1972 ergänzt wurde und seitdem als Notstandsgesetzgebung der Stammespolizei als verlängertem Arm des südafrikanischen Kolonialregimes brutalen Terror gegen die ansässige Bevölkerung uneingeschränkt zugesteht. Den im Nördlichen Namibia stationierten Polizei- und Militärstreitkräften Südafrikas gibt dieses Gesetz jegliche Handhabe einer Willkürherrschaft staatlich sanktionierter Gewalt.[6] Diese Notstandsverordnungen, Freibrief der reaktionären Elemente, wurden seitdem nicht mehr aufgehoben und gipfelten unter anderem in der systematischen öffentlichen Auspeitschung von Gegnern des Kolonialregimes.[7]

Im Laufe der ersten Hälfte des Jahres 1973 begann sich mit der SWAPO-Jugendliga in Namibia die bislang entschiedenste politische Kraft im Befreiungskampf gegen die Fremdherrschaft zu formieren und den Kampf gegen das Kolonialregime aufzunehmen. Ihre Konsolidierung erfolgte entlang der konkreten Aufgabe, den Wahlboykott gegen das „Bantustan-Parlament" des Ovambolandes zu organisieren.

Die am 1. und 2. August 1973 durchgeführten Wahlen zur Ovambo-Legislative zeigten für die südafrikanische Politik verheerende Folgen. Lediglich 2,5 % der Wahlberechtigten machten von ihrem Stimmrecht Gebrauch.[8] In absoluten Zahlen ausgedrückt hieß dies, daß von insgesamt etwa 50.000 Wahlberechtigten nur 1.300 zur Wahlurne gingen.[9] Das Wahlergebnis machte über die klar artikulierte Ablehnung der „Bantustanisierung" Namibias hinaus ebenfalls deutlich, wie stark die SWAPO mittlerweile im namibischen Volk verankert war. Von dem Erfolg des Boykotts stimuliert, verstärkte die SWAPO — und insbesondere die Jugendliga — ihre Aktivitäten im Lande. Noch im August 1973 kam es zu tagelangen Protestkundgebungen, Aufständen und Massendemonstrationen gegen das Regime im Windhoeker Ghetto Katutura. Der Staat schritt ähnlich brutal und konzessionslos wie bereits eineinhalb Jahre zuvor gegen den landesweiten Streik der Kontraktarbeiter ein. Es gab unter den Afrikanern Tote und Verwundete, der staatliche Terror verschärfte sich.

„„„Anstelle einer Verminderung der Beschränkungen konnte man in Südwestafrika eher eine Zunahme feststellen."[10]

Nachdem das Kolonialregime in der SWAPO-Jugendliga den gefährlichsten Keimherd für eine revolutionäre Veränderung von innen entdeckt zu haben glaubte, wurde der Machtapparat rigoros gegen die Bewegung mobilisiert und eingesetzt. Die gesamte militante Führung der „Youth League" würde im September 1973 in der bis dahin größten Polizeirazzia in der Geschichte des Landes gehetzt, einzelne Führer erst nach wochenlanger Fahndung gefangen, unter Anklage gestellt und zu hohen Haftstrafen in südafrikanischen Gefängnissen verurteilt. Die Verfolgung afrikanischer Widerstandskämpfer eskalierte seitdem ständig und erreichte einen weiteren Höhepunkt in Massenverhaftungen im Januar und Februar 1974, als innerhalb einer Woche mehr als 240 Anhänger der SWAPO und ihrer Jugendliga festgenommen, vorübergehend unter unbefristeten Arrest gestellt und gefoltert wurden.[11]
Die rigorose Unterdrückung verschärfte die Widersprüche und stärkte die Entschlossenheit der Widerstandsbewegung. Die Verfolgung politischer Gegner resultierte schließlich in einer Massenflucht ins Exil, als sich die Situation in Angola durch den Putsch in Portugal veränderte. Tausende verließen illegal das Land, um im Kampf für die Freiheit zu den Waffen zu greifen.
Südafrika befand sich am Ende einer Sackgasse und stand vor dem Trümmerhaufen einer Namibia-Politik, die auf einer völligen Fehleinschätzung der Situation basiert hatte. Serfontein, der diese Phase südafrikanischer Kolonialherrschaft unter Regierungsgewalt der Nationalen Partei als „25 wasted years" bezeichnet,[12] gelangt dabei in seiner Beurteilung zu einer ähnlichen Feststellung, wie sie bereits 15 Jahre zuvor von Ronald Ballinger geäußert wurde,[13] indem er konstatiert:
„Südafrika beging während dieses Zeitraums den Fehler, in der Taktik zu legalistisch zu sein, eine hauptsächlich technisch-rechtliche Schlacht zu führen und dabei zu vergessen, daß es sich um ein grundsätzlich politisches Problem handelte, dessen Lösung 1.600 Kilometer entfernt in Windhoek lag und nicht 16.000 Kilometer entfernt in New York."[14]
Dabei benennt er die folgenden sieben Punkte, die ihm für diesen Zeitraum südafrikanischer Kolonialpolitik am bezeichnendsten erscheinen:[15]
— Südafrika unterschätzte die politischen Aspekte und überbewertete die legalistische Argumentation,
— Südafrika benutzte die zur Verfügung stehende Zeit nicht, um eine innenpolitische Lösung für Namibia zu finden,
— Südafrika betrachtete die Namibia-Frage als einen Disput zwischen sich und den Vereinten Nationen und vergaß darüber, daß die Namibia-Frage integraler Bestandteil des SchwarzWeiß-Konflikts ist, die bezüglich der Frage weisser Vorherrschaft eine Billigung Schwarzafrikas notwendig gemacht hätte,
— der Odendaal-Plan entpuppte sich als diabolische Farce: unrealistisch, unfair und völlig unakzeptabel, sowohl für die UNO als auch für die afrikanische Bevölkerung Namibias.
„... und als solcher eine Beleidigung der Intelligenz derer, die in den Streit verwickelt waren."[16]

- Südafrika gelang es nicht, eine effektive politische Führungsschicht unter den Afrikanern Namibias aufzubauen, die als Gegenpol zur wachsenden Unterstützung der SWAPO hätte wirksam werden können. Stattdessen stützte man sich auf traditionelle Führer, was lediglich zur weiteren Diskreditierung der eigenen Politik beitrug,
- Südafrika erwies sich als hoffnungslos „out of touch", mit der Mehrheit der afrikanischen Bevölkerung Namibias,
- durch das Versagen, die zur Verfügung stehende Zeit in Namibia selbst zu nutzen, verlor Südafrika die Chance, selbst die Initiative zu ergreifen. Stattdessen konzentrierte man sich darauf, einen defensiv angelegten Kampf zu führen.[17]

4.1.2. Die Modifikationen der südafrikanischen Namibia-Politik

Aufgrund des wachsenden Drucks sowohl vonseiten der Weltöffentlichkeit als auch des verstärkten inneren Widerstandes sah sich die südafrikanische Regierung veranlaßt, einen ersten Reformversuch zu starten, indem ein „multirassischer Beirat" in Namibia ins Leben gerufen wurde. Dieser sollte zumindest als Aushängeschild nach außen fungieren; er kann als politisch-institutioneller Vorläufer der Turnhallen-Konferenz bezeichnet werden. Es war ein erster, zaghafter und kläglicher Versuch, den „Dialog" zwischen dem südafrikanischen Staat (personifiziert in Vorster) als kolonialer Macht und Bantustan-Marionetten in dessen Diensten zu etablieren. Mit der Schaffung des Beirates sollte der Anschein erweckt und der Anspruch verdeutlicht werden, die namibische Bevölkerung zu konsultieren, Vertreter verschiedener ethnischer Gruppen wurden dazu aufgerufen, in beratender Funktion Konsultationsgespräche mit Premier Vorster und dessen eigens dazu berufenen direkten Vertreter in Namibia, Billy Marais, zu führen.[18] Damit sollte vor allem die Verhandlungsbasis gegenüber den Vereinten Nationen durch eine Geste des „guten Willens" erhalten bleiben. Doch die Auswahl und Berufung der Stammesvertreter war bereits derart selektiv, ihre Alibifunktion als „Berater" von vorneherein unverhohlen offen, daß die Zusammensetzung und Wirkungsweise des Beirates bereits jegliche Glaubwürdigkeit zunichte machte.[19]

„Man betrachtet den Beirat lediglich als einen gesellschaftlichen Treffpunkt, bei dem Jasager zusammenkommen und Binsenwahrheiten austauschen."[20]
Der Beirat veranstaltete im März und August 1973 Sitzungen in Windhoek und Johannesburg, in denen ein Meinungsaustausch mit Premier Vorster, entsprechend großartig propagiert, stattfand. Doch die Absicht war zu offensichtlich, als daß das Unterfangen selbst von mit Südafrika befreundeten Staaten hätte akzeptiert werden können.

„... auch dieser Schritt hatte nicht die gewünschte innere oder internationale Wirkung wegen der possenhaften Manier, in der er ablief und zustande kam."[21]
Während dieser untaugliche Verschleierungsversuch somit nicht die erhofften Erfolge zu erzielen vermochte und der Beirat nur noch mühsam dahinvegetier-

te, wurde seine Fragwürdigkeit durch die Ereignisse in Portugal und deren Konsequenzen für die portugiesischen Kolonien noch verstärkt. Als Instrument verlor er jegliche sinnvolle Funktion.[22]
Am gleichen Tag, als die Nationale Partei in Namibia unter dem Banner der „getrennten Entwicklung" mit 70 % der Wählerstimmen der weißen Siedlerschaft erneut ihre Monopolstellung in der Kolonie festigte, wurde durch den Coup in Portugal an den Grundfesten eben jener Politik gerüttelt.

„Während die weiße Nationale Partei ihren großen Wahlsieg vom 24. April 1974 zu feiern begann, fingen die schwarzen Nationalisten in Angola und Mosambik zu jubeln an, denn die portugiesische Diktatur wurde am selben Tag durch die Revolution der portugiesischen Armee gestürzt... Faktisch über Nacht wurde ein stabiler Pufferstaat zu einem potentiellen Brückenkopf für Mächte, die der weißen Herrschaft in Südafrika und Südwestafrika feindlich gesinnt sind. Das Gleichgewicht der Kräfte veränderte sich plötzlich. Die Moral der schwarzen und braunen Einwohner wurde gewaltig gestärkt, und Gewalt als Mittel zur Veränderung erwarb neues Ansehen."[23]
Serfonteins Meinung zufolge erkannten die Kolonialherren nun, daß die veränderte Situation sofortiges Handeln erforderte und der Zeitfaktor zum Luxusartikel geworden war, der nicht mehr verschwendet werden dürfe. Die Republik entschied sich für eine Reihe von Schachzügen, die Bestandteil einer dreifachen Strategie waren:[24]

— Ausländische Staaten auf alle Kosten davon zu überzeugen, daß SWAPO nicht die „authentische Stimme Namibias" sei, nicht die Mehrheit des Volkes repräsentiere und nur geringe Unterstützung im Lande — hauptsächlich von den Ovambo — erhalte.
— Die Zusammenarbeit einflußreicher afrikanischer Führer aus dem politischen und religiösen Bereich zu gewinnen, die bislang skeptisch gegenüber den Plänen Südafrikas standen. Sie sollten dazu gebracht werden, an der für 1975 geplanten Verfassungskonferenz teilzunehmen. Damit wurde die Hoffnung verbunden, daß diese Konferenz von einer Mehrheit der gemässigten Bevölkerung unterstützt werden würde, um somit der „radikalen" SWAPO begegnen zu können.
— Die weißen Siedler in Namibia darauf vorzubereiten, auf eigenen Beinen zu stehen, da sich Namibia möglicherweise völlig (formal) getrennt von Südafrika auf eine modifizierte Form von Unabhängigkeit zubewegen könnte. Die Weißen mußten somit von der Notwendigkeit überzeugt werden, innere Veränderungen schneller und bereitwilliger zu akzeptieren und den Abbau diskriminierender Maßnahmen zu beschleunigen.

Am 2. September 1974 war Namibia Gegenstand einer ausführlichen Rede Vorsters in einer Debatte im südafrikanischen Parlament. Vorster gab darin seine Bereitschaft zum Ausdruck, auch künftig mit „responsible members of the United Nations" über die Zukunft Namibias zu verhandeln.[25] Zugleich jedoch wies er strikt alle Ansinnen zurück, die Verantwortung Südafrikas für das Territorium aufzugeben. Wörtlich führte er aus:

„„... diese Regierung wird Südwestafrika nicht preisgeben... Diese Regierung wird nur an jenem Tag beiseite treten, an dem alle Völker Südwestafrikas sagen: ‚Wir möchten mit euch nichts mehr zu tun haben...' Ansonsten werden wir damit fortfahren, ob es Leute gibt, die dies mögen oder nicht, die verschiedenen Völker Südwestafrikas in der Selbstregierung Erfahrung sammeln zu lassen, denn...es ist völlig klar, daß es gut ausgerüstete Menschen aus allen Bevölkerungsgruppen geben muß, die Regierungserfahrungen gehabt haben und fähig sind, ihre eigenen Angelegenheiten zu verwalten."26

Und an die Adresse der westlichen Staaten richtete Vorster hinsichtlich der weiteren Durchführung der Bantustan-Politik die Ermahnung:

„Wenn den verantwortungsbewußten Staaten die Interessen Südafrikas und dessen Völker am Herzen liegen, werden sie dafür sorgen, daß sich Südwestafrika entlang dieser Linien bis zu jenem Zeitpunkt entwickelt, an dem es seine Entscheidung darüber treffen kann, wie es seine Zukunft sieht..."27

Schließlich vergaß der Premier auch nicht, die weiße Siedlerschaft in Namibia zu beruhigen, indem er ausdrücklich darauf hinwies, daß seine Regierung nicht beabsichtige,

„... irgendein Volk zu irgendeiner Konstellation zu zwingen, die es nicht freiwillig einzugehen bereit ist. Ich glaube, wenn diese Versicherung allgemein akzeptiert wird, wird sich Südwestafrika weiterhin so entwickeln, wie es dies in den letzten Jahren unter Leitung der Nationalen Partei getan hat."28

Diese Aussagen lassen folgende Absichten deutlich werden:
— Pretoria würde das Territorium so lange weiter verwalten, wie es dies zu tun beliebt,
— eine Lösung, die für die weißen Siedler nicht akzeptabel sein würde, komme nicht in Frage,
— die Bantustan-Konzeption bleibt aufrecht erhalten, weiterhin würden „Selbstverwaltungsgremien" entsprechend ethnischer Gruppenzugehörigkeiten etabliert, welche die Existenz einer einheitlichen namibischen Nation leugnen,
— daß lediglich auf dieser Grundlage die südafrikanische Regierung zum weiteren Dialog über die Zukunft Namibias mit befreundeten Staaten in der UNO bereit sei.

Der Parlamentsrede folgten Mitte September 1974 Verhandlungen zwischen Premier Vorster und dem „Eingeborenenkommissar" Namibias, Jannie de Wet, an denen auch Mitglieder der namibischen Landesexekutive teilnahmen. Am 23. September 1974 wurden die Erörterungen zwischen führenden Politikern der Nationalen Partei Namibias in Windhoek weitergeführt. Und am darauffolgenden Tag kündigte A.H. du Plessis, Führer der Nationalen Partei in Namibia und Minister in Vorsters Kabinett, die Absicht an, konstitutionelle Gespräche mit Vertretern der verschiedenen Bevölkerungsgruppen Namibias aufnehmen zu wollen, um die verfassungsrechtliche Zukunft des Territoriums zu diskutieren.29 Zu dieser Initiative bemerkt ein „fact paper" des International Defence and Aid Fund:

„Die Idee einer Verfassungskonferenz wurde zuerst nicht von Vorster selbst, sondern von der Nationalen Partei in Namibia publik gemacht, um auf recht unwirksame Weise den Eindruck zu erwecken, daß sie innerhalb des Territoriums entstand und die Tatsache zu verbergen, daß es tatsächlich das geistige Kind der südafrikanischen Regierung sei. In Wirklichkeit war der Plan nur der letzte einer langen Rehe von Manövern, um die fortschrittlichen Kräfte in den Vereinten Nationen in Zaum zu halten und die Westmächte mit neuen Vorwänden zu versehen, damit sie sich gegen eine entschlossene Aktion zur Vertreibung Südafrikas aus Namibia stellen konnten."[30]

Und in Ergänzung zu dieser außenpolitischen Komponente äußerte die SWAPO-Jugendliga hinsichtlich der innenpolitischen Dimension des „Kurswechsels":

„ ‚Dialog' wird ... betrieben, um die gleichen alten, abgedroschenen Vorstellungen zu propagieren, indem die unterdrückenden herrschenden Klassen predigen, daß ihre unterdrückten Opfer nicht zu den Waffen greifen sollten, um die Unterdrückung zu beenden. Gemäß dieser Lehre sollten die Unterdrückten stattdessen mit ihren Unterdrückern zusammenarbeiten, um eine stückweise Veränderung zu erreichen."[31]

4.2. Vorbereitung und Verlauf der Verfassungskonferenz

Der Bekanntgabe des Planes seitens der Nationalen Partei, mittels einer verfassungsrechtlichen Konferenz über die Zukunft Namibias beraten zu wollen, folgte eine ·Reihe hektischer Monate, die von „innerdiplomatischen Aktivitäten" zur Verbereitung der Konferenz gekennzeichnet waren. Die Selektion der Gesprächspartner ließ dabei bereits den tatsächlichen Charakter dieser Verfassungskonferenz und der damit verbundenen Intentionen deutlich werden.

Zugleich begab man sich auf die Suche nach einem geeigneten Konferenzort. Die Wahl fiel auf ein Gebäude, das eine Reminiszenz der deutschen Kolonialzeit darstellte: Die ehemalige Windhoeker Turnhalle,[31a] die sich zufälligerweise in direkter Nachbarschaft zum Windhoeker Hauptsitz der südafrikanischen Sicherheitspolizei befindet, wurde für die geplanten Konsultationen renoviert und präpariert. Damit wurde aus der „Konferenz über die verfassungsrechtliche Zukunft des Landes" die „Turnhallen"-Konferenz. Diese Bezeichnung diente seither des öfteren als Anlaß zu Wortspielereien und Assoziationen, von denen vor allem die lokalen Tageszeitungen im Verlaufe der Konferenz Gebrauch machten, um ihren Unmut über allzu ärgerliche „Ausrutscher" zu artikulieren.[31b]

4.2.1. Die Konstituierung der Turnhalle-Delegationen

A.H. du Plessis machte in seiner Erklärung deutlich, daß die geplanten konstitutionellen Gespräche zwischen Vertretern der einzelnen Bevölkerungsgruppen stattfinden sollten, nicht mit politischen Parteien, wenngleich die ethnischen Gruppen selbstverständlich das Recht hätten, wen auch immer zu ihren Vertretern zu ernennen.[32] Es war klar, daß die Nationale Partei Namibias als Stimme der Weißen auftrat. Dirk Mudge und Eben van Zijl. beide Mitglieder des Landesrates und der Exekutive, wurden vorläufig als Delegierte seitens der weißen Siedlerschaft ernannt.[33] Darüberhinaus ging die Nationale Partei daran, die weißen Siedler „umzuerziehen": Orientierungskurse für Weiße in der Landesverwaltung, dem Dienstleistungssektor und Sozialwesen wurden inszeniert, ebenso referierten Parteipolitiker vor der Farmerschaft — hinter verschlossenen Türen.

Dirk Mudge, neben seinen Ämtern zugleich stellvertretender Parteiführer der burischen Nationalisten Namibias und dem „verligten" (aufgeklärten) Flügel zugerechnet, wurde beauftragt, Verbindungen mit Stammesvertretern der ethnischen Gruppen aufzunehmen, um die Teilnahme von „repräsentativen" Delegationen an der geplanten Verfassungskonferenz vorzubereiten und sicherzustellen.

„,... das Ziel des ‚Dialogs' umfaßt nicht nur die Marionettenhäuptlinge der Bantustans, sondern auch einige antikoloniale, gegen die Bantustans eingestellte afrikanische Wortführer mit sektionalen Interessen. Leute wie Häuptling Klemens Kapuuo von den Herero wurden in diesen ‚Dialog' verwickelt."[34]

Mudge hatte sich in dieser Mittlerfunktion bereits bei der Schaffung des „multirassischen Beirats" bewährt und konnte den größten Erfolg seiner Verhandlungsführung im Dialog mit dem bis dahin auf Seiten der antikolonialen Kräfte stehenden Herero-Häuptling Clemens Kapuuo für sich verbuchen.[35] Kaum Probleme gab es bei der Auswahl der Vertreter für die Konferenz unter den Volksgruppen, die bereits dank des Odendaal-Planes über eigene konstitutionelle Institutionen verfügten. Daß in ihnen lediglich Schattenfiguren der Bantustan-Szenerie agierten, schien zumindest den Initiatoren der Verfassungskonferenz keinesfalls fragwürdig bezüglich deren Repräsentativität. So wurden die Delegationen aus Ovamboland, Kavango und dem Kaprivi ausschließlich aus den Mitgliedern der Bantustan-Institutionen nominiert. Was der liberale Kritiker Serfontein hinsichtlich der Ovambo-Stammesführer anmerkt, dürfte dabei auch auf die anderen „Selbstverwaltungsgremien" zutreffen:

„Die Gesetzgebende Versammlung ist eine Farce, und das Kabinett bestand bis Ende 1975 größtenteils aus halbgebildeten und halb-alphabetisierten Leuten. Es ist eine Regierung von ‚Handlangern' im klassischen Sinne des Wortes. Die weißen Beamten Pretorias denken für sie und diktieren ihnen alle Angelegenheiten, groß oder klein."[36]

Die Delegationen der Mischlinge und Rehobother rekrutierten sich ebenfalls aus von der Regierung geschaffenen politischen Verwaltungsgremien mit lokaler Verantwortung. Sie wurden aus dem Mischlingsbeirat (Coloured Advi-

sory Council) und dem Basterbeirat (Baster Advisory Council) berufen, waren allerdings in ihrer Zusammensetzung heterogener als die Bantustan-Vertreter.
> „Mit den kleinen Buschleuten, ohne Kenntnis von Politik, würde niemals jemand Bescheid wissen. Im Falle der Tswana, mit einer Bevölkerung von nur 5.000, machte es kaum einen Unterschied."37

Die Aktivitäten von Dirk Mudge waren derweil von wechselhaften Erfolg gekrönt. Informelle und offizielle Gespräche mit Stammesvertretern zeigten unterschiedliche Resultate. Ebenso unterschiedlich wurde davon bestimmt die Repräsentativität der Fraktionen eingeschätzt. So avancierten in kürzester Zeit bis dahin unscheinbare, aber dialogwillige Stammesfraktionen zur Mehrheit der jeweiligen Volksgruppe.
So ging die Nominierung der Nama-Delegationen bis vor das Windhoeker Magistratsgericht, da das Vertretungsrecht der von Mudge ausgewählten kooperationswilligen Repräsentanten der Nama von oppositionellen Häuptlingen auf dem rechtlichen Wege angezweifelt wurde. Die Klage wurde zwar zurückgewiesen, die Verhandlung allerdings ließ deutlich werden, daß auch die Nama-Delegation keinerlei Legitimation besaß, im Namen der Mehrheit zu verhandeln.

Unter den Damara versuchte Mudge durch eine Vermittlungsaktion zugunsten einer Teilnahme an der Verfassungskonferenz den Damara Beirat (Damara Advisory Council − DAC) und die Damara Stammesexekutive (Damara Tribal Executive − DTE) miteinander zu versöhnen, da sie gemeinsam fast die gesamte Volksgruppe repräsentierten.
> „Für lange Zeit waren sie politische Rivalen. Mudge half ihnen dabei, den Streit beizulegen, aber am Ende verlor er beide. ... Danach war sich Mudge nicht mehr so sicher, ob der DAC und die DTE repräsentativ seien."38

Dagegen waren sich die Damara inzwischen sicher, daß sie der Konferenz nicht beitreten würden, solange diese nicht unter Aufsicht der UNO und der OAU stattfinden würde, solange nicht die namibischen Exilpolitiker zurückkehren und an der Konferenz teilnehmen dürften und solange nicht die Weissen des Landes als Bürger Südafrikas erst einmal das eigene Haus in Ordnung bringen und Namibier werden würden. Nur unter diesen Bedingungen wären sie bereit, an der Turnhalle-Konferenz teilzunehmen.39 So nahm an ihrer Stelle eine Splittergruppe mit dem Namen „Damara United Front" (DUF) als Delegation die Vertretung der Damara wahr.40
Ähnlich der DUF existieren in Namibia entlang ethnischer Gruppenzugehörigkeit organisierte tribalistische Minderheitsfraktionen von beträchtlicher Zahl, allerdings ohne dabei qualitativ oder gar quantitativ ins Gewicht zu fallen.41 Sie konstituierten sich (oder wurden konstituiert) anläßlich der Besuche des UNO-Generalsekretärs Kurt Waldheim und des UNO-Beauftragten Alfred Escher Anfang der 70er Jahre. Zu einer Zeit, als deutlich wurde, daß sich Namibia auf eine neue politische Entwicklung zubewegte, begannen sie, partikulare Interessen zu artikulieren. Opportunismus und Geltungsbedürfnis, gekoppelt mit der Hoffnung auf künftige Privilegien, die als Brosamen vom Tisch des Kolonialherren im Rahmen eines „neokolonialen Dekolonisierungsprozesses" fallen würden, waren zumeist die Ursache und das Motiv für die Gründung solcher Splittergruppen.

Der sicherlich größte Erfolg von Mudge bestand in der nach langwierigen Verhandlungen zustande gekommenen Einwilligung Kapuuos, an den Gesprächen seitens der Herero teilzunehmen. Ironischerweise war Kapuuo noch kurz zuvor von den südafrikanischen Behörden nicht als rechtmäßiger Inhaber der Herero-Häuptlingsschaft akzeptiert worden, da er ihnen als zu radikal erschien und sie ihn als politische Führungspersönlichkeit nicht auch noch durch die Bestätigung in dem traditionellen Häuptlingsamt als Nachfolger Hosea Kutakos aufwerten wollten. In der Person Kapuuos zeigt sich in typischer Weise das Dilemma traditioneller Stammesführer: als Vertreter begrenzter, partikularer Interessen gehörte er lange Zeit objektiv zu den antikolonialen Kräften. Das Interesse an der Konservierung traditioneller Strukturen und tribalistischer Hierarchien allerdings hinderte ihn daran, diese antikoloniale Haltung konsequent zu vertreten und umzusetzen. Dies zeigte sich bereits in den Anfängen des organisierten nationalen Befreiungskampfes.[42] So sieht auch Serfontein die Rolle Kapuuos in einem zweifelhaften Licht.

„Obwohl keinesfalls ein Handlanger, scheint er doch in seiner Denkweise zu sehr Traditionalist zu sein und ohne Verbindung zur jüngeren, moderneren, gebildeten Generation. Er versteht nicht allzu viel von moderner Machtpolitik und scheint sich ausschließlich als Führer auf sein traditionelles Häuptlingsamt zu verlassen."[43]

Dies ermöglichte auch der südafrikanischen Politik, Kapuuo langfristig zu instrumentalisieren. In einer unglaublichen Werbekampagne wurde er aufgebaut und mißbraucht. Er ist das typische Beispiel eines kolonisierten Kleinbürgers, der sich in der Entwicklung der Widersprüche und Zuspitzung der Konfrontation zwischen tatsächlicher Befreiung und neokolonialen Lösungsversuchen der Kolonialmacht zwischen die Mühlsteine der Geschichte begeben hat und inzwischen zur Marionette degradiert wurde, wenngleich ihm subjektiv sicherlich nach wie vor ein partiell antikolonialer Anspruch zugebilligt werden muß. Objektiv allerdings stützt er mit seiner Funktion im Dekolonisierungsprozeß die südafrikanischen Intentionen. Ebenso wie für die anderen Teilnehmer an der Turnhallen-Konferenz trifft so auch für Kapuuo die Feststellung Kwame Nkrumahs zu:

„... jene, die die Politik der Kolonialmacht ausführen, in welch guter Absicht sie dies auch tun mögen, werden fast immer unbewußt eine Lösung der Probleme des kolonisierten Gebietes suchen, die als Lösung auch für das sogenannte Mutterland passend ist."[44]

So gelangt auch Serfontein anhand der Einschätzung der politischen Funktion Kapuuos zu dem Ergebnis, daß die südafrikanische Regierung in einem Dilemma steckt, solange sich für ihre Pläne nur Stammesführer mit traditioneller Unterstützung und Legitimation gewinnen lassen, indem er darauf hinweist, daß der nationalen Befreiungsbewegung

„... nur begegnet werden kann, wenn die Regierung die Unterstützung moderner, intellektueller schwarzer Führer genießt, die an die aufkommenden, gebildeten Generationen appellieren können. Ich glaube nicht, daß die Kapuuos die Antwort sind."

4.2.2. Zum Verlauf der Turnhallen-Konferenz

Am 1. September 1975 nahmen insgesamt 156 Delegierte ihre Plätze am Konferenztisch ein. Die Herero warteten mit einer Mammutdelegation von 44 Mitgliedern auf, wohingegen die Weißen lediglich Mudge und van Zijl entsandten. Da sich die Delegationen zu Beginn der Konferenz auf das Konsensus-Prinzip bei Beschlußfassung einigten, vermochte die numerische Größe der Delegation ohnehin keinen Einfluß auf die Entscheidungen auszuüben. Die Verfahrensmodalitäten beinhalteten a priori die Zustimmung aller Delegationen zur Annahme von Empfehlungen. Damit war für die Vertreter der weißen Siedlerschaft bereits eine „no loss situation" eingebaut.[46] Eine zweite grundsätzliche Absicherung stellte die Verabschiedung eines „Geheimhaltungskodex" dar. „Wortprotokolle der Konferenz gelten danach als geheim. Sie sind den Delegierten nur innerhalb der Turnhalle zugänglich, Vervielfältigungen sind unzulässig. Delegierte, die zweimal die Geheimhaltungsbestimmungen verletzen, können von der Konferenz ausgeschlossen werden. Berater dürfen Konferenzangelegenheiten nur mit ihren Klienten besprechen."[47] Dadurch sollten während der Konferenz die internen Widersprüche verschleiert werden, nur die nach dem Konsensus-Prinzip bereits gefilterten Ergebnisse nach außen dringen. Der Prozeß der Meinungsbildung und Beschlußfassung spielte sich hinter verschlossenen Türen ab. Durch diese formalen Verfahrensfragen bereits doppelt abgesichert und zurechtgestutzt, begannen die Gespräche.

4.2.2.1. Die ersten vier Sitzungsperioden

Erste Schwierigkeiten verursachte bereits die Formulierung des Konferenzzieles das in einer Absichtserklärung festgelegt werden sollte.

„... die Weißen hofften, durch die Betonung ethnischer Vielfalt und dem Verlangen jeder Gruppe nach Autonomie in den eigenen Angelegenheiten, mit einer Verfassung davonzukommen, die kaum ihre privilegierte Position beeinflußte und auf eine semi-Bantustan Lösung getrimmt werden könnte."[48]

So sah der von den weißen Delegierten vorgelegte Entwurf der Absichtserklärung in der Präambel die Eingangsformulierung vor: „Wir, die wahren und wirklichen Völker des Gebietes."[49] Stattdessen plädierte in der Debatte eine Fraktion dafür, diese Bantustan-Formel durch „Wir, die Einwohner von Südwestafrika" zu ersetzen.[50] Am letzten Sitzungstag der ersten Verhandlungsrunde einigten sich die Konferenzteilnehmer schließlich auf die Kompromißformel „Wir, die wahren und wirklichen Vertreter der Einwohner."[51]

„Merkwürdigerweise wurde der Wortlaut eben jener Deklaration bereits einen Tag zuvor von den Südafrikanern in der UNO verbreitet, wobei zum selben Zeitpunkt in Windhoek noch keinerlei Entscheidung gefallen war."[52] Die programmatische Absichtserklärung, von der englischsprachigen Tageszeitung Namibias als „mild document" bezeichnet,[53] wies auf die freiwillige Bereitschaft der Delegationen zur Teilnahme an dieser Konferenz hin; verurteilte

die Anwendung von Gewalt zur Veränderung der bestehenden Verhältnisse; betonte die Entschlossenheit, die Zukunft durch friedliche Verhandlungen und Zusammenarbeit selbst zu bestimmen; und versicherte (glaubhaft), daß angesichts der spezifischen Situation der einzelnen Bevölkerungsteile deren Delegationen sich in der Wahrung der partikularen Interessen bemühen würden. Unter Berücksichtigung dieser Einschränkungen erklärte die Konferenz als Ziel:
„... die Ausarbeitung einer Verfassung für ein unabhängiges Südwestafrika, ,wenn möglich in einem Zeitraum von drei Jahren.' "[54]
Bedeutender als der Inhalt der Absichtserklärung sind jedoch die Bereiche, die nicht erwähnt werden: mit keinem Wort wird die Möglichkeit einer Mehrheitsregierung des namibischen Volkes, eines Einheitsstaates, eines Referendums unter der namibischen Bevölkerung oder allgemeiner Wahlen in Namibia erwähnt. [55] So blieb denn auch nach der programmatischen Erklärung der Turnhallen-Konferenz reichlich Spielraum für Interpretationen. Eben van Zijl erklärte kaum eine Woche später während einer Debatte im Landesrat:
„... daß die Absichtserklärung, zu der die Delegierten der verschiedenen ethnischen Gruppen gelangt sind, das Prinzip ein Mensch eine Stimme oder einen südwestafrikanischen Einheitsstaat ausgeschlossen hatte. Er wolle dies ohne jede Zweideutigkeit feststellen."[56]
Darüberhinaus betonte van Zijl in der gleichen Rede die Prinzipien des Odendall-Planes, die er in der Absichtserklärung gewahrt sah, nämlich „das Recht auf Selbstbestimmung und Unabhängigkeit" und „die getrennte Identität jeder nationalen Gruppe."[57] Und Parteiführer du Plessis äußerte noch am 24. September in einem Interview gegenüber der Johannesburger „Rand Daily Mail": „Eine neue politische Dimension, die den Richtlinien der Nationalen Partei entspricht, beginnt sich in Südwestafrika zu entfalten."[58]
Die der Absichtserklärung folgenden sechs Monate wurden von den Delegationen mit der Bewältigung von Formalitäten und der Inangriffnahme partieller Aspekte der gesellschaftlichen Situation in Namibia verbracht.[59] Nach Beendigung der ersten Sitzungsperiode am 12. September 1975 wurde für 33 Delegierte der Konferenz eine „public relations Tournee" durch die USA, Großbritannien und die Bundesrepublik arrangiert.[60] Die zweite Sitzungsperiode fand schließlich vom 10. bis 15. November 1975 statt.
„Knapp fünf Tage saßen die Delegierten zusammen und konferierten über Absichten und Tätigkeiten der Versammlung."[61]
Ergebnis der Plenarsitzungen war die Einberufung von vier Komitees, die in der Verhandlungspause bis zur Wiederaufnahme der Konferenz die Bereiche Diskriminierung, Erziehung, Soziales und Wirtschaft untersuchen und Empfehlungen vorlegen sollten.[62]
Dabei wartete anfangs der zweiten Verhandlungsrunde die Delegation der Nationalen Partei mit einer Überraschung auf, die Serfontein als „The du Plessis Fiasco" bezeichnet:[63] Parteiführer A.H. du Plessis hatte mittlerweile seinen Ministerposten im südafrikanischen Kabinett niedergelegt, um künftig die weiße Delegation in der Turnhalle zu leiten.

„Der Antrag auf Zulassung von A.H. du Plessis zur Konferenz, mit dem die zweite Sitzungsperiode praktisch eröffnet wurde, wirkte wie ein Donnerschlag."[64]
Damit wurde erneut deutlich, daß sich die Besonderheit des südafrikanischen „Dekolonisierungsprozesses" in Namibia, die Serfontein in der Abwesenheit der südafrikanichen Regierung von der Turnhallen-Konferenz sieht,[65] lediglich auf die formale Seite der Verhandlungsweise bezieht. Die Einflußnahme Pretorias wird bereits durch die Tatsache offenkundig, daß die in der Turnhalle taktierenden Vertreter der weißen Siedlerschaft Führungsmitglieder der Nationalen Partei Namibias sind, die unter strikter Disziplin der südafrikanischen „Mutterpartei" stehen und Befehlsempfänger Vorsters sind. Zudem ist es Billy Marais, der frühere Beamte im Büro des Premiers und spätere Sekretär des Advisory Councils, der zum Sekretär der Konferenz ernannt wurde. Serfontein nennt dies selbst eine „backdoor strategy" der Südafrikaner,[66] in deren Licht die Behauptung Südafrikas, daß die Einwohner Namibias über ihre Zukunft selbst zu entscheiden hätten, hohl klinge.

Die dritte Sitzung der Verfassungskonferenz begann am 2. März 1976 und beschäftigte sich mit den bereits vorliegenden Berichten der Arbeitsgruppen. Sie stand unter dem Schatten des für die südafrikanische Regierung traumatischen „Angola-Abenteuers", bei dem sich die Republik der Lächerlichkeit preisgegeben hatte und durch ihre aggressive Intervention den letzten Rest des Kredits und der Glaubwürdigkeit der vorangegangenen Bemühungen um einen Dialog mit den afrikanischen Staaten im Rahmen der Detente-Politik verspielte.[67] Darüberhinaus hatten sich in den vier Monaten seit der vorangegangenen Sitzungsperiode weitere einschneidende Ereignisse abgespielt: die Guerilla-Aktionen in der Polizeizone,[68] Krawalle in Windhoeker Hotels nach der partiellen Lockerung der rigiden Apartheid[69] und das Ultimatum des UNO-Sicherheitsrates vom 30. Januar 1976, das Südafrika bis zum 31. August 1976 zu freien Wahlen unter Aufsicht der UNO in Namibia verpflichten wollte (Resolution 385).[69a]
Die Diskussion der Empfehlungen der Untersuchungsausschüsse zeigte, wie wenig konzessionsbereit die weißen Delegierten in die Verhandlungen gegangen waren. Selbst hinsichtlich der tendenziellen Angleichung des Ausbildungswesens für Afrikaner und Weiße, wie dies vom Erziehungsausschuß der Turnhalle empfohlen worden war, ließen sich die weißen Delegierten nicht zur Zustimmung bewegen. So wurde zwar Einigkeit über die langfristig geplante Errichtung einer „vielrassigen Universität" im Territorium erzielt,[70] und nach achttägiger Debatte wurde der Bericht des Erziehungsausschusses schließlich in modifizierter Form verabschiedet. Die Meldungen in der lokalen Presse machten allerdings deutlich, daß dies den Status quo in keiner Weise beeinflußte:
„In Erziehungsfragen hat sich die Konferenz bemüht, künftige Entwicklungen nicht zu präjudizieren. Wie Dirk Mudge erklärte, sahen Ausschuß und Konferenz vor allem darin ihr Ziel, die Möglichkeiten zu Verbesserungen im

Rahmen des gegenwärtigen Systems, so weit es geht, auszuschöpfen... Aus dem von der Konferenz angenommenen Bericht geht hervor, daß für alle Gruppen ein gleichwertiges Erziehungssystem gewünscht wird und eingeführt werden soll. Dies bedeutet jedoch nicht die Einführung des vielrassischen Unterrichts."[71]

Mit anderen Worten: das Bantu-Erziehungswesen bleibt nach diesen Empfehlungen voll intakt, die Apartheid im Schul- und Ausbildungsbereich existiert weiter. Und nicht nur im Erziehungswesen: Während die Turnhallen-Delegationen noch in der dritten Verhandlungsrunde konferierten und an Symptomen laborierten, wurde im südafrikanischen Parlament eine Gesetzesvorlage zur „Selbstverwaltung des Rehobother Gebietes" in zweiter Lesung diskutiert.[72] In der Debatte, in deren Verlauf die Oppositionsparteien die Vorlage als Eingriff in die Verhandlungen der Turnhalle kritisierten, erklärte der namibische Parlamentsabgeordnete Paul van der Merwe (NP Middelland SWA):
„Während das letzte Wort noch nicht gesprochen ist, gilt der Grundsatz, daß jede einzelne Nation das Selbstbestimmungsrecht ausüben kann."[73]
Zwei weniger apartheidgläubige Mitglieder der Mischlingsdelegation der Turnhalle reagierten prompt. Am 18. März 1976 erklärten sie unter dem Eindruck der sich dahinschleppenden Verhandlungen und der fortgesetzten Fragmentierung Namibias unter Anwendung und Fortführung der Odendaal-Richtlinien:
„Es sei Sache der Konferenz, eine akzeptable Verfassung für Südafrika zu entwerfen. Zur Zeit werde jedoch Zeit verschwendet, Dinge von geringerer Bedeutung zu untersuchen, die leicht durch eine Verfassung korrigiert werden könnten. ,Alles was die Konferenz bis jetzt getan hat, beschränkte sich darauf, der Apartheid und Diskriminierung eine Maske aufzusetzen und dies als neues Konzept auszugeben.' "[74]
Am 19. März 1976 vertagte sich die Vollversammlung bis zum 2. Juni, um den Komitees die Fortführung ihrer Arbeit zu ermöglichen. Am 22. März meldete die Allgemeine Zeitung den Erlaß einer weiteren Regierungsproklamation im Sinne des Odendaal-Planes.
„Mit Wirkung vom 1. April erhält der Caprivi-Zipfel ein größeres Maß an Selbstregierung... In einer erläuternden Erklärung stellt der Staatssekretär für Bantu-Verwaltung und -Entwicklung I.P. van Onselen fest, daß dieser Schritt die Absicht der Regierung bestätige, jede individuelle Nation in Übereinstimmung mit ihren Wünschen zur Selbstregierung zu führen... Das Gebiet kann jetzt unter anderem ein eigenes Amtsblatt, eine Flagge und eine Nationalhymne haben."[75]
Und tags darauf konnte die Allgemeine Zeitung nach dritter Lesung der Gesetzgebung zur „Selbstverwaltung des Rehobother Gebietes" im südafrikanischen Parlament verkünden, „Flagge und Hymne auch für Rehoboth".[76]
Kurt Dahlmann, Chefredakteur des deutschsprachigen Blattes in Namibia, übte in einem Kommentar
„Kritik an der Doppelgleisigkeit der Südwestafrikapolitik der Regierung... Auf der einen Seite wird Südwestafrika die Selbstverwaltung zugesichert... auf der anderen Seite verabschiedet der Volksrat Gesetze, die als Eingriff in den Verhandlungsablauf in der Turnhalle ausgelegt werden."[77]

A.P. Pretorius, Vorsitzender der „SWA Landwirtschaftsvereinigung" (SWALU), in der fast die gesamte weiße Farmerschaft Namibias organisiert ist, trug noch in der gleichen Woche ein Weiteres dazu bei, die „Ergebnisse" der Turnhallen-Konferenz ad absurdum zu führen. In einer öffentlichen Stellungnahme erklärte er:

„Die Mindestlöhne, die im zweiten Bericht des ersten Komitees der Verfassungskonferenz für alle Arbeitnehmer in Südwestafrika empfohlen wurden, sind... für seine Organisation nicht bindend. Die SWA Landwirtscahftsvereinigung (SWALU) sei von der Konferenz auch nicht gebeten worden, die empfohlenen Mindestlöhne innerhalb der Organisation durchzusetzen."[78]

Am 4. Juni 1976 wurden die Turnhallen-Gespräche erneut vertagt, nachdem die vierte Plenarsitzung bereits nach zweitägiger Beratung abgeschlossen war. Damit hatte die Vollversammlung der Delegationen seit Aufnahme der Gespräche im September 1975 ganze 32 Tage zur Erarbeitung von Zielvorstellungen und der Diskussion von Empfehlungen aufgebracht, wobei die Sitzungsperiode vom September und November 1975, März und Juni 1976 von langen Pausen, in denen die Konferenzteilnehmer ihren „Selbstverwaltungsaufgaben" nachgingen, unterbrochen waren. Fast ein ganzes Jahr verbrachten die Delegierten damit, ihre Energie auf die konzeptionslose Erörterung eines weiten Spektrums an Fragen aus dem sozialen und ökonomischen Bereich zu verschwenden. Dabei zielten die Bemühungen in der Regel darauf ab, die Vertreter der Nationalen Partei wenigstens zu punktuellen Zugeständnissen bewegen zu können, damit zumindest der Anschein einer Veränderung erweckt wurde. Als Resultat wurden unzählige Resolutionen und Empfehlungen zu Fragen der Rassendiskriminierung, Steuern, Pensionen und Gehältern, dem Ausbildungswesen, den Wohnbedingungen und zu Sportveranstaltungen verabschiedet.[79] Ungefähr 50 dieser Empfehlungen wurden schließlich im Juni 1976 an die südafrikanische Regierung weitergeleitet.[80]

„Die meisten der Resolutionen haben jedoch wenig Aussichten, jemals verwirklicht zu werden, da entweder der geeignete Apparat fehlt, um die Turnhalle zur Einführung der neuen Gesetzgebung zu ermächtigen oder auf Seiten der südafrikanischen Behörden die Bereitschaft zur Bereitstellung der notwendigen Geldmittel."[81]

Eine wie auch immer geartete Verfassung für ein wie auch immer künftig unabhängiges Namibia wurde bis zu diesem Zeitpunkt — hauptsächlich wegen der Verzögerungstaktik der Nationalen Partei — noch nicht einmal als Diskussionspunkt auf die Tagesordnung der Plenarsitzungen gesetzt, obgleich dies das erklärte Ziel der Turnhalle war. Stattdessen nahm ein im März einberufenes Verfassungskomitee, aus 36 Mitgliedern der elf Delegationen bestehend, erst Ende Mai 1976 die Arbeit auf, offensichtlich, um unter dem Druck des UNO-Ultimatums noch vor Ablauf der Frist am 31. August 1976 in aller Eile einen Verfassungsentwurf zusammenzustückeln und vorlegen zu können. Einzig sichtbares Resultat der Turnhallen-Konferenz blieb bis dahin

jedoch die Publikation der Berichte und Empfehlungen der vier Arbeitsausschüsse und deren Verabschiedung durch das Plenum.[82]
Kein Wunder also, daß Serfontein bei einer abschließenden Betrachtung der Sitzungsperioden und deren Verlauf zu den Schlußfolgerungen gelangt:
„Die Weißen dachten eindeutig, daß eine Zahl kleinerer Zugeständnisse ausreichend sei, um eine Verfassung zu entwerfen, die jede Gruppe grundsätzlich in Kontrolle ihrer eigenen Angelegenheiten beläßt – in Wirklichkeit eine Aufrechterhaltung des Status quo – und daß ihre privilegierte Position mehr oder weniger unangetastet bleiben würde."[83]
„Der ganze Ton der Herangehensweise der weißen Delegation deutete an, daß sie den Status quo so weit wie möglich erhalten wollte, möglicherweise nur mit ein paar ‚kosmetischen' Veränderungen."[84]
Dabei weist Serfontein darauf hin, daß auch innerhalb der Nationalen Partei Differenzen über die Strategie und Taktik zur Erhaltung der Interessen in Namibia sich zu entwickeln begannen, die Parteistruktur belasteten und eine einheitliche Politik gefährden.

„Der interne Kampf zwischen diesen verschiedenen Fraktionen war schwerwiegend und beeinträchtigte die südafrikanische Regierung insoweit, als daß er eine klare, umfassende und einheitliche strategische Herangehensweise verhinderte. In diesem Sinne gab es einen M.C. Botha-De Wet-Plan, Mudge-Plan, Du Plessis-Plan, Plan des Auswärtigen Amtes, Plan des Staatssicherheitsbüros, usw."[85]

Die Verschärfung dieser parteiinternen Widersprüche unter den burischen Nationalisten ging mit einer zunehmenden Konsolidierung verschiedener Delegationen der Turnhallen-Konferenz einher.[86] Angesichts der fraktionellen Spaltung, des wachsenden Druckes der sich vereinheitlichenden Turnhallen-Delegationen und der Zuspitzung der internationalen Situation, bezeichnet Serfontein die politische Entwicklung in der Regierungspartei als „der totale Zusammenbruch der Strategie und Politik der Nationalen Partei im Territorium."[87]
Damit waren die Ausgangsbedingungen für die anderen Turnhalle-Fraktionen, denen zu ihrer eigenen Absicherung an einer möglichst schnellen Entscheidung zugunsten einer von ihnen zu besetzenden Interimsregierung lag, zur Durchsetzung ihrer Interessen günstig. Zusätzlicher Druck auf die Nationale·Partei erwuchs durch die Kritik seitens der weißen Siedlerschaft, unter der sich ein fragmentarisch-antikoloniales Bewußtsein angesichts der sich dahinschleppenden Verhandlungen abzuzeichnen begann.[88] Derweil unterminierte der „verkrampte" Flügel der burischen Nationalisten weiterhin die Glaubwürdigkeit der weißen Turnhalle-Delegation. Hennie Smit, südafrikanischer „Minister of Coloured, Rehoboth and Nama Relations",

„... installierte am 27. Juli 1976 offiziell einen neuen Nama-Rat mit mehr gesetzgebender Befugnis. Ein weiterer Schritt, um entsprechend der Apartheid-Politik jeder ethnischen Gruppe einen getrennten politischen Rat zu verschaffen."[89]

Am gleichen Tage einigten sich parallel dazu die Buschleute in Verhandlungen mit dem „Generalkommissar für die eingeborenen Völker Südwestafrikas",

Jannie de Wet, auf die Schaffung eines Buschmannrates.[90]

4.2.2.2. Interimsregierung und Verfassungsentwurf

Die am 19. März 1976 akkreditierten Mitglieder des Verfassungsausschusses nahmen derweil den Wettlauf mit der Zeit gegen das UNO-Ultimatum auf. Am 3. August endete die Vorbereitungsarbeit. Der Standpunkt der Nationalen Partei war gegenüber einem Verwaltungsmodell bis dahin eindeutig von der Bereitschaft geprägt, subtile Modifikationen des Odendaal-Planes zu akzeptieren, darüberhinaus jedoch keinerlei Zugeständnisse zu machen.

„...die ganze Betonung dieses Planes liegt auf der Verschiedenheit, der Trennung von Gruppen, der Nichteinmischung in die Angelegenheiten anderer Gruppen, eine bloße Modifikation des Apartheid-Modells."[91] Dagegen drängten die anderen Delegationen darauf, „überhaupt mit einem Vorschlag auf den Tisch zu kommen."[92] Anfang August wurden von den Damara und Herero Verfassungsentwürfe vorgelegt,[93] Mitte August lagen drei Anträge vor, die sich mit der Bildung einer Interimsregierung befaßten.[94]

„Aus den Dokumenten wird ersichtlich, daß die Schwarzen in Eile sind. ...Volle legislative Gewalten für die Interimsregierung werden gefordert. Die vorläufige oder zwischenzeitliche Regierung sollte in der Lage sein, südafrikanische Gesetze aufzuheben oder zu verändern."[95]

Darüberhinaus sagen sowohl die Allgemeine Zeitung als auch der Advertiser in ihrer Berichterstattung übereinstimmend aus, daß den Anträgen der Delegationen das Verständnis zugrunde lag, die Turnhallen-Konferenz befinde sich in einer Sackgasse. In dieser Situation entschloß sich die Nationale Partei, durch einen Sprung ins kalte Wasser die brüchig gewordene Fassade der Turnhalle zu übertünchen.

„In einer Erklärung des Verfassungskomitees der Staatsrechtlichen Konferenz von Südwestafrika wird das Datum für die Unabhängigkeit des Landes ‚mit redlicher Sicherheit' auf den 31. Dezember 1978 festgesetzt. Die Erklärung des Komitees wurde gestern abend im Büro des Generalsekretärs der UNO Dr. Kurt Waldheim eingereicht."[96]

Diese Erklärung war verbunden mit dem nachdrücklichen Hinweis auf die in der Absichtserklärung zu Konferenzbeginn enthaltenen Einschränkungen hinsichtlich der künftigen Lösungsmöglichkeiten und der noch auszuarbeitenden Staatsform. Auf die bereits vorliegenden Verfassungsentwürfe wurde nicht eingegangen. Lediglich an die südafrikanische Regierung und den Privatsekretär wurde der Appell gerichtet, „die Empfehlungen und Beschlüsse der Konferenz ...schnellstens auszuführen."[97] Mit dieser Ankündigung des Verfassungskomitees, die über die vorläufige Festlegung des Unabhängigkeitsdatums hinaus keinerlei konkrete Aussagen enthielt, versuchte sich die Konferenz offensichtlich über die Runden zu retten.

Ein konkreter Diskussions- und Meinungsbildungsprozeß inhaltlicher Art begann sich erst im Anschluß an die Erklärung zu entwickeln. Zwar vermochten sich die Delegationen Anfang September noch über ein Regierungssystem mit drei Ebenen zu verständigen (bestehend aus der zentralen Regierungsinstanz, regionalen Selbstverwaltungen und der Ebene der Gemeindeverwaltung), doch kam es dann zu „Interpretationsschwierigkeiten" hinsichtlich der Beschlüsse vom 18. August.[98] Tendenziell schien sich zwar eine nicht näher definierte Föderationsform hinsichtlich der künftigen politischen Struktur des Territoriums abzuzeichnen,[99] jedoch herrschte Uneinigkeit über die Ressortverteilung auf die drei Regierungsebenen.

„...die Aussicht, daß Südwestafrika in Zukunft ein Einheitsstaat werden könnte, ist gänzlich ausgeschlossen. ... Es scheint zu diesem Zeitpunkt, als ob Südwestafrika aus elf ethnischen Gruppen in ihren eigenen Gebieten zusammengesetzt werden wird. Diese elf ‚Regierungen' werden im Besitz gesetzgebender Gewalten sein und gleichen Status besitzen... Delegierte haben geäußert, daß diese Lösung nach einer ‚homeland-Politik' schmekke. Mit der Ausnahme, daß diese Gebiete nicht die Unabhängigkeit erhalten, wie im Falle der Transkei, sondern eine direkte Vertretung in einer zentralen Regierung haben werden."[100]

Und damit die mittlere Regierungsebene mit regional-ethnischen Herrschaftsbefugnissen auch allen Volksgruppen gleichermaßen zugute kommt, wurde beschlossen, den bislang „heimatlosen" Mischlingen ein eigenes Gebiet zu offerieren — also das elfte Bantustan".[101] Der Advertiser sprach das Offensichtliche aus:

„Der Vorschlag einer zweiten Regierungsebene für Südwestafrika riecht nicht nur nach getrennter Entwicklung. Nein, es ist völlige Apartheid in höchster Verkleidung."[102]

Im Oktober stellten die Delegierten der Nationalen Partei erneut ihre Rolle als Befehlsempfänger und Mittler unter Beweis. Mitte des Monats reisten sie zu Konsultationen mit der südafrikanischen Regierungsspitze nach Pretoria. Anlaß war noch immer die Uneinigkeit über die Ressortverteilung, da die anderen Delegationen nach wie vor auf größeren Befugnissen für die zentrale Regierungsinstanz beharrten. Nach ihrer Rückkehr über Zweck und Inhalt ihrer Mission befragt, verweigerten sie gegenüber den anderen Delegationen in der Turnhalle jegliche Auskunft.[103] Im Verhandlungsstreß, unter Beschuß der Konferenzteilnehmer und angestachelt durch ein Wortgefecht mit einem Mitglied der Damara-Vertretung vergaß Even van Zijl jegliche politische Diplomatie und bekannte Farbe:

„Wer ist es, der sie aus dem Dreck aufgelesen hat? Die Weißen. Die Weissen dieses Landes und die aus Südafrika. Wer hat sie aus den Bergen geholt und ihnen Kleider angezogen? Die Weißen dieses Landes."[104]

Tags darauf blieben drei Delegationen der Sitzung fern. Die Verhandlungen wurden auf den 9. November vertagt. Ein dreiköpfiger Vermittlungsausschuß übte sich in Pendeldiplomatie, van Zijl entschuldigte sich für seine Ehrlichkeit.

Die Verhandlungspause verstrich ungenutzt. Die Nationale Partei engagierte sich mittlerweile in einer Wahlkampagne für eine Nachwahl zum Landesrat.[105] Das Wahlergebnis war eine „Schlappe für die Nationale Partei",[106] deren Kandidat zwar ungefährdet das Mandat sicherte, allerdings eine extrem niedrige Wahlbeteiligung verbuchen mußte. Das Siedlerbewußtsein artikulierte sich in seiner Keimform erstmals meßbar. Von etwa 3.030 Wahlberechtigten des Wahlbezirks machten lediglich 42,6 Prozent von ihrem Stimmrecht Gebrauch.

Letzter Stein des Anstoßes vor dem Wahltag war ein Beschluß des Landesexekutive, der die Rücknahme der bislang zaghaft vollzogenen Lockerungen der Apartheid-Gesetze beinhaltete.[108] Mit der Wiedereinführung der „petty apartheid" Restriktionen verscherzte sich die Landesverwaltung noch mehr Unterstützung durch die weißen Siedler, die schon längst nicht mehr mehrheitlich den schwarzen Kneipengast an der Bartheke neben sich fürchteten, sondern hauptsächlich mittlerweile um die Erhaltung ihrer materiellen Besitzstände und sozialen Privilegien bangten.

„Dies war die geistige Bankrotterklärung der gegenwärtigen Regierung auf Zeit."[109]

Nach diesem Intermezzo ging man im Verfassungsausschuß nun daran, die Probleme nach außen zu verlagern. Am 25. November pilgerte das Komitee zu einer Besprechung mit Premier Vorster nach Pretoria, die im Kreise der gesamten südafrikanischen Führungsmannschaft stattfand.[110] Die Konsultation resultierte zumindest nach außen hin in nichtssagenden Pauschalformulierungen und Binsenwahrheiten des südafrikanischen Regierungsoberhauptes.[111]

Anfang Dezember verhalfen drei Zugeständnisse der weißen Delegierten der Konferenz aus der Stagnation. Die burischen Nationalisten trennten sich formal von einigen Aspekten des orthodoxen Odendaal-Systems, indem sie der zentralen Regierungsinstanz mehr Machtbefugnisse zubilligten, auf der dritten Ebene anstelle von „Hautfarben-Verwaltungen" in einheitliche Gemeindeverwaltungen einwilligten und die endgültige Abschaffung der Diskriminierung versprachen.[112] Für das Einlenken war offenbar die internationale politische Lage, der wachsende Befreiungskampf im Nördlichen Namibia und die auf eine schnelle Lösung drängende Zeitknappheit ausschlaggebend.[113]

Am 8. Dezember 1976 kündigte das Verfassungskomitee in einer Erklärung an,[114] die Rechtsberater mit der Erstellung eines Verfassungsentwurfes zu beauftragen. Ferner wurde die Erarbeitung einer grundgesetzlichen Basis für die Interimsregierung beschlossen, wobei eine Regierungsform mit drei Ebenen als Grundlage gelte. Zur Effektivierung der Arbeitsweise wurde ein Arbeitsausschuß, bestehend aus je einem Mitglied der elf Delegationen und deren Rechtsberater, etabliert,[115] zudem ein Finanzausschuß nominiert,[116] sowie die Bildung eines Verteidigungsausschusses bekannt gegeben.[117]

Das Ergebnis der Beratungen einer Wochenendsitzung in der Universität von Südafrika (deren Sitz zufälligerweise Pretoria ist) präsentierten die „Rechtsgelehrten" der Öffentlichkeit am 17. Januar. „Revolutionärstes" Ergebnis: „Nach dem Verfassungsentwurf der Rechtsgelehrten soll Südwestafrika in Zukunft Namibia heißen."[118]

Der Entwurf wurde allerdings relativiert, da die Vorlage keinen endgültigen Charakter beanspruchte, „...sondern lediglich einen Verfassungsentwurf für die begrenzte Zeit, in der die Interimsregierung das Land verwaltet."[119] Für die Übergangszeit sah der Entwurf vor, daß Südafrika weiterhin die folgenden Schlüsselressorts verwaltet und kontrolliert: Verteidigung, Außenpolitik, Transportwesen, Geld und Devisen, inländische Sicherheit, Telekommunikation und Postwesen.[120] Zudem machten die im Verfassungstext formulierten Gummiparagraphen deutlich, daß der südafrikanische Rechtsexperte Marinus Wiechers, ganz in der Tradition seines Landes, federführend war:

„Die Republik ist ein demokratischer Staat, der die Grundsätze der freien Wirtschaft und des privaten Besitzes von Grund und beweglichen Sachen akzeptiert... Jeder Mensch hat das Recht auf die freie Entfaltung seiner Persönlichkeit, soweit hierdurch nicht die Rechte anderer beeinträchtigt werden oder diese Rechte nicht gegen die öffentliche Ordnung und die Sitten verstoßen. Das Leben, die Freiheit und die körperliche Unversehrtheit jedes Menschen sind unantastbar und dürfen nur aufgrund von Rechtsvorschriften beeinträchtigt werden... Jeder hat das Recht, seine Meinung in Wort, Schrift oder Bild auszudrücken, soweit nicht die Rechte von anderen dadurch berührt werden oder dem Staat Schaden zugefügt wird. Die Pressefreiheit wird garantiert. Dieses Recht findet seine Grenzen in den allgemeinen Rechtsvorschriften, in dem Schutz der Staatsordnung, der Jugend und der persönlichen Ehre und des Ansehens. Das Recht, Eigentum zu besitzen, wird garantiert. ... Politische Parteien oder Gruppierungen mit marxistischer Ideologie werden als staatsfeindlich verboten."[121]

Hinsichtlich der Verwaltungsstruktur teilt der Entwurf der zweiten, regionalethnischen Regierungsebene Machtbefugnisse über die folgenden Ressort zu: Landwirtschaftskredit und Grundbesitz, Forstwirtschaft, Schulen mit Ausnahme der nachschulischen Ausbildung, Soziales, Pensionen und Gemeinschaftsentwicklung, Kunst und Kultur, traditionelle Rechtssprechung, Darlehensfragen, Personal und traditionelle örtliche Behörden.[122]

Der Advertiser, der diese Vorlage als „Meisterwerk der Ausflüchte" bezeichnet,[123] gelangt zu dem Ergebnis:

„... die zweite Regierungsebene bleibt der bestimmende politische Faktor in Südwestafrika. Die zweite Ebene ist die der Apartheid... Die Gesamtbilanz aller Entwicklung ist, daß sich die Turnhalle genau da befindet, wo sie sich die ganze Zeit über befand – nirgendwo."[124]

Die Hektik der folgenden Wochen dagegen machte klar, daß die Turnhalle-Delegationen dabei waren, sich anhand der Vorlage ein gemütliches Kuckucksnest einzurichten. Die Ebene der Spannungen und Unstimmigkeiten verlagerte sich. Für die Zukunft schien man sich bereits als neue Staatsführer zu sehen.

„Delegierte der Turnhalle betrachten die Interimsregierung wie Moses das Heilige Land, und deswegen nähert sich der Verfassungsentwurf seiner Vollendung mit unglaublicher Geschwindigkeit."[125]

Dagegen trieb der „Drang zu Ministerämtern... merkwürdige Blüten".[126] Mit einem Mal besannen sich die Ovambo-Delegierten auf die quantitative Größe der Bevölkerung, die sie (nicht) vertreten und forderten eine in Relation zum Volksanteil stehende Zahl von Mandaten in der Nationalversammlung sowie einen zweiten Ministersessel.[127] Man einigte sich auf einen Kompromiß:

„Jede Bevölkerungsgruppe hat Anspruch auf vier Abgeordnete. Bei elf Bevölkerungsgruppen sind dies 44 Abgeordnete. Weitere 16 werden aufgrund der zahlenmäßigen Stärke der einzelnen Bevölkerungsgruppen verteilt."[128]
Die Sitzverteilung sieht nach diesem Modell für die Ovambo-Delegation zwölf Abgeordnete vor, sechs Stimmen für die Weißen, fünf für die Kavangos, Caprivis, Damara, Herero, Nama, Mischlinge, sowie je vier Sitze für die Rehobother, Buschleute und Tswana.[129]
Am 8. Februar einigten sich die Delegierten im Verfassungsausschuß anhand der Wiechers-Vorlage über die Ressortverteilung. Die existierenden Bantustan-Institutionen und die Verwaltungsstruktur der Weißen sollten dabei aufrechterhalten bleiben und die Amtsgeschäfte der zweiten Ebene wahrnehmen.[130]

„Die Verfassungspraxis soll — dieser Trend war deutlich spürbar — auf eine Konföderation der Heimatländer der verschiedenen ethnischen Gruppen hinauslaufen."[131]
Am 9. Februar konnte Dirk Mudge als Vorsitzender des Verfassungsausschusses auch über erzielte Einstimmigkeit hinsichtlich der dritten Ebene, den Gemeindeverwaltungen, berichten. Bisherige Rechte und traditionelle Verwaltungsformen lokaler Art sollten dabei intakt bleiben — also eine Perpetuierung der Apartheid.[132]

Gleichzeitig fanden erste Sondierungsgespräche zwischen Vertretern der Herero und Damara und Generalkommissar de Wet statt, um die Schaffung ethnisch-regionaler Verwaltungsinstitutionen einzuleiten.[133] Im Klartext bedeutet dies, daß die Etablierung von Bantustan-Gremien entlang des Odendaal-Plans vor einer Phase des Aufschwungs steht. Ein Beitrag von etwa 40 Millionen Rand wurde zur Verfügung gestellt, um die Einrichtung des „Heimatgebietes" der Mischlinge realisieren zu können.[134] Für den Advertiser war damit das Maß voll:
„Die Ankündigung ... straft jede sogenannte Entscheidung Lügen, die während der Turnhalle-Gespräche getroffen wurde. Sie entlarvt die Hohlheit und den politischen Betrug zu diesem späten Zeitpunkt und betont gleichzeitig eindeutig eine verfassungsmäßige Entwicklung, die auf die unablässige Verfolgung einer getrennten Entwicklung abzielt... Die Turnhalle besitzt bereits wenig Glaubwürdigkeit, von der Glaubwürdigkeit der Regierung der Nationalen Partei ganz abgesehen. Diese jüngste Entwicklung macht es umso schwieriger, die Turnhalle zu verkaufen — eine Konferenz, die der Odendaal-Plan in einer neuen Verkleidung zu sein scheint. Tatsächlich erweckt es den Eindruck, als ob diese Gespräche von Handlangern durchlöchert wären."[135]
Am 9. März wurden die letzten Fragen über die Funktion des Vorsitzenden des Ministerrates geklärt. Diese Position wird „mit an Sicherheit grenzender Wahrscheinlichkeit" von Dirk Mudge eingenommen werden.[136] Weiterhin wurde festgelegt, daß der Nationalversammlung nur Bürger Namibias angehören können, die mindestens die vergangenen fünf Jahre ununterbrochen im Lande ge-

lebt haben.137 Außerdem wird die namibische Bevölkerung künftig mit einheitlichen Personalpapieren versehen — mittels eines Kodes wird dabei die Zugehörigkeit zur jeweiligen ethnischen Gruppe in die Registrationsnummer einprogrammiert...138

Mittlerweile gingen die Abgeordneten der Nationalen Partei bereits daran, keinen Zweifel über ihre Auslegung der Vereinbarungen bezüglich des Modus der Interimsregierung zu lassen und die Turnhalle zu demontieren. Der Abgeordnete Frans van Zyl erklärte in einer Debatte im Landesrat:

„... die Turnhalle gelangte zu einer Übereinkunft, welche die Realitäten der Situation Südwestafrikas berücksichtigt. Jede der Bevölkerungsgruppen (von Herrn van Zyl Nationen genannt) könnte nun größtmögliche Fortschritte erzielen, einzeln oder gemeinsam ... Er sagte, die bloße Tatsache, daß die ‚Führer der verschiedenen Gruppen' sich zu Gesprächen trafen, war Beweis des Problems der Verschiedenheit."139

Und hinsichtlich einer eventuellen Umverteilung der Besitz- und Einkommensverhältnisse warnte der Abgeordnete:

„... man würde den Besitzenden bei seiner Aufgabe ‚kastrieren', den Nicht-Besitzenden zu helfen."140

In der gleichen Sitzung des Landesrates kündigte Eben van Zijl einen Gesetzentwurf an, der ein Referendum unter den Weißen Namibias über die Beschlüsse der Turnhallen-Konferenz vorsieht. Ein Sonderkongreß der Nationalen Partei solle Ende März über die Befragung entscheiden. Stimmberechtigt wären nach der Vorlage die südafrikanischen Staatsangehörigen unter der weißen Siedlerschaft gemäß der Wählerliste vom 28. Februar 1977.141

„Die anderen zehn Gruppen, mit denen man inzwischen fast 19 Monate verhandelt, sind nicht einmal konsultiert worden, wie sie sich die Zustimmung ihrer Völker zu dem neuen System denken."142

In einem Aufruf zur Unterstützung der Turnhallen-Beschlüsse durch ein klares Votum erklärte Parteiführer du Plessis:

„Die neue Ordnung beruhe auf drei Grundsätzen: der Anerkennung der existierenden Ethnizität, der Bildung einer Regierung auf drei Ebenen und dem Schutz der Minderheitsgruppen... Nicht die Weißen hätten Ethnizität nach Südwestafrika gebracht, der Grundsatz habe vielmehr auf brutale Weise lange vor ihrer Ankunft Geltung besessen. Eine Regierung auf drei Ebenen sei der logische Weg, auf dem der Grundsatz der Ethnizität zum Tragen komme. Das Bestimmungsrecht in eigenen Angelegenheiten brauche nicht die Interessen anderer zu schädigen. Die Rechte der Minderheitsgruppen würden durch das Konsensus-Prinzip in der Nationalversammlung gewahrt. Auch die Verfassung werde dadurch garantiert. Sollte irgend jemand versuchen, so sagte du Plessis, die Verfassung auf anderem Wege als durch Konsensus zu ändern, bedeute das einen Putschversuch..."143

Am 18. März 1977 kündigte Dirk Mudge die bevorstehende Verabschiedung der Endfassung des Verfassungsentwurfes an.

„Mudge kündigte des weiteren an, daß zur Übertragung und Rückübertragung der Regierungsgewalt von Pretoria nach Windhoek ein Sonderausschuß von Verwaltungsexperten gegründet wird... Ironisch genug, zu dem Ausschuß gehören zum Teil dieselben Personen, die 1969 die Übertragung

einiger Regierungsbereiche von Windhoek nach Pretoria bearbeiteten...
Mudge hält Mitte Juni für den frühesten Zeitpunkt zur Bildung der Interimsregierung."[144]
Mit dem Beschluß des Sonderkongresses der Nationalen Partei in Windhoek, dessen mehr als 200 Delegierte sich in 14-stündiger geheimer Beratung am 30. März 1977 auf die Durchführung des Referendums am 17. Mai 1977 unter der weißen Siedlerschaft einigten,[145] endete dieses Kapitel namibischer Geschichte, dessen Akteure sich bereits auf dem Weg zum „Misthaufen der Geschichte" befinden.

4.3. Die Entwicklung außerhalb der Turnhallen-Konferenz

Wir können in dieser Arbeit lediglich die relevantesten Aspekte aufgreifen, die zur weiteren Einschätzung der Perspektive einer Interimsregierung von Bedeutung gewesen sind. Dabei steht der nationale Befreiungskampf im Vordergrund unserer Betrachtung. Komplementär dazu gilt es jedoch auch, in einem kurzen Abschnitt die weiteren Gesetzesmaßnahmen und die anhaltenden militärischen Interventionen der Republik Südafrika in Namibia aufzuzeigen, da sie bereits ein bezeichnendes Licht auf die Verhältnisse werfen, unter denen die Delegierten der Turnhalle in Namibia künftig zu regieren beabsichtigten – um überhaupt regieren zu können.

4.3.1. Konsolidierung des nationalen Befreiungskampfes

Anfang 1976 vertrat Baumgärtner in seinem Artikel die Einschätzung, daß die Nationale Partei durch die Turnhallen-Konferenz offenbar darum bemüht sei,

„... dem Befreiungskampf ... durch die Erarbeitung einer Konzeption ‚humanisierter' Ausbeutungs- und Herrschaftsverhältnisse die Spitze zu nehmen, die Mehrheit der afrikanischen Bevölkerung durch auf dem Verhandlungswege zugestandene Kompromisse und Pseudoreformen langfristig hinter sich zu bringen und somit der radikalen Bewegung zur Befreiung des Landes die Basis zu entziehen."[146]

Diese Strategie ist eindeutig gescheitert. Nicht zuletzt lag dies an der Vorgehensweise der Nationalen Partei und dem daraus resultierenden Charakter der Turnhallen-Konferenz selbst, der totalen Unfähigkeit, auch nur den Schein aufrechterhalten zu können, elementare Verbesserungen der Lebensbedingungen für die afrikanische Mehrheit des namibischen Volkes zu erarbeiten. Zu sehr beschäftigt mit der Bewältigung interner Widersprüche, vermochte die Turnhallen-Konferenz zu keinem Zeitpunkt Illusionen hinsichtlich der Zukunft des namibischen Volkes unter einer Interimsregierung zu wecken. Stattdessen trug die Verfassungskonferenz dazu bei, die Widersprüche zu verschärfen und die Polarisation zwischen dem namibischen Volk und den Herrschaftsinteressen Südafrikas voranzutreiben. Dies bewirkte, daß die

SWAPO als nationale Befreiungsbewegung, durch die Turnhallen-Konferenz sogar mittelbar begünstigt, in Namibia im Laufe dieser eineinhalb Jahre einen Konsolidierungsprozeß durchlief und keinen Zweifel mehr daran aufkommen ließ, wer die tatsächlichen Vertreter des namibischen Volkes sind.

Bereits vor Aufnahme der Verfassungsgespräche machte die SWAPO deutlich, daß sie nicht gewillt war, ihre politischen und sozialen Ziele einem neokolonialen Lösungsversuch der Südafrikaner zu opfern. Als die südafrikanische Regierung in Namibia daran ging, erste minimale Veränderungen auf der untersten Ebene des Apartheid-Systems durchzuführen, erklärte Sam Nujoma:

„Die Abschaffung der sogenannten ‚petty apartheid' in Namibia beabsichtigt offensichtlich, die Außenwelt abzuspeisen und trägt wenig dazu bei, die grundlegende Situation der Mehrheit unseres Volkes zu verändern. Für das Volk Namibias bedeutet dies nicht mehr als eine kosmetische Zurschaustellung."[147]

Parallel zur Aufnahme der Turnhallen-Gespräche legte die SWAPO einen Verfassungsentwurf vor, der von der Neuen Zürcher Zeitung als „scheinbar sehr gemäßigt" beurteilt und „offenbar besonders bei den Weißen um Verständnis werbend" charakterisiert wurde.[148]

Danach ist jeder Einwohner Namibias, der mehr als fünf Jahre vor der Unabhängigkeit im Lande gelebt hat, zum Erwerb der namibischen Staatsbürgerschaft berechtigt: Für den Fall einer Übergangsphase werden explizit die bestehenden Eigentums- und Besitzverhältnisse anerkannt. Eine Balkanisierung oder Fragmentierung des Landes wird dagegen ebenso strikt abgelehnt wie jegliche Form von Bantustans, auch denen unter der Maskerade des Föderalismus.[149] Als Alternative zur Turnhallen-Konferenz formulierte die SWAPO:

„... SWAPO hat bereits mehrmals ihre Bereitschaft erklärt, sinnvolle Gespräche mit Südafrika zu führen, die den Aufbau eines wahrhaft unabhängigen, demokratischen Einheitsstaates Namibia zum Ziel haben. Wir werden darüber sprechen, sobald unsere Bedingungen erfüllt sind. Wir wiederholen sie erneut:

1. Südafrika muß öffentlich das Recht des namibischen Volkes auf Unabhängigkeit und nationale Selbständigkeit anerkennen;
2. Südafrika muß öffentlich verkünden, daß die territoriale Integrität Namibias unantastbar ist;
3. die Freilassung aller politischen Gefangenen, einschließlich Herman ja Toivo und der vielen anderen unserer politischen Führer und Kameraden auf Robben Island und anderswo;
4. die Aufhebung der Bannverfügung über unseren amtierenden Präsidenten (gemeint ist der in Walvis Bay unter Hausarrest stehende Maxhuiriri;d.V.)
5. die Tyrannei der über dem Nördlichen Namibia verhängten (Notstands-) Proklamation R 17 muß aufgehoben werden;
6. alle aus politischen Gründen im Exil Lebenden, gleich welcher Organisation, müssen das Recht haben, in Freiheit und ohne Furcht vor Verhaftung und Verfolgung zurückzukehren;

7. Südafrika muß sich dazu verpflichten, Polizei und Armee abzuziehen;
8. unsere Gespräche könnten unter Aufsicht der UNO stattfinden und würden darauf abzielen, in Namibia freie Wahlen unter Aufsicht und Kontrolle der UNO abzuhalten."[150]

Ob die „kosmetische Zurschaustellung", die in der Turnhallen-Konferenz ihren institutionalisierten Ausdruck gefunden hat, den Bedürfnissen des kolonisierten Volkes von Namibia entspricht, überließ die SWAPO dessen eigener Entscheidung. Damit bekannte sie sich eindeutig dazu, als nationale Volksbewegung tatsächlich den Kampf des namibischen Volkes zu führen, indem sie betonte:

„...letztendlich hängt die Freiheit von jenen ab, die in den Genuß von ihr kommen werden. Namibia wird so frei sein, wie die Namibier es sein wollen."[151]

Und das Volk Namibias entschied sich:
- am 17. August 1976 erklärte Dr. F.S. Stellmacher, Vorsitzender der Rehoboth Volksparty, daß seine Partei sich aufgelöst habe und der SWAPO beigetreten sei, um eine vereinte Front zur Befreiung Namibias zu bilden.

„... durch diesen Schritt folgte die Partei den Wünschen der Mehrheit von Rehoboths Bastern. Die Mehrzahl der Menschen wäre gegen getrennte oder ethnische Gebiete. Diese Menschen würden sich völlig von jeder homeland-Politik distanzieren und die ‚Befreiung' Südwestafrikas als Ganzem sehen." [152]

- am 15. September 1976 schrieb Kurt Dahlmann in der Allgemeinen Zeitung „Mudge schätzt die Unterstützung, die SWAPO in Südwestafrika genießt, realistisch auf 30 bis 40 Prozent der Bevölkerung ein. SWAPO ist damit die Partei Südafrikas, die sich des größten Zuspruchs bei der Bevölkerung erfreut... Während der Turnhallenverhandlungen hat die Sympathie für SWAPO erheblich zugenommen."[153]

Bereits eine Woche zuvor mußte Dahlmann die von den Rassisten betriebene Verleumdungskampagne, daß es sich bei der SWAPO um eine terroristische Stammesorganisation der Ovambo handele, entkräften:

„SWAPO hat heute Sympathisanten unter allen nichtweißen Volksgruppen Südafrikas, ... SWAPO dürfte ... die politische Organisation sein, die ... die meisten Anhänger in Südwestafrika aufweisen kann."[154]

- am 21. September 1976 erklärte der Advertiser in einem Kommentar:
„Wir schulden es unserem und unserer Leser Bewußtsein, die Wahrheit über SWAPO zu berichten, die ganz einfach Südwestafrikas mächtigste politische Bewegung ist."[155]

- Anfang Oktober 1976 wurde die Bildung eines gemeinsamen Aktionskomitees im Süden des Landes (Karasburg) zwischen der SWAPO, der „Voice of the People" und den Bondelswarts gemeldet:
„Es wird versuchen, die Einheit unter der Gemeinschaft im südlichen Gebiet zu fördern..."[156]

- am 21. Oktober 1976
„faßten namhafte Namaführer in Gibeon den Beschluß, mit ihren Bewe-

gungen und Gruppen als Ganzes zu SWAPO überzutreten. Die Unterzeichneten sind Chef Hendrik Witbooi von Gibeon, Joel Samuel Stephanus von den Vaalgras-Namas, M. Hoeteb von den Einwohnern von Hoachanas sowie Samuel Isak von der ‚Democratic Party of Namibia', einer politischen Organisation der Namas."[157]

Anfang November erklärte Hendrik Witbooi anläßlich einer Pressekonferenz in Windhoek namens der vier Namagruppen:

„Die Zeit der Entscheidungen ist gekommen... Wir sind nicht länger individuelle Gruppen, sondern eine Nation Namibia."[158]

Chief Munjuku II der Mbanderus, Sprecher des Namibia National Council,[159] kommentierte die Entscheidung der Nama als „Schritt in die richtige Richtung."[160]

— In einem Gespräch mit der Allgemeinen Zeitung erklärte der „Generalkommissar" de Wet, er sei

„aufgrund seiner Erfahrungen zu dem Entschluß gekommen..., daß 80 Prozent der 16-18-jährigen Ovambos mit der SWAPO sympathisieren."[161]

Die Zahlenangaben wurden wegen eines Druckfehlers nachträglich korrigiert. De Wet hatte tatsächlich gesagt, daß es sich um 80 Prozent der 18-28-jährigen Ovambos handele.[162]

— am 29. November 1976 beschloß die „Namibia African Peoples Organisation" (NAPDO), eine fest unter den Damara verankerte Bewegung,

„...die Partei aufzulösen und den Mitgliedern zu empfehlen, sich SWAPO anzuschließen... Durch die direkte Mitgliedschaft zu SWAPO soll ein Beitrag zur Beseitigung der südafrikanischen Verwaltung aus Südwestafrika geleistet werden."[163]

Laut Advertiser war dies bereits die neunte politische Partei Namibias, die sich der SWAPO seit ihrer Existenz angeschlossen hat. In der Erklärung der NAPDO-Exekutive heißt es:

„Das südafrikanische Regime muß gehen, es muß aus Namibia gezwungen werden und wir werden dies erreichen, indem wir unsere Fähigkeiten durch die Avantgarde der SWAPO zum Ausdruck bringen, ... wir sind überzeugt, daß nur die SWAPO als nationale Befreiungsbewegung und Avantgarde des Volkes die namibischen Massen vereinigen kann."[164]

— Tauno Hatuikulipi, Direktor des Christlichen Zentrums in Windhoek, faßte die politische Situation in Namibia während einer Massenveranstaltung in Katutura am 12. Dezember 1976 treffend zusammen:

„SWAPO ist die Nation und die Nation ist SWAPO."[165]

Der südafrikanischen Regierung blieb diese Entwicklung trotz ihrer Scheuklappen nicht verborgen. Mitte 1976 erfolgte durch Politiker der Nationalen Partei ein Vorstoß in Richtung der SWAPO. Man war bemüht, die Fühler auszustrecken, um die Möglichkeiten zu prüfen, mit einem Teil der SWAPO im Lande ins Geschäft zu kommen, da man allmählich die tatsächlichen Machtverhältnisse zu erkennen begann.

„Es ist so klar wie Tageslicht. Bis 1976 wollte Vorster die SWAPO nicht einmal mit einer Schiffsstange berühren. Nun erlaubt er der Nationalen

Partei in Namibia, mit der SWAPO zu verhandeln — die einzige Lösung, die es ihm ermöglicht, von seiner Kopf-in-den-Sand, Vogelstrauß-ähnlichen Strategie gegenüber der SWAPO in der Vergangenheit wegzukommen. Dieser Vorster-Purzelbaum traf mit dem wachsenden Druck für eine Übereinkunft mit der SWAPO in Namibia selbst zusammen. ... Die Strategie war offensichtlich, daß eine Abmachung mit der SWAPO (intern) getroffen werden sollte, in dem Glauben, daß es möglich sein könnte, einen Keil zwischen die interne und externe Sektion treiben zu können...
Dies ist jedoch eine falsche Schlußfolgerung, da die Tatsache der Existenz zweier SWAPO-Sektionen nichts mit ideologischen oder anderen Unterschieden zu tun hat. Sie sind nicht getrennte Fraktionen, sondern lediglich aufgrund geographischer Gegebenheiten getrennt."[166]
Die Spaltungsversuche Südafrikas scheiterten ebenso kläglich wie die damit einhergehenden Manöver der westlichen Imperialisten. Diese hatten versucht, die Exilorganisation zu unterminieren und die Bewegung durch gezielte Provokationen in interne Flügelkämpfe zu verwickeln, um so die Position der SWAPO zu schwächen.[167] Die nationale Konferenz der SWAPO in Walvis Bay Ende Mai 1976,[168] sowie die Tagung des erweiterten Zentralkomitees in Lusaka Ende Juli 1976, verdeutlichen dagegen die Geschlossenheit der Bewegung.[169]
Die Reaktionen auf die Ankündigung des Verfassungsausschusses der Turnhallen-Konferenz zur Bildung einer Interimsregierung machten erneut die Einheit deutlich. Während Peter Katjavivi als Informationssekretär im Ausland erklärte:

„... wir verurteilen diesen neokolonialen Plan und lehnen ihn völlig ab, der von Südafrika ausgedacht wurde und dessen Ziel es ist, Namibia in eine Konföderation von Mini-Staaten zu verwandeln."[170]

...äußerte Daniel Tjongarero, SWAPO-Informationssekretär in Namibia:

„Ein paar ‚Handlanger' in ein bereits verfaultes System einzugliedern, machte dieses System weder akzeptabel noch respektabel. Es korrumpierte nur die darin Aufgenommenen, um das Wenigste zu sagen."[171]

An dieser einheitlichen Politik hat sich bislang nichts geändert. Ende Februar 1977 wurden von der SWAPO auf einer Massenversammlung in Katutura unverändert die Forderungen erneuert und bekräftigt, die im Verfassungsentwurf der SWAPO vom September 1975 als Vorbedingungen für die Gesprächsbereitschaft der SWAPO gestellt wurden.

„Bei der gut besuchten Versammlung wurden die Turnhalle und die Interimsregierung als Instrumente Südafrikas und der imperialistischen Welt — diese wurde nicht weiter umschrieben — abgelehnt."[172]

Daß die SWAPO ihren Kampf nicht nur mit Worten führt, zeigt die kontinuierliche Eskalation der militärischen Auseinandersetzungen zwischen der Befreiungsarmee der SWAPO — „People's Liberation Army of Namibia" (PLAN) — und den südafrikanischen Kolonialtruppen, deren Stärke Mitte 1977 auf etwa 50.000 Soldaten in Namibia geschätzt wurde.
Die Liquidierung des Chefministers von Ovamboland, Filemon Elifas, kurz vor Beginn der Turnhallen-Konferenz, bedeutete sowohl eine künftig offensivere

Strategie der PLAN-Einheiten,[173] als auch eine Zunahme der Repressionen. Führungsmitglieder der SWAPO wurden verhaftet und in menschenzerstörerischer Absicht unter brutalen Haftbedingungen willkürlichem Terror ausgesetzt. In einem Indizienprozeß wurden zwei der Gefangenen wegen angeblicher indirekter Beteiligung an der Ermordung des Chefministers zum Tode verurteilt.[174] Dieser Schauprozeß

> „... wurde hauptsächlich unter dem Gesichtspunkt veranstaltet, mehr die Schuld der SWAPO nachzuweisen, als die individueller, angeklagter Personen."[175]

Während der „Beweisführung" wurde eine Liste vorgelegt, die insgesamt 59 Kampfhandlungen im Territorium von Juli 1975 bis April 1976 aufführte: zwei der Militäraktionen waren dabei innerhalb der Polizeizone durchgeführt worden.[176] Serfontein sieht dadurch als erwiesen an, daß

> „... die Turnhallen-Konferenz selbst nicht ausreichend war, um die Intensivierung der Basis zu schwächen, ohne die die SWAPO nicht funktionsfähig wäre."[177]

Als die vorläufige Verfassungsgrundlage der Interimsregierung im März dieses Jahres verabschiedet wurde, kündigte Peter Katjavivi an:

> „Wir werden weiterkämpfen. Wir werden einen unablässigen Kampf zur Befreiung unseres Landes und um tatsächliche nationale Unabhängigkeit führen, entweder durch freie nationale Wahlen unter Aufsicht und Kontrolle der UNO oder durch den Lauf eines Gewehres."[178]

Bereits kurz zuvor hatte er angesichts der Entwicklung darauf hingewiesen, „daß eine Eskalation des militärischen Kampfes unausweichlich sei."[179] Hinsichtlich der Verantwortlichkeit der Kampfführung ließ der SWAPO-Sprecher schon anläßlich des Namibia-Tages im August 1976 keinerlei Zweifel.

> „Einen bewaffneten Kampf einzugehen bedeutet, den gesamten Kampf in die eigenen Hände zu nehmen, die völlige Verantwortung für das Ergebnis selbst zu übernehmen."[180]

Dieses Verständnis läßt keine Unklarheit über die Auffassung bestehen, wer Namibia befreien wird. Im Vertrauen auf die eigene Kraft wird sich das namibische Volk selbst vom kolonialen Joch und der neokolonialen Tyrannei befreien. Diese Linie findet ihren konsequenten Ausdruck in dem unlängst veröffentlichten letzten Entwurf einer Verfassung für ein unabhängiges Namibia, in dem die SWAPO weiterhin eine blockfreie Konzeption in der Außenpolitik vertritt.[181]

4.3.2. Die Verschärfung der militärischen und gesetzlichen Kontrolle

Die Angola-Intervention der südafrikanischen Truppen nutzte das Parlament der Republik, um die Kontrolle über Namibia noch weiter zu festigen und künftige Aktivitäten in dem Territorium „legal" vorzubereiten. So wurde im südafrikanischen Parlament ein Gesetzesentwurf eingebracht, der die Regierung ermächtigt, Militär auch im Ausland einzusetzen.

> „...die Verteidigung des Landes schließe auch ‚die Vorbeugung gegen oder die Unterdrückung eines bewaffneten Konflikts außerhalb der Republik'

ein, ‚der nach Ansicht des Staatspräsidenten eine Bedrohung der Sicherheit der Republik ist oder sein könnte'. ... In dem Entwurf wird klargestellt, daß sich die geplanten gesetzlichen Bestimmungen auch auf Südwestafrika erstrecken."[182]
Das Gesetz wurde verabschiedet.[183]
In einer Sonderausgabe des Amtsblattes der südafrikanischen Regierung vom Mai 1976 wurde die bis dahin für das Ovamboland geltende Notstandsproklamation R 17 durch die Verhängung eines rigorosen Ausnahmezustandes ersetzt, der Kavango und den Caprivi ebenfalls als „Sicherheitsgebiet" miteinbezog.
„Er brachte 396.000 Menschen, oder 35,3 Prozent der gesamten Bevölkerung im Territorium, unter quasi-Notstandsherrschaft, ähnlich dem Kriegsrecht."[184]
Dazu erklärte Jannie de Wet in einem Interview:
„Eine Bekämpfung des Terrorismus in Ovambo selbst, ... sei schwierig, weil die Identifizierung der Terroristen praktisch unmöglich sei, wenn die örtliche Bevölkerung dabei nicht mithelfe."[185]
Ende 1976 wurde von weißen Kleinkapitalisten Namibias ein Komitee gegründet, das Anleihen und Investitionen bei der südafrikanischen Armee ermöglichen sollte, um dadurch die Verteidigung des Landes finanziell unterstützen zu können.[186] Das Militär wurde zur „Aktiengesellschaft"...

Eine im Januar 1977 eingebrachte Gesetzesvorlage sieht vor, daß
„...die Administratoren der vier südafrikanischen Provinzen sowie von Südwestafrika... zusammen mit den Kommunalverwaltungen in der zivilen Verteidigung weitgehend Kontrollen ausüben..."[187]
Namibia und Soweto waren sicherlich auch der aktuelle Anlaß für ein weiteres Zusatzgesetz, das Ende Januar 1977 vom südafrikanischen Parlament ratifiziert wurde.
„Falls vom Minister als notwendig erachtet, wird Südwestafrika eine Provinz der Republik Südafrika, sofern das Erfordernis auftreten sollte, auf das Territorium die Verordnungen des Zivilverteidigungsgesetzes anzuwenden. Abschnitt acht des Zivilverteidigungsgesetzes enthält diese Regelung. Es ermächtigt den Verteidigungsminister auch dazu, einen sofortigen Notstand in einem festgelegten Gebiet auszurufen, ohne dies erst im Gesetzes zu irgendeiner Zeit nach Meinung des Ministers scheint, daß interne Aufstände oder Katastrophen von solcher Art und solchem Ausmaß sind, daß außergewöhnliche Maßnahmen notwendig sind, um die Republik und ihre Einwohner zu unterstützen und zu beschützen und zivile Störungen bekämpfen."[188]
Und anläßlich einer Parlamentsdebatte zur Verabschiedung eines Gesetzes, das die Einführung der offiziellen Pressezensur vorsah,[189] berichtete die Allgemeine Zeitung:
„Das neue Zeitungsgesetz des Innenministers soll zunächst nicht für Südwestafrika gelten. Eine Ausdehnung des Geltungsbereiches ist jedoch möglich."[190]

Die Gefangenenhilfsorganisation „amnesty international" veröffentlichte am 3. April in Hamburg eine Erklärung, die über ständige Foltermethoden in Namibia berichtet.
„Weiter erklärte amnesty, in Namibia werde illegal südafrikanisches Recht angewendet."[191]
Mit Übernahme der (Regierungs-) Gewalt durch die Interimsregierung sollte offensichtlich der Notstand in Permanenz vorbereitet werden.

4.4. Die Perspektive der Turnhallen-Konferenz und deren Bedeutung für Namibia

Unter Beobachtern der namibischen Szene scheint es zu einem Hobby zu werden, über die künftige politische Entwicklung in Namibia zu spekulieren, Hypothesen zu formulieren und sich möglichst durch Kreativität auszuzeichnen[192] Wir wollen uns eingangs dieser abschließenden Betrachtung auf einige der inzwischen vertretenen Einschätzungen beziehen, ohne dabei jedoch von den vorgegebenen Realitäten allzu sehr zu abstrahieren. Letzteres werden wir uns im Anschluß daran mittels einer Globalbetrachtung des Dekolonisierungsprozesses in Namibia erlauben.

Im Gegensatz zu manchen anderen Autoren sehen wir es allerdings weder als unsere Aufgabe an, futuristische Spekulationen über die mögliche politische und gesellschaftliche Entwicklung in Namibia anzustellen, noch der nationalen Befreiungsbewegung gute Ratschläge zu erteilen. Stattdessen wollen wir uns um ein sachliches Resumee bemühen, das die von uns bereits erarbeiteten Ergebnisse zusammenfaßt und abschließend interpretiert.

4.4.1. Stand und Ausblick der Interimsregierung

Die Staats- und Nationenvorstellungen, wie sie den Ergebnissen der Turnhalle zugrunde liegen, werden zwar dem Apartheid-Dogma der südafrikanischen Innenpolitik gerecht, erweisen sich jedoch bei Berücksichtigung der objektiven gesellschaftlichen Situation als ein Festklammern an anachronistische Verhältnisse, die der Realität Namibias nicht entsprechen. Dies wird deutlich, wenn die Gesellschaftsvorstellungen und daraus resultierenden „Lösungsversuche" der Turnhallen-Konferenz mit unserer Darstellung und Analyse des Charakters Namibias verglichen werden. Denn die ungleich entwickelten Sektoren der Wirtschaft Namibias sind ebenso wie die politisch-strukturellen Unterschiede zwischen der Polizeizone und den „Heimatgebieten" nichts anderes als die zwei Seiten ein und derselben Medaille, der gleichen gesellschaftlichen Organisation mit der beiden gemeinsam zugrunde liegenden Produktionsweise als bestimmendem Moment. Eine verfassungsrechtliche Neuordnung Namibias kann nicht hinter die Anerkennung dieser Realität zurückfallen, ein politisches Verwaltungsmodell muß der Existenz einer namibischen Nation Rechnung tragen.

Bei einer refional-ethnischen Unterteilung des Landes, wie sie sich abzeichnet, würde ein wahrer Boom an gesetzgebenden und verwaltenden Instanzen über das Territorium hereinbrechen, „die zu einer babylonischen Verwirrung der Departments, der Erlasse und zu einer kopflastigen Bürokratie führen müsse." 194
„Vielleicht gehen aber heute schon etliche der Verhandlungsführer von Windhoek davon aus, daß man zwar irgendeine, wenn auch in der Praxis nicht brauchbare Verfassung aushandeln kann und dann Südwestafrika nach ihr auch in die Unabhängigkeit entläßt, dieser Staat jedoch sehr bald in zwei oder mehr Teile zerbrechen wird."195
In einem Ausblick auf die zu jener Zeit anlaufenden Turnhallen-Gespräche hielt Nachtwei die strukturellen Voraussetzungen für eine neokoloniale Lösung in Namibia für kaum gegeben.

„... die afrikanische Kompradorenschicht hat eine ökonomische Perspektive nur im Sold des Kolonialstaates, auf sich gestellt wäre sie kaum in der Lage, die namibischen Volksmassen unterdrückt zu halten, die weiße Siedlerbourgeoisie ist ebenfalls zur selbständigen Herrschaftsausübung im Rahmen neokolonialer Abhängigkeit zu schwach.

Diese Bedingungen legen dem Kolonialstaat eine Lösung nahe, bei der er möglichst weitgehende Einflußmöglichkeiten in der jetzigen Polizeizone hätte, dem an Bodenschätzen reichen weißen Siedlungsland..."196
Betrachtet man rückblickend die Ergebnisse der Turnhallenkonferenz und den Tagungsverlauf, so wird deutlich, daß die Nationale Partei letztendlich keinerlei prinzipielle Zugeständnisse hinsichtlich einer Umverteilung der politischen und ökonomischen Machtverhältnisse machte. Zugleich kann kein Zweifel hinsichtlich der permanenten Kontrolle über die Konferenz durch die Republik Südafrika bestehen. Ihr instrumenteller Charakter wird auch künftig keinerlei emanzipatorischen Impulse zur realen Verbesserung der Lebensbedingungen der afrikanischen Mehrheit ermöglichen, so sehr darum einige der Delegierten subjektiv auch bemüht sein mögen. Innerhalb des ihnen vorgegebenen Rahmens ist die künftige Entwicklung Namibias seitens der Turnhalle bereits vorprogrammiert[197] Diese Systemimmanenz wird sich nicht sprengen lassen. Die an die Interimsregierung geplante Machtdelegierung bedeutet lediglich die Restauration der Verhältnisse vor 1969, wenngleich mit gewissen Modifikationen versehen.

John Stuart von der Financial Times kommentierte den Verfassungsentwurf am 9. November 1976 folgendermaßen:

„Andersherum bedeutet dies, daß der Status quo, unter dem die weiße Gruppe (und ausländische Interessen) mehr als 90 Prozent der festgestellten und potentiellen Produktionsmittel monopolisieren, aufrecht erhalten bleibt, und daß die nationale oder föderale Behörde nichts weiter als ein Aushängeschild sein wird."198
Durch sympathisierende Turnhalle-Delegierte erhielt die SWAPO eine Kopie der von der Konferenz verfaßten „Petition für die Errichtung einer Interims-Regierung" an die südafrikanische Regierung. Darin steht unter anderem der folgende Paragraph:

„'Die Zentralregierung wird die Macht haben, per Gesetz oder Übereinkunft die Kontrolle und Verwaltung . . .' jeglichen Bergbaus, des Wasserwesens, der Elektrizität, Energie, Fischerei, öffentlicher Einrichtungen, usw., an jede Gesellschaft, südafrikanisch oder multinational, 'zu solchen Bedingungen, wie sie in der Gesetzgebung oder Vereinbarung festgelegt werden' zu übertragen."199

Damit könnte dem namibischen Volk und den Ressourcen des Landes ein noch massiverer Ausverkauf an das Kapital bevorstehen, sobald an eine Interimsregierung die Verantwortlichkeit übertragen werden sollte.

So kommt der Interimsregierung höchstens eine Strohmann-Funktion zu. Das Konsensus-Prinzip bei Beschlußfassung auf zentraler Regierungsebene bedeutet de facto eine Diktatur der Weißen, wie sie bislang bereits bestanden hat. Darüberhinaus hängt die Anwendung der Verfassungsgrundlage vermutlich von der Auslegung durch einige wenige Delegierte ab. Und wie eine aus den Delegationen der Turnhallen-Konferenz zusammengesetzte Regierung diesen Verfassungskatalog interpretieren wird, dürfte unzweifelhaft sein. Es ist damit zu rechnen, daß sich die repressive, offen terroristische Gewalt seitens des Staates in Namibia nach formaler Einsetzung einer Interimsregierung noch verschärfen wird.

„Die Interimsregierung wird die Unterdrückung der SWAPO fortsetzen und verstärken, indem sie jede marxistisch-leninistische Gruppe (was auch immer dies im südafrikanischen Kontext bedeutet!) als Staatsfeind erklärt. . . . Soweit ich dies absehen kann, wird dies auch die Verbannung von SWAPO-Führern mit einschließen: Verhaftungen, gesetzliche Einschränkungsmaßnahmen, Hausarrest, usw. Die Absicht ist augenscheinlich – um in 'Frieden und Ordnung' zu arbeiten. Und Südafrika wird deswegen nicht attackiert werden, denn Südafrika wird behaupten, dies sei eine ausschließliche Angelegenheit Namibias, die von namibischen Behörden geregelt werde."200

Die mittels Anwendung physischer Gewalt und pseudo-legalistischer Prozeduren unverschleierte Perpetuierung weißer Vorherrschaft bedeutet zwar dem Schein nach eine „Namibisierung" des Konflikts[201], verhilft der Interimsregierung jedoch zu keinerlei Legitimation, weder nach innen noch nach aussen[202]. Die unreelle Überlebensaussicht einer aus dem Club der Turnhalle zusammengebastelten staatlichen Hierarchie ist dabei selbst einem Teil der weißen Siedlerschaft schon heute bewußt.

„Die Annahme, daß ein Weißer Namibia als Präsident, Premierminister oder Außenminister vertreten könne, würde politische Torheit sein. Ebenso wie ein schwarzer Handlanger, der von einer wirtschaftlich starken Gruppe Weißer unterstützt werden würde.
Wir haben uns nur mit einer Partei zu messen, und das ist und wird die SWAPO sein."203

Eine Meldung des südafrikanischen Fernsehens machte zudem deutlich, wie sehr bereits die Regierenden von heute die Regierung von morgen fürchten. Dieser Nachricht zufolge hatte Dirk Mudge erklärt:

„SWAPO werde es nicht erlaubt, sich an den Wahlen für eine Interimsregierung in Südwestafrika zu beteiligen. . . . Die einzige Angelegenheit, über die mit SWAPO verhandelt werden könne, sei die Frage, wer das Land zu regieren habe."204

Wir sind uns sicher, daß dies auch dem Standpunkt und den Forderungen der SWAPO entspricht . . .

Vonseiten der nationalen Befreiungsbewegung werden zur friedlichen Lösung des „Namibia-Problems" drei Möglichkeiten genannt:
— die Abhaltung einer internationalen Konferenz unter UNO-Aufsicht
— freie und allgemeine Wahlen unter Aufsicht und Kontrolle der UNO
— das Volk Namibias durch freie Entscheidungsmöglichkeiten unter Abhaltung eines international beaufsichtigten Referendums zwischen dem Verfassungsentwurf der Turnhalle und einer von SWAPO vorgelegten verfassungsmäßigen Alternative wählen zu lassen.

„Wenn diese drei Möglichkeiten zerschlagen sind, müßten wir das Unvermeidliche akzeptieren: innere Unruhen und Aufstände und Krieg zwischen SWAPO und Südafrika. Mit den katastrophalen Konsequenzen, so schrecklich sie sein würden. Lieber einmal den Krieg erleiden, als ständige Unterwerfung!"205

4.4.2. Zum Dekolonisierungsprozeß in Namibia

In der gegenwärtigen historischen Etappe Namibias ist das unmittelbare Interesse des kolonisierten namibischen Volkes in der Befreiung vom direkten Kolonisator zu sehen. Dies impliziert die Befreiung des Kolonisierten von rassistischer Unterdrückung, deren Aufhebung wiederum gleichzeitig die Zerstörung der klassenmäßigen kolonialen Produktions- und Herrschaftsverhältnisse bedingt. Nur dadurch wird die Voraussetzung für eine gesellschaftliche Autonomie der ehemals Kolonisierten geschaffen, in der sie eigenständig an die zukünftige gesellschaftliche Organisation herangehen können. Die Berücksichtigung der Tatsache, daß die wesentlichsten kolonialen Ausbeutungs- und Strukturmerkmale sowie die kolonialen Unterdrückungsverhältnisse noch immer (und mehr denn je) das gesellschaftliche Bild Namibias bestimmen und prägen, läßt es nur zu, die klassenmäßigen Auseinandersetzungen vor dem Hintergrund der gegenwärtigen Kolonialverhältnisse zu führen, die zu bekämpfen es vorrangig gilt. Dadurch bestimmt sich gleichsam der scheinbar kapitalistisch-immanente Charakter der Forderungen der Kolonisierten. Historisch gesehen bedeuten diese Forderungen einen „Nachholbedarf" an bürgerlichen Freiheiten, die aber schon in ihrer Allgemeinheit das spezifisch-reaktionäre des Kolonialkapitalismus — wie beispielsweise die Anwendung außerökonomischer Zwangsverhältnisse — in Frage stellen. Die Forderung nach Gleichberechtigung in der Wahrnehmung ökonomischer und politischer Rechte muß daher den Kolonisatoren in der Form unmittelbarer Konkurrenz als Bedrohung der Kolonialprivilegien erscheinen. Insofern sind diese Forderungen der Kolonisierten historisch progressiv, das Festhalten der Kolonisatoren an vorhandenen Kolonialstrukturen dagegen historisch retardierend.

Das bedeutet allerdings nicht, daß jede gesellschaftliche Organisation einen „Etappendurchlauf" als historische Notwendigkeit ihrer Entwicklung durchzumachen hat. Vielmehr geht es darum, daß eine Gesellschaft — und hier wiederum eine, die um ihre direkte Befreiung von kolonialer Fremdherrschaft kämpft — gemäß ihrer etappenmäßigen Bestimmung im Befreiungskampf, ihrer politischen und ökonomischen Bewußtheit in der Auseinandersetzung mit dem Kolonisator, einzuschätzen ist. Unmittelbar ist die Befreiung vom Kolonialjoch vorrangiges Moment der Ziele des Befreiungskampfes der Kolonisierten. Ob und wieweit im Verlauf dieses Prozesses der Befreiung die Kritik am kolonialen System den Rahmen bürgerlicher Gesellschaftsverhältnisse sprengt und eine antikapitalistische, bzw. nichtkapitalistische Ordnung antizipiert, läßt sich in der gegenwärtigen Etappe des namibischen Kampfes nicht vorab bestimmen. Entscheidend für die künftige gesellschaftliche Perspektive eines unabhängigen namibischen Staates werden die Forderungen und Ziele der nationalen Befreiungsbewegung sein, deren Durchsetzungsmöglichkeiten und deren Wahrnehmung einer Avantgarde-Funktion hinsichtlich der bewußtseinsmäßigen Vermittlung alternativer gesellschaftlicher Entwicklungswege. Die Turnhalle dagegen konferierte nur über Erscheinungsformen unmittelbarer rassistischer Herrschaft und ließ deren Bedingungsmomente, die ursächlich bestimmenden Faktoren der kolonialkapitalistischen Gesellschaftsverhältnisse, unberücksichtigt. Damit diskutierte sie an der gesellschaftlichen Realität Namibias und den Bedürfnissen des namibischen Volkes vorbei. Gleichzeitig beraubte sie sich a priori der Möglichkeit einer wirklichen gesellschaftlichen Umwandlung qua Verhandlungen.

Wir sind nicht gegen Verhandlungen in toto, sondern gegen nutzlose Verhandlungen, die keinerlei gesellschaftliche Veränderungen zum Ziel haben, sondern den Status quo zu konservieren beabsichtigen. Die notwendige Veränderung und Negation des Kolonialverhältnisses wurde und wird durch die Turnhallen-Konferenz nicht bewirkt.

1. zitiert nach: Vereinte Nationen (Informationsdienst), a.a.O., S. 44

2. „Offener Brief an seine Exzellenz, den Ministerpräsidenten von Südafrika", abgedruckt in deutscher Übersetzung in: „namibia – Menschenrechte außer Kraft", Dokumente, herausgegeben von der Ökumenischen Projektgruppe „Namibia-Woche", Hamminkeln, o.J. (1975), Dokument 22, S. 31.

3. J.H.P. Serfontein, a.a.O., Seite 217
John Kane-Berman wies in diesem Zusammenhang auf die vorrangig politische Dimension des Streiks hin, indem er in seiner Analyse zu der Schlußfolgerung gelangt: „ ... it is the system itself which the Owambos reject. ... The conflict in Owambo is not a mere labour dispute: the policy of apartheid itself is at issue." John Kane-Berman, „Contract Labour in South West Africa", South African Institute of Race Relations, RR. 30/72 (mimeo), Johannesburg, April 1972, S. 36.

4. J.H.P. Serfontein, a.a.O., S. 221
Siehe dazu auch: Rauha Voipio, „Kontrak – soos die Owambo dit sien", uitgegee deur die Evangeliese Lutherse Owambokavango-kerk en die Evangeliese Lutherse Kerk in Suidwes Afrika (Rynse Sendingkerk), o.O., O.J. (Karibib/Oniipa, Januar 1972); und John Kane-Bermann, a.a.O., der feststellt:
„ ... using a ‚homeland' to implement a hated system is hardly a sound basis on which it can develop any degree of legitimacy or popular support. It can only result in increasing resistance to the policy of separate development itself.", zitiert nach: J.H.P. Serfontein, a.a.O., S. 221.

5. Die streikenden Arbeiter wurden samt und sonders in den Ghettos unter Verschluß gehalten, ins Nördliche Namibia gekarrt und richtiggehend ausgehungert, um sie erneut „arbeitswillig" zu bekommen.

6. Zum genauen Inhalt der Gesetze siehe:
J.H.P. Serfontein, a.a.O., S. 222; Bryan O'Linn, a.a.O., S. 27f, John Kane-Berman, a.a.O., S. 30f.

7. Diese Ausschreitungen wurden auch in der Weltöffentlichkeit – entgegen vieler anderer Brutalitäten, die in Namibia täglich stattfinden – diskutiert und riefen weltweiten Protest und Abscheu hervor. Unter anderem wurden sie auch von der Internationalen Menschenrechtskommission verurteilt.
Siehe dazu auch:
Roger Murray, „Namibia: Der Terror von Innen", in: namibia – Menschenrechte außer Kraft", a.a.O., Dokument 16, S. 23f. Félix Ermacora, „Flogging in Namibia", in: „Dakar International Conference on Namibia and Human Rights: Past and Future", human rights journal, International and Comparative Law, Vol. IX – 2 - 3, published by the International Institute of Human Rights, Strasbourg 1976, S. 354 - 379.
Elizabeth S. Landis, „Human Rights in Namibia", in: ebd., S. 283 - 339.

8. Das sind weniger Wählerstimmen als die Zahl der Afrikaner, die aufgrund ihrer Beschäftigung in der Bantustan-Administration direkt von der südafrikanischen Kolonialverwaltung abhängig sind.

9. Siehe dazu: „A Survey of Race Relations in South Africa 1973", a.a.O., S. 388; Franz Ansprenger, „Die Befreiungspolitik der Organisation für Afrikanische Einheit (OAU) 1963 bis 1975", Studien zum Konflikt im Südlichen Afrika, Wissenschaftliche Reihe 8, Verlag Kaiser/Grünewald, München/Mainz 1975, S. 149 f.

„Eine solche Blamage wollten die Behörden möglichst bald wettmachen. Sie schrieben schon für Januar 1975 Neuwahlen aus: jetzt für 42 Owambo-Direktmandate (Neben weiterhin 35 Vertretern der Chiefs). Fünf Wahltage (ab 13.1.1975) wurden angesetzt, 111 Kandidaten zugelassen. Wiederum rief SWAPO zum Boykott auf; aber diesmal stimmten 55% der wahlberechtigten Owambo ab." (ebd., S. 150). Leider verbleibt Ansprenger in seiner Darstellung relativ unkritisch auf der beschreibenden Ebene, indem er Angaben offizieller südafrikanischer Quellen übernimmt und nur halbherzig hinterfragt, bzw. eine klare Position zu beziehen scheut. Über die von der südafrikanischen Verwaltung und der Stammespolizei ausgeübten Repressionen, die dieses Wahlergebnis der Bevölkerung abpreßten, gibt eine Stellungnahme der Internationalen Juristenkommission Aufschluß. Siehe dazu: International Commission of Jurists (ICJ), „Methods of Intimidation in the Ovambo Elections in Namibia (South West Africa) in January 1975", March 13, 1975, abgedruckt in: Jörgen Lissner (ed.), a.a.O., S. 13ff „Significantly, the boycott was highly successful among the contract workers in the ,police zone', who were not subjected to the same pressures. Only 4% of the 40.000 Ovambo contract workers voted." ebd.

10. Bryan O'Linn, a.a.O., S. 81

11. siehe dazu: Hans Baumgärtner, „Namibia — Ein Land sucht die Zukunft", Sender Freies Berlin/Drittes Programm, Rundfunksendung vom 5. September 1974, Manuskript, s. 33f.

12. J.H.P. Serfontein, a.a.O., S. 65
Siehe dazu auch die Kurzfassung der Thesen Serfonteins aus einem Referat anläßlich einer Konferenz des South African Institute of International Affairs" über Namibia am 28. Januar 1976, auszugsweise in deutscher Übersetzung abgedruckt in: „namibia 76 — Menschenrechte außer Kraft", eine Dokumentation, herausgegeben von der Arbeitsgemeinschaft der Evangelischen Jugend (AEJ) und dem Bund der Deutschen Katholischen Jugend (BDKJ), Stuttgart/Düsseldorf 1976, S. 7 - 10.

13. Ronald B. Ballinger, a.a.O.,
Ballinger gelangt in seiner Studie zu der Einschätzung, daß in der Frage des Disputes zwischen der Südafrikanischen Union und der UNO über die Rechtmäßigkeit deren Nachfolge des Völkerbundes, „The Union has based its stand at United Nations on a strictly legalistic argument." ebd., S. 23
Weiterhin wies er warnend darauf hin:
„The dispute over South-West Africa is at root a political, not a legal problem." ebd., S. 39.

14. J H.P. Serfontein, a.a.O., S. 64

15. Siehe dazu: J.H.P. Serfontein, a.a.O., Seite 65f

16. ebd., S. 66

17. Die Ausführungen Serfonteins scheinen uns insofern von Interesse, da er seine Kritik systemimmanent anlegt. Somit ist er in seiner Argumentation Vertretern einer flexibel-neokolonialen Lösung vom Schlage eines Bryan O'Linn zuzurechnen, deren Intentionen einer genaueren Überprüfung und Auseinandersetzung bedürften, als wir dies im Rahmen unseres Themas zu leisten imstande sind.

18. siehe dazu: „A Survey of Race Relations in South Africa 1973", a.a.O., S. 381f

19. siehe dazu den Kommentar Serfonteins in der südafrikanischen Wochenzeitung „Sunday Times", abgedruckt unter dem Titel „South West Africa Council Controversy", in: „Race Relations News", South African Institute of Race Relations, Vol. 35 No. 4, Johannesburg, April 1973, S. 7.

20. Bryan O'Linn, a.a.O., S. 77

21. J H.P. Serfontein, a.a.O., S. 88

22. „So überrascht es einen nicht zu sehen, daß der Beirat dabei ist, den Weg zu gehen, den bereits so viele Beiräte in der Geschichte gingen, nämlich von einer sich dahinschleppenden Existenz zu einem stillen Begräbnis und zu unangenehmen Erinnerungen."
Bryan O'Linn, a.a.O., S. 80

23. ebd., S. 144

24 siehe auch dazu: J.H.P. Serfontein, a.a.O., Seite 102

25. South African House of Assembly, Debates, 2 September 1974, zitiert nach: International Defence and Aid Fund, „All Options and None – The Constitutional Talks in Namibia", fact paper on Southern Africa, No. 3, London, August 1976, S. 2

26. ebd.

27. ebd.

28. ebd.

29. Die relevanten Aussagen der Erklärung sind auszugsweise abgedruckt in: „A Survey of Race Relations in South Africa 1974", a.a.O., S. 410

30. International Defence and Aid Fund, a.a.O., S. 3
Eine Studie aus Südafrika gelangt im Gegensatz dazu zu der überraschenden und höchst fragwürdigen Behauptung, daß die Initiative zur Einberufung der Konferenz auf eine Gruppe weißer Siedler zurückgeht, die seit 1972 mit kooperationsbereiten Afrikanern in Namibia Kontakt aufgenommen hatte. „Diesen Weißen sei es gelungen, die anderen Bevölkerungsgruppen sowie die Nationale Partei davon zu überzeugen, daß ein nationaler Dialog über die verfassungsrechtliche Zukunft Südwestafrikas erforderlich und ausführbar sei." (Allgemeine Zeitung, Windhoek, 17. März 1977)
Bei der Studie handelt es sich um eine Publikation in der Reihe der „FAA Study Reports" der Fakultät für Politische Wissenschaften und Internationale Politik der Universität von Pretoria, „SWA: The Turnhalle and Independence". Der Verfasser ist Dan Prinsloo ist Mitglied der Foreign Affairs Association (FAA), in deren Schriftenreihe die circa 30-seitige Broschüre als Nummer 4 publiziert wurde.

31. „The Enemy's New Tactics", in: „The Namibian Youth", a.a.O., Vol. 1 No. 2, S. 10

31a. Autoren südafrikanischer Provenienz vermeiden es nicht, zu allen passenden oder unpassenden Gelegenheiten auf die „Geschichtsträchtigkeit" des Gebäudes hinzuweisen. So auch der Politologe Prinsloo, der die nachfolgend zitierten Sätze sicherlich nicht als satirisch verstanden wissen wollte, die wir aber als bezeichnend für den Charakter der Studie (um nicht zu sagen der südafrikanischen Herrschaftspolitologie) erachten:
„The Turnhalle, an example of solid German colonial-style architecture, was designed by architect Otto Busch and was built in 1909. It was first used as a gymnasium, then as an officer's mess and club, and also on occasions as a political meeting place."
Dan Prinsloo, a.a.O., S. 13

31b. Die wohl treffendste Bezeichnung für das Geschehen in und um die Verfassungskonferenz ließ sich der Windhoek Advertiser in seiner Verärgerung über die allzu durchsichtigen Manöver einfallen. Er charakterisierte die Verhandlungen als „Turnhallen-Tango", nach dem Motto: ein Schritt vor, zwei Schritte zurück . . .

32. Daß die Nationale Partei trotzdem nicht daran dachte, den Grundsatz der Ethnizität als elementaren Bestandteil des Odendaal-Planes auch nur in Frage zu stellen, machte Dirk Mudge noch im August 1975 in einem Interview gegenüber der „Sunday Times" hinsichtlich der Modalitäten der Konferenz deutlich, indem er konstatierte: „The talks will be held on an ethnic basis, not a political one." zitiert nach: Gail-Maryse Cockram, a.a.O., S. 470

33. Eine Unterscheidung der weißen Siedlerschaft in Buren, Engländer und Deutsche entlang ethnischer und sprachlicher Zugehörigkeit erfolgte natürlich nicht. Namens der Vereinigten Partei, die sich später in die Föderale Partei umbenannte, protestierte Bryan O'Linn gegen das Prinzip der ethnischen Auswahl der Delegationen und forderte im Interesse der eigenen Partei, daß politische Organisationen in der Turnhalle vertreten sein sollten.

34 „The Enemy's New Tactics", a.a.O., S. 10

35. „Mudge has emerged as Vorster's most astute representative in Namibia. He initiated his ‚dialogue' with the so-called ‚responsible leaders of population groups' in Namibia when he held a meeting with Chief Kapuuo on September 24, 1973. By the early half of 1974 Mudge had extended the ‚dialogue' to a number of small tribal societies." ebd.

36. J.H.P. Serfontein, a.a.O., S. 139

37. Clive Cowley, „Pieces to a Political Jig-Saw Puzzle", in: Jörgen Lissner (ed.), a.a.O., S. 62

38. ebd., S. 63

39. ebd.

40. Bei der DUF handelt es sich um eine „politische Partei", deren Mitgliederzahl von Kennern der innenpolitischen Situation 1975 auf etwa 20 geschätzt wurde und die ihre Weisungen vom südafrikanischen „Bureau of State Security" (BOSS) erhielt.

41. Einen Überblick vermittelt ein „Guide to Political Parties and Tribal Groups in Namibia 1975", zusammengestellt und gründlich recherchiert von Jörgen Lissner, abgedruckt in : Jörgen Lissner (ed.), a.a.O., Appendix A. Dazu vermerkt Lissner: „A total of 38 parties and groups are listed here, but this figure should not be overinterpreted. Some of the parties or groups are based on no more than a few personalities plus their families and friends; others have somewhat wider support but only in one particular corner of the country." ebd.

42. siehe dazu Kapitel 2.6.2.
Während Kapuuo und der Herero-Häuptlingsrat noch der Nationalen Konvention angehörte, die sich anläßlich des Besuches von Alfred Escher formierte, um den Protest gegen die fortdauernde südafrikanische Kolonialokkupation organisiert zu vertreten, ließ er sich − entgegen den Richtlinien des politischen Programms − auf informelle Gespräche mit Dirk Mudge ein. Kapuuo repräsentierte in der Nationalen Konvention das stagnierende Element, betrieb Obstruktionspolitik und hinderte die Bewegung daran, über interne Querelen und Fraktionskämpfe hinaus effektiv an die Öffentlichkeit treten zu können und die nationale Befreiung im Rahmen einer Einheitsbewegung zu propagieren. Ein geschickter politischer Schachzug seitens der entschlossen antikolonialen Kräfte, allen voran die SWAPO als einflußreichster Organisation, vermochte Kapuuo und die mit ihm sympathisierenden Traditionalisten zu isolieren.
siehe dazu: Hans Baumgärtner, „Namibia zwischen den Fronten − Neues Aufmarschgebiet gegen Angola", in: „3. welt magazin", Doppelheft 1/2, Bonn, Januar - Februar 1976, S. 37f.

43. J.H.P. Serfontein, a.a.O., S. 189

44. Kwame Nkrumah, „Axioms ...", a.a.O., S. 34f
Vergleiche dazu auch die ausgezeichnete Darstellung der nationalen (Klein-) Bourgeoisie und Intellektueller im kolonialen Kontext und deren sozialer und politischer Position im Dekolonisierungsprozeß bei Frantz Fanon, „Die Verdammten dieser Erde", rororo aktuell, Rowohlt Verlag, Reinbek bei Hamburg, Mai 1969, Kapitel 3: „Mißgeschicke des nationalen Bewußtseins", S. 115 - 157

45. J.H.P. Serfontein, a.a.O., S. 189

46. Wolfgang Thomas, vorübergehend Berater im Finanzkomitee der Turnhallen-Konferenz und inzwischen des Landes verwiesen, in einem Gespräch mit den Verfassern.

47. Allgemeine Zeitung, Windhoek 12.9.1975

48. J.H.P. Serfontein, a.a.O., S. 268

49. Allgemeine Zeitung, Windhoek, 12.9.1975

50. ebd. 11.9.1975

51. zitiert nach: Jörgen Lissner (ed.), a.a.O., S. 65
Siehe dazu auch hinsichtlich der anfänglichen Differenzen die divergierenden Passagen des auszugsweise abgedruckten Vorschlags der Nationalen Partei gegenüber dem endgültigen Text der Absichtserklärung: ebd., S. 66f

52. Hans Baumgärtner, a.a.O., S. 36

53. Windhoek Advertiser, 12.9.1975

54. Allgemeine Zeitung, Windhoek, 16.9.1975

55. Bezeichnend ist zudem, daß sich die ausschließlich männlichen Delegierten zwar gegen die Diskriminierung aufgrund der Rassenzugehörigkeit und der Hautfarbe richten, nicht aber die Diskriminierung aufgrund des Geschlechts erwähnen – ansonsten zumindest zur Wahrung des Scheins von Gleichberechtigung als Standardfloskel in Aussagen dieser Art verbal formuliert.
Siehe auch dazu: Ottilie Abrahams, „Comments on the Turnhalle: Women, Education und Culture", in: „The Namibian Review" abgedruckt in: Windhoek Advertiser, 15.12.1976. Darin stellt die namibische Exilpolitikerin die berechtigte Frage: „Has anybody at the Turnhalle Conference given the question of the rights of women any serious consideration?"

56. Windhoek Advertiser, 18.9.1975

57. ebd.

58. Rand Daily Mail, Johannesburg, 24.9.1975, zitiert in der Übersetzung nach: Hans Baumgärtner, a.a.O., S. 57

59. „Offenbar sieht de Konzeption der Südafrikaner hinsichtlich der konkreten Entwicklung der Verfassungsgespräche vor, im Anfangsstadium der Verhandlungen den schwarzen Delegationen gegenüber möglichst in partiellen Fragen flexibel und nachgiebig aufzutreten."
Hans Baumgärtner, a.a.O., S. 36

60. Diese Propaganda-Reise hatte insofern einen ungewollten Bumerang-Effekt, „. . . als daß während dieser Zeit eine Solidarisierungstendenz unter den Vertretern der verschiedenen Delegationen einsetzte und die Vertrautheit gefördert wurde. Damit wurde ungewollt der Effekt der bewährten Methode des ‚divide et impera' unterlaufen." ebd.

61. Allgemeine Zeitung, Windhoek, 18.11.1975

62. Zur Zusammensetzung der Ausschüsse siehe: Allgemeine Zeitung, Windhoek, 26.11.1975

63. siehe dazu: J.H.P. Serfontein, a.a.O., Kapitel 5,4. The du Plessis Fiasco, S. 269ff

64. Allgemeine Zeitung, Windhoek, 18.11.1975
Baumgärtner bemerkt zu dieser Umstrukturierung der weißen Delegation: „Am schwerwiegendsten könnte sich . . . für den künftigen Verlauf der Verhandlungen der letzte Schachzug Pretorias erweisen, der die rigide Kontrolle über die Vorgänge in der Turnhalle erstmals offen enthüllte – die Degradierung von Dirk Mudge, anfänglich Leiter und ursprünglich Initiator der Verhandlungsrunde, zum zweiten Mann der weißen Vertretung. . . . Während Dirk Mudge für den Geschmack Pretorias und eigener Parteigenossen in zu kurzer Zeit allzu nachgiebig Zugeständnisse

einräumte, ist ganz im Gegensatz dazu du Plessis der starke Mann des harten Kurses und bester Repräsentant direkter südafrikanischer Interessen. Noch Mitte 1975 befürwortete er in einem Interview mit einer afrikaanssprachigen südafrikanischen Tageszeitung eine Integration des ‚weißen' Teils von Namibia in das Territorium der Südafrikanischen Republik."
Hans Baumgärtner, a.a.O., S. 36.
Dies war bereits der zweite Schnitzer in der „Dekolonialisierung á la Südafrika", nachdem schon bei Aufnahme der Verhandlungen Anfang September 1975 Delegationsangehörige mit Empörung feststellen mußten, daß sie mittels installierter Abhörgeräte in vertraulichen Gesprächen am Rande der Konferenz bespitzelt wurden. Siehe dazu: Allgemeine Zeitung, Windhoek, 4.9.1975

65. „South Africa did not follow a normal ‚decolonisation' policy in South West Africa and take the ‚colony' step by step towards freedom. Had it done so, it would have had to face too much internal and international criticism and the inconsistencies of the Republic's policies would have been exposed. A part result of this dilemma was the Windhoek Constitutional Conference, where neither South Africa as the ‚colonial' power nor Mr. Vorster is represented."
J.H.P. Serfontein, a.a.O., S. 249

66. Ebd., S. 307

67. Wir können im Rahmen dieser Arbeit nicht auf die Intervention der südafrikanischen Armee in Angola eingehen. Statt dessen sei an dieser Stelle auf folgende Quellen verwiesen:
Hans Baumgärtner, a.a.O., S. 34f; die Kommentare von Kurt Dahlmann in der Allgemeinen Zeitung, Windhoek, 25.3.1976 („Das Ende einer Fehlbeurteilung") und 27.1.1976 („Der Rückzug aus Angola"); der Bericht in „Der Spiegel", Hamburg, Nr. 6 vom 2.2.1976, S. 90, Kommentar im „Tagesspiegel", Berlin (West) vom 28.1.1976; die offizielle Stellungnahme des Oberkommandos der südafrikanischen Streitkräfte im Windhoek Advertiser, 4.2.1977 („Secrets Disclosed").

68. Kurz vor Weihnachten 1975 wurde auf einer Farm, 16 Kilometer vom südafrikanischen Armeestützpunkt in Grootfontein entfernt, ein Junge und seine Mutter erschossen, sechs Wochen später ein Ehepaar auf einer Farm in der Nähe von Okahandja, etwa 90 Kilometer von Windhoek entfernt.

69. Weiße „Retter der Zivilisation" sahen sich „kulturell verpflichtet", Tanzpaare unterschiedlicher Hautfarbe brutal zu verprügeln, wobei die Behörden keine allzu große Initiative gegen diese Selbstjustiz ergriffen. vgl. informationsdienst südliches afrika (Bonn) 1/1976 S. 25

69a. Die Resolution ist abgedruckt in: namibia 76 – Eine Dokumentation, a.a.O., S. 27 (vgl. Anmerkung 12)

70. Bislang bieten sich für Namibier Ausbildungsmöglichkeiten an (Fach-)Hochschulen nur im Ausland.

71. Allgemeine Zeitung, Windhoek, 17.3.1976

72. Allgemeine Zeitung, Windhoek, 16.3.1976

73. ebd.

74. ebd., 19.3.1976
    Damit bestätigen diese Delegierten in ihren eigenen Worten die Einschätzung der SWAPO.

75. Allgemeine Zeitung, Windhoek, 22.3.1976
    Über weitere Prozeduren auf dem Weg zur „Selbstverwaltung" im Caprivi siehe: Allgemeine Zeitung, Windhoek, 26.7.1976 und 3.8.1976

76. ebd., 23.3.1976
    Siehe dazu auch: Muriel Horrel, „Legislation 1976 – Rehoboth Self-Government Bill", in: „Race Realations News", a.a.O., Volume 38, No. 4, April 1976, S. 5

77. Allgemeine Zeitung, Windhoek, 23.3.1976

78. ebd., 25.3.1976

79. Bereits Ende 1975 monierte der Windhoek Advertiser hinsichtlich der unergiebigen Verhandlungsweise: „Diese Konferenz konnte bisher nicht einmal darüber entscheiden, daß ein Mann, der die gleiche Arbeit verrichtet, die gleiche Bezahlung erhalten sollte. Dies ist ein kleines Beispiel einer Angelegenheit, die überall akzeptiert wird – daß ein Mann entsprechend seiner Arbeit und Produktivität bezahlt wird. Wir jedoch müssen dazu ein Komitee ernennen, um diese Frage zu untersuchen." Windhoek Advertiser, 28.11.1975, zitiert in der Übersetzung nach: Hans Baumgärtner, a.a.O., S. 36

80. Rand Daily Mail, Johannesburg, 16.6.1976

81. International Defence and Aid Fund, a.a.O., S. 4

82. siehe dazu: „Staatkundige Beraad van Suidwes-Afrika", gedruk deur Citadel-Pres, Lansdowne, Kaap, o.J. (Juli 1976). Bei der Werbebroschüre handelt es sich um ein Produkt, dem höchstens legitimierende Funktion als Feigenblatt für die bisherigen Arbeitsresultate der Konferenz zugebilligt werden kann. Die darin abgedruckten Empfehlungen haben ausschließlich unverbindlichen Charakter. Bei der Arbeitsweise der Kommissionen handelt es sich um eine immanente Herumdoktorei an Oberflächensymptomen der Gesellschaft, die präsentierten Ergebnisse sind Resultat von Konsultationen mit weißen Regierungsbeamten der südafrikanischen Verwaltung.
    Selbst die Allgemeine Zeitung schätzt in einem Leitartikel vom 20. Juli 1976 die Publikation als „zaghafte Selbstdarstellung" ein und gelangt zu dem Ergebnis: „Als Informationsdokument, das um Verständnis für die besonders vielseitigen Probleme Südwestafrikas werben sollte, nimmt diese Veröffentlichung sich jedoch ärmlch wie ein Schulbuch aus schlechten Zeiten aus. Sie kann später lediglich als archivarisches Werk dienen, aus dem sich der Geschichtsforscher über die Anstrengungen zu einer neuen Staats- und Gesellschaftsordnung während der Monate September 1975 bis Juni 1976 informieren kann. . . . Es darf der Eindruck nicht aufkommen, daß es sich bei der Konferenz um einen schlichten Lese- und Diskussionskreis handelt, der mühsam ein Protokoll zustande gebracht hat und der Befugnis entbehrt, erzielte Einstimmigkeit in die Tat umzusetzen."

Siehe dazu auch die Besprechung der Broschüre in der Allgemeinen Zeitung vom 19.7.1976.

83. J.H.P. Serfontein, a.a.O., S. 276

84. ebd. S. 283f

85. J.H.P. Serfontein, a.a.O., S. 300f

86. Dies war insbesondere unter dem sogenannten „southern caucus" der Fall, also jenen Delegationen, deren Zusammensetzung nicht ausschließlich von der existierenden Bantustan-Struktur bestimmt worden war.

87. J.H.P. Serfontein, a.a.O., S. 299

88. Wenngleich auch nur in Embryonalform und bislang noch relativ deformiert – aber dennoch anti-südafrikanisch. Die weißen Siedler begannen jedenfalls lauthals ihren Unmut über das Taktieren der burischen Nationalisten zu artikulieren, forderten mehr Zugeständnisse zur Aufrechterhaltung der Verhandlungsgrundlage und unterstützten zumindest indirekt dadurch die Forderungen der anderen Delegationen. Leserbriefe in der Allgemeinen Zeitung und dem Advertiser vermögen besonders deutlich seit der Degradierung Dirk Mudges das zunehmend kritische Bewußtsein der Siedlerschaft gegenüber der Politik der Nationalen Partei zu dokumentieren. Gleichfalls wurde die Haltung der beiden Tageszeitungen gegenüber der südafrikanischen Politik zunehmend kritischer, so daß deren Kommentare selbst in wachsendem Maße repräsentativ für die Teile der Leserschaft wurden, die der liberal-kleinbürgerlichen Siedlerfraktion zuzurechnen sind und sich für eine flexibel-neokoloniale Lösung einsetzen. So stellte Kurt Dahlmann, Chefredakteur der Allgemeinen Zeitung, bereits am 9. August 1976 in einem Kommentar konkrete Überlegungen zur Funktionsweise und Arbeitsgrundlage einer Interimsregierung an.

89. J.H.P. Serfontein, a.a.O., Seite 309, siehe dazu auch: Allgemeine Zeitung, Windhoek, 28.7.1976

90. Allgemeine Zeitung, Windhoek, 28.7.1976
Zwei Wochen später übte Dahlmann die bis dahin vernichtendste Kritik an der Obstruktionspolitik der südafrikanischen Regierung und deren Mittelsmänner in der Nationalen Partei Namibias. Siehe dazu den Kommentar in der Allgemeinen Zeitung, Windhoek, 12.8.1976.

91. J.H.P. Serfontein, a.a.O., S. 294
Wie wir im weiteren Verlauf der Konferenz aufzeigen werden, brauchte die Nationale Partei im Endeffekt tatsächlich keine allzu großen Abstriche von ihrem Konzept zu machen.

92. „Hektische Eile bei der Verfassungskonferenz", in: „informationsdienst südliches afrika", Nr. 4/76, Bonn, Juli/August 1976, S. 52

93. siehe dazu: Allgemeine Zeitung, Windhoek, 10.8.1976 und 11.8.1976
Das Lob über die Qualität der Entwürfe ist insofern irreführend, als diese nicht von den Delegationsmitgliedern selbst, sondern von deren professionellen Beratern erstellt und formuliert wurden. Insofern können sie auch nicht als „beredter Zeuge

des hohen Niveaus, das von der Konferenz erreicht worden ist" angesehen werden, wie dies Kurt Dahlmann tut.

94. Von den Delegationen der Mischlinge, Herero und der Damara/Tswana, die einen gemeinsamen Entwurf vorlegten. Siehe dazu: Allgemeine Zeitung, Windhoek, und Windhoek Advertiser, 17.8.1976

95 Windhoek Advertiser, 17.8.1976

96 Allgemeine Zeitung, Windhoek, 19.8.1976

97. ebd.

98. Allgemeine Zeitung, Windhoek, 10.9.1976

99. Windhoek Advertiser, 13.9.1976

100. ebd.

101. Windhoek Advertiser, 14.9.1976
„The Land offered to the Coloureds in the Odendaal Plan was approximately 465 thousand hectares which the Coloureds rejected outright. They will now be offered something in the vicinity of two-million hectares ‚for grazing' in an area stretching from Khomasdal west to Naukluft. This area incorporates the Khomas Hochland. . . . If they reject the proposed area of land, they will probably be paid out in the full value of the land by the authorities." ebd.

102. Windhoek Advertiser, 12.10.1976

103. Allgemeine Zeitung, Windhoek, 21.10.1976

104. siehe dazu: Windhoek Advertiser, 25.10.1976, Übersetzung aus dem afrikaansen Originalzitat gemäß des Sitzungsprotokolls.

105. Einziger Gegenkandidat war ein Vertreter der rechten (!) Abspaltung „Herstigte Nasionale Party" (HNP).

106. Überschrift in der Allgemeinen Zeitung, Windhoek, 25.11.1976

107. ebd.,
„Die geringe Wahlbeteiligung und das Mißverhältnis zwischen Poststimmen, die im wesentlichen von den Parteiwerbern eingebracht wurden, zeigt entweder, daß die regierende Partie nicht mehr in der Lage ist, in dieser kritischen Zeit Wahlbegeisterung zu entfachen, oder daß die Wähler in ihrer Mehrheit auf eine andere politische Richtung als die der beiden nationalen Parteien warten, die nach dem Rückfall der Nationalen Partei in die überholt geglaubte Apartheid praktisch die gleiche Politik verfolgen." ebd.

108. Dieser Beschluß wurde von der Allgemeinen Zeitung als „Schwimmbaderlaß" bezeichnet. Es handelte sich dabei um die Rücknahme der vorher gegebenen Erlaubnis, im Rahmen der Öffnung von Ferien- und Erholungseinrichtungen für alle Rassen, im Hardap-Staudamm schwimmen zu dürfen und die öffentlichen Bäder

benutzen zu können. Nach Beschwerden seitens einiger Weißer wurde der Beschluß dadurch faktisch wieder annuliert, indem die Benutzung der Einrichtungen grundsätzlich untersagt wurde.

109. Allgemeine Zeitung, Windhoek, 19.11.1976

110. Allgemeine Zeitung, Windhoek, 26.11.1976
„Anwesend waren auf Regierungsseite außer dem Ministerpräsidenten Außenminister Dr. Hilgard Muller, Verteidigungsminister P.W. Botha, Farbigenminister H. Smit, Südafrikas Botschafter bei den Vereinten Nationen und in Washington, R.F. Botha sowie der Staatssekretär im Außenministerium Brand Fourie." ebd.

111. „Zu den wichtigsten Ergebnissen des Fluges nach Pretoria dürfte die Feststellung des Ministerpräsidenten gehören, daß die Zeit für Südwestafrika auslaufe und daß für eine befriedigende Lösung nicht mehr unbeschränkte Zeit zur Verfügung stehe." ebd.

112. Allgemeine Zeitung, Windhoek, 6.12.1976

113. Rückblickend bemerkte die Allgemeine Zeitung nach dieser „Läuterung" über die bis dahin verfolgte Strategie der Nationalen Partei:
„Der historische Beschluß vom 18. August d.J. über das Datum für die Unabhängigkeit und die Bildung einer Interimsregierung wurde verwässert. Man verwies auf den Text des Beschlusses, der zunächst die Ausarbeitung einer Verfassung notwendig mache, sowie auf die Möglichkeit eines Referendums unter den Weißen. Dann sollte die zentrale Regierung so schwach wie möglich und die regional-ethnische Ebene so stark wie möglich gemacht werden. Als man mit den obersten beiden Ebenen nicht weiter kam, verlegte man sich auf die dritte Ebene, um hier auch nicht weiter zu kommen, weil für jede Gemeinde drei verschiedene Verwaltungen vorgeschlagen wurden.
In der Zwischenzeit wurde die Apartheid noch verschärft, was letzten Endes dazu geführt hat, daß die Delegation der Nationalen Partei in der Turnhallen-Konferenz entscheidende Zugeständnisse machen mußte." ebd.

114. siehe dazu: Allgemeine Zeitung, Windhoek, 9.12.1976

115. Zur Zusammensetzung des Ausschusses siehe: Allgemeine Zeitung, Windhoek, 19.1.1977

116. Dabei handelt es sich ausschließlich um weiße Experten, die zumeist in Regierungsdiensten Südafrikas stehen. Über die Arbeitsweise und Aufgabe dieses Finanzkomitees berichtete die südafrikanische Financial Mail aufgrund von Informationen durch den inzwischen des Landes verwiesenen Wolfgang Thomas:
„. . . published Turnhalle material on South West Africa's post-independence economic links with South Africa, tended to follow Pretoria's thinking very closely. . . . Professor Wolfgang Thomas, then a member of the Turnhalle sub-comittee on finance, complained about the reluctance of the authorities to disclose statistics relating to South West African sources of revenue and payments. Figures were shown to members at one Windhoek meeting, but these were immediately withdrawn, so that people who wanted to make calculations based on this information had to rely on memory. Thomas' suspicions, the Financial Mail said, were further aroused when he tried to persuade the Committee to discuss the South West Africa

Balance of payments, only to see his proposal politely dismissed."
Windhoek Advertiser, 28.4.1977

117. Dieser arbeitet unter Mitwirkung des „Generalkommissars" de Wet und soll als Verbindungskomitee zur südafrikanischen Regierung fungieren. Zugleich wurde seine Schaffung mit dem Appell an die Republik Südafrika verbunden, „das Gebiet von Südwestafrika zu beschützen und zu verteidigen, bis von einer künftigen souveränen Regierung ersucht, ihre Verteidigungsmacht nicht aus dem Gebiet abzuziehen." Allgemeine Zeitung Windhoek, 9.12.1976

118. Allgemeine Zeitung, Windhoek, 17.1.1977

119. ebd.

120. Allgemeine Zeitung, Windhoek, 18.1.1977

121. ebd.

122. ebd.

123. Windhoek Advertiser, 18.1.1977

124. ebd.

125. Windhoek Advertiser, 11.1.1977

126. Allgemeine Zeitung, Windhoek, 11.2.1977

127. Die meisten Delegationen vermuteten dahinter einen Schachzug der Nationalen Partei, da Pastor Cornelius Ndjoba, Delegationsleiter der Ovambo und Chefminister des ‚homeland', treuer Gefolgsmann der „verkrampten" Bantustan-Linie ist. Tatsächlich waren für den geforderten zweiten Ministerposten folgende Personen genannt worden: Peter Kalangula, Stellvertreter Ndjobas und ähnlich treu dem Apartheid-System ergeben, Mburumba Kerina, opportunistischer schwarzer Intellektueller, der sich gegen bare Münze für die Propaganda der Turnhalle einkaufen ließ und – „Generalkommissar" de Wet . . Die beiden letzteren gehören im übrigen keiner Delegation an. Siehe dazu: Allgemeine Zeitung, Windhoek, 11.2.1977

128. Allgemeine Zeitung, Windhoek, 8.2.1977

129. ebd.

130. Windhoek Advertiser, 9.2.1977

131. Allgemeine Zeitung, Windhoek, 28.2.1977, unsere Hervorhebung

132. Zugleich wurde die Frage nach dem Erwerb von Eigentumsrechten an Grund und Boden im gesamten Territorium zurückgestellt. Bis zu einer Entscheidung durch die Interimsregierung würden die jeweiligen ethnisch-regional festgelegten Gebiete die einzige Anlagemöglichkeit für das (ohnehin nur rudimentär vorhandene und keineswegs expansive) Kleinkapital der wenigen kolonisierten Kleinkapitalisten bleiben. „Until such time as this issue has been resolved . . . apartheid continues."

Windhoek Advertiser, 10.2.1977

133. ebd.

134. Die Allgemeine Zeitung berichtete am 17.2.1977 über Verhandlungen zwischen dem Delegationsführer der Mischlinge Kloppers und dem „Minister für Farbigenangelegenheiten" Smit in Kapstadt. Dabei wurde auf eine terminologische Feinheit hingewiesen: bei dem Land handele es sich nicht um ein „Heimatgebiet" im Sinne der Bantustan-Politik, sondern um ein „Grundgebiet" in Verbindung mit der zweiten Regierungsebene.

135. Windhoek Advertiser, 17.2.1977

136. Allgemeine Zeitung, Windhoek, 10.3.1977

137. ebd.
Grund dieser Zusatzbestimmung war vor allem die Furcht vor Unterwanderung. Mit dieser Regelung sollte eine Infiltration und subversive Agententätigkeit auf der institutionalisierten politischen Ebene durch Rückkehrer, die sich möglicherweise als verkappte SWAPO-Anhänger erwiesen, verhindert werden.

138. Windhoek Advertiser, 28.2.1977

139. Windhoek Advertiser, 25.2.1977

140. ebd.

141. Siehe dazu: Allgemeine Zeitung, Windhoek, 24.2.1977 und 25.2.1977

142. Allgemeine Zeitung, Windhoek, 18.3.1977, unsere Hervorhebung

143. Allgemeine Zeitung, Windhoek, 15.3.1977

144. Allgemeine Zeitung, Windhoek, 21.3.1977

145. Tagesspiegel, Berlin (West), 31.1.1977

146. Hans Baumgärtner, a.a.O., Seite 35

147. Press Statement by Sam Nujoma, SWAPO of Namibia, London, 13.6.1975, zitiert in der Übersetzung nach: Hans Baumgärtner, a.a.O., S. 35

148. Neue Zürcher Zeitung, 2.9.1975

149. siehe dazu: SWAPO of Namibia, Discussion Paper on the Constitution of Independent Namibia, 4th revise, September 1975

150. ebd., S. 5, zitiert in der Übersetzung nach: Hans Baumgärtner, a.a.O., S. 37

151. ebd., S. 14, zitiert in der Übersetzung nach: Hans Baumgärtner, a.a.O., S. 35

152. Windhoek Advertiser, 17.8.1976
siehe dazu auch: Windhoek Advertiser, 18.8.1976

153. Allgemeine Zeitung, Windhoek, 15.9.1976
Es darf angenommen werden, daß den Zahlenangaben Mudges konservative Schätzungen zugrunde lagen. Dagegen scheint die Darstellung Bleys realistischer: „Galt bei den Kennern der internen Stimmung der Afrikaner in Namibia mindestens seit der Angola-Intervention, daß die SWAPO zwischen 70-80 % der Stimmen bei Wahlen auf sich ziehen würde, so wurde seit Herbst 1976 in afrikanischen Konferenzkreisen befürchtet, daß selbst bei den Rehobothern, in Katutura und sonst außerhalb des Ovambolandes die Autorität auch unter den verbleibenden 30 % durch die Regierungsobstruktion erodiere." Helmut Bley, „Politische Probleme um Namibia seit Ablaufen des Sicherheitsrats-Ultimatums vom 31.8.1976", in: Afrika Spektrum", Hamburg, Nr. 3/76, S. 258.

154. Allgemeine Zeitung, Windhoek, 9.9.1976
Bleibt nachzutragen, daß sich die SWAPO auch auf eine kleine Zahl von Parteimitgliedern unter den wenigen antikolonialistisch und antiimperialistisch bewußten weißen Siedlern stützen konnte und kann. Diese Zahl ist gegenwärtig permanent im Anstieg begriffen. Mit der Angst um die Besitzstände wächst die Bereitschaft zum opportunistischen Pseudo-Kurswechsel unter den Siedlern.

155. Windhoek Advertiser, 21.9.1976
Anlaß dieses Kommentars war eine Debatte im Landesrat, während der die SWAPO wieder einmal mehr von den Abgeordneten in ihren Reden als kleine radikale Minderheitsgruppe ins Abseits geschoben wurde und die Scheuklappen-Politik Triumphe feierte.

156. Windhoek Advertiser, 4.10.1976
Bei der „Voice of the People" handelt es sich um eine relativ unbekannte Splitterpartei, deren bis dahin praktizierter wankelmütiger politischer Kurs zu Zweifeln an ihrer Aufrichtigkeit berechtigte. Dieses Mißtrauen dürfte auch durch ein solches Bündnis noch nicht gänzlich ausgeräumt sein, gilt es doch auch für die südafrikanische Sicherheitspolizei, informiert zu bleiben . . .

157. Allgemeine Zeitung, Windheok, 27.10.1976

158. Allgemeine Zeitung, Windhoek, 5.11.1976
„Auf dem Tisch vor dem Sprecher lag der traditionelle Hut der Witboois, den sie in den Kriegen gegen die Deutschen und die Hereros trugen." ebd.

159. Anfänglich als „Okahandja summit" oder „Anti-Beraad" bekannt, ist der Namibia National Council eine lose Vereinigung oppositioneller Minderheitsfraktionen, die sich als Gegengründung zur Turnhallen-Konferenz konstituierten und bis dahin der SWAPO gegenüber als zurückhaltend eingeschätzt wurden.

160. Windhoek Advertiser, 1.11.1976

161. Allgemeine Zeitung, Windhoek, 2.11.1976

162. siehe dazu: Allgemeine Zeitung, Windhoek, 25.2.1977

163. Allgemeine Zeitung, Windhoek, 30.11.1976

164. Windhoek Advertiser, 30.11.1976

165. Windhoek Advertiser, 15.12.1976
 Nach einer „fact finding mission" einer Delegation der Interparlamentarischen Union (IPU) aus Genf kam diese in ihrem Bericht zu dem Ergebnis, SWAPO „... seems to be much stronger outside its basic area of recruitment (Northern South West Africa) than we thought. They seem to have a very firm grasp on the working population, the people working in the mines and in the towns."
 Zitiert nach: Windhoek Advertiser, 28.1.1977

166. J.H.P. Serfontein, a.a.O., S. 304

167. siehe dazu: Report of the Findings and Recommendations of the John Ya Otto Commission of Inquiry into Circumstances which led to the Revolt of SWAPO Cadres between June, 1974 and April, 1976, submitted 4 June, 1976.

168. siehe dazu: Windhoek Advertiser, 1.6.1976 und 2.6.1976

169. siehe dazu: Papers and Reports presented to the SWAPO Central Committee Meeting, Lusaka/Zambia, July 1976.
 Als kennzeichnend für die während dieser Sitzung verabschiedeten Dokumente bezeichnet Bley die Kontinuität der wesentlichen Aspekte hinsichtlich der politischen Linie und der damit verknüpften Forderungen. Helmut Bley, „Politische Probleme um Namibia...", a.a.O., S. 270

170. SWAPO of Namibia, press statement, London 13.8.1976

171. Windhoek Advertiser, 19.8.1976

172. Allgemeine Zeitung, Windhoek, 28.2.1977

173. Dies war begünstigt durch das neue Operationsgebiet in Südangola und die ständig wachsende Unterstützung der ansässigen Zivilbevölkerung.

174. siehe dazu: „Das namibische Volk verstärkt den bewaffneten Kampf", in: „Afrika kämpft", Afrika-Komitee, Berlin (West), 5. Jahrgang Nr. 24, Mai - Juni 1976, S. 10f
 Wegen krasser Rechtsverstöße während des Prozeßverlaufs und der Unhaltbarkeit der Urteilsbegründung wurden sämtliche Strafen in einer Berufungsverhandlung vor dem Appelationsgericht in Bloemfontein später aufgehoben. Die beiden Todeskandidaten Aaron Muchimba und Hendrik Shikongo allerdings dürften nach dieser Haftzeit bereits gebrochene Menschen sein.
 Zum Revisionsverfahren siehe: Allgemeine Zeitung, Windhoek, 18.3.1976 und 21.3.1976

175. SWAPO of Namibia, press statement, L/6/76/28, London 16.6.1976

176 J.H.P. Serfontein, a.a.O., S. 325

177. ebd., S. 328

178. SWAPO of Namibia, Department of Information and Publicity, press release, L/8/ 77/53, London 11.3.1977

179. SWAPO of Namibia, Department of Information and Publicity, press release, L/8/ 77/47, London 2.2.1977

180. SWAPO of Namibia, press release, London 25.8.1976

181. siehe dazu: Windhoek Advertiser, 2.2.1977
 Dieser letzte Verfassungsentwurf weist damit zugleich die von Bley in seinem Aufsatz geäußerte Vermutung als spekulativ zurück, daß die SWAPO inzwischen das Prinzip der Blockfreiheit aufgegeben hätte. Siehe dazu: Helmut Bley, „Politische Probleme in Namibia...", a.a.O., S. 269
 Im übrigen halten wir hypothetische Vermutungen und spekulative Aussagen, wie sie gerade Bley in diesem Aufsatz formuliert, für abenteuerlich und wissenschaftsfremd. Bislang geben keinerlei Anzeichen zu erkennen, daß sich die SWAPO von einem Staat instrumentalisieren und monopolisieren läßt, wenngleich die Sowjetunion in den vergangenen Monaten starkes Interesse und Engagement an der Schaffung einer einseitigen Bindung der SWAPO an ihren Einfluß- und Machtbereich zeigte.

182. Tagesspiegel, Berlin (West), 29.1.1976

183. Allgemeine Zeitung, Windhoek, 6.2.1976

184. J.H.P. Serfontein, a.a.O. S. 326
 siehe auch: Tagesspiegel, Berlin (West), 21.5.1976
 „Im Norden Südwestafrikas, von Owambo über Kavango bis zum östlichen Caprivi-Zipfel, ist der Ausnahmezustand verhängt worden. . . . Zu den verschärften Maßnahmen in dem ‚Sicherheitsdistrikt' gehört eine nächtliche Ausgangssperre. . . . Ein Grenzstreifen von 1.000 Meter Breite wird in Owambo entvölkert und ist zum Niemandsland erklärt worden. . . . Die neuen Maßnahmen bedeuten eine wesentliche Verschärfung der Ausnahmeregelung. . . . Aufgrund der Proklamation können Bewegungsbeschränkungen jeder Art durch die Regierung angeordnet werden. Die Sondervollmachten, die die Polizei in diesem Gebiet besaß und die vorgestern erweitert wurden, erstrecken sich jetzt auch auf die Wehrmacht. Personen können aus Teilen des Sicherheitsbezirks in andere Teile verlegt werden. Die Rückkehr in ihre angestammten Gebiete kann ihnen für bestimmte Zeiten versagt werden. Bestimmte Aktivitäten, auch auf dem Gebiete des Handels, können verboten werden. Schulen und Hospitäler können ebenfalls verlegt werden. . . . Sämtliche Waffen müssen an die Eingeborenen-Kommissare übergeben werden. Das gleiche gilt für Munition. . . . Die praktische Anordnung von Bewegungsbeschränkungen, Verlegung von Geschäften, Schulen und Hospitälern usw. kann durch den Minister erfolgen, aber auch durch ‚irgendeine Person, die in seinem Auftrag tätig ist, und in beliebiger Art, die dieser Person angemessen erscheint!" Allgemeine Zeitung, Windhoek, 20.5.1976

185. ebd.

186. siehe dazu: Windhoek Advertiser, 10.12.1976

187. Allgemeine Zeitung, 18.1.1976

188. Windhoek Advertiser, 27.1.1977

189. Der Gesetzesentwurf wurde inzwischen auf Eis gelegt. Siehe dazu: Allgemeine Zeitung, Windhoek, 24.3.1977

190. Allgemeine Zeitung, Windhoek, 14.3.1977, unsere Hervorhebung

191. Frankfurter Rundschau, 5.4.1977

192. Siehe dazu beispielsweise:
Klaus Frhr. von der Ropp, „Das veränderte Kräftespiel im Süden Afrikas", in „Außenpolitik", Hamburg, 26. Jg., 1. Quartal 1975, Heft 1, S. 56 - 72
ders., „Das Südliche Afrika nach Portugals Rückzug", in: „Außenpolitik", Hamburg 27. Jg., 1. Quartal 1976, Heft 1, S. 80 - 97
Auch Helmut Bley tendiert in seinem letzten Aufsatz teilweise in diese Richtung. Siehe dazu: Helmut Bley, „Politische Probleme um Namibia . . .", a.a.O.

193. Im Frühjahr 1977 erklärte Daniel Tjongarero vor etwa 1.000 Studenten der Universität Witwatersrand in Johannesburg, die Turnhallen-Konferenz „. . . habe den Begriff ‚Nation' verfälscht und daraus ‚ethnische Gruppen' machen wollen. Das sei eine falsche Ansicht, da eine Nation aus einer Vielzahl von Bevölkerungsgruppen erwachsen könne. Getreu dem Namen des Konferenzortes führten die Delegierten dort geistige Gymnastik aus. ‚Die Turnhalle befürchtet offenbar, daß eine egalitäre Gesellschaft in Namibia zum Kannibalismus führt.' " Allgemeine Zeitung, Windhoek, 18.3.1977

194. Bryan O'Linn, zitiert nach: Allgemeine Zeitung, Windhoek, 21.3.1977

195. Klaus Frhr. von der Ropp, „Das Südliche Afrika . . .", a.a.O., Seite 88

196. Winfried Nachtwei, a.a.O., S. 161

197. siehe dazu: „Counterinsurgency-Pläne der USA für Namibia", in: „informationsdienst südliches Afrika", a.a.O., Nr. 1/2, Januar/Februar 1977, S. 23ff

198. zitiert nach: Helmut Bley, Politische Probleme um Namibia . . .", a.a.O., S. 257

199. SWAPO of Namibia, Department of Information and Publicity, press release, L/8/77/56, London 21.3.1977
Darüberhinaus enthält die 28-seitige „Petition" keinerlei Hinweise auf die Durchführung nationaler Wahlen.

200. Daniel Tjongarero in einem Brief an den Verfasser. In einem Telegramm an UNO-Generalsekretär Kurt Waldheim weist die SWAPO darauf hin, daß sie zuverlässige Informationen habe, daß nach Einsetzung der Interimsregierung „. . . there will be a large scale round up of SWAPO leaders and activists in a desperate bid to weaken the nation-wide opposition to this ethnic neocolonial plan." SWAPO of Nami-

bia, Department of Information and Publicity, press release, £/8/77/55, London 18.3.1977

201. Eine solche „Namibisierung" des Konflikts würde bedeuten, daß sich die Republik Südafrika und deren militärischer Machtapparat lediglich „auf Wunsch einer befreundeten Regierung" in Namibia befinde, formal somit nicht mehr als Kolonialmacht gegen den Befreiungskampf im Lande vorgehen würde. Ob dieses dürftige Feigenblatt die unverhüllte Unterdrückung des Widerstandes international akzeptabler zu machen vermag, muß aufgrund der jüngsten Entwicklung bezweifelt werden.

202. Um überhaupt auch nur den Anschein einer Unterstützung durch das namibische Volk erwecken und beanspruchen zu können, muß sich die Turnhalle bereits gegenwärtig betrügerischer Manöver bedienen. Siehe dazu: Windhoek Advertiser, 13.1.1977, 20.1.1977 und 27.5.1977.

203. W. Scheffler, „Where To From Here?", in: Windhoek Advertiser, 8.11.1976
Anders ist auch nicht erklärbar, warum Kurt Dahlmann „am glücklichen Ende der Turnhallen-Konferenz" (Allgemeine Zeitung, Windhoek, 10.2.1977) im gleichen Atemzug bereits die potentiellen Teilnehmer einer internationalen Verfassungskonferenz, „die die endgültige Verfassung für ein unabhängiges Südwestafrika oder Namibia ausarbeitet" mit der SWAPO, den Kirchen und der Interimsregierung nennt. ebd.

204. zitiert nach: Allgemeine Zeitung, Windhoek, 25.3.1977

205. Daniel Tjongarero in einem Brief an den Verfasser

5. Die Namibia-Politik der BRD

5.1. Das Verhältnis zur Republik Südafrika und den Vereinten Nationen bezüglich der Namibia-Frage

Die Namibia-Politik spielt im gesamten außenpolitischen Bereich der Bundesrepublik Deutschland (BRD) eine untergeordnete Rolle. Sie ist Teil der aussenpolitischen Konzeption der BRD im südlichen Afrika, die ihr Hauptaugenmerk, auf Grund der engen ökonomischen Verflechtungen, auf die RSA konzentriert. Aber auch die auf Südafrika bezogenen außenpolitischen Aktivitäten der BRD sind jedoch — gemessen an der gesamten Außenpolitik — von relativ geringer Bedeutung.

„... die Südafrika-Politik (ist) im Spektrum der bundesdeutschen Außenpolitik als sekundäres Moment einzuordnen..."[1]

Die Schwierigkeiten, die sich bei der Befassung mit der Namibia-Politik der BRD ergeben, liegen im jetzigen völkerrechtlichen Status Namibias begründet. Namibia wird noch immer widerrechtlich von der RSA als Kolonie besetzt gehalten und kann deswegen nicht als völkerrechtliches Subjekt in den Beziehungen zur BRD auftreten. Namibia wird von dem „UNO-Rat für Namibia" der quasi Regierungsfunktion für Namibia besitzt, vertreten. Insofern läßt sich die Namibia-Politik der BRD, die seit 1973 Mitglied der Vereinten Nationen (VN) ist, entsprechend der Haltung zur Namibia-Politik der VN überprüfen. Eine weitere Ebene, auf der sich die Namibia-Politik der BRD verfolgen läßt, ist das Verhältnis der BRD zur Republik Südafrika (RSA), der Kolonialmacht Namibias. Die Analyse dieses Verhältnisses gibt Auskunft darüber, inwieweit die BRD außenpolitisch tätig sein könnte, um die RSA zur Beendigung ihrer Kolonialokkupation Namibias zu bewegen.

Die Beziehungen der BRD zur Kolonialmacht RSA sind doppelbödig: auf der einen Seite verbale Verurteilungen und Distanzierungen vom Pretoria-Regime, auf der anderen Seite gleichzeitiger verstärkter Ausbau von wirtschaftlichen Beziehungen.

„Die Dichotomie der Südafrika-Politik in Bekenntnissen gegen Rassismus einerseits und Betonung eigener Wirtschaftsinteressen war in offiziellen Aussagen meist faßbar."[2]

Seit der ökonomischen Krise 1966/67 in der BRD, die sich als Überproduktionskrise erwies, war es auf Grund der hohen Exportlastigkeit der Wirtschaft der BRD notwendig geworden, die Außenpolitik unter dem Primat der Außenwirtschaftspolitik zu konzipieren. Die vielfältigen ökonomischen Verflechtungen, die die BRD als führendes kapitalistisches Land in Europa ständig wegen der Exportlastigkeit und Rohstoff-Importabhängigkeit ihrer Wirtschaft ausbauen mußte, machten auch nicht vor Verflechtungen halt, die mit Regimen eingegangen wurden, die weltweit geächtet sind. Darunter ist auch die RSA zu zählen. Die Notwendigkeit der Aufrechterhaltung dieser Art Beziehungen wurde damit gerechtfertigt, daß die BRD nicht auf Handel mit den Ländern verzichten kann, die wichtige Rohstofflieferanten sind oder größere Absatzmärkte garantieren. Handel wurde von der Politik abgekoppelt."

„Wir haben seit langem die Erfahrung gewonnen, daß man Handel und Politik nicht koppeln soll."[3]

Dieses Brandtsche Dogma der Außenpolitik der BRD ist gerade für die Beziehung der BRD zur RSA zum bundesrepublikanischen Schutzschild gegen mißliebige Kritik seitens der VN oder der OAU an der Südafrika-Politik der BRD geworden. Der ökonomischen Expansion der BRD wurden alle politischen Bedenken untergeordnet. Die Wirtschaftsbeziehungen zur RSA haben sich kontinuierlich entwickelt und die BRD ist heute der größte Handelspartner Südafrikas.[4] Die deutschen Direktinvestitionen belaufen sich auf 213 Mio. US Dollar und weitere 1,6 Mrd. US Dollar indirekter Investitionen, was 12 % aller ausländischen Investitionen in Südafrika entspricht.[5]

Das ökonomische Verhältnis der BRD zur RSA wird von der BRD dominant gestaltet. Dies beweist sowohl die Studie von Rode, der aussagt:

„. . . die BRD hatte sich für die RSA als weit wichtigerer Partner erwiesen als es umgekehrt der Fall war . . ."[6],

als auch die neue Studie von Schneider-Barthold, der über die deutsche Wirtschaft schreibt:

„. . . sie hat ihre südafrikanischen Partner in der Hand, kann Bedingungen diktieren . . ."

und über die Bundesregierung feststellt:

„Die Bundesregierung kann es sich leisten, eine abfällige Meinung über die Apartheid zu haben und sie auch öffentlich zu bekunden. Sie kann darüber hinaus auch viel stärker politisch auf die südafrikanische Regierung einwirken, als bisher geschehen . . . die deutsche Südafrika-Politik hat einen weiten Spielraum."[7]

Daß dieser außenpolitische Spielraum der BRD bisher nicht genutzt wurde, um eine eindeutige, konsequente Verurteilung der gesellschaftlichen Verhältnisse in der RSA voranzutreiben, ist nicht mehr stichhaltig damit zu rechtfertigen, daß die BRD von der RSA ökonomisch abhängig sei. Es ist viel eher zu vermuten, daß das außenpolitische Dogma der „Trennung von Politik und Handel", das durchgängig als notwendiges Erfordernis inner-ökonomischer Bedingungen herangezogen wurde, jetzt als außen-ökonomisches Sicherungsdogma der in der RSA befindlichen deutschen Investitionen und Exportinteressen fungiert und dadurch weiterhin stabilisierend auf das rassistische Apartheidsregime wirkt. Die BRD verfügt über ausreichende ökonomische Druckmittel, um die RSA sowohl zu innenpolitischen Veränderungen als auch zu einer Beendigung ihrer illegalen Kolonialokkupation Namibias zu beeinflussen.[8] Wenn dies nicht mit dem notwendigen und möglichen Druck seitens der BRD geschieht, so ist es dem obengenannten Sicherungsinteressen der deutschen Kapitalinvestitionen und dem Exportmarkt in der RSA geschuldet.

Als Mitglied der VN richtet die BRD ihre RSA- und Namibia-Politik grundsätzlich — mit jedoch erheblichen Einschränkungen — an den Entscheidungen der VN aus. In einer „Namibia-Note" vom 24.5.1974, die an den Generalsekretär der VN gerichtet ist, wird betont, daß die Namibia-Politik der BRD auf den Grundsätzen der Charta der VN beruhe und daß die Regierung und Bevölkerung der BRD den Rassismus und Kolonialismus entschieden ablehne. Weiterhin wendet sich die Bundesregierung „. . . gegen eine Anwendung der sog. 'homeland policy' im Territorium von Namibia" und tritt

„. . . für das Recht der Bevölkerung des Territoriums ein, in Ausübung seines unveräußerlichen Rechts auf freie Selbstbestimmung und in Übereinstimmung mit den Grundsätzen und Zielen der Charta der VN seine territoriale und politische Unabhängigkeit zu erlangen."9

Hinsichtlich der RSA als Kolonialmacht Namibias wird festgestellt,

„. . . daß die fortdauernde Präsenz Südafrikas in Namibia im Völkerrecht keine Grundlage mehr findet . . .".10

Gleichzeitig

„. . . setzt sich die Bundesregierung dafür ein, daß die Herrschaft Südafrikas zum frühmöglichsten Zeitpunkt beendet wird und daß alle politischen Kräfte an der Vorbereitung der Unabhängigkeit unter der Schirmherrschaft der VN beteiligt werden."11

Die notwendigen Veränderungen sollen ohne Gewaltanwendung stattfinden, um

„. . . die sonst unvermeidliche Katastrophe eines Rassenkrieges . . ."12

zu verhindern.

Aus bundesrepublikanischer Sicht stellt sich der Konflikt im südlichen Afrika folgendermaßen dar:

„Im südlichen Afrika geht es darum, ob Schwarze oder Weiße eine Form des gleichberechtigten Miteinanders finden, die auch in Zukunft tragfähig bleibt. Die Herrschaft der Mehrheit muß verwirklicht, aber auch die berechtigten Interessen der Minderheit müssen gesichert werden."13

Daraus folgert die Bundesregierung, daß

„. . . nur dort der Frieden als sicher an(zu)sehen (ist), wo niemand versucht, einen historischen Wandel aufzuhalten. Jeder muß wissen, auch im südlichen Afrika: es gibt auf dieser Welt keinen Platz mehr für Rassismus und Kolonialismus. Diese Uhr ist abgelaufen."14

Die Forderungen, die die Bundesregierung vertritt, um den „historischen Wandel" in Namibia voranzutreiben, sind:

„ — Die Herrschaft Südafrikas zu beenden und das frühmöglichste Datum für die Unabhängigkeit verbindlich festzulegen,
— die Zuständigkeit der VN für die Überführung des ehemaligen Mandatsgebietes in die Unabhängigkeit anzunehmen,
— in Ausübung des Selbstbestimmungsrechts unter Aufsicht der VN alle politischen Kräfte des Landes an der Vorbereitung der Unabhängigkeit zu beteiligen."15

Die Bundesregierung übernimmt mit diesen Forderungen formal den Rechtsstandpunkt der VN, jedoch in der praktischen Umsetzung dieser Forderungen ergeben sich dazu Diskrepanzen, denn das Agieren der Bundesregierung innerhalb der VN bewegt sich im Widerspruch zur verbalen Übernahme des Rechtsstandpunktes der VN. So enthielt sich die Bundesregierung bei einer Resolution der Vollversammlung, in der Südafrika aufgefordert wurde, alle Truppen aus Namibia zurückzuziehen und Namibia in die Unabhängigkeit zu entlassen, der Stimme.[16] Die Bundesregierung stimmte gegen eine Resolution der Generalversammlung der VN, die mit 107 bei sechs Gegenstimmen und 12 Enthaltungen verabschiedet wurde,

„... in der erstmals der bewaffnete Kampf als Mittel zur Befreiung Namibias von kolonialer Herrschaft ausdrücklich gebilligt wurde."[17]

Diese Resolution basierte auf einem Entschließungsantrag des Kolonialausschusses der VN, der von der Generalversammlung angenommen wurde und der den

„... bewaffneten Kampf des namibischen Volkes unter Führung der südwestafrikanischen Volksorganisation, um Selbstbestimmung, Freiheit und nationale Unabhängigkeit, in einem vereinigten Namibia zu erreichen",[18]

befürwortete.
Jedoch nicht allein im Rahmen der VN ist die Haltung der Bundesregierung in ihrer Namibia-Politik widersprüchlich. Auch auf der direkten Verknüpfungsebene mit Namibia bezüglich des Kulturabkommens mit der RSA, des deutschen Konsulats in Windhuk und der Haltung der Bundesregierung gegenüber der SWAPO ist ihre Politik zwiespältig und verstößt gegen die VN Beschlüsse zu Namibia.

5.2. Die Widersprüche der westdeutschen Namibia-Politik

5.2.1. Das Kulturabkommen

Das Kulturabkommen zwischen der BRD und der RSA von 1963 sieht ausdrücklich in Paragraph acht die Einbeziehung Namibias vor.[19] Das Abkommen sieht seine Hauptaufgabe darin,

„... eine freundschaftliche Zusammenarbeit auf kulturellem Gebiet zu pflegen und dadurch das gegenseitige Verständnis zwischen beiden Völkern zu fördern."[20]

Die Ziele dieses Kulturabkommens wurden weder in der RSA noch in Namibia erreicht. Der „Kulturaustausch" zwischen „beiden Völkern" ist einseitig auf die herrschende weiße Rasse in der RSA und Namibia ausgerichtet

„... und leistete für emanzipatorische Bestrebungen der schwarzen Majorität, wenn überhaupt, nur einen geringen Beitrag ...".[21]

Nach einer Reise durch Namibia im letzten Jahr stellte P. Schumacher in einem Artikel: „Afrika Deutsche: Leben wie Gott in Namibia" fest,

„... daß die Schulen in Windhuk und Karibib, die zu 90 % mit Geldern aus Bonn versorgt werden, ausschließlich den weißen Kindern vorbehalten sind."22

Die westdeutsche Kulturpolitik erreichte auch keinerlei Veränderungen in der politischen Haltung der Namibia-Deutschen.

> „Die westdeutsche Kulturpolitik hat die rassistische Grundhaltung der Deutschen in Namibia bisher nicht abgebaut."23

Die Aussage des exilierten Bischofs Colin Winter aus Namibia wirft ein bezeichnendes Licht auf die Erfolge deutscher Kulturpolitik:

> „Ich denke, man kann seinem Land nicht mehr schaden als es die 30 000 Deutschsprechenden in Namibia tun. Ich habe dort gelebt und habe mit ihnen Verbindung gehabt und ich denke, daß sie wahrscheinlich die schlimmsten Botschafter ihres Landes in der Welt sind."24

Die Aufkündigung des Kulturabkommens ist noch nicht erfolgt. Auf die Frage, ob dieses Kulturabkommen zum möglichen Termin Ende Dezember 1976 aufgekündigt werde, antwortete der Pressesprecher des Auswärtigen Amtes, daß das Kulturabkommen keiner ausdrücklichen Kündigung bedürfe und die Namibia-Frage dabei „kein besonderes Vorkommnis" darstelle, das eine Aufkündigung oder Modifizierung rechtfertigen würde.25

Seit 1966, dem Ende des RSA-Mandats über Namibia, bezieht die BRD Namibia widerrechtlich in das Kulturabkommen mit ein und bestätigt damit fortdauernd die Kulturhoheit der RSA über Namibia.

5.2.2. Das westdeutsche Konsulat

In der oben erwähnten „Namibia Note" vertritt die BRD die Ansicht, daß

> „. . . die Unterhaltung des Konsulats der Bundesrepublik Deutschland in Windhuk in keiner Weise als Anerkennung der südafrikanischen Gebietshoheit über Namibia ausgelegt werden."26

kann. Die Bundesregierung bezieht sich in ihrer Argumentation auf das Gutachten des Internationalen Gerichtshofes von 1971 über Namibia und dabei besonders auf den Absatz 125, in dem es heißt:

> „Im allgemeinen sollte die Nichtanerkennung der südafrikanischen Verwaltung des Territoriums nicht dazu führen, dem Volk von Namibia Vorteile zu entziehen, die sich aus der internationalen Zusammenarbeit ergeben."27

Die Bundesregierung nimmt diese Aufforderung des Gerichtshofs als Grundlage zur Rechtfertigung ihrer konsularischen Vertretung in Windhuk und versucht angeblich, die Interessen des Volkes von Namibia mit den Belangen eines „Teiles der Bevölkerung" in Einklang zu bringen.

> „Dabei haben wir berücksichtigt, daß ein Teil der Bevölkerung sich kulturell meinem Land verbunden fühlt. Eine Schließung des Konsulats hätte Tausende deutscher Staatsangehörige in Namibia des konsularischen Schutzes beraubt, auf den sie Anspruch haben."28

Offensichtlich betrachtet die Bundesregierung den deutschen „Teil der Bevölkerung" in Namibia nicht als integralen Bestandteil des Volkes von Namibia, sondern vornehmlich als Deutsche in Namibia mit deutscher Staatsangehörigkeit. Denn wenn der deutsche „Teil der Bevölkerung" ein wirklicher Bestandteil des Volkes von Namibia wäre, dann unterstünde auch dieser Teil der völkerrechtlichen Vertretung Namibias durch die VN und bräuchte keinen „konsularischen Schutz" durch eine direkte deutsche konsularische Vertretung in Windhuk. Die Bundesregierung könnte über die VN die Angelegenheiten der Deutschen in Namibia bezüglich ihrer deutschen Staatsangehörigkeit völkerrechtlich über den „Rat für Namibia" der VN regeln, ganz so wie sie auch die Rechtsgültigkeit der durch diesen Rat ausgestellten Reisepässe für Namibier anerkennt.[29] Außerdem besitzen von den ca. 25 000 bis 30 000 Deutsche in Namibia nur etwa 5—7000 Personen einen deutschen Paß und 15. 000 sowohl die südafrikanische als auch die deutsche Staatsangehörigkeit.[30] Viele von den Namibia-Deutschen besannen sich jedoch in letzter Zeit auf ihre deutsche Herkunft und halten „. . . den Paß mit dem Adler . . . als Garant fürs Überleben."[31]

Das deutsche Konsulat in Windhuk bringt dem Volk von Namibia keine Vorteile, sondern es hilft nur einem „Teil der Bevölkerung" seine opportunistischen Rückzugsgefechte zu führen und

> „. . . seine Anwesenheit ist eine symbolische Unterstützung des Regimes und die Schließung dieses Konsulats wäre ein ungeheurer Schlag gegen die Rechtmäßigkeit der fortwährenden illegalen Besetzung des Territoriums durch Südafrika."[32]

Lukas de Vries stellt in Hinsicht auf die Glaubwürdigkei der BRD fest:
> „Die Namibianer nehmen die öffentlichen Erklärungen der BRD gegen das Apartheidsystem nicht ernst, wenn solche grundsätzlichen Aussagen nicht durch konkrete Aktionen und ein entsprechendes Handeln abgedeckt werden. Das deutsche Konsulat und die deutschen Schulen in Namibia würden als Symbole eines deutschen Rassismus angesehen..."[33]

Die Beibehaltung des deutschen Konsulats in Windhuk ignoriert die Beschlüsse der VN. Daran ändert auch die Tatsache nichts, daß die Bundesregierung die Zuständigkeit der deutschen Botschaft in Pretoria für das Konsulat in Windhuk aufgehoben hat und es unmittelbar dem Auswärtigen Amt unterstellt hat.[34] Juristische Winkelzüge können nicht über die Tatsache hinwegtäuschen, daß die konsularische Vertretung der BRD in Windhuk der illegalen Besetzung Namibias durch die RSA Rechnung trägt.

5.2.3. Das Verhältnis zur SWAPO

Der Konflikt zwischen der Bundesregierung und der SWAPO besteht hauptsächlich darin, daß die Bundesregierung nicht — wie die VN und die OAU — die SWAPO als die alleinige legitime Vertreterin des namibischen Volkes anerkennen will. Wir gehen hier nur grundsätzlich auf den Konflikt ein und berücksichtigen dabei die offiziellen Aussagen der Bundesregierung über die SWAPO.

Die Bundesregierung erkennt die Bedeutung der Befreiungsbewegungen im südlichen Afrika.
> „Im südlichen Afrika sind die Befreiungsbewegungen eine legitime Opposition. Die heutige Opposition ist die Regierung von morgen . . . Wir

werden die Befreiungsbewegungen unterstützen. Es bleibt allerdings bei unserer Ablehnung, Waffen zu liefern."[35]

Im Hinblick auf die SWAPO stellt die Bundesregierung fest:
„Die Bundesregierung betrachtet die SWAPO, deren Ziel die Unabhängigkeit Namibias und die gleichberechtigte Teilnahme des schwarzen Bevölkerungsteils am politischen Geschehen ist, als eine der relevanten politischen Kräfte des Landes. Sie akzeptiert die SWAPO jedoch nicht als ausschließliche Repräsentantin des namibischen Volkes, da dieses bisher keine Gelegenheit hatte, seine politischen Repräsentanten durch freie Wahlen zu bestimmen und zu legitimieren."[36]

Bezugnehmend auf die künftige Bedeutung der SWAPO in Namibia vertritt die Bundesregierung die Ansicht:
„Die Bundesregierung betrachtet die SWAPO als einen wichtigen Faktor bei der künftigen politischen Gestaltung Namibias. Sie hat Verständnis für das auch von der SWAPO verfolgte Ziel, der Bevölkerung in Namibia zum Selbstbestimmungsrecht zu verhelfen, sie lehnt jedoch bekanntlich Waffengewalt als Mittel der Politik ab."[37]

Zwei politische Argumente werden in der Haltung der Bundesregierung zur SWAPO deutlich: die Anerkennung der SWAPO als alleinige, legitime Vertreterin des namibischen Volkes würde nur über deren Legitimation mittels offiziell abgehaltener Wahlen und dem „Gewaltverzicht" der SWAPO erfolgen. Diese Argumente verkennen sowohl die Haltung der SWAPO als auch den kolonialen Gewaltcharakter des Systems in Namibia, der ursprünglich durch das koloniale Verhältnis und nicht durch den namibischen Widerstand geschaffen wurde. Die SWAPO hat mehrmals ihre Forderung nach freien Wahlen unter Aufsicht der VN in Namibia bekräftigt.[38] Es ist nicht die SWAPO, die freie Wahlen in Namibia verhindert, sondern es ist die Kolonialmacht RSA. Darauf wird nicht mit einem Hinweis in der Stellungnahme der Bundesregierung eingegangen. Darüber hinaus ist das „Prinzip" der Gewaltlosigkeit der Bundesregierung einäugig. Bekanntlich setzt die RSA Waffengewalt als Mittel ihrer Kolonialpolitik in Namibia ein. Damit ist ein apriorisches koloniales Gewaltverhältnis gegeben. Die Befreiung aus diesem Gewaltverhältnis mittels des bewaffneten Kampfes kann, als Reaktion und Überwindungsstrategie des vorherrschenden kolonialen Gewaltverhältnisses, durch entsprechende revolutionäre Gegengewalt erreicht werden.

Die Bundesregierung vertritt das „Prinzip der Gewaltlosigkeit" so, daß derjenige, der sich mit Waffengewalt aus einem unterdrückerischen Gewaltverhältnis befreien will, als der „eigentliche Gewalttäter" oder Verursacher von Gewalt hingestellt wird, das zugrunde liegende Gewaltverhältnis damit ignoriert und nicht als ursächliche Bedingung für den bewaffneten Widerstand gesehen wird.

Durch das Beharren auf dem Prinzip der Legitimation durch Wahlen sowie der Ablehnung des bewaffneten Befreiungskampfes fällt die Bundesregierung in ihrer Nichtanerkennung der SWAPO als alleiniger legitimer Vertreterin des namibischen Volkes hinter die Beschlüsse der VN zurück.

5.2.4. Die Haltung zur Turnhallen-Konferenz

Die Haltung der BRD zur Turnhallen-Konferenz in Namibia ist ebenso gespalten und wurde von einer „abwartenden Politik" während des Verlaufs der Konferenz gekennzeichnet. Die Bundesregierung ist einerseits positiv dazu eingestellt, daß sich die „Dekolonisierung" Namibias auf „evolutionärem Weg" über diese Konferenz entwickeln könnte, drückt aber andererseits gleichzeitig ihr Bedauern aus, daß nicht „alle politischen Kräfte" Namibias an der Konferenz teilnehmen.

Kurz nach dem Beginn der Konferenz im Oktober 1975 erklärte die Bundesregierung ihre grundsätzliche Einstellung zur Turnhallen-Konferenz in einer VN-Debatte:

„Die Bundesregierung hält den Versuch, das Namibia Problem auf Stammesebene lösen zu können, für verfehlt. Es trägt dem Grundsatz der afrikanischen Politik nicht Rechnung, die Stammesgegensätze zu überwinden und die früheren Kolonialgrenzen nicht in Frage zu stellen. Meine Delegation appelliert daher an die südafrikanische Regierung, in einen Dialog auch mit den politischen Kräften innerhalb und außerhalb Namibias, besonders der „National Convention" und der SWAPO einzutreten. Der Versuch, die Namibia Frage über die Köpfe der politischen Kräfte hinweg zu lösen, muß notwendig scheitern."[39]

Weiterhin vertrat der deutsche Delegierte bei der VN die Ansicht:

Auch wenn wir nicht so weit gehen wie manche unserer afrikanischen Freunde, die die Teilnehmer an der Verfassungskonferenz rundweg als Marionetten bezeichnen, so ist doch nicht zu leugnen, daß es sich hier um eine von Pretoria gesteuerte, nicht wirklich repräsentative Veranstaltung handelt."[40]

Die Bundesregierung scheint trotz dieser Bedenken gegen den Charakter der Konferenz dennoch Hoffnungen an sie zu knüpfen.

„Das vergangene Jahr (hier 1976, Anm. d.V.) hat nach meiner festen Überzeugung zum ersten mal reelle Perspektiven für die baldige Unabhängigkeit Namibias eröffnet. Die Beseitigung der letzten Überreste des Kolonialismus in Afrika ist in greifbare Nähe gerückt. Dabei ist die Hoffnung der Bundesregierung, daß die jetzt begonnenen Gespräche und Verhandlungen über die Zukunft Namibias und Zimbabwes nicht scheitern werden. Diese vielleicht letzte Chance eines friedlichen Übergangs der Macht in die Hände der Mehrheit sollte nicht vertan werden, weder aus Unvernunft der einen, noch aus Ungeduld der anderen Seite."[41]

Das Prinzip des „friedlichen Übergangs der Macht", das die Bundesregierung im Zusammenhang mit der Verfassungskonferenz ständig betont, wird nur dadurch beeinträchtigt, daß nicht „alle politischen Kräfte" − hier besonders die SWAPO − an der Konferenz teilnehmen.

„Die Bundesregierung begrüßt jeden ernsthaften Versuch, den geordneten Übergang Namibias in die staatliche Unabhängigkeit auf evolutionärem Wege bald herbeizuführen. Sie glaubt jedoch nicht, daß eine dauerhafte Lösung auf ausschließlich ethnischer Basis möglich ist, wie dies die Verfassungskonferenz in Windhoek zur Grundlage ihrer Arbeit gemacht hat. Sie

hofft daher, daß es noch gelingen wird, zwischen den unterschiedlichen Auffassungen – unter Einschaltung der VN – eine für alle Seiten annehmbare Lösung zu finden."[42]
Den Versuch einer „dauerhaften Lösung" für Namibia hält die Bundesregierung nur dann für herbeiführbar, wenn die SWAPO an der Konferenz teilnimmt.

„Wenn es eine Lösung für Namibia geben soll, können diejenigen nicht ausgeschlossen werden, die von den Vereinten Nationen als legitime Vertreter der schwarzafrikanischen Bevölkerung angesehen werden, also die Vertreter der SWAPO."[43]

Das Interesse der Bundesregierung an der Lösung des Namibia-Konfliktes liegt in der Einbeziehung „aller politischen Kräfte" in die Verhandlungen der Verfassungskonferenz, besonders der SWAPO, um sie gegebenenfalls an die Beschlüsse der Konferenz zu binden und damit über den „evolutionären Weg" eine „dauerhafte Lösung" in der Namibia-Frage zu erreichen. Doch die SWAPO hat die Teilnahme an der Konferenz abgelehnt. Dadurch gerät die Bundesregierung in den Zugzwang ihrer, von ihr selbst vertretenen Prinzipien. Einerseits versucht sie die „Dekolonisierung" Namibias über den Verhandlungsweg der Turnhalle voranzutreiben, ist sich jedoch andererseits klar darüber, daß ohne die Beteiligung der SWAPO, die die Verfassungskonferenz ablehnt, keine „längerfristige Lösung" der Namibia-Frage gewährleistet ist.

Der Besuch des Afrika-Referenten des Auswärtigen Amtes, Dr. Müller, im September 1976 in Namibia sollte als Erkundungsmission der Bundesregierung fungieren. Müller sondierte das politische Terrain in Namibia und sprach sich entschieden in einem Artikel des „Windhoek Advertiser" gegen die Turnhallenkonferenz aus.[44] Das Auswärtige Amt dementierte Müllers Besuch am 28.9.1976.[45]

Unbestätigten Pressemeldungen nach, sollen sich jedoch Vertreter der BRD und der SWAPO „irgendwo in Europa" getroffen haben. Bei diesem Treffen soll sich die Bundesregierung zur Ablehnung der Turnhallenkonferenz entschlossen haben.

„Die BRD wird die neue Turnhallen-Interimsregierung, die von Südafrika in diesem Jahr eingesetzt wird, nicht anerkennen."[46]

Diesen Gesprächen mit der SWAPO sollen Verhandlungen mit Vertretern der Turnhallen-Konferenz vorausgegangen sein, in der Absicht, die Bundesregierung auf den Kurs der Verfassungskonferenz festzulegen. „Dies ist klar gescheitert."[47] Stattdessen soll die Bundesregierung ihre uneingeschränkte Unterstützung der SWAPO versichert haben und auf die afrikanische Linie der OAU eingeschwenkt sein.[48] Wenngleich offiziell dementiert [48a] scheint diese Einschätzung der Haltung der Bundesregierung zur Verfassungskonferenz den längerfristigen Interessen der BRD an Namibia zu entsprechen. Die BRD scheint mit diesem Schritt eingesehen zu haben, daß ihre Interessen an Namibia am besten vertreten werden, wenn frühzeitig Einfluß auf die „zukünftige Regierung" Namibias genommen wird. Entsprechend nutzt die Bundesregierung verschiedene Kontaktmöglichkeiten mit namibischen

Politikern, durchweg SWAPO-Gegnern, um ihre eigene Einschätzung der politischen Kräfteverhältnisse in Namibia, wonach SWAPO nur *eine* politische Kraft unter anderen, freilich nicht öffentlich benannten, sei, zu bestätigen. 48b

5.3. Zur Frage der Namibia-Deutschen

Der einzig relevante Aspekt, der in der gegenwärtigen Dekolonisierungsphase Namibias direkte innenpolitische Auswirkungen für die BRD haben könnte, scheint — im Falle der aus bundesrepublikanischer Sicht wohl „schlimmsten" politischen Entwicklung — die Aussiedlung der Namibia-Deutschen und deren mögliche Rück-, bzw. Einwanderung in die Bundesrepublik zu sein. Dabei ist die Bundesregierung ganz offensichtlich nicht sonderlich daran interessiert, die „heimatlos gewordenen" Siedler deutscher Abstammung oder bundesrepublikanischer Staatsangehörigkeit mit offenen Armen in der Heimat zu empfangen. Am liebsten wäre es den verantwortlichen Ministerien wohl, wenn diese Siedler an der Stätte ihres Wirkens verbleiben würden. In einer Mitteilung des Auswärtigen Amtes wurde dies auf recht subtile Weise zum Ausdruck gebracht:
„Die Bundesregierung ist der Auffassung, daß die Deutschen und Deutschstämmigen in Namibia zur Weiterentwicklung des Landes nach der Unabhängigkeit einen wichtigen Beitrag leisten können."[49]
Trotzdem lassen auch noch andere Anzeichen als lediglich die im breiten Rahmen der westdeutschen Medien geführte Diskussion um das künftige Schicksal der „Südwestdeutschen" darauf schließen, daß die Bundesregierung auch auf diese Konstellation nicht ganz unvorbereitet sein dürfte. § 6, Absatz 3 des neuen Konsulargesetzes verpflichtete just zu jenem Zeitpunkt das deutsche Konsulat in Windhoek zu einer Aktualisierung der Kartei, als sich die Situation in Namibia zuspitzte.[50]
Auch in offiziellen Verlautbarungen kommt die Bundesregierung nicht umhin, die Existenz der deutschen Siedler anzuerkennen und der Situation durch Eigenverantwortlichkeit Rechnung zu tragen. So auch der pragmatische Realpolitiker Egon Bahr, als Minister früher für die westdeutsche Entwicklungspolitik zuständig, der konstatierte:
„Die Bundesrepublik Deutschland wird ihre besondere Verantwortung für Regelungen im südlichen Afrika im Falle Namibias zu beweisen haben; denn dort leben zur Zeit rund 25.000 Deutsche oder Deutschstämmige..",
die laut Bahr
„...sich ohne subjektive Schuld als Opfer einer Geschichte empfinden... Wir werden uns zu überlegen haben, ob nicht diejenigen, die in die Bundesrepublik kommen wollen, die gleichen Möglichkeiten erhalten wie Aussiedler aus dem Osten. Wer zu uns kommt, wird sich damit abfinden müssen, daß er auf Privilegien auf Grund seiner Hautfarbe verzichten muß."[51]

Eine größere Anzahl deutscher Namibia-Flüchtlinge, die als Opfer einer „Dekolonisierungskatastrophe" die Bundesrepublik heimsuchen könnten, würde dabei nach Ansicht der Regierung am Gewissen der Nation rütteln.
„Nun geht es zum ersten Mal um die Dekolonisation eines Gebietes, bei dem deutsche Emotionen mit hoch kommen. Nichts, was wir bisher auf dem Gebiet der Dekolonisierung erlebt haben, wird so viel Aufruhr machen wie Namibia. Vietnam wird nichts dagegen sein."52
Hier ist zu fragen: wo liegt das Namibia des ehemaligen Bundesministers für wirtschaftliche Zusammenarbeit Bahr und worauf basiert seine Behauptung, daß die Namibia-Deutschen „ohne subjektive Schuld als Opfer der Geschichte" sich empfinden können? Der Vergleich der Dekolonisierung Namibias mit der Vietnams scheint nicht nur gewagt, sondern auch unzulässig zu sein, da die Dekolonisierung Namibias andere geschichtliche, ökonomische und politische Hintergründe hat als die Vietnams. Der Vergleich mag insofern stimmen als es bei der Dekolonisierung Namibias und Vietnams um die rechtmäßige Wiederherstellung des Selbstbestimmungsrechtes der kolonisierten Völker Vietnams und Namibias ging und geht. Er ist jedoch dadurch falsch gewählt, daß es sich bei Namibia um die Dekolonisierung einer Siedlerkolonie handelt, Vietnam hingegen seine Befreiung im Kampf gegen die direkte imperialistische Aggression der USA durchsetzte. Die „subjektive Schuld", die Bahr bei den deutschen Siedlern in Namibia nicht sieht, liegt eben gerade darin, daß ihr Reichtum so viel Opfer unter den Afrikanern in der Geschichte dieses Landes gefordert hat, daß man eher von einer objektiven Schuld als von einer subjektiven Unschuld im Zusammenhang mit dem Verhalten der Deutschen in Namibia reden kann.[53]
Abgesehen von dem erwarteten Ausbruch bundesdeutscher Emotionen bei der konkreten Konfrontation mit dem aktuellen Überbleibsel deutscher Kolonialgeschichte, scheinen die potentiellen „Namibia-Vertriebenen" jedoch von den zuständigen Regierungsbeamten nicht als Problem eingestuft zu werden. „Es gibt nicht so viele Flüchtlinge, daß es für uns ein Problem ist. Wir haben Millionen Flüchtlinge aus Ostdeutschland aufgenommen, so daß ich glaube, daß wir dasselbe mit den 25-30.000 Deutschen aus Namibia tun können."54
Alle diese Überlegungen und Spekulationen werden bislang jedoch ohne die realen Interessen der Namibia-Deutschen selbst angestellt. Denn einerseits konzentriert sich der bereits angelaufene Exodus der „Südwester" auf die benachbarte Republik Südafrika, wo sie in der Vergangenheit schon „Sicherheiten" angelegt haben und wo die gesellschaftlichen Bedingungen es ihnen noch vorübergehend erlauben, das bisher gelebte Herrenmenschtum weiterhin zu führen. Andererseits deuten Bestrebungen der Siedler darauf, nach Ländern in anderen Kontinenten auszuwandern, die ihnen ähnliche Lebensweisen ermöglichen werden.[55] Insbesondere lateinamerikanische Staaten scheinen Attraktivität zu besitzen, und Bolivien ist offenbar eines der reizvollsten Objekte der Auswanderungspläne weißer Siedler. Unlängst sorgte ein Projekt für Schlagzeilen, wonach

„„...ab Mitte dieses Jahres... 150.000 weiße Siedler aus Rhodesien, Namibia und Südafrika ... nach Bolivien einwandern (sollen). Das Projekt wird von der bolivianischen Regierung unterstützt, ebenso wie von der Regierung der BRD, die zur Finanzierung einen Kredit in Höhe von 150 Mio. Dollar bereitstellen will."56
Die Bundesregierung wies eine Verwicklung in solche Siedler-Transplantationen in einem Dementi entschieden von sich.

„Staatsminister Klaus von Dohnanyi bezog in der vergangenen Woche sogar eine Position, von der man sich nur noch um den Preis zurückziehen könnte, als Falschspieler zu gelten: Bonn prüfe nicht einmal die Möglichkeit, sich an einer Umsiedlung zu beteiligen."57
Doch abgesehen vom tatsächlichen Wahrheitsgehalt der sich widersprechenden Meldungen und Stellungnahmen – die absolute Zahl deutscher Namibia-Rückkehrer dürfte in jedem Falle kaum nennenswert sein.58 So kann bereits zum gegenwärtigen Zeitpunkt mit redlicher Sicherheit davon ausgegangen werden, daß die freiwillige oder erzwungene Abwanderung deutscher Siedler aus Namibia weder quantitativ noch qualitativ im bundesdeutschen Maßstab zu Buche schlagen wird. – Namibia mag in der Einschätzung westdeutscher Politiker zu einer Analogie mit Vietnam heranwachsen, die BRD dagegen wird in keinem Falle mit Problemen portugiesischen Beispiels konfrontiert werden.

5.4. Zusammenfassung

Die Namibia-Politik der BRD ist zwiespältig und doppelzüngig: „Bonn versucht, auf zwei Hochzeiten gleichzeitig zu tanzen"59. Innerhalb der VN übernimmt die Bundesregierung zwar den formalen Rechtsstandpunkt der VN und hält sich verbal an die grundsätzlichen Prinzipien der Namibia-Politik der VN, jedoch stimmt die BRD in einschlägigen Namibia-Resolutionen gegen die Beschlüsse der VN oder enthält sich der Stimme.
In Hinsicht auf das Verhältnis der BRD zur Kolonialmacht Namibias werden, außer verbalen Verurteilungen der Apartheid-Politik, keine praktischen Schritte eingeleitet, zu denen die BRD auf Grund der ökonomischen Abhängigkeit der RSA von ihr unschwer in der Lage wäre, um die RSA zur Beendigung der Kolonialokkupation Namibias zu bewegen.
Das Kulturabkommen mit der RSA und die widerrechtliche Einbeziehung Namibias sowie die Beibehaltung des deutschen Konsulats in Windhoek verstoßen gegen die Beschlüsse der VN und unterstützen das rassistische Kolonialregime in Namibia.
Die Nichtanerkennung der SWAPO als die alleinige legitime Vertreterin des namibischen Volkes verhindert eine Zusammenarbeit der SWAPO und der BRD im Rahmen der VN, um die Rechte Namibias durchzusetzen und fördert objektiv eine Verlängerung der illegalen Besetzung Namibias durch die RSA.
Die Bundesregierung hat sich in ihrer Haltung zur Verfassungskonferenz in

Namibia nicht eindeutig festgelegt. Einerseits entsprechen die „Dekolonisierungsverhandlungen" ihren Vorstellungen über eine „friedlich-evolutionäre Lösung" des Namibia-Konfliktes. Andererseits ist der Bundesregierung auch klar, daß ohne die Beteiligung „aller politischen Kräfte" — hier hauptsächlich die SWAPO — eine längerfristige politische Regelung in Namibia nicht möglich sein wird. Aus diesem Grund konnte die Bundesregierung letztlich die Turnhallenkonferenz und „ihre Resultate" nicht annehmen, sie mußte darauf drängen, neue Verhandlungen unter den Auspizien der VN mit Beteiligung der SWAPO durchzuführen.[60] Diese Entscheidung könnte langfristige sowie kurzfristige Auswirkungen auf die gesamte außenpolitische Konzeption der BRD im südlichen Afrika haben und mehr Klarheit und Eindeutigkeit in die bislang zwiespältige Politik der BRD im südlichen Afrika bringen.

Die unverzügliche Schließung des deutschen Konsulats in Windhoek wäre zum gegenwärtigen Zeitpunkt dabei ebenso wie die Aufkündigung des Kulturabkommens ein notwendiges Erfordernis für die BRD, um mit einem mehr als nur formaljuristisch unabhängigen Namibia neue Verhandlungen über gegenseitige diplomatische Beziehungen auf der Grundlage des Völkerrechts und der Souveränität Namibias zu ermöglichen.

Eines jedoch kann im gegenwärtigen Stadium des Dekolonisierungsprozesses in Namibia als relativ sichere Annahme gelten: sollte die Turnhallenkonferenz mit ihrer ursprünglichen Zielsetzung endgültig scheitern und sich dadurch gleichzeitig der Weg zu neuen Verhandlungen unter Einbeziehung der SWAPO öffnen, käme auf die BRD in diesen Verhandlungen und deren Modus vermutlich aufgrund ihrer „historischen Verpflichtung" eine besondere Rolle zu.

„Angesichts des delikaten Verhältnisses zur SWAPO ist anzunehmen, daß die Verfassungskonferenz international geregelt wird und eine ausländische Macht den Vorsitz übernimmt. In diesem Zusammenhang ist bereits an die BRD gedacht worden, die mit Anerkennung und westeuropäischer Rückendeckung überzeugt werden könne, sich einer solchen Aufgabe zu unterziehen."[61]

Die BRD hätte, nach Ansicht der Verfasser, auf Grund ihrer kolonialen und gegenwärtigen unrühmlichen Verbindungen zu Namibia, eine besondere Verpflichtung, das namibische Volk in seinem Kampf um Unabhängigkeit und Selbstbestimmungsrecht unverzüglich zu unterstützen.

Die Verfasser sind sich im Klaren darüber, daß diese Aufforderung an die Bundesregierung einem moralischen Appell gleichkommt. Sie sind der Meinung, daß die BRD nicht aus uneigennützigen Erwägungen die Beziehungen zum künftigen Namibia gestalten wird. Sie wird dabei im „neokolonialen Gewand" ein Maß an Entwicklungsinteresse an Namibia zeigen, das ihrem unmittelbaren Bedarf — wie z.B. an dem in Namibia vorhandenen Uranoxyd — an „Austauschbeziehungen" Rechnung trägt, die denen zwischen zwei ungleich entwickelten Ländern entsprechen und bei denen bislang immer das stärker entwickelte Land den großen Nutzen zog. Es wird an den Namibiern liegen, dies zu verändern.

Anmerkungen zu Kapitel 5

1. R. Rode, „Die Südafrikapolitik der Bundesrepublik Deutschland 1968–1972", München/Mainz 1975, S. 34.
2. Ebd., S. 37.
3. Aussage des ehemaligen Außenministers W. Brandt in der Süddeutschen Zeitung vom 25.3.1970.
4. Horizont, Berlin DDR, Nr. 43, 1976, S. 17.
5. Heute, Wien, Nr. 40, 1976, S. 4. Die Daten stammen von Dr. J. Marais, Vorsitzender der südafrikanischen Trustbank und Präsident der Südafrika-Stiftung, der sie anläßlich einer Tagung vom 4.11.1976 in Düsseldorf erwähnte.
6. R. Rode, a.a.O., S. 261; siehe dazu besonders den Teil seines Buches über die ökonomischen Beziehungen zwischen der BRD und der RSA. S. 132–234.
7. W. Schneider-Barthold, „Die deutsche Südafrika-Politik aus wirtschaftlicher Sicht", in: Afrika Spektrum, Sonderdruck 1976/3, Jahrgang 11, S. 233.
8. Ders., ebd., „...die südafrikanische Wirtschaft (ist) so stark auf die BRD als Lieferant, Kunde und Financier und technischen Berater angewiesen, ...daß der Abbruch der Wirtschaftsbeziehungen verheerende Auswirkungen auf die südafrikanische Wirtschaft hätte...".
9. Note der Bundesregierung an den Generalsekretär der VN betreffend Namibia vom 24.5.1975 – überreicht durch den ständigen Vertreter der BRD bei den VN am 27.5.1975, S. 1.
10. Ebd., S. 1.
11. „Die Bundesrepublik Deutschland, Mitglied der VN". Eine Dokumentation, Dritte und erweiterte Auflage, Stand: Januar 1977, herausgegeben i.A. des Presse- und Informationsamtes der Bundesregierung, Bonn/Wien/Zürich, S. 37.
12. Ebd.
13. Ebd.
14. Rede des Bundesaußenminister Genscher vor der Generalversammlung der VN am 28.9.1976, zitiert aus: „Die Bundesrepublik Deutschland, Mitglied...", a.a.O., S. 245 f.
15. ebd., S. 246.
16. WAd vom 28.11.1975.
17. Neue Zürcher Zeitung vom 23.12.1976.
18. Ebd.
19. Das Bundesgesetzblatt 1964, Teil II, Nr. 1, 11.1.1964, Artikel 8, S. 16.
20. Ebd., S. 14.
21. R. Rode, a.a.O., S. 50.
    Siehe dazu u.a. auch den Bericht von Rolf-Henning Hintze („Bonn benachteiligt Schwarze") in der Frankfurter Rundschau vom 31.1.1974, worin folgende Empfehlung des Mainzer Arbeitskreis Südliches Afrika (MAKSA), gerichtet an das Auswärtige Amt, wiedergegeben wird: „Mit einer Bevölkerungsgruppe, die sich in ihrer Mehrheit so unkultiviert verhält wie die südafrikanischen Weißen, sollte man kein Kulturabkommen unterhalten."
22. Vorwärts vom 25.11.1976.
    Siehe dazu auch den Bericht von Holger Schnitgerhans („Lehrer für Namibia") im Stern Nr. 22 von 1975: „...wie gehabt werden mit bundesdeutschen Steuermitteln ausgebildete Pädagogen an Namibia ausgeliehen. Nur offiziell lehnt Bonn diese Politik ab."
23. R. Rode, a.a.O., S. 90.
24. Aussage des exilierten Bischofs Colin Winter der anglikanischen Kirche in Namibia anläßlich einer Tagung in Bad Boll, abgedruckt in: „Die Zukunft Namibias und die Kirchen", Protokolldienst 1/76, Bericht einer Tagung vom 3.–5.10.1975 der Evangelischen Akademie, Bad Boll, S. 46.

25. Aussage des Pressesprechers des Auswärtigen Amtes vom 14.9.1976, in: Südliches Afrika, 5/76, September-Oktober 1976.
26. Note der Bundesregierung..., a.a.O., S. 1.
27. Ebd., S. 2.
28. Ebd., Hervorhebung im Text von den Verfassern.
29. Ebd., S. 1.
30. Der Spiegel vom 1.11.1976.
31. Vorwärts vom 25.11.1976.
32. Aussage von J. Carlsson, offizieller Vertreter der UN-Kommission für Namibia in: „Die Zukunft Namibias...", a.a.O., S. 63.
„Die Tatsache, daß die Bundesregierung der Forderung der SWAPO, das BRD-Konsulat in Windhoek aufzulösen, nicht nachgegeben hatte, wertet die Republik Südafrika als diplomatische Unterstützung."...
„Die Beliebigkeit der Begründung für die weitere Präsenz des deutschen Konsulats in Namibia weist darauf hin, daß im Grunde nur die eine Tatsache je neu ‚legitimiert' werden soll, nämlich, daß durch das BRD-Konsulat die illegale Verwaltungsmacht Südafrika faktisch legal anerkannt wird." Peter Ripken, „BRD-Namibia", in: südliches afrika, 4/77, Bonn, April 1977, S. 39 und 40.
33. Präses Lukas de Vries, Vereinigte Evangelisch-Lutherische Kirche in SWA (VELKSWA), in: „Namibia '76", Eine Dokumentation, Hrsg. Arbeitsgemeinschaft der Evangelischen Jugend in der BRD und Westberlin und der Bund Deutscher Katholischer Jugend, S. 39.
34. Note der Bundesregierung..., a.a.O., S. 2.
35. Aussage von E. Bahr, ehemaliger Bundesminister für wirtschaftliche Zusammenarbeit, in einer Ansprache vom 6. Oktober 1976, in Frankfurt, abgedruckt in: Bulletin des Informations- und Pressedienstes der Bundesregierung vom 8.10.1976.
36. Antwort des Staatsministers Wischnewski (Drucksache 7/4827) aus: Deutscher Bundestag – 7. Wahlperiode – 228. Sitzung, Bonn 12.3.1976 auf Frage B 17.
37. Antwort des Staatsministers Wischnewski (Drucksache 7/4827), ebd. (Anm. 36), auf Frage B 18.
38. SWAPO/Namibia, Politisches Programm, in: ISSA, Dokumentationsdienst Südliches Afrika, Nr. 1, siehe Punkt 6, S. 2.
39. Deutsche Erklärung in der VN-Debatte vor dem 4. Ausschuß der VN vom 22.10. 1975, abgedruckt in: „Die Zukunft Namibias...", S. 138.
40. Ebd.
41. Staatssekretär Dr. W. Gehlhoff, Auswärtiges Amt, in einer Rede vom 25.11.1976 in Bonn, Material für die Presse Nr. 2012 b/24.11.1976.
42. Antwort des Staatsministers Wischnewski (Drucksache 7/4827), a.a.O., (Anm. 37), auf Frage B 16.
43. E. Bahr in: Bulletin..., a.a.O., (Anm. 35), vom 8.10.1976.
44. WAd vom 20.9.1976.
45. Informationsdienst Südliches Afrika, 5/1976, S. 35.
46. J.H.P. Serfontein, „West Germany Rejects Turnhalle", in: WAd vom 14.1.1977.
47. Ebd.
48. Ebd.
48a. Informationsdienst Südliches Afrika, 4/77, S. 40.
48b. Ebd.
49. Mitteilung des Auswärtigen Amtes am 1.11.1976.
50. Siehe dazu: Meldung in der Allgemeine Zeitung Windhoek, 10.9.1976.
„Von den rund 30.000 Deutschsprachigen in Namibia wollen nach den bisherigen nicht veröffentlichten Ermittlungen des Bundeskanzleramtes immerhin rd. 23.000 sich in die BRD absetzen, wenn die SWAPO die Regierung stellen würde." Peter Ripken, a.a.O., S. 40.
Wir halten diese Zahl für überschätzt, wie wir am Ende dieses Abschnittes zu begründen versuchen. Es ist jedoch nicht auszuschließen, daß dieses Ergebnis ledig-

lich der Furcht der deutschstämmigen Siedler Rechnung trägt, die sich aus „Sicherheitserwägungen" vorläufig erst einmal zur Anmeldung von Rückwanderungsabsichten entschlossen haben.
51. Egon Bahr, Bulletin..., a.a.O., (siehe Anm. 37).
52. Egon Bahr in einem Spiegel-Interview vom 1.11.1976.
53. Die doppelbödige Moral westdeutscher Kommentatoren der Entwicklung im Südlichen Afrika wird besonders dann deutlich, wenn das unter ungünstiger Entwicklung bedrohte Dasein der weißen Siedlerschaft bejammert und in den schwärzesten Farben ausgemalt wird, ohne daß die Knechtschaft der afrikanischen Bevölkerung im Südlichen Afrika auch nur beiläufig berücksichtigt werden würde. – Die Perversion treibt Blüten, wenn die Befreiung von den Ketten kolonialer Fremdherrschaft und Überausbeutung durch weiße Herrenmenschen zum Terrorismus und Kannibalentum abgestempelt wird und der eigentliche Terrorist als verfolgtes Opfer bemitleidet wird und das moralische Bewußtsein tief bewegt. – Ein Bewußtsein, das angesichts der leidenden afrikanischen Massen jahrzehntelang schwieg.
54. Alwin Brueck, Parlamentarischer Staatssekretär des BMZ, in einem Radio-Interview, abgedruckt in: Windhoek Advertiser, 13.12.1976.
55. Siehe dazu beispielsweise: Der Tagesspiegel, Berlin (West), 19.2.1977. In dem Artikel werden Brasilien und Chile als Ziele der Auswanderung genannt. Und am 8.3.1977 werden in der gleichen Zeitung folgende Überlegungen publiziert:
„Für die etwaigen Auswanderer aus Südafrika mag Argentinien oder Uruguay als Ziel geeignet erscheinen. Zwar ist die Zahl der Deutschstämmigen in Südbrasilien mit 1,5 Millionen am größten, aber auch in Argentinien und Südchile haben Hunderttausende eine neue Heimat gefunden. In dem Pufferstaat zwischen Argentinien und Brasilien, dem kleinen Uruguay, (2,5 Millionen Einwohner) ist im Laufe der letzten hundert Jahre eine blühende schweizerische Siedlung ‚Colonia Suiza', als Beispiel für gelungene Verpflanzung entstanden. Nun mögen die Leute in Windhoek noch niemals den Namen der uruguayischen Hauptstadt Montevideo gehört haben. Aber das läßt sich nachholen."
Der Autor Hermann Gebhardt gelangt in dem Artikel zu dem Fazit:
„Niemand wird daran denken, 30.000 deutschstämmige Südwestafrikaner nach Argentinien oder Uruguay umzusiedeln, aber ein Zehntel von ihnen könnte sicher sein, in Südamerika vorteilhaft Fuß zu fassen."
56. Informations-Dienst zur Verbreitung unterbliebener Nachrichten Nr. 172/173 vom 8.4.1977, S. 26. Die Zeitung bezieht sich auf vorausgegangene Meldungen in der bolivianischen katholischen Tageszeitung „Presencia" und in „Le Monde" vom 18.2.1977. Siehe dazu auch: „Bolivia nieuw tehuis voor blanke kolonisten", in: „amandla", maandblad over zuidelijk afrika, uitgave van Boycot Outspan Aktie, Komitee Zuidelijke Afrika (Angola Comite) en Werkgroep Kairos, Eerste jaargang, nummer 3, maart 1977, Amsterdam, S. 15.
57. In einem Bericht von Anton-Andreas Guha („Der Staatssekretär gilt als ‚obskure Quelle' ") in der Frankfurter Rundschau vom 3.6.1977. Daß Boliviens Bereitschaft zur Aufnahme dieser Siedler nicht von uneigennützig-philantropischen Motiven bestimmt wird, zeigt die in dem Artikel ebenfalls wiedergegebene Haltung des bolivianischen Staatssekretärs Guido Strauß-Ivanovic:
„Der bolivianische Staatssekretär empfiehlt seiner Regierung ‚mit höchster Dringlichkeit', die Namibia-Deutschen (und auch Weiße aus Rhodesien oder Südafrika) aufzunehmen, aus zwei Gründen: Einmal, weil die Einwanderer ‚mit Kapital, Werkzeug, Arbeitsausrüstung, sowie kleinen und mittleren Betrieben kommen würden' sowie mit ‚der Hilfe, die sie von der deutschen Regierung bekämen'. Bolivien brauche dringend Kapital und Know-how für die Erschließung des Südens.
Zum anderen aber, und hier beginnt der Autor die Brisanz dieses Vorhabens deutlich zu werden, seien die weißen Siedler als ‚Basis für eine wirksame und wirkliche Herrschaft' gedacht."

58. Die „Gerüchte" um eine Reorientierung weißer Siedler aus dem Südzipfel des afrikanischen Kontinents in Richtung lateinamerikanischer Militärdiktaturen, die ihre Gewaltherrschaft gerne durch eine größere Zahl weißer „Pioniere" an vorderster Front in den schwer kontrollierbaren entlegeneren Gebieten abstützen lassen würden, erhielten durch eine Meldung des Windhoek Advertiser unlängst neue Nahrung. Darin wurde über eine Werbebroschüre seitens des Informationsdienstes von Paraguay berichtet, der diese anläßlich vieler Anfragen von Siedlern aus Zimbabwe, Namibia und Südafrika erstellen ließ. Darin wird insbesondere auf die Möglichkeiten im landwirtschaftlichen Sektor eingegangen. Siehe dazu: Windhoek Advertiser vom 29.6.1977.
59. Peter Ripken, a.a.O., S. 40.
60. So ging die Demarche der Mitgliedsländer der Europäischen Gemeinschaft bei der südafrikanischen Regierung vom 7.2.1977, in der die Neun ihre Haltung bekräftigten, daß die Erfordernisse für eine Regelung der Namibia-Frage mit internationaler Unterstützung unverändert geblieben sind, unbestätigten Berichten zufolge auf die Initiative der Bundesregierung zurück. Mit den „Erfordernissen" soll nach Auffassung der Bundesregierung unausgesprochen die Grundlage der Resolution 385 vom 30. Januar 1976 des UN-Sicherheitsrates gemeint sein. Vgl. informationsdienst südliches afrika 4/77. Mitteilung von Dr. Klaus von Dohnanyi, Staatsminister im Auswärtigen Amt, vom 10. Februar 1977 auf eine Frage der Abgeordneten von Bothmer.
61. Kurt Dahlmann, „Ein Blick in die namibianische Zukunft", Allgemeine Zeitung Windhoek vom 10.2.1977.

6. Die Internationalen Verhandlungen um Namibias Dekolonisierung im Jahre 1977

Dieses abschließende Kapitel ist der politischen Entwicklung um und in Namibia seit Frühjahr 1977 gewidmet. Da der hier behandelte Abschnitt in der historischen Phase der Dekolonisierung des Territoriums noch nicht abgeschlossen ist – Redaktionsschluß dieses Buches ist Mitte September 1977 – und wir uns nicht unnötig in das Feld haltloser Spekulationen wagen wollen, werden wir uns zur Informierung weitgehend darauf beschränken, bislang vorliegende, relativ zuverlässige Informationen darzustellen, Vorgänge zu analysieren und in bescheiden-zurückhaltendem Rahmen einzuschätzen. Dabei gilt es insbesondere, die bislang praktizierte Vorgehensweise der südafrikanischen Regierung als dem kolonialen Machtträger zu berücksichtigen. Unter diesem Aspekt ist die Begründung für den einleitenden Exkurs zu finden. Er verfolgt zwei Absichten: einerseits halten wir es für aufschlußreich, die „aufgeklärt-liberale" politische Strömung innerhalb Südafrikas exemplarisch darzustellen und deren Tendenz hinsichtlich künftig anwendbarer Denkmuster und Verwaltungsmodelle in Namibia aufzuzeigen. Andererseits zeigt die Haltung der südafrikanischen Regierung gegenüber diesen Lösungsansätzen bereits deren beschränkte Kompromißbereitschaft gegenüber einer Zukunft Namibias, die sich nur als ‚offen neokolonialistisch' umschreiben läßt.

6.1. Exkurs: Realpolitik contra Dogma

Am Beispiel der Wissenschaftler Gerhard Tötemeyer und Wolfgang Thomas möchten wir versuchen, die Gefahr neokolonialer „Theorien", soweit sie bislang entwickelt wurden und zugänglich sind, für die mehr als formale Unabhängigkeit Namibias zusammenfassend zu behandeln. Zugleich gibt die in der Vergangenheit praktizierte rigide Vorgehensweise der südafrikanischen Regierung gegen die Vertreter einer solchen Richtung im eigenen Lande Aufschluß darüber, inwieweit sie tatsächlich von sich aus gewillt wäre, Kompromißlösungen im eigenen, langfristigen Interesse zu akzeptieren, bzw. inwieweit sie bereits unter dem wachsenden Druck von außen und innen in den vergangenen Monaten gezwungen war, ihre ursprüngliche Herrschaftspolitik zu verändern.
Wir versuchen dies nicht am Beispiel der Wissenschaftler Tötemeyer und Thomas, weil wir beabsichtigen, Personenkult zu betreiben. Wir halten jedoch die Gedanken dieser beiden Männer einerseits für höchst gefährlich für die reale

Emanzipation Namibias, zum anderen waren Quellenzugänglichkeit und Realitätsgehalt ein weiteres Kriterium.

6.1.1. Der politische Schiffbruch Gerhard Tötemeyers

Gerhard Tötemeyer ist deutscher Abstammung und Dozent für Politische Wissenschaft an der Universität von Stellenbosch in Südafrika. Aufgewachsen ist er in Namibia; vor Erstellung seiner Dissertation[1] wußte er seine Landeskenntnisse dahingehend zu nutzen, daß er als Mitglied der Nationalen Partei nicht nur ein Amt im „Youth Council" der Nationalen Partei im Kapland bekleidete, sondern Anfang der 70er Jahre auch zum engen Berater Vorsters in Namibia-Angelegenheiten avancierte.

Er promovierte durch eine Feldforschung, die er in Namibia durchführte. Die Ergebnisse seiner Studie sind unter dem politischen Aspekt höchst interessant und äußerst brisant, nahmen sie doch der burischen Propaganda jeglichen Wind aus den Segeln. Denn Tötemeyer kam nicht umhin, aufgrund seiner Umfrageergebnisse die vorherrschende südafrikanische Einschätzung der Situation unter den Afrikanern erheblich zu korrigieren.[2] Wenngleich Kritik am theoretischen und empirischen Fundament der Studie angebracht ist,[3] stellen doch die von Tötemeyer aufgrund seiner Ergebnisse formulierten Alternativvorschläge zur bisherigen politischen Praxis der südafrikanischen Regierung und deren Behörden in Namibia ein beachtliches Paket flexibler Empfehlungen dar. Darin liegt die besondere Bedeutung dieser Dissertation, deren Aussagen nachfolgend wiedergegeben werden.

Auf der Ebene der allgemeinen Auseinandersetzung mit der Namibia-Politik Südafrikas hinsichtlich der verwaltungsmäßigen Entwicklung des Ovambolandes im Zuge der „getrennten Entwicklung" beklagt Tötemeyer die Unfähigkeit der südafrikanischen Regierung, bei der Durchsetzung ihrer Politik die „moderne Elite" in ausreichendem Maße zu berücksichtigen und zu integrieren.

„In diesem Prozeß (der politischen Entwicklung, d.V.) wird die Rolle neuer oder modernisierender Eliten in ihrem funktionalen Wert und damit als wichtige Agenten im Modernisierungsprozeß Ovambos teils gering geachtet, überwiegend unterschätzt und in einem beträchtlichen Maß ignoriert. Dies geschah zugunsten der Erhaltung und Unterstützung der traditionellen Elite. Folglich war ein Konflikt zwischen traditionellen und modernisierenden Eliten, sowie zwischen letztgenannten und der südafrikanischen Regierung unvermeidlich."[4]

Als Folgeerscheinung konstatiert Tötemeyer:

„Die Teilnahme der modernisierenden Eliten am politischen Entwicklungsprozeß wurde durch die monopolistische Rolle, die der traditionalistischen Elite durch die südafrikanische Regierung zuerkannt wurde, entmutigt."[5]

Dies verstärkte den Konflikt, führte zu vermehrtem Statusverlust der Stammeshäuptlinge, der verschärften Ablehnung traditioneller Werte und Normvorstellungen bis hin zur völligen Weigerung, eine traditionelle Führung noch anzuerkennen. Damit wurden die Instrumente Pretorias zur Durchsetzung ihrer Politik und Einflußnahme unter der Bevölkerung untauglich, da das tribale System nicht mehr akzeptiert wurde. Insofern gibt es keinerlei Zweifel, daß die Bezeichnung der Stammesführer als Marionetten nicht nur einen polemischen Stellenwert in der politischen Diskussion besitzt, sondern tatsächlich konkrete gesellschaftliche Verhältnisse widerspiegelt.

„Die Perpetuierung der Macht und des Einflusses der traditionellen Elite und die Nichtbeachtung der modernisierenden Kräfte bei der Aktivierung und Durchführung der politischen Entwicklung in Ovambo, begann sich kontraproduktiv auszuwirken und verschärfte den Widerstand gegen die traditionelle Elite und die weißen Beschützer. Gleichzeitig erhöhte es die Möglichkeiten der modernisierenden Eliten, die Masse zugunsten ihres Denkens und ihrer Wertbetrachtung zu mobilisieren."[6]

Basierend auf dieser Einschätzung der politischen Situation im Nördlichen Namibia kritisiert er die Rigidität südafrikanischer Politik, deren Hauptfehler es seiner Ansicht nach war, die „Democratic Cooperative Party" (DEMKOP)[7] unter der Führung von Johannes Nangutuuala nicht als politische Partei anzuerkennen und legal operieren zu lassen. Dadurch erfolgte eine Angleichung der DEMKOP zur SWAPO, der Widerstand gegen Südafrikas Politik wurde konsolidiert und radikalisiert. Im Falle einer Anerkennung und damit verbundenen Aufwertung der DEMKOP dagegen wäre eine Schwächung der Unterstützung für die SWAPO bewirkt worden. Gleichzeitig hätte sich dadurch der im Exil operierende Teil der SWAPO nicht mehr auf einen starken Inlandsflügel stützen können, da diesem mit einem solchen Schritt ein beträchtlicher Anteil der Bevölkerung als Basis genommen und in einen legalen politisch-institutionalisierten Rahmen integriert worden wäre. Damit hätte Widerstand und Frustration unter den Afrikanern kanalisiert und instrumentalisiert werden können.[8]

Als Maßnahme zur Abmilderung der politischen Polarisation und zur Aufweichung der Fronten plädiert Tötemeyer zusätzlich für die Einführung eines politischen Systems in Ovamboland, das hierarchisch gegliedert in der parlamentarischen Struktur aus einem Zwei-Kammern-System von Ober- und Unterhaus bestehen sollte. Das „Oberhaus" sollte die parlamentarische Entscheidungsform der traditionellen Führer in institutionalisiertem Rahmen darstellen, das „Unterhaus" dagegen sich als Gremium aus Mitgliedern der „modernen Elite" zusammensetzen. Dies würde Tötemeyer zufolge dazu führen, daß sich die südafrikanische Regierung über die Stellung der traditionellen Häuptlinge einen Einfluß sicherte, gleichfalls jedoch ebenfalls einen Teil der bislang in Opposition stehenden modernen Elite in Regierungsinstitutionen zwingen könnte und damit unter Kontrolle gestellt und integriert hätte. Gleichzeitig könne als weiteres Resultat einer solchen Institutionalisierung der politischen Bewegung und der damit einhergehenden Spaltung der Widerstandsbewegung eine De-Politisierung der Kirchen bewirkt werden und darüberhinaus den Konflikt zwischen traditionellen Stammesführern und der modernen Elite abmildern oder gar neutralisieren. Dies würde der südafrikanischen „Entwicklungspolitik" im nördlichen Namibia ein größeres Maß an Funktionalität vermitteln.9

Diese Empfehlungen Tötemeyers sind ein klassisches Beispiel für eine pragmatische, der Realität angepaßte Politik des „Teile und Herrsche"-Prinzips. In den Ergebnissen seiner Studie lag mehr Gefahr und Brisanz, als die Politik Südafrikas in Namibia seit 50 Jahren darstellte. Der Realpolitiker Tötemeyer formulierte Handlungsanweisungen, die in der damaligen Situation möglicherweise die einzige langfristige Überlebenschance der Südafrikaner in Namibia gesichert hätten. Daß sie nicht befolgt wurden, ließ das Rad der Geschichte schneller drehen...

Als Konsequenz aus den Unterlassungssünden der südafrikanischen Kolonialpolitik forderte Tötemeyer die Nationale Partei öffentlich dazu auf, bei der Erarbeitung einer künftigen politischen Lösung für Namibia die SWAPO nicht völlig zu ignorieren, da sie als politische Kraft mittlerweile einen entscheidenden Rückhalt im namibischen Volk habe und eine Lösung ohne ihre Beteiligung nicht realisierbar sein könne.10

Damit hatte Tötemeyer den Fehler begangen, die zu jenem Zeitpunkt noch praktizierte Scheuklappen-Politik der Nationalen Partei in Frage zu stellen und tabuisierte Bereiche der Namibia-Politik öffentlich zur Diskussion zu stellen. Die Konsequenzen ließen nicht lange auf sich warten: Im Februar 1976 teilte ihm die „Foreign Affairs Association" mit, daß sie ein Manuskript zu Namibia – eine Studie, die sie selbst bei Tötemeyer ursprünglich in Auftrag gegeben hatte – nicht mehr drucken und veröffentlichen würde. Im März 1976 mußte er von seinem Amt im „Youth Council" der Nationalen Partei des Kaplandes zurücktreten. Und am 4. Juni 1976 meldete die „Allgemeine Zeitung":

„Die Nationale Partei hat Dr. Gerhard Tötemeyer die Mitgliedschaft entzogen, da er in letzter Zeit die Teilnahme SWAPOs an den verfassungsrechtlichen Verhandlungen über Südwestafrika befürwortete."11

Sein Ausschluß aus der Nationalen Partei, von der er bereits einmal als Nachfolger des immer noch im Amt befindlichen „Generalkommissars für die eingeborenen Völker Südwestafrikas", Jannie de Wet, vorgesehen war, beendete vorläufig seine politische Karriere. Vielleicht kommt jedoch schon in nicht allzu ferner Zukunft der Tag, an dem sich die burischen Nationalisten dieses Mannes besinnen werden. Sein Konzept der politischen Herrschaft in Namibia wäre für Pretoria vermutlich der letzte politische Grashalm gewesen, sofern nicht schon zum damaligen Zeitpunkt die Kassandrarufe irreparable politische Konsequenzen beklagten. Dann allerdings lag dies nicht an Menschen vom Schlage eines Gerhard Tötemeyer.12

6.1.2. Die Ausweisung von Wolfgang Thomas

Wolfgang Thomas dozierte im Range eines südafrikanischen Universitätsprofessors bis Anfang des Jahres 1977 als Direktor des Instituts für Soziale Entwicklung an der University of Western Cape, einer Hochschule für „Coloureds" in Kapstadt. Am 8. März 1977 wurde ihm ohne Angabe von Gründen ein Ausweisungsbefehl präsentiert, noch am gleichen Tage wurde er außer Landes deportiert.[13]
Damit verzichtete die südafrikanische Regierung auf den Dienst eines Mannes, der ihr subjektiv zu kritisch war. Insbesondere seine Berufung in den „Sachverständigenausschuß für Finanzen" der Turnhallen-Konferenz schien bei der Ausweisung eine Rolle gespielt zu haben, da die Art der Mitwirkung von Thomas offensichtlich nicht den Erwartungen der Nationalen Partei entsprach.[14]
Daß Wolfgang Thomas dabei jedoch aufgrund seiner eigenen ideologischen Position den südafrikanischen Interessen an einer langfristig nutzbaren Lösung der Namibia-Frage eigentlich objektiv dienlich gewesen wäre, wollen wir anhand einiger Aussagen von Wolfgang Thomas selbst verdeutlichen.
Im Januar 1975 beteiligte sich Thomas an einem Seminar der Universität Kapstadt mit einem Referat zur Ökonomie Namibias.[15] In seinem Diskussionspapier vertrat er dabei folgende Positionen:
— eine kritische Haltung gegenüber der totalen Bindung des namibischen Marktes an die Republik Südafrika, wodurch zugunsten des Territoriums die permanente Ausschaltung des Weltmarktes bezüglich der Exporte und Importe des Landes erfolge;[16]
— die halbherzige Zustimmung „radikaler" Kritik, wobei er sich jedoch gleichzeitig von der „übertriebenen" Haltung des UNO-Rates für Namibia, dem er mangelnde Objektivität zuschreibt, distanzierte.
Sein auf dieser Grundlage formuliertes Alternativ-Konzept zur bisherigen „Entwicklungs"- und Wirtschaftspolitik Südafrikas in Namibia umfaßt dabei die folgenden Forderungen:
— weiterer Ausbau der Infrastruktur, des Erziehungs- und Ausbildungswesens und eine Modernisierung des Agrarsektors.
„In all diesen Aspekten sollte darüber hinaus größere Betonung auf die Entwicklung lokaler Bedürfnisse fallen, als nur die bloße Expansion des südafrikanischen Netzes oder Musters erfolgen."[17]
— Abschaffung des Kontraktarbeitersystems und der Wanderarbeit durch „...ständige Ansiedlung von Arbeitern jeder Rassengruppe auf Familienbasis in allen wirtschaftlichen Wachstumspunkten."[18]
— Entwicklung der namibischen Ökonomie insgesamt.
— Reduzierung der Bevölkerungsdichte in den „Heimatländern", um die landwirtschaftliche Ertragsfähigkeit verbessern zu können.
— Ermutigung zu Investitionen aus dem Ausland, sofern die Investoren dazu bereit seien,
„eine im progressiven Sinne größere Rolle in der lokalen Entwicklung von Gesellschaft und Wirtschaft zu spielen."[19]

— Aufrechterhaltung der Wirtschaftsbeziehungen zu Südafrika unter „grösserer Berücksichtigung der lokalen Interessen."[20]
— Entwicklung der verarbeitenden Industrie, des Dienstleistungssektors (einschließlich des Tourismus) sowie der Landwirtschaft durch Nutzbarmachung des Potentials der Rohstoffindustrie (insbesondere der Reichtümer des Bergbausektors).
— Allmähliche Umverteilung von Einkommen und ökonomischer Macht.

Thomas schließt sein Referat mit der Feststellung:
„In Südwestafrika ist der Prozeß der Umverteilung des vorhandenen ökonomischen Reichtums gegenwärtig entscheidender als die Schaffung eines solchen Reichtums. Etablierte Interessen ausländischer Staaten, der Republik Südafrika und der existierenden Elite sind sich tatsächlich eines solchen Reichtums bewußt und haben ihn erfolgreich ausgebeutet. Die Herausforderung besteht nun darin, die Ressourcengrundlage zu erweitern und alle Gruppen der unteren Bevölkerung in die moderne Ökonomie einzugliedern."[21]

Auf einem öffentlichen Kongreß der Föderalen Partei Namibias im Februar 1976 in Windhoek formulierte Thomas erneut seine Thesen bezüglich der wirtschaftlichen Zukunft Namibias. Dabei wurde er jedoch hinsichtlich seiner eigenen Gesellschaftsvorstellungen eines unabhängigen namibischen Staates deutlicher, was zugleich Aufschluß über die tatsächliche Grundlage seiner Überlegungen erlaubt. So vermerkte er zur von ihm geforderten Abschaffung des Kontraktsystems:

„...eine kühle Beurteilung der gegenwärtigen Situation und der möglichen Voraussetzungen der Ausschaltung dieses Systems im Laufe der nächsten paar Jahre könnte darauf schließen lassen, daß die längerfristigen Vorteile die langfristigen Kosten dieses Systems bei weitem übertreffen."[22]

Im Vordergrund stehen also reine Rentabilitätsgründe, wobei dem politischen Verschleierungseffekt einer solchen Maßnahme von ihm ebenfalls Gewicht beigemessen wird, indem er hinzufügt, daß es sich dabei zugleich um „eine grundsätzliche Vorbedingung für eine friedliche Zukunft" handelt.[23] Eine Umverteilung des Landbesitzes (allmählich und in gemäßigter Form) scheint Thomas ebenfalls unumgänglich, und zwar aus folgenden Erwägungen:

„Es ist damit zu rechnen, daß jede unabhängige Regierung die Grundlage für den Besitz von Land für Schwarze und Weiße in allen Teilen des Landes radikal verändern wird. Deshalb wird ein solcher endgültiger Wechsel umso weniger drastisch sein, desto früher damit begonnen wird, die gegenwärtigen Muster an Landbesitz und Eigentumsrechten allmählich zu verändern. Man kann fast sagen, daß — falls solche Veränderungen nicht früh genug stattfinden — man beinahe sicher sein kann, daß eine schwarze Regierung solch drastische Schritte in Erwägung ziehen könnte, einschließlich weitverbreiteter Nationalisierung hinsichtlich der Landnutzung und Landwirtschaft im allgemeinen."[24]

Umverteilung also nicht aufgrund humanitärer oder moralischer Skrupel, sondern reinem Kalkül. Um Besitzstände wahren zu können, müssen Zugeständnisse gemacht werden, damit rechtzeitig genug der Befreiungsbewegung die radikale Spitze genommen wird und drastische Veränderungen von vorneherein zugunsten der weißen Siedlerschaft abgemildert werden. Hinsichtlich der künftigen gesellschaftlichen Transformation entwickelt Thomas so auch konsequenterweise die Vorstellungen eines „gemäßigten Kapitalismus", der die Interessen der afrikanischen Bevölkerung Namibias stärker berücksichtigt.

„Ein entscheidendes Element dieses Prozesses besteht darin, den schwarzen Führern zu zeigen, in welchem Ausmaß ihre materiellen, sozialen und politischen Erwartungen tatsächlich erfüllt werden können, ohne radikale Veränderungen in Richtung des tanzanischen Systemtyps, das bislang nicht einen begründet positiven Eindruck machen konnte."

„Bloße Lippenbekenntnisse zu irgendwelchen vagen Veränderungen werden diese Probleme nicht lösen. Zentrale Aspekte wie das System der Wanderarbeit, entsprechende Bezahlung und Arbeitsmöglichkeiten, Rechte an Landbesitz, Sozialleistungen und die relative Unabhängigkeit der südwestafrikanischen Wirtschaft, können ziemlich schnell und bald angegangen werden, ohne dabei die gegenwärtige Struktur des Landes völlig zu zerstören."

„Schließlich müßte die offensichtliche Kluft zwischen den Idealen radikaler schwarzer Führer – die wahrscheinlich eine Anfangsregierung nach der Unabhängigkeit beherrschen werden – und denen des derzeitigen, von Weißen beherrschten Establishments, weitaus gründlicher analysiert werden, damit die Möglichkeit eines neuen Kompromisses erarbeitet wird, unter Berücksichtigung aller Aspekte des ökonomischen und sozialen Systems. Ein solcher Kompromiß wurde in den meisten unabhängigen Ländern Afrikas verwirklicht, auch wenn es manchmal eine gewisse Zeit erforderte, um ein solches neues ‚gemischtes System' auszuarbeiten".[25]

Mit anderen Worten: das von Thomas propagierte „Kompromiß-System" oder auch „gemischte System", für dessen Verwirklichung er von der Siedlerschaft gewisse Zugeständnisse fordert, bzw. in dessen Rahmen er für einige Veränderungen plädiert, ist letzten Endes nichts anderes als die Errichtung einer neokolonialen Gesellschaftsstruktur par excellence. Damit erweist sich, daß die Ausweisung durch die südafrikanischen Behörden diese letztendlich um einen ihrer besten Anwälte zur Wahrung langfristiger ökonomischer Interessen brachte. Zugleich wußte Thomas nach seiner Ausweisung zu berichten, daß sein Freund und Kollege Tötemeyer am selben Tage, als er den Ausweisungsbefehl zugestellt erhielt, endgültig mit einem Redeverbot belegt wurde.[26] Damit hatte die südafrikanische Regierung zu einem Zeitpunkt, da die Erarbeitung einer „Verfassungsgrundlage" für die geplante Interimsregierung seitens der Turnhallen-Konferenz auf Hochtouren lief, die potentiellen Kritiker an der dilettantischen Vorgehensweise im eigenen Lande rigoros mundtot gemacht. Die Repräsentanten aufgeklärt-neokolonialer Strategien im politischen und ökonomischen Bereich wurden durch diese exemplarische Vorgehensweise derartig kaltgestellt, daß die Regierungspolitik damit eindeutig signalisierte, welch ignoran-

ter, unflexibler Kurs auch künftig einzuschlagen beabsichtigt war.[27]
Angesichts dieser starren Position Südafrikas wird der inzwischen vollzogene Wechsel zur Verhandlungsbereitschaft über die Zukunft Namibias umso zweifelhafter und deshalb auch kritisch zu untersuchen sein.

6.2. Die Initiative der westlichen Mächte und deren bisherige Resultate

Hatten sich die imperialistischen Staaten des Westens während des 18-monatigen Verlaufs der Turnhalle-Prozedur abwartend verhalten und zugleich mit Zurückhaltung versucht, sich nach allen Seiten zu orientieren, drohte das Tempo der Verfassungskonferenz gegen Ende die Außenwelt vor vollendete Tatsachen zu stellen, an denen außer der Republik Südafrika keinem Staat gelegen sein konnte. Eine Interimsregierung für Namibia, die sich aus den Turnhallen-Delegationen rekrutierte, hätte sich in die völkerrechtliche Isolation begeben und den Bürgerkrieg in Permanenz vorprogrammiert.

Den westlichen Staaten dagegen — denen die Farce des Verhandlungsablaufes selbst bei größter Sympathie für eine „sichere" neokoloniale Abhängigkeit des Territoriums (bzw. gerade deswegen) nicht verborgen bleiben konnte — war mittlerweile klar, daß eine wie auch immer geartete formale Unabhängigkeit Namibias ohne die Beteiligung der SWAPO am Dekolonisierungsprozeß keinerlei realistische Überlebenschancen besitzen würde. Die südafrikanische Scheuklappen-Politik drohte somit die westlichen Interessen durch die formale Machtdelegierung an ein Marionettenregime in Zugzwang zu bringen. Die westlichen Großmächte, deren analytische Fähigkeit nicht vom rassistischen Vorurteil des Herrenmenschentums getrübt wird, sondern viel eher von Bilanzen, der Sicherung von Profitpotentialen und strategischen Erwägungen bestimmt ist, mußten intervenieren.[28] Sie taten dies Anfang 1977 durch die formelle Übergabe einer Demarche; Südafrika, vom wachsenden Widerstand im eigenen Lande geschwächt, wirtschaftlich arg strapaziert und mehr denn je auf die internationale diplomatische, materielle und militärische Unterstützung durch die westlichen Industriestaaten angewiesen, konnte eine solche Intervention nicht gänzlich ignorieren. Die entscheidende Frage, die es in dieser Situation zu überprüfen gilt, ist inwieweit sich die südafrikanische Regierung zu mehr als nur formalen Zugeständnissen bewegen läßt und sich die Westmächte nach dem Motto „eine Hand wäscht die andere" in dem gegenwärtigen Gerangel um Namibias Zukunft vom Standpunkt der UNO — den zu vertreten sie beanspruchen — eigenmächtig entfernen, bzw. inwieweit sie mit ihren Forderungen gegenüber der südafrikanischen Regierung diesem überhaupt entsprechen.

Bevor wir uns jedoch mit den bisherigen praktischen Konsequenzen der westlichen Initiative auseinandersetzen, wollen wir uns vorab mit den Ursachen und der zugrunde liegenden Konzeption dieser Initiative beschäftigen.

6.2.1. Das „Konzept" der Westmächte und dessen Hintergründe

Noch unter dem Eindruck der jüngst erlebten Farce einer „Unabhängigkeitsproklamation" der Transkei konnte bei den Vertretern der westlichen Interessen

keinerlei Illusion über das absehbare Resultat der Einsetzung einer Turnhalle-Interimsregierung durch die südafrikanische Regierung bestehen.
„Ein Klientel-Regime würde die Mittel finden müssen, um die Ordnung aufrecht zu erhalten. Es würde also auf die südafrikanischen Streitkräfte oder die ‚Sicherheitsunterstützung' durch andere freundlich gesinnte Länder angewiesen sein."[29]
Angesichts dieser Ausgangslage hätte durch die Duldung einer solchen Konstellation lediglich ein weiteres vietnamesisches Abenteuer gedroht. Also mußten subtilere Lösungsmöglichkeiten gefunden werden, um die eigenen Interessen langfristig wahren zu können. So wurde nun seitens der Westmächte die Konzeption dahingehend erweitert, den friedlichen Übergang zur Errichtung einer Mehrheitsregierung anzuvisieren, die ihre Anhängerschaft auch außerhalb des begrenzten Turnhalle-Bereiches zu rekrutieren imstande wäre, ohne dabei jedoch gleichzeitig eine grundsätzliche und damit den eigenen Interessen zuwiderlaufende Transformation im gesellschaftlichen Bereich in Kauf nehmen zu müssen. Folge dieser Überlegungen war eine bezeichnende Zweiteilung im Vokabular, die die Kurskorrektur signalisierte.
„Die Westmächte drängen beharrlich auf eine implizite Unterscheidung zwischen Mehrheitsherrschaft und fundamentaler Veränderung in Namibia."[30]
Im Klartext beinhaltet dies folgende Aussage:
„Sie halten lediglich nach einer Formel Ausschau, die ‚Stabilität' sichern würde unter den heutigen Bedingungen. Und die augenscheinliche Lösungsmöglichkeit besteht darin, ‚Mehrheitsherrschaft' zu akzeptieren, ohne daß diese die bestehenden Muster von Macht und Interessen zerstören würde. Sie möchten ‚gemäßigte' Regierungen installieren, die südafrikanische und westliche Interessen respektieren."[31]
Bereits bevor die Installierung einer Interimsregierung aus den Reihen der Turnhallen-Konferenz unmittelbar Realität zu werden drohte, hatten sich die westlichen Staaten deshalb hinsichtlich ihrer künftigen Position gegenüber der südafrikanischen Kolonialpolitik in Namibia neu zu orientieren, ihre weitere Konzeption zu überdenken und zu untermauern.[32] Dies lag vor allem in der beharrlichen Starrköpfigkeit der südafrikanischen Regierung — sowohl hinsichtlich deren innenpolitischer Härte als auch deren Kurzsichtigkeit in Namibia — begründet, die eine bislang ausgeübte Schutzfunktion der Westmächte im Entscheidungsbereich der Vereinten Nationen mehr und mehr gefährdete und in Frage stellte. Denn durch die Etablierung einer Interimsregierung hätte es auch für die Westmächte im Sicherheitsrat der UNO (gegenwärtig sind dies die USA, England, Frankreich, Kanada und die BRD) keinerlei Argumente mehr gegeben, sich mittels des in der Vergangenheit so häufig bedienten Vetorechtes und unter Betonung der Ausarbeitung einer friedlichen Konfliktlösung einer Hinhaltetaktik gegen massive Sanktionsbeschlüsse zu bedienen. Um die globale Konzeption westlicher Außenpolitik nicht unglaubwürdig erscheinen zu lassen und das Image im Wettlauf mit der Sowjetunion nicht unnötig zu strapazieren, mußten neue Wege gefunden wer-

den, um die bislang praktizierte „Pufferfunktion" weiterhin wahrnehmen zu können. Denn ein Zeitgewinn im Prozeß der Dekolonisierung im Südlichen Afrika begünstigt die Aussichten auf die Errichtung neokolonialer Strukturen, ermöglicht die Ergreifung von Maßnahmen zur Verschleierung der Unterdrückungs- und Abhängigkeitsverhältnisse und läßt eher die antikoloniale Widerstandsfront in diesen Ländern durch Zugeständnisse und partielle Verbesserungen aufweichen. So mußte es notwendigerweise im Interesse dieser imperialistischen Staaten sein, die Vereinten Nationen von der Ergreifung konkreter Maßnahmen abzuhalten, um selbst mittlerweile größeren Einfluß auf die künftige Entwicklung ausüben zu können. Es mußte folglich ein „Freiraum" geschaffen werden, denn

„...solange sie (gemeint sind in diesem Zusammenhang konkret die USA, d.V.) den Ball in der Luft halten können, können sie den Sicherheitsrat davon abhalten, aktiv zu werden."[33]

Im Falle Namibias jedoch ist ein solcher Zeitgewinn ohne die Einbeziehung der SWAPO in die Dekolonisationsverhandlungen undenkbar. So mußte zwangsläufig ein Weg gefunden werden, der die SWAPO wenigstens formal berücksichtigt und zur Partizipation bewegt. Sei es auch nur, um diese Partizipation als Ansatzmöglichkeit zur Spaltung und Nutzbarmachung der Befreiungsbewegung und zur Durchsetzung der eigenen Ziele zu gewinnen. Zur Initiative der Westmächte und deren damit verfolgten Intentionen bemerkte unlängst ein Beobachter;

„... daß die Intervention der Westmächte in der Namibia-Frage zugleich zwei Fliegen mit einer Klappe zu schlagen erhofft: einerseits eine ‚friedliche' Schaffung neokolonialer Verhältnisse und die verschleierte Perpetuierung des status quo, um damit den Einflußbereich im Südlichen Afrika zu sichern und die sowjetische Machtpolitik an der Grenze Namibias zu stoppen, um nicht wertvolle strategische Positionen aufgeben zu müssen. Andererseits könnte dieser Vorstoß sehr wohl ein weiteres Mal darauf abzielen, die SWAPO als nationale Befreiungsbewegung spalten zu wollen."[34]

Daß dieser Intervention seitens der Westmächte kein konkret ausgearbeitetes Konzept im eigentlichen Sinne zugrunde lag, sondern eher als Betätigung der Notbremse einzustufen ist, zeigte die allgemeine Verwirrung und Desorientierung.[35] Praktische Maßnahmen und Handlungsanleitungen begannen sich in der Folgezeit erst allmählich abzuzeichnen und Konturen anzunehmen. Die Westmächte scheinen dabei im Sommer 1977 vor allem darauf zu insistieren, daß die Abhaltung allgemeiner Wahlen in Namibia vor der Zusammensetzung einer Übergangsregierung als Gradmesser der Popularität der verschiedenen im Dekolonisierungsprozeß beteiligten Parteien und Allianzen dienen soll, bevor weitere Maßnahmen zur Entlassung in die formale Unabhängigkeit vollzogen werden. Eine prinzipielle Einwilligung der südafrikanischen Regierung in diesen Modus soll dabei als Grundlage dienen, um einen Kompromiß zwischen der südafrikanischen Politik und der Haltung der UNO, die auf der Resolution 385 vom Januar 1976 basiert[36], herzustellen, sowie die SWAPO zu einer Partizipation zu bewegen. Um die Mitarbeit möglichst aller in den Konflikt verwickelter Parteien zu sichern, bediente sich der Westen einer hektischen Pendeldiplomatie.[37]

Inwieweit diese „Mission" der westlichen Staaten letzten Endes tatsächlich in einer Kompromißlösung zu deren eigenen Gunsten resultiert, kann zum gegenwärtigen Zeitpunkt nicht vorausgesagt werden. Jedoch bleibt festzuhalten, daß es den Westmächten durch ihre Initiative in letzter Minute zumindest gelungen ist, vorerst einen Fuß in die fast schon geschlossene Tür zu setzen und damit wenigstens vorübergehend „den Ball in der Luft zu halten."[38]

Es hat in unserem Zusammenhang wenig Sinn, die hinter verschlossenen Sitzungszimmern geführten Verhandlungsgespräche zu rekonstruieren und zu analysieren. Stattdessen erscheint uns als „meßbare Größe" zur Beurteilung der bisherigen Aktivitäten im Rahmen dieser Initiative zuverlässiger und deshalb angebrachter, sich anstelle der Interpretation von diplomatisch formulierten Aussagen und des Gebräus aus der Gerüchteküche viel mehr darauf zu konzentrieren, welche konkreten Ergebnisse und Reaktionen die westliche Intervention in den vergangenen Monaten bewirkte.

6.2.2. Südafrikas Haltung zur westlichen Initiative

Angesichts der Abhängigkeit Südafrikas von der Unterstützung durch die westlichen Bündnispartner hatte die südafrikanische Regierung in dieser Situation keine Möglichkeit, sich dem massiven Druck durch die „Kontaktgruppe" der fünf westlichen Mitglieder des Sicherheitsrates zu entziehen, bzw. deren Intervention unbeachtet zu lassen.[39] So meldete die Allgemeine Zeitung unter dem Titel „Interimsregierung als Kaufpreis" zur Kapstädter Verhandlungsrunde Ende April:

„Vorster soll angedeutet haben, daß er eine Verschiebung der Gesetzgebung zur Einführung der Interimsregierung ins Auge zu fassen bereit sei."[40]

Weiterhin wurden folgende Konzessionen seitens der südafrikanischen Regierung für realisierbar erachtet:
— Garantie der territorialen Integrität Namibias,
— Abschaffung der Diskriminierung,
— Durchführung freier Wahlen im Territorium unter einer Beteiligung der Vereinten Nationen,
— Verlegung der aus politischen Gründen inhaftierten namibischen Patrioten nach Einsetzung einer Übergangsverwaltung aus den südafrikanischen Gefängnissen in das Territorium,
— Erlaubnis zur Rückkehr der namibischen Nationalisten aus dem Exil und deren freie politische Bestätigung im Rahmen des Wahlkampfes.[41]

Es fällt auf, daß diese Pauschalformulierungen der willkürlichen Interpretation und verschiedenster inhaltlicher Auslegung Tür und Tor öffnen.[42] Deshalb ist es von Bedeutung, sich die bislang durchgeführten Maßnahmen seitens der südafrikanischen Regierung näher zu betrachten. Denn abgesehen von der vorläufigen Einfrierung einer Turnhalle-Interimsregierung lassen die Ereignisse mit Skepsis auf die Strategie und Taktik der südafrikanischen „Dekolonisie-

rungs-Politik" schließen.
Ungeachtet dessen, daß die Einsetzung einer Turnhalle-Interimsregierung durch die westliche Initiative faktisch ad absurdum geführt wurde, lief die Wahlkampagne unter der weißen Siedlerschaft für die Stimmenabgabe zum Referendum über die Verfassungsgrundlage der Turnhalle auf Hochtouren weiter.[43] Wenngleich diesem Referendum lediglich noch der ,,Wert einer Meinungsaufnahme über eine hypothetische Frage"[44] zugebilligt werden konnte, stellten die Wahlredner der Nationalen Partei Namibias die Entscheidung der Siedlerschaft als ein Kriterium des künftigen politischen Entwicklungsprozesses in den Mittelpunkt ihrer Propaganda. Die Republik Südafrika begründete diese Augenwischerei mit dem Standpunkt,

,,...daß die Verhandlungen mit den Westmächten noch nicht abgeschlossen sind. Es sei daher nicht nötig, bereits zu diesem Zeitpunkt eine gewisse Konzessionsbereitschaft in die Praxis umzusetzen."[45]

Doch abgesehen von der weiterhin betriebenen eingleisigen Politisierung der weißen Siedlerschaft mittels unrealistischer Entscheidungsgrundlagen, wurden mit der gleichen Argumentation Präliminarmaßnahmen zur Vertiefung der Apartheid-Struktur gerechtfertigt und die Schaffung weiterer ethnisch-regionaler Verwaltungsinstanzen vorangetrieben:
– am 9. Juli 1977 wurde der ,,Gesetzgebende Rat" der Nama offiziell ins Amt eingeführt;[46a]
– am 14. Juli 1977 wurde offiziell angekündigt, daß in absehbarer Zeit im Rehobother Gebiet Wahlen für einen ,,Volksraad" durchgeführt werden. Dadurch soll gewährleistet werden, daß noch vor Verabschiedung einer Gesetzgebung für die Übergangsperiode zur Unabhängigkeit eine ,,zweite Regierungsebene" in Rehoboth existiert;[46b]
– am 22. Juli 1977 veröffentlichte das südafrikanische Gesetzesblatt eine offizielle Proklamation des Staatspräsidenten, wonach eine lokale amtliche Vertretung der Damara endgültig legal abgesegnet wurde;[47]
– am 28. Juli 1977 wurde diese ,,zweite Regierungsebene" der Damara schließlich durch südafrikanische Regierungsvertreter offiziell im Amt begrüßt und vereidigt.[48]

,,Es scheint, als ob Südwestafrika dazu bestimmt ist, noch vor Ende dieses Jahres elf ethnisch-begründete gesetzgebende Räte – oder lokale Behörden, wie sie im Sprachgebrauch jener bezeichnet werden, die so leicht in eine Scheinwelt abrutschen – zu besitzen...
Während Zehntausende unserer Bevölkerung politische Emanzipation fordern, versuchen unsere Herrscher, uns den 1964er Plan aufzuschwatzen. Überarbeitet, modifiziert und mit einer Anzahl neuer Titulierungen, aber im Herzen die gleiche Krankheit – ein geographisches Gebiet für jede der sogenannten ethnischen Gruppen mit einem eigenen gesetzgebenden Rat. Deshalb ist es nicht übertrieben zu sagen, daß Apartheid nun in höchster Gangart betrieben wird, um den Prozeß potentieller Zerstörung zu beschleunigen."[49]

Parallel dazu entfaltete die Regierung Südafrikas plötzlich eine ungeahnte Eile, nun auch die im Rahmen der vagen Übereinkünfte mit den westlichen Staaten von ihrer Seite aus angebotenen „Kompromiß"-Regelungen zu institutionalisieren. Mitte Juni 1977 verabschiedete das südafrikanische Parlament das „South West Africa Constitution Amendment Bill". Dieses Gesetz ermächtigt den Staatspräsidenten Südafrikas, Namibia per Dekret und via einen zu berufenden Generaladministrator zu verwalten.[50] Dieser Generaladministrator soll als südafrikanischer amtlicher Vertreter in Zukunft gemeinsam mit einem Repräsentanten der Vereinten Nationen[51], die künftigen Modalitäten des Dekolonisierungsprozesses, insbesondere die Durchführung von landesweiten Wahlen, ausarbeiten und realisieren. Gleichzeitig schuf dieses Gesetz ebenfalls die juristische Grundlage für die Inkorporation der „Enklave" Walvis Bay in das Territorium der Republik Südafrika.[52] Bereits Anfang Juli 1977 wurde das Amt des Generaladministrators mit Marthinus Steyn, einem in Ruhestand lebenden ehemaligen Richter am Bloemfonteiner Obersten Gerichtshof, besetzt.[53] Zu einem Zeitpunkt, als die Vereinten Nationen noch keinerlei grundsätzliche Stellungnahme zu den Kompromißvereinbarungen zwischen der südafrikanischen Regierung und den Westmächten abgegeben hatten, geschweige denn ihrerseits bereits einen Vertreter für Namibia nominiert hatten.

„Dies alles deutet darauf hin, daß Südafrika möglicherweise darauf abzielt, im Alleingang eine Turnhallenlösung gegen eine Pseudoopposition von Namibia National Front und Föderaler Partei durchzusetzen und SWAPO die Teilnahme unmöglich zu machen...
So hat beispielsweise die frühe Ernennung eines General-Administrators durch die südafrikanische Regierung Mißtrauen ausgelöst. Auf der ‚anderen Seite' wird befürchtet, daß der General-Administrator vor dem Eintreffen des UNO-Repräsentanten Entscheidungen trifft und vollzogene Tatsachen schafft, mit denen der Repräsentant des Generalsekretärs nicht einverstanden ist, die aber schwer rückgängig zu machen sind."[54]

Zur gleichen Zeit erfolgten weitere Maßnahmen, die berechtigte Zweifel an einem grundsätzlichen Kurswechsel der südafrikanischen Regierung aufkommen lassen. Das Hauptquartier des Wehrbereichs Südwestafrika erhielt mit General Geldenhuys einen „Landeskenner" als neuen Befehlshaber.[55] Eine der Hauptaufgaben der südafrikanischen Besatzungstruppen ist in der gegenwärtigen Phase die Errichtung und Ausbildung einer lokalen Armee entlang ethnisch separater Einheiten.[56] Darüberhinaus wurde auf Initiative des Oberkommandos der südafrikanischen Wehrmacht die Freiheit der Berichterstattung der Presse in Namibia drastisch reduziert. Begründung:

„Während die Regierung gebunden sei, im Geiste der Verantwortung und der demokratischen Tradition (!) sich durch ihre Handlung zu beweisen, könnten die Terroristen lügen, betrügen und ohne Beweise übertreiben."[57]

„Das geht zu weit", wetterte Chefredakteur Kurt Dahlmann am gleichen Tage in der Allgemeinen Zeitung. Und er wagte die Frage zu stellen,

„Ist die Maßnahme des Verteidigungsministers die Ouvertüre zur Beendigung des mit den Westmächten beschrittenen Verhandlungsweges?... Wenn jetzt schon Jagdfrevel zum Staatsgeheimnis erhoben wird, können wir uns ausmalen, was uns noch bevorsteht."[58]

6.2.3. Die Auswirkungen auf die Turnhallen-Konferenz

Daß die westliche Initiative nicht uneigennützigen Motiven entspringt, ist auch den weißen Siedlern Namibias und den kooperationswilligen Elementen einer neokolonialen Lösung nach südafrikanischem Muster nicht verborgen geblieben. So konstatierte Dirk Mudge anläßlich einer Werbeveranstaltung zum Referendum.

„Das Interesse der Westmächte sei weniger moralisch begründet, die Länder suchten eher eigene politische Belange zu sichern."[59]

Dennoch waren Anzeichen großer Irritation bei den Turnhallen-Delegationen unverkennbar. Dies lag nicht zuletzt darin begründet, daß die Westmächte in korrekter Einschätzung der realen Machtverhältnisse bei ihrer Intervention zunächst in Kapstadt vorstellig wurden, nicht jedoch den Delegierten der Turnhalle über ihr Vorhaben in dieser Anfangsphase Auskunft erteilten. Ausserdem flossen Informationen über die Kapstädter Gespräche anfänglich nur sehr spärlich in das Territorium. So beklagte Kurt Dahlmann:

„In Südwestafrika wird anscheinend wieder Verschleierungspolitik betrieben."[60]

Die Westmächte selbst sorgten jedoch angesichts der fortdauernden südafrikanischen Obstruktionspolitik für Abhilfe, indem sie Anfang Mai ihre Botschafter in Südafrika, bzw. deren direkte Vertreter, zu einer Informationsreise in das Territorium beorderten, um dort in Gesprächen mit den für relevant gehaltenen politischen Kräften ihren Standpunkt darzulegen und Kooperationsbereitschaft zu wecken.[61] Die Pilgerfahrt der Vertreter der westlichen Großmächte an den Ort der Turnhallen-Farce hatte zumindest partiellen Erfolg.

„In Kreisen der Turnhalle ist jetzt eine größere Bereitschaft zu Wahlen festzustellen, als dies vor den Kapstädter Gesprächen der Fall war."[62]

Dabei rückte das Verfassungskomitee der Turnhalle-Konferenz mehr und mehr als Entscheidungsträger über die weitere Politik der pro-südafrikanischen Kräfte ins Zentrum. Dieser „Emanzipationsprozeß" gegenüber der Bevormundung durch die weißen Delegierten der Nationalen Partei wurde dadurch gefördert, daß Premier Vorster offensichtlich als taktische Variante seiner Pseudo-Konzessionsbereitschaft und zum Zeitgewinn gegenüber den Westmächten die Entscheidungsfunktion in Verhandlungsfragen formal dem Verfassungskomitee zuschob.[63] Dabei scheint sich zum gegenwärtigen Zeitpunkt innerhalb der Turnhalle-Delegationen die Erkenntnis durchgesetzt zu haben, daß es vorrangig gilt, Geschlossenheit nach außen zu demonstrieren. Die Umwandlung der Turnhalle-Konferenz in eine Turnhalle-Partei steht seit längerem an.[64] Darin ist das Bemühen zu erkennen, die (machtpolitische) Gunst der Stunde dank der Rückendeckung durch das südafrikanische Kolonialregime derzeit

bereits zur Aufnahme des Wahlkampfes zu nutzen, um somit einen zeitlichen Vorsprung gegenüber der SWAPO zu wahren und auszunutzen. Dieser Versuch, aus der gegenwärtigen Situation Kapital zu schlagen, erfolgt dabei zu gleicher Zeit in verschiedener Hinsicht. Einerseits besitzt die Turnhalle-Konferenz noch immer einen amtlich-offiziellen Charakter und Status und finanziert sich nach wie vor aus Budgetmitteln der Siedler-Administration[65] Andererseits können sich die Repräsentanten einer neokolonialen Turnhalle-Konzeption mit der Unterstützung durch das Kolonialregime gegenwärtig in ihrer politischen Agitation über sämtliche repressive Gesetze hinwegsetzen und ungehindert Propagandafeldzüge inszenieren, während die anti-koloniale Opposition im Lande immer noch geknebelt bleibt.[66]
Außerdem befleißigen sich die ethnischen „Führer" mit Eifer darin, die von der Turnhalle-Konferenz im Verfassungsentwurf vorgesehene Struktur im Lande durch die systematische Errichtung ethnisch-regionaler Verwaltungsinstanzen vorsorglich bereits zu realisieren und ihr Konzept ungeachtet der veränderten Sachlage zu institutionalisieren.[67] Darüberhinaus hat die Bildung ethnischer Militäreinheiten eine wahrhaft inflationäre Tendenz entwickelt. Dem voraus ging ein offizieller Beschluß des Verteidigungsausschusses der Turnhalle-Konferenz über den Aufbau einer Armee, die auf ethnischer Basis durch die südafrikanischen Militärs ausgebildet werden sollte.[68] Am 1. August 1977 wurde mit dem Training einer Nama-Einheit begonnen, ab 15. August 1977 erfolgte die erste militärische Ausbildung einer Damara-Truppe. „Der für die verschiedenen ethnischen Gruppen vorgesehene Wehrkursus dauert zwei Jahre... Die Wehrmacht bildet bereits Angehörige der folgenden Bevölkerungsgruppen aus: Ovambos, Kavangos, Baster, Nama und Weisse. Die freiwillige Wehrausbildung von Herero ist auch vorgesehen."[69] Und als A.J.F. Kloppers, Führer der „Coloured"-Delegation der Turnhalle-Konferenz, Mitte August 1977 die Errichtung einer Farbigenarmee ankündigte, fügte er auf einer Pressekonferenz hinzu:
„Wenn diese Armee auch nicht sehr groß sein wird, so wird sie jedoch in die Fußstapfen der Israelis treten, deren Armee auch nicht sehr groß ist, aber schlagkräftig."[70]
Damit existieren — abgesehen vom bis an die Zähne bewaffneten Heer der weißen Siedlerschaft und den südafrikanischen Besatzungstruppen — bereits sechs ethnische Militäreinheiten in Namibia.[71] Die Delegationen der Turnhalle-Konferenz rüsten sich somit gleich in mehrfacher Hinsicht und im doppelten Sinne des Wortes für den bevorstehenden Wahlkampf. Doch bedeutsamer noch als diese Vorgänge, scheinen uns die bereits angedeuteten ersten Verschleißerscheinungen des Turnhalle-Bündnisses. Waren sich die Delegierten vor ·der westlichen Initiative über das Ziel der Turnhalle-Konferenz zumindest hinsichtlich der künftigen Machtverhältnisse und der daran partizipierenden sowie davon profitierenden Beteiligten prinzipiell einig gewesen, drohen nun angesichts der neuen Konstellation und des gar nicht mehr so sicheren Ausgangs einer Übergangsphase die internen Widersprüche den Pakt arg zu strapazieren. [72] Die nur zögernde Bereitschaft seitens der Nationalen Partei in Namibia zu

weitergehenden Zugeständnissen im Sinne der westlichen Initiative entwickelte sich zum Hemmschuh innerhalb des Verfassungskomitees der Turnhalle-Delegationen. Anstelle flexibler Reaktion, um die verbleibende Zeit bis zur Stellung der Machtfrage zu den eigenen Gunsten effektiv und optimal nutzen zu können, erforderte es zähe interne Verhandlungen hinsichtlich der nach außen zu demonstrierenden Kompromißbereitschaft. Die Entscheidung fiel erst Ende Juli, als das Verfassungskomitee seine Bereitschaft zur Teilnahme an allgemeinen Wahlen zu einer verfassungsgebenden Versammlung in Namibia offiziell ankündigte. Die „Turnhallenfront" wolle sich dazu mit einer revidierten Verfassungsgrundlage als Plattform dem Wahlkampf stellen.[73] Als Wahlmodus sei das Verhältniswahlrecht auf der Grundlage uneingeschränkter Stimmberechtigung nach dem Prinzip one man – one vote akzeptiert worden. Dieser Konsens schien eine Palastrevolution zu signalisieren. Oder, wie Kurt Dahlmann beklagte, „Der Bankrott einer Politik":

„Die Turnhalle hat sich dem Griff der Nationalen Partei entwunden. Ob die Nationale Partei jemals wieder in der Lage sein wird, die Turnhalle in den Griff zu bekommen, bleibt mehr als fraglich.
Am Freitag, 22. Juli, wurden die Zugeständnisse, die die Nationale Partei angesichts ihrer borniertcn, instinktlosen und verantwortungslosen Politik letzten Endes machen mußte, körbeweise ausgeschüttet. Die Bekanntgabe, daß jetzt ein reines Verhältniswahlrecht akzeptiert wird und daß die Turnhallenverfassung in ein attraktives Wahlmanifest umgestaltet werden kann, ist zerstoben, wenngleich diese Konsequenz auch noch nicht amtlich bekanntgegeben worden ist. Daß in den Städten aparte Wohngebiete verfassungsmäßig verankert werden, werden wir auch vergessen müssen... Die Zeche der Wurstelpolitik werden wir alle zu bezahlen haben."[74]

Gleichzeitig versucht die Turnhalle-Fraktion mittels dieser verbalen Bereitschaft Zugeständnisse und Entgegenkommen seitens der Vereinten Nationen einzuhandeln, um so die eigene Ausgangsposition noch günstiger zu gestalten. Die Delegierten erwiesen sich als wählerisch und pochen auf folgende Modalitäten für die Übergangsperiode:

„Der UNO-Mann (gemeint ist der im Gespräch befindliche derzeitige UNO-Kommissar für Namibia, Marti Ahtisaari, d.V.) ist nach Ansicht der Turnhalle nicht neutral genug. Er ist zu stark mit der SWAPO verbunden... Weitere Bedenken richten sich gegen den Aufgabenbereich des UNO-Mannes. Dieser soll nach den Vorstellungen der Turnhalle lediglich eine beratende oder kontrollierende Stimme in Fragen haben, die unmittelbar mit den Wahlen zusammenhängen. Der General-Administrator soll demgegenüber volle legislative und exekutive Machtbefugnisse haben... Die Turnhalle hat die Anwesenheit der südafrikanischen Truppen bis zum Abschluß der Wahl zur Bedingung gestellt."[75]

Damit beansprucht die Turnhallen-Fraktion ein Mitbestimmungsrecht am Entscheidungsprozeß über die künftigen Dekolonisierungs-Modalitäten, aus dem nur zu deutlich hervorgeht, wie verunsichert diese Delegationen selbst – und entgegen ihres bisher permanent verbreiteten anderslautenden Anspruch hinsichtlich ihrer Repräsentativität – über die Verankerung im namibischen Volk sind. Diese Verunsicherung ist in der Tat nicht grundlos. Erste Reaktionen

der afrikanischen Bevölkerung auf die öffentliche Selbstdarstellung der Turnhallen-Propaganda liegen bereits vor und geben deutlichen Beweis über die breite und massive Ablehnung dieser Handlanger Pretorias:
— Die „Inaugurations-Feierlichkeiten" der Damara-Vertretung wurden von mehreren hundert friedlichen Demonstranten in ihrer Harmonie erheblich beeinträchtigt.[76]
— In einer politischen Versammlung in Otjimbingwe wurden zwei der schwarzen Aushängeschilder der Turnhallen-Konferenz, die „Renommier-Afrikaner" Kerina Getzen und Emil Appollus, von einer erregten Menge vertrieben.[77]
— Ende Juli erlebten die Turnhallen-Delegierten ein weiteres Debakel, als sie von mehr als 1.500 Demonstranten an ihrer Propaganda gehindert wurden.[78]
— Der Public Relations-Feldzug ins Nördliche Namibia war gekennzeichnet von demonstrativen Auszügen der Zuhörerschaft und anderen Manifestationen der Ablehnung,[79] so daß ein Beobachter in einem rückblickenden Kommentar sorgenvoll die Warnung aussprach:
„Auch wenn in näherer Zukunft keine allgemeinen Wahlen stattfinden sollten, ist es in den vergangenen zwei Wochen in Ovambo deutlich geworden, daß die Bevölkerung dieses Landesteils enger in den politischen Entwicklungsprozeß von SWA/Namibia einbezogen werden muß. Zu lange hat man Ovambo nur als Arbeitsreservoir gelten lassen und die politische Einflußnahme dem südafrikanischen Beamtentum und der Südafrikanischen Wehrmacht überlassen, die bis vor kurzem, selbst nach Beginn der Turnhallenkonferenz noch davon ausgingen, daß Ovambo nach dem Konzept der Bantustanpolitik entwickelt werden müsse. Ihre Entschlossenheit hat nicht wenig zum Wachstum des politischen Radikalismus und zu einer zunehmenden militanten Haltung unter der Jugend beigetragen. Keine maßgebliche politische Partei oder Bewegung wird es sich künftig leisten können, das dichtbesiedelte Ovambo zu übergehen...[80]

Die Hoffnungen einer „Turnhallenfront" auf Erlangung einer Machtposition in einem unabhängigen namibischen Staat kann sich nach diesen Erfahrungen im gegenwärtigen Stadium lediglich durch eine indirekte Unterstützung seitens der Westmächte und die Schaffung einer „Kompromißbasis" als Ausgangssituation zur Manipulierung der sich abzeichnenden Wahlen als realistisch erweisen. Sofern dieses Risiko des (pseudo-) demokratischen Weges in direkter Auseinandersetzung mit der SWAPO überhaupt eingegangen wird. Es wäre zum gegenwärtigen Zeitpunkt nach wie vor denkbar, im Alleingang sich die Schein-Legitimation von der Bevölkerung nach altbewährten Terror-Methoden abzupressen, indem die gegenwärtig noch intakten kolonialen Unterdrückungsinstrumente ein weiteres Mal gegen das Volk gerichtet werden, bevor die Kolonialstrukturen durch Vereinbarungen auf dem Verhandlungswege derart neutralisiert werden, daß die nationale Befreiungsbewegung reelle Ausgangsbedingungen und Chancen auf den Erhalt eines formalen Mandates per Votum durch das Volk erhält.

„Die Turnhalle, die zunächst nichts von Wahlen hielt, will nun überstürzt Wahlen durchführen. Wahltermine — vor dem Ende dieses Jahres — sind bereits genannt worden. Solche übereilten Wahlen sind mit der Initiative des Westens nicht zu vereinbaren. Sie können höchstens darauf abzielen, SWAPO auszuschließen... In diesem Stadium von Wahlterminen zu sprechen, bedeutet praktisch eine Befürwortung der Konfrontation".[81]

6.2.3. Die Position der SWAPO

Daß die Ursachen und Motive einer solchen Intervention der westlichen Staaten nicht in deren humanistischer Weltanschauung beruhen, ist auch der SWAPO klar. So gibt sie sich hinsichtlich der Absichten der gegenwärtigen Vermittlungsbemühungen keinerlei Illusionen hin.

„Westliche Einwände gegen die Turnhalle basieren auf der Tatsache, daß sie erkennen, daß sie zu einer Intensivierung des bewaffneten Kampfes geführt hätte, und einem gewaltsameren Übergang zur Unabhängigkeit. Die westlichen Mächte halten nach einer ‚Lösung' Ausschau, die die politische Mobilisierung der namibischen Massen unterbricht. Denn diese Mobilisierung bedroht die Etablierung von Klassenbündnissen zugunsten des Imperialismus." [82]

Ähnlich grundsätzlich kommentierte auch Peter Katjavivi, Informationsminister der SWAPO, in einer Erklärung den eingeschlagenen Verhandlungsweg der Westmächte:

„... was immer ihr Bedürfnis zur Verhinderung einer vollständigen Rassenkonfrontation im Südlichen Afrika sein mag, sie alle haben eigene Interessen zu schützen."[83]

Von dieser Erkenntnis bestimmt, werden seitens der SWAPO die Gefahren dieser diplomatischen Offensive nicht unterschätzt. Die Wachsamkeit konzentriert sich dabei hauptsächlich darauf, daß nicht zugunsten partieller Kompromisse das Gesamtziel des Kampfes um Befreiung und nationale Unabhängigkeit durch Pseudo-Zugeständnisse an die Forderungen der antikolonialen Bewegung sabotiert und ausgehöhlt wird. Dies wäre ein zu hoher Preis für eine friedliche Regelung des Dekolonisierungsprozesses und Betrug am Volke Namibias. So vermerkte die SWAPO in einer Stellungnahme zu den bisherigen Verhandlungsergebnissen:

„Wir befürchten, daß die gegenwärtigen Gespräche zwischen dem südafrikanischen Regime und den fünf Westmächten darauf abzielen, nur einen Gesichtspunkt der Resolution 385 herauszupicken, also Wahlen, auf Kosten anderer elementarer Aspekte."[84]

Dieses Mißtrauen ist angesichts der historischen Erfahrungen mit dem Kolonialregime und den mit diesem kollaborierenden Bündnisstaaten der westlichen Hemisphäre nicht unbegründet. Darauf wies auch die zu den New Yorker Verhandlungsgesprächen entsandte SWAPO-Delegation in einer Eröffnungserklärung hin.

„Wenn wir skeptisch oder zynisch bezüglich Ihrer Gespräche mit Südafrika zu Namibia sind, so werden Sie verstehen, daß wir nicht nur einmal, sondern schon oft in der Vergangenheit zum Narren gehalten wurden. Wir können diese Erfahrungen aus der Geschichte nicht vergessen..."[85]

Und auch die bereits geschilderten derzeitigen Aktivitäten des südafrikanischen Kolonialregimes und seiner Handlanger in Namibia sind nicht dazu geeignet, zum Abbau dieses Mißtrauens beizutragen. Stattdessen hat die SWAPO allen Grund, die Pseudo-Konzessionsbereitschaft der südafrikanischen Regierung zu hinterfragen. Dies verdeutlichen neben dem gegenwärtigen politischen Kurs in Namibia auch die unverändert rigorosen Terrormethoden, derer sich die illegale Besatzungsmacht auch nach der westlichen Initiative gegenüber dem antikolonialen Widerstand der nationalen Befreiungsbewegung im Lande bedient.[86] So gelangt Peter Katjavivi angesichts dieser Vorgehensweise zu der Einschätzung.

„...daß Südafrika sich in eine Position manovriere, in der es hoffe, das Tempo und Ergebnis jeglicher Veränderung bestimmen zu können."[87]

Auch Pastor Zephania Kameeta — als Sekretär für Gesundheit und Soziales Mitglied des erweiterten Exekutivausschusses der SWAPO in Namibia — ließ anläßlich des Namibia-Tages Ende August keinerlei Zweifel darüber aufkommen, was die SWAPO von der südafrikanischen Position hält.

„Südafrika spricht nun von Unabhängigkeit — für uns bedeutet dies die grausamste Form von Neokolonialismus. Südafrika spricht von einer friedlichen Lösung — und meint damit eine Lösung, die auf die tribalistischen, neokolonialen Prinzipien der Turnhalle-Konferenz baut. Südafrika spricht nun von ‚freien nationalen Wahlen' und meint damit Wahlen ohne Überwachung und Kontrolle durch die Vereinten Nationen und ohne Gerechtigkeit."[88]

Im Rahmen der westlichen Initiative gehegte Spaltungsintentionen gegenüber der nationalen Befreiungsbewegung sind dabei von der SWAPO mit einer Geschlossenheit beantwortet worden, die bisher keinerlei Ansatzmöglichkeiten einer Abwiegelung und Zersplitterung, bzw. Fraktionierung der um ihre Befreiung kämpfenden Kräfte ermöglicht hätte. Die notwendige geschlossene Haltung gegenüber diesen Verhandlungsangeboten hat es bislang den Anhängern einer neokolonialen Pseudo-Unabhängigkeit Namibias nicht ermöglicht, Spaltungsmanöver zu inszenieren. Auf die gemeinsame Interessensgrundlage zwischen den Westmächten und der südafrikanischen Regierung eingehend, wies Daniel Tjongarero (derzeit amtierender nationaler Vorsitzender der SWAPO in Namibia) in einer Erklärung gegenüber den Vertretern der Westmächte auf deren Intentionen hin und erteilte ihnen eine deutliche Absage.

„Es ist uns klar, daß der Westen versucht, die Rassisten zu retten, bevor sie geschlagen werden, denn ihre eigenen Interessen gehen dabei ja auch verloren. Daher ist vorrangiges Interesse nicht das Wohlergehen des Volkes von Namibia, sondern die Rettung ihrer rassistischen Agenten vor der vollständigen Vernichtung...

Wir glauben, daß es in Ihrem Interesse ist, die Führung hier und außerhalb des Landes getrennt zu treffen, weil es für Sie dadurch leicht ist, SWAPO in einen externen und einen internen Flügel zu trennen."[89]

Und unter einem prinzipiellen Gesichtspunkt vertrat er folgende Einschätzung:

„Die Kapstädter Gespräche sind eine Umgehung der Resolution 385 und verdienen daher die völlige Verurteilung der SWAPO und damit des Volkes von Namibia.
Zwischen SWAPO und Südafrika herrscht Krieg. Jede Entscheidung, die zwischen dem Westen und Südafrika, die bei der Ausbeutung Namibias zusammenarbeiten, getroffen wird, ist null und nichtig, solange keine Vereinbarung getroffen ist zwischen Südafrika und SWAPO – den miteinander im Krieg befindlichen Parteien."[90]
Diese Stellungnahme Tjongareros fand in einer nachfolgenden Erklärung in London ihre Bekräftigung. Darin wird kategorisch darauf verwiesen, daß auf die Erfüllung der in Resolution 385 enthaltenen Forderungen bestanden werde. Die Ernennung eines General-Administrators durch die Republik Südafrika als „Kompromiß"-Vereinbarung für die Übergangsphase kommentierte die Informationsabteilung in dieser Erklärung ebenfalls.

„Es gibt für die Südafrikaner keinen Anlaß zur Ernennung eines obersten Verwaltungschefs. Die Tatsache der südafrikanischen Präsenz in Namibia ist illegal, gleich ob sie durch die gegenwärtige Verwaltung oder den vorgeschlagenen General-Administrator ausgeübt wird. Eine Unterstützung dieser Idee eines General-Administrators von Seiten einiger Mitgliederstaaten der UNO würde letztlich die Anerkennung der illegalen südafrikanischen Besatzung Namibias bedeuten. Jegliche Unterstützung dieser Option durch Mitgliedsstaaten der UNO würde als eine Handlung verstanden werden, die darauf abzielt, die Autorität der UNO über Namibia zu umgehen, und die sich außerhalb des von der Weltorganisation abgesteckten Rahmens für die Erlangung der Unabhängigkeit begibt."[91]

In einem internen Dokument legte die SWAPO vor den anstehenden Gesprächen mit den Westmächten bei der Verhandlungsrunde in New York erneut ihren Standpunkt dar und benannte nochmals die unabdingbaren Voraussetzungen einer friedlichen Übergangsregelung:[92]
Nach wie vor liegt die Betonung auf einer Überwachung und Kontrolle landesweiter Wahlen durch die UNO, nicht auf deren simpler Beteiligung an der formalen Aufsicht. Des weiteren wird die Erfüllung des nachfolgenden Forderungskataloges durch die Republik Südafrika als Vorbedingung zur Durchführung einer solchen Wahl gestellt:
– Kategorische Anerkennung der territorialen Integrität Namibias durch die Republik Südafrika;
– Abzug des gesamten militärischen Apparates und der Armee;
– Uneingeschränkte Annahme des Prinzips freier Wahlen mit der Stimmberechtigung aller erwachsenen Einwohner;
– Die Zusicherung Südafrikas zur ungehinderten Entwicklung Namibias zu tatsächlicher Unabhängigkeit;
– Einwilligung Südafrikas, das gesamte öffentliche Eigentum zu schützen und dieses ohne dessen vorherige Sabotage, Zerstörung oder Entfernung einem unabhängigen Namibia zu übergeben;
– Die Wahrung der Selbständigkeit eines unabhängigen Namibias zu garantieren und keinerlei Versuche zu unternehmen, diese Selbständigkeit zu

unterminieren oder abzusprechen.

Bekennt sich Südafrika öffentlich zur Anerkennung und Erfüllung dieser Prinzipien und Forderungen, sollten Gespräche zwischen SWAPO, den Vereinten Nationen und der Republik Südafrika über die weiteren Modalitäten des südafrikanischen Rückzuges aus Namibia erfolgen. Dabei enthält das logistische Programm der SWAPO folgende Empfehlungen: UNO-Friedenstruppen sollen die südafrikanische Armee phasenweise ersetzen. Dieser Prozeß sollte in nicht länger als drei Monaten nach der getroffenen Vereinbarung abgeschlossen sein. Darüberhinaus müßten Sicherheit und Verwaltung sowie die Organisation der Wahlen durch die UNO gewährleistet werden. Die Wahlkampagne selbst könnte einen Monat nach dem völligen Abzug der gesamten südafrikanischen Truppen aufgenommen werden, zur Wahlvorbereitung und -durchführung sollte ein Zeitraum von acht Monaten nicht überschritten werden. Zugleich sollte eine angemessene Stärke der anwesenden UNO-Truppen eine effektive Überwachung der Übergangsregelungen gewährleisten.

Mit diesen Forderungen befindet sich die SWAPO in Übereinstimmung mit den in der Resolution 385 des UNO-Sicherheitsrates im Januar 1976 enthaltenen Vorstellungen über den Prozeß der Dekolonisierung Namibias. Ob dagegen allerdings die gegenwärtig im UNO-Sicherheitsrat vertretenen westlichen Staaten im Geiste dieser Resolution ihre selbsternannte „Mittlerfunktion" wahrnehmen, wird auch künftig kritisch zu überprüfen sein. Bislang lassen die erzielten „Kompromiß"-Vereinbarungen mit der südafrikanischen Regierung einen solchen Schluß nicht zu. Wenn in der offiziellen Presseerklärung nach Abschluß der New Yorker Verhandlungsrunde erklärt wird, „Beide Seiten hätten darin übereingestimmt, daß auf der Grundlage von UNO-Beschlüssen Möglichkeiten für eine Lösung des Namibia-Problems durch Verhandlungen bestünden."[93]
so läßt dies für die künftige Entwicklung noch keine Schlußfolgerungen zu. Nicht ohne Grund hatte die SWAPO bereits vor diesen Verhandlungen ihre Skepsis folgendermaßen begründet:
„Wir haben sowohl in unserem eigenen Falle als auch dem Zimbabwes aus bitterer Erfahrung gelernt, daß zu häufig, diese Diskussionen über auszuhandelnde Vereinbarungen dazu geführt haben, daß die verschiedenen daran beteiligten Parteien in völlig unterschiedliche Vorschläge eingewilligt haben."[94]
Bereits vor Aufnahme der direkten Gespräche hatte die SWAPO deshalb schon auf die Verhandlungsangebote der Westmächte mit einer Versicherung an das Volk reagiert.
„Es ist jetzt schon zu sagen, daß unsere Antwort keine Aussicht darauf beheimatet, das Volk Namibias durch irgendeine Form von Pferdehandel mit dem illegalen Regime Südafrikas zu verpfänden."[95]
Warum die SWAPO dennoch den Verhandlungsweg nicht von vornherein prinzipiell verwirft, begründete deren Delegation eingangs der New Yorker Gespräche.

„Wir nehmen das Risiko auf uns, denn Verhandlungen sind auch eine Form des Kampfes. Aber wir werden niemals das Verbrechen nationalen Selbstmordes begehen."96
Es oblag allerdings den Frauen des SWAPO-Frauenrates, anläßlich einer politischen Kundgebung in Katutura die grundsätzliche Erkenntnis aus der Geschichte des nationalen Befreiungskampfes, die auch die künftige Politik der SWAPO zu bestimmen hat, erneut zu bekräftigen:
„Die Freiheit fällt nicht vom Himmel. ‚Wir müssen selbst dafür kämpfen.' "
97

6.3. Perspektiven der namibischen Dekolonisierung

Zum gegenwärtigen Zeitpunkt deutet alles darauf hin, daß die Initiative der Westmächte lediglich der Republik Südafrika einen zeitlichen Aufschub zu gewähren beabsichtigt, den diese während des Verhandlungsablaufes zu weiteren Maßnahmen im Interesse der Etablierung und Verfestigung künftiger neokolonialer Strukturen nutzbar zu machen bemüht ist. Denn die bisherigen „Zugeständnisse" seitens der südafrikanischen Regierung können höchstens als „Modifikation der Modifikation" bezeichnet werden, wenn sie vor dem Hintergrund der historischen Entwicklung Odendaal-Plan – Turnhallen-Konferenz – Turnhallen-Partei betrachtet werden.
Dabei ist allerdings auch festzuhalten, daß in der gegenwärtigen Situation unter den durch die westliche Initiative veränderten Bedingungen die Unzulänglichkeiten der bisherigen „Dekolonisierungs"-Absichten Südafrikas sich deutlich manifestieren. Unter dem Druck der westlichen Intervention und des zu ihrem Erfolg geforderten notwendigen Tributs an pseudo-demokratische Modalitäten seitens der südafrikanischen Kollaborateure in Namibia, zeigt das opportunistische Bündnis zwischen den burischen Nationalisten und deren schwarzen Handlangern zusehends Risse. Die Pseudo-Homogenität der Turnhallen-Konferenz löst sich im neu entfachten Wetteifer um den künftigen Platz an der Sonne in die bereits ursprünglich bestehenden partikularen, subjektiv bestimmten Interessen der korrupten Individuen auf.98 Die weitere Aufrechterhaltung einer vordergründigen Geschlossenheit einer „Turnhallenfront" wird zunehmend strapaziert werden, je weiter der erhoffte Anteil am Honigtopf durch ein Regierungsamt auf nationaler Ebene in die Ferne rückt.
Ob die bloße Abgrenzung zur SWAPO künftig ausreichen wird, die immanenten Widersprüche der Turnhallen-Konferenz und anderer Gruppierungen im Lande zugunsten einer Allianz oder Interessengemeinschaft zu verkleistern, wird die politische und gesellschaftliche Entwicklung in Kürze erweisen. Ebenso gilt es abzuwarten, ob angesichts der für eine längerfristige neokoloniale Lösung erforderlichen Adaptionsbereitschaft der weißen Siedlerschaft und insbesondere deren bisheriger politischer Repräsentanten in der Nationalen Partei, eine Spaltung der burischen Nationalisten ansteht, oder gar eine Polari-

sation zwischen der Nationalen Partei einerseits und einem aufgeschlosseneren Turnhallen-Bündnis der übrigen Delegationen andererseits. Den Feinden einer mehr als nur formalen Unabhängigkeit Namibias jedenfalls kann nur daran gelegen sein, die Fraktionierung in den Reihen der SWAPO-Gegner zugunsten von Allianzen auf breiter Bündnisgrundlage wenigstens bis zur Erlangung der formalen Unabhängigkeit aufzuhalten. Danach ließe sich dann geradezu perfekt der Hebel zur Aufteilung des Landes gemäß den fremdbestimmten Interessen des internationalen Kapitals ansetzen. Denn die einzelnen sich herauskristallisierenden Gruppierungen eines internen neokolonialen Bündnisses liessen sich in einer solchen Situation in ihrer Abhängigkeit von außen relativ einfach instrumentalisieren und funktionalisieren.

Es wäre allerdings eine einäugige Betrachtungsweise, solche potentielle Gefahren auf Seiten der SWAPO als nationaler Befreiungsbewegung von vornherein und ungeachtet der künftigen Entwicklung, prinzipiell ausschließen zu wollen. Wenngleich konstatiert werden muß, daß sich deren Heterogenität als Bewegung längst nicht so augenfällig manifestiert und ebenfalls zu berücksichtigen bleibt, daß die bisherige Geschichte des antikolonialen Widerstandes für eine Zukunft im Interesse einer Mehrheit des Volkes ein ungleich tragfähigeres Fundament darstellt als das einer neokolonialen Allianz. Der Kampf um Unabhängigkeit und Selbstbestimmung aber wird nach Abschütteln des kolonialen Joches auch unter Führung der SWAPO als nationalrevolutionärer Bewegung andauern.

Anmerkungen zu Kapitel 6

1. Gerhard Tötemeyer, „Die Rol van die Wambo-Elites in die politieke entwikkeling van Owambo", Dissertationsschrift, Universität van Stellenbosch, November 1974.
2. Siehe dazu den Bericht von J.H.P. Serfontein, „Don't ignore SWAPO, top Nat warns" in der „Sunday Times", Cape Town, vom 27. Juli 1975. In diesem Artikel bezeichnet Serfontein die Dissertation Tötemeyers als „a cold, logical demolition of the Government's policy in the territory."
3. Was die methodische Vorgehensweise betrifft, lassen sich Zweifel hinsichtlich der Repräsentativität der Befragten anmelden. Nicht etwa, daß die interviewten Zielgruppen Tötemeyers für die Beantwortung seines Dissertationsthemas nicht von Bedeutung seien. Allerdings werden durch die konservativ-traditionelle Deutung des Elitebegriffes die entscheidenden Träger politischen Bewußtseins nur teilweise erfaßt. So findet das Bewußtsein der Kontraktarbeiter und bäuerlichen Landbewohner kaum Berücksichtigung und Niederschlag in den Ergebnissen der Umfrage und deren Auswertung. Gerade diese Klassen jedoch sind es, die im politischen Kampf die Basis gesellschaftlicher Transformation bilden, deren objektive Situation sowie die daraus resultierende subjektive Wahrnehmung dieser Situation von ausschlaggebender Bedeutung für den Erfolg des Befreiungskampfes und die tatsächlich im Gefolge nationaler Befreiung und Souveränität einhergehenden sozialen und gesellschaftlichen Veränderungen ist.
Ein weiterer Faktor, der zur Einschränkung der Ergebnisse zwingt, besteht in der Vorgehensweise und praktischen Durchführung der Feldforschung. Tötemeyer verfügte dazu über alle Unterstützung durch die südafrikanische Verwaltung und konnte den kolonialen Amtsapparat voll einsetzen. Dadurch ist davon auszugehen, daß die Befragten teilweise bereits nicht mehr für das tatsächliche politische Bewußtsein repräsentativ waren, da anzunehmen ist, daß viele der fortschrittlichen afrikanischen „Polit-Aktivisten" eine mit staatlicher Duldung und Unterstützung durchgeführte Forschungsarbeit boykottieren oder zumindest doch mit Zurückhaltung und Skepsis aufnehmen werden. Deshalb muß sogar die Vermutung geäußert werden, daß die Ergebnisse der Umfrage durch den Einsatz anderer Hilfsmittel und mit Unterstützung von dem Befreiungskampf loyal gesinnter Institutionen und politischen Kräften zu einer noch weitaus radikaleren „Schocktherapie" und ernüchternden Erkenntnissen geführt hätten, als dies nach Auswertung der Befragung für die meisten Apartheid-Apologeten ohnehin der Fall war.
4. Gerhard Tötemeyer, „Die Rol van ...", a.a.O., S. 362.
„Der grundlegende Widerspruch entwickelt sich daraus, daß auf der einen Seite breit angelegte moderne, administrative, politische, juristische und ökonomische Systeme geschaffen wurden, während diese Veränderungen auf der anderen Seite durch ziemlich unveränderte Sub-Gruppierungen, nämlich Stämme, und traditionelle Einstellungen und Loyalitäten eingeengt werden und darauf aufbauen."
ebenda, S. 237.
„Sowohl die Beschränktheit des Vermögens der traditionellen, leitenden Regierungsebene als auch der starke Einfluß der weißen Beamten auf die Beschlüsse des Gesetzgebenden Rates und deren Ausführung durch den Ausführenden Rat, ließ den Umfang des Widerstandes durch oppositionelle Gruppen schnell anwachsen... Amtliche Kanäle zur Konfliktlösung und -regulierung, wie politische Parteien, bestanden nicht... Der Widerstand gegen die traditionellen Eliten blieb nicht auf die modernisierenden Elite-Gruppen beschränkt, sondern faßte auch Fuß unter der gewöhnlichen Bevölkerung, die innerhalb des neuen Systems ein größeres Maß an Mitspracherecht und Konsultation durch die traditionellen Führer erwartet hatte..." Ebenda, S. 238.
5. Gerhard Tötemeyer, „Die Rol van...", a.a.O., S. 364.

6. Ebenda, S. 368
   Tötemeyer gelangt nach Auswertung seiner Umfrage-Ergebnisse zu dem Schluß: „...daß die modernisierenden Elitegruppen in der Lage sind, einen größeren Teil der Bevölkerung für ihre Anliegen und deren Umsetzung zu mobilisieren als die traditionelle Elite." Und „...ein Zusammenprallen zwischen einer statischen traditionellen Elite und dynamischen modernisierenden Eliten (ist) unvermeidlich geworden. Dies geschieht zum Nachteil der traditionellen Elite-Macht und den traditionellen Werten." Ebenda, S. 239.
7. Die DEMKOP formierte sich unter den Kontraktarbeitern des Nördlichen Namibia ursprünglich als vorwiegend interessenspezifische Organisation mit dem Ziel der Abschaffung der schlimmsten Formen der Wanderarbeit. Sie entsprach damit zu Beginn der 70er Jahre in etwa dem Charakter der SWAPO Ende der fünfziger Jahre. Aufgrund der rigoros repressiven Vorgehensweise seitens des südafrikanischen Kolonialregimes jedoch glich sie sich den nationalen Zielen des nationalen Befreiungskampfes innerhalb kurzer Zeit an. Sie hat inzwischen fast jegliche Bedeutung verloren, da die überwiegende Mehrzahl ihrer Anhänger gleichzeitig aktiv die SWAPO unterstützen.
8. Siehe dazu: Gerhard Tötemeyer, „Die Rol van...", a.a.O., S. 356.
9. Siehe dazu: Gerhard Tötemeyer, „Die Rol van...", a.a.O., S. 373.
10. Vergleiche dazu den Serfontein-Artikel in der „Sunday Times", a.a.O.
11. Allgemeine Zeitung, Windhoek, vom 4.6.1976.
    Serfontein widmet der Arbeit Tötemeyers breiten Raum in seinem eigenen Werk. Für den interessierten Leser sind die Thesen Tötemeyers ausführlich zusammengefaßt in englischer Sprache dort nachzulesen. J.H.P. Serfontein, a.a.O., S. 162 ff. Serfontein kommt dabei zu dem Schluß, daß angesichts der Kursänderung der Nationalen Partei seit Mitte 1976 in ihrer Namibia-Politik, „...the political fate of Dr. Gerhard Tötemeyer is so ironic". Ebenda, S. 305.
12. Ende Juli 1976 wußte die „Allgemeine Zeitung" darüber zu berichten, daß die Gründung eines „Instituts für sozialen Fortschritt" für den 1. August bevorstehe. Dieses Ausbildungszentrum – faktisch in Konkurrenz zum Namibia-Institut der Vereinten Nationen in Lusaka – setzte sich die Vorbereitung schwarzer und weißer Namibianer zur Übernahme von Verwaltungsaufgaben nach der formalen Unabhängigkeit des Landes zum Ziel. Träger des Instituts sei die Vereinigte Evangelisch-Lutherische Kirche Südwestafrikas (VELKSWA), finanziert würde es durch die Evangelische Zentralstelle für Entwicklungshilfe in der BRD. Als Vorsitzender des Instituts fungierte VELKSWA-Präsident Lucas de Vries, als Direktor Daniel Tjongarero, damals Pressereferent der VELKSWA und Informationssekretär der SWAPO. „Als Berater der Institutsleitung wird Dr. Gerhard Tötemeyer genannt. Tötemeyer ist Dozent für Politische Wissenschaft an der Universität Stellenbosch und wurde vor kurzem aus der Nationalen Partei des Kaplandes ausgeschlossen, die er in der Vergangenheit in südwestafrikanischen Angelegenheiten beraten hatte." Allgemeine Zeitung, Windhoek, vom 29.7.1976.
    Es ist zu befürchten, daß Tötemeyer über solche Aktivitäten eine gefährliche Multiplikatorfunktion ausüben könnte. Und aufgrund seiner neokolonialen „Aufgeklärtheit" dürfte er als weitaus gefährlicher für den tatsächlichen Emanzipationsprozeß in Namibia einzuschätzen sein als die gesamte Nationale Partei. Spekulativ ließe sich der Gedanke einflechten, daß der Ausschluß Tötemeyers aus der Nationalen Partei ihn möglicherweise zu einem potentiell akzeptablen Gesprächspartner für eine große Anzahl fortschrittlicher Namibianer gemacht hat. Damit hätte er überhaupt erstmals eine reelle Chance, außerhalb des parteipolitischen Stigmas eines burischen Nationalisten Einfluß unter Afrikanern auszuüben. Die Spekulation läßt sich sogar dahinge-

gehend weiterführen, daß die parteipolitische Rigidität der Nationalisten eventuell im Falle Tötemeyer angesichts der Konstellation gar nicht den Ausschlag gab, sondern ein taktisches Manöver dabei im Hintergrund stehen könnte. Möglicherweise wird somit im Schatten der offiziellen Politik Südafrikas bereits eine für einen Teil des namibischen Volkes akzeptable Pseudo-Alternative von weißen „Liberalen" aufgebaut, die in einer Zuspitzung der Situation mit Duldung eines Teils der Bevölkerung das Ruder Geschichte Namibias vorübergehend übernehmen könnten. Dies würde sicherlich ein Rückschlag auf dem Wege einer tatsächlichen Emanzipation bedeuten und der Verwirklichung neokolonialer Verhältnisse in Namibia einen größeren Spielraum bieten.

13. Siehe dazu: Tagesspiegel, Berlin (West) vom 10. März 1977; Allgemeine Zeitung, Windhoek, vom 9. und 10. März 1977.
Der 33jährige Wolfgang Thomas ist Staatsbürger der BRD und kam 1955 mit seinen Eltern nach Südafrika.
14. Thomas selbst sah den Grund seiner Ausweisung in seiner Mitarbeit im Finanzausschuß der Turnhallen-Konferenz. Siehe dazu auch seine Kritik an diesem Gremium im Windhoek Advertiser vom 28. April 1977.
15. „The Economy of South West Africa: An Overall Perspective", unpublished paper, delivered in January 1975 at the Summer School of the Centre for Extra-Mural Studies at the University of Cape Town (mimeo). Die Kernaussagen dieses Referates sind abgedruckt in: J.H.P. Serfontein, a.a.O., S. 23–38. Da das Referat selbst unzugänglicher ist als das Buch Serfonteins, beschränken wir uns an dieser Stelle auf die Quellenangaben bei Serfontein.
16. „Es ist tatsächlich möglich, daß südwestafrikanische Exporteure in der Lage wären, wenigstens die gleichen, wenn nicht höhere Preise für alle ihre Hauptexportgüter zu erhalten, wenn sie direkt an andere Märkte verkauft würden." zitiert nach: J.H.P. Serfontein, a.a.O., S. 29
17. ebenda, S. 34
18. ebenda
19. ebenda, S. 34f
20. ebenda, S. 35
21. ebenda, S. 37
22. Wolfgang Thomas, „The Economic Implications of Independence for South West Africa", in: „Die Toekoms van Suidwes-Afrika – 'n oop Gesprek", saamgestel deur Ewert Benadé, S. 15–20, Windhoek, Februarie 1976, S. 18
23. ebenda
24. ebenda, S. 18f
25. ebenda, S. 20
„Die wirkliche Herausforderung besteht in diesem Stadium darin zu versuchen, die Einzelheiten eines solchen künftigen Kompromiß-Systems zu erarbeiten ...", ebenda, S. 19
26. Wolfgang Thomas zufolge wurde Tötemeyer angedroht, daß ihm das gleiche Schicksal wie Thomas zuteil werde, falls er sich nochmals öffentlich zu Namibia äußere.
27. Das politische Schicksal von Tötemeyer und Thomas erinnert dabei an eine historische Parallele: den unfruchtbaren Versuch und die glücklose Mission Dernburgs und Rathenaus, die an der Engstirnigkeit und kurzsichtigen Borniertheit des preußischen Militarismus und des Herrenmenschentums deutsch-nationaler Kreise scheiterten, als sie zu Beginn dieses Jahrhunderts ganz im Sinne des kapitalistischen Verwertungsinteresses für Reformen in der Kolonialpolitik Deutschlands plädierten und veränderte Durchsetzungsmethoden der unverändert profitorientierten Kapitalinteressen forderten.
28. Dabei darf ebenfalls nicht übersehen werden, daß die Interessen der westlichen Staaten von denen Südafrikas in der Frage der Zukunft Namibias in einem Punkt ganz erheblich abweichen: während die Republik Südafrika in ihrer gegenwärtigen wirtschaftlichen und politischen Situation auch künftig an einer direkten Kontrolle eines formal unabhängigen namibischen Nationalstaates interessiert sein muß, ver-

spricht eine nach allen Seiten offene neokoloniale Regierung in Namibia den Westmächten günstigere Ausbeutungsmöglichkeiten. Die Strategie des internationalen Kapitals richtet sich demnach vor allem auf die Errichtung eines neokolonialen Nationalstaates unter einer schwarzen Kleinbourgeoisie im Solde des Imperialismus, deren Herrschaft weniger unmittelbar von der Republik Südafrika selbst abhängig ist, als vielmehr vom Bündnissystem und Markt des westlichen Imperialismus.

29. James Fox, Peter Pringle und Steve Weissman, „The danger of surrendering U.N. Authority", Sunday Times vom 21. November 1976, zitiert nach: Helmut Bley, „Politische Probleme in Namibia . . .", a.a.O., S. 262
30. ebenda
31. ebenda, S. 263
   Zugleich jedoch wenden die Autoren gegen ein solches Modell ein:
   „Um jene Interessen schützen zu können, müßten solche 'Regierungen' Veränderungen in sehr eng begrenztem Rahmen durchführen. Sie wären nicht imstande, die grundlegenden Verhältnisse zu ändern, für die die Afrikaner so lange gekämpft haben. Sie würden folglich nicht in der Lage dazu sein, die Früchte einer Unabhängigkeit zu liefern. Eine solche 'Regierung' würde sich von den Menschen entfremden. Sie würde als unrechtmäßig betrachtet werden. Und der Kampf würde andauern und intensiviert werden." ebenda
32. Resultat dieser „Neukonzeption" ist eine vom US State Department in Auftrag gegebene Studie der „Agency for International Development (AID)", die mit einem Kostenaufwand von 350 000 Dollar erstellt wurde, künftige Unterstützungsmaßnahmen durch Consulting-Firmen, die aus dem Vietnam-Krieg über Erfahrungen verfügen, behandelt und die neokoloniale Strategie der USA verdeutlicht. Sie erschien Januar-März 1977 in vier Bänden unter dem Titel „Namibia and Zimbabwe: Anticipation of Economic and Humanitarian Needs; Transition Problems in a Developing Nation". Siehe dazu: „Namibia", Organ of South West Africa People's Organisation (SWAPO) of Namibia, produced and published by SWAPO Department of Information and Publicity, London, Volume 1, Number 1, 1977, S. 14
33. James Fox, Peter Pringle und Steve Weissman, „The danger of . . .", a.a.O., ebenda, S. 262
34. Hans Baumgärtner, „Namibia: Neokoloniale 'Lösungs'-versuche der Westmächte", in: informationsdienst südliches afrika, Nr. 6, Juni 1977, S. 36f
35. „Die Westmächte, die sich so erfolgreich stark engagieren, haben auch kein Konzept. Zur Zeit ist alles offen . . . Auf der Suche nach einer Lösung begegnet man im Augenblick nur Fragezeichen." Allgemeine Zeitung, Windhoek, 10.5.1977
36. Um beurteilen zu können, inwieweit die bislang ausgehandelten Wahlmodalitäten und andere Arrangements, bzw. dazu vertretene Standpunkte, mit der Position der UNO überhaupt noch vereinbar sind, gilt es auf einige Kernelemente dieser Resolution zu verweisen.
   Resolution 385 des UNO-Sicherheitsrates vom 30. Januar 1976 beinhaltet unter anderem:
   „Damit das Volk von Namibia in der Lage ist, frei seine eigene Zukunft zu bestimmen, ist es unbedingt notwendig, daß freie Wahlen unter der Aufsicht und der Kontrolle der Vereinten Nationen (UN) im ganzen Namibia als einer politischen Einheit abgehalten werden. Bei der Festlegung des Datums, des Zeitplans und der Verfahrensweise für die Wahlen soll angemessene Zeit eingeräumt werden (nach Entscheidung des Sicherheitsrates), damit die UN in der Lage sind, die notwendige Maschinerie innerhalb Namibias aufzubauen, um Aufsicht und Kontrolle über solche Wahlen zu führen, wie auch um das Volk von Namibia in die Lage zu setzen, sich zum Zweck der Wahlen politisch zu organisieren" zitiert nach: informationsdienst südliches afrika, Nr. 7-8/77, Juli-August 1977, Seite 41
   „Die Abschnitte 10 und 11 der Sicherheitsrats-Resolution 385 erklären zu vorrangigen Bedingungen für freie und allgemeine Wahlen in Namibia

a) den Rückzug der gesamten südafrikanischen Präsenz aus Namibia: Armee, Polizei, Administration,
b) die Freilassung aller politischen Gefangenen."
ebenda, Seite 40f

37. Folgende bisherige offizielle diplomatische Aktivitäten seitens Vertretern der westlichen Mitglieder im Sicherheitsrat sind bisher im Rahmen ihrer Namibia-Initiative bekannt:
Übergabe der Demarche in Kapstadt am 7. April 1977,
– Gespräche mit der südafrikanischen Regierung in Kapstadt vom 27. bis 29. April 1977,
– Informationsreise nach Namibia und Konsultationsgespräche in Windhoek am 8. und 9. Mai 1977, sowie am 17. Juni 1977
Gespräche mit der südafrikanischen Regierung in Kapstadt am 1. August 1977,
– Verhandlungen mit der SWAPO-Führung im Exil vom 8. bis 11. August 1977 in New York.

38. Im Gefolge der konzertierten diplomatischen Mission ist insbesondere bei der BRD das Bemühen erkennbar, den Zeitgewinn zugunsten der eigenen Projektplanung zu nutzen. Ähnlich wie die USA, auf deren unlängst veröffentlichte „Arbeitsgrundlage" wir unter Anmerkung 32 bereits verwiesen haben, haben sich auch die bundesrepublikanischen Interessen im Rahmen der westlichen Initiative etwas sorgfältiger auf das künftige politische Engagement in Namibia eingestellt, um sich der zu erwartenden Kräftekonstellation in Namibia frühzeitig anpassen zu können und den geschaffenen „Freiraum" dadurch nicht ungenutzt verstreichen zu lassen.
Dabei bildet eine unlängst verfaßte Studie zur wirtschaftlichen Situation Namibias, erstellt nach Recherchen vor Ort von einem Mitarbeiter des Deutschen Instituts für Entwicklungspolitik (DIE), gegenwärtig die Basis künftiger Gespräche mit den potentiellen Machtträgern eines unabhängigen Namibias. Der Verfasser, Wolfgang Schneider-Barthold, versucht anhand einer wirtschaftlichen Analyse des Territoriums entwicklungspolitische Empfehlungen für die BRD zu formulieren. Dabei entspricht seine Einschätzung in groben Zügen der Position von Wolfgang Thomas. Unsere Kritik an dieser Studie ist insofern bereits im Rahmen des Exkurses in Kapitel 6.1.2. enthalten. Die Arbeit Wolfgang Schneider-Bartholds wird demnächst in der „Schriftenreihe des DIE" erscheinen, sie legt derzeit nur im Manuskript vor.
Darüberhinaus wird gegenwärtig im Bundesgebiet die handlungsbezogene Forschung zum Südlichen Afrika, bislang ein Stiefkind entwicklungspolitischer Planung, intensiviert, um der Bundesregierung und den betroffenen Ministerien langfristig die Verfügbarmachung von Informationen und Entscheidungsgrundlagen zu ermöglichen, um auf dieser Basis entwicklungspolitisch orientierte Hilfsprojekte einer namibischen Regierung anbieten zu können. Damit werden bereits erste Vorbereitungen getroffen, um nach der Unabhängigkeit Namibias mit den künftigen Entscheidungsträgern ins Geschäft zu kommen und auch in einem unabhängigen Namibia unter Regierungsbeteiligung der SWAPO im Lande vertreten zu sein.
Dieser Absicht entspringt auch die Entscheidung, zum 31. Oktober 1977 nun endlich doch noch das Konsulat in Windhoek zu schließen und die Anwendung des Kulturabkommens auf das Territorium der Republik Südafrika zu beschränken. Siehe dazu: Tagesspiegel, Berlin (West), vom 10. September 1977.
Ob sich dadurch die Glaubwürdigkeit der Namibia-Politik der BRD noch grundsätzlich aufbessern läßt, ist höchst zweifelhaft. Zu durchsichtig ist dabei die Absicht, im entscheidenden Stadium des Befreiungskampfes noch ein Wörtchen mitreden zu wollen. Selbst in der westdeutschen Presse wird dieser Schritt nicht anders beurteilt:
„Mit der Schließung des Konsulats will die Regierung . . . sicherstellen, daß sie nach der Unabhängigkeit wieder in Windhuk vertreten sein kann."
Tagesspiegel, Berlin (West), vom 19. Mai 1977

39. „Western spokesmen, who have been under pressure on South Africa and South West Africa at the UN, have said South Africa must help them if they are to con-

tinue to help South Africa." Windhoek Advertiser, 27.4.1977
40. Allgemeine Zeitung, Windhoek, 29.4.1977
41. nach: Allgemeine Zeitung, Windhoek, 28.4.1977
In diesen Punkten werden elementare Forderungen der UNO-Resolution bereits implizit negiert oder übergangen. So wird lediglich die Möglichkeit einer Verlegung der politischen Gefangenen erwähnt, nicht jedoch deren Freilassung. Ebenso findet der umstrittene Status Walvis Bays keine Berücksichtigung. Auch ist eine Beteiligung der UNO an freien Wahlen im Lande nicht gleichbedeutend mit deren Kontrolle.
42. Tatsächlich ist die Erfüllung dieser vagen Zugeständnisse mittlerweile mit Forderungen verknüpft worden, die zu einer derartigen Verwässerung der Kompromisse führt, daß diese keine mehr sind. So konnte der Windhoek Advertiser bereits am 2. Mai 1977 folgende „Erfolgsmeldung" verbuchen:
„South Africa managed to extract from the West an undertaking that they would not press for South Africa's immediate withdrawal from the Territory of South West Africa."
Und noch Ende Juni mußten amerikanische Diplomaten folgende Unstimmigkeiten konstatieren:
„On security, Mr Vorster insists on keeping strong air and land forces in South West Africa/Namibia so long as it is menaced by outside attackers. ... On elections for a constitution-writing assembly, Mr. Vorster has agreed these can be watched by United Nations observers to assure fair play but he has refused to permit the world body to actually supervise the voting." Windhoek Advertiser, 21/6/1977
Beide Punkte stehen in krassem Gegensatz zum Inhalt der UNO-Forderungen, wie sie in der Resolution 385 von 1976 durch den Sicherheitsrat verabschiedet wurden, und auf deren Grundlage die Westmächte ihre Verhandlungsrunde mit Südafrika zu stellen vorgeben. So gibt auch der Advertiser zu bedenken:
„The compromise offer appears to have been accepted by the five Western governments, but it will almost certainly prove tough to sell either to the United Nations as a whole or to Swapo." ebenda
43. Von den etwa 100 000 weißen Siedlern Namibias waren 51 975 zur Stimmabgabe bei dem Referendum berechtigt. Die am 17. Mai zu beantwortende Frage lautete „Sind Sie zugunsten der Einsetzung einer Interimsregierung und der Unabhängigkeit des Gebietes Südwestafrika in Übereinstimmung mit den Grundsätzen, die von der Verfassungskonferenz angenommen worden sind?" Bei einer Wahlbeteiligung von 62 % sprachen sich 95 % der abgegebenen Stimmen dafür aus. Tagesspiegel, Berlin (West), 19.5.1977. Von den 3 467 abgegebenen Stimmen bei einer Zusatzumfrage zum Referendum unter den formal nicht stimmberechtigten weißen Siedlern befürworteten 3 372 die Verfassungsvorlage der Turnhalle, 95 stimmten dagegen und 14 ungültig. Windhoek Advertiser, 23.5.1977
44. Allgemeine Zeitung, Windhoek, 10.5.1977
45. ebenda, 9.5.1977
46a) s. Erklärung des Beobachters der SWAPO bei der UNO vom 12.8.1977 „South Africa's violation of her agreements with the five Western powers on the Security Council."
46b) siehe dazu: Windhoek Advertiser, 18.7.1977
„Through many years the acrobatics and hamfistedness of the distant Pretoria offices – and don't be mistaken that Pretoria ordered the Rehoboth election – have conditioned the close observer to expect anything.
But one would have believed that at least the contact between Mr. Vorster and the envoys of the five Western powers who are members of the Security Council, would have stopped Pretoria from certain ill-considered little ventures in South
47. Windhoek Advertiser, 25.7.1977
48. ebenda, 27.7.1977
49. Kommentar des Windhoek Advertiser vom 21.7.1977
„It is part of the Turnhalle's accelerated pace while at the same time manifesting

that body's, or rather Pretoria's, indifference to the recent Western initiative which appears, the longer one looks at it, as yet another diversionary tactic to hoodwink the flock of sheep." ebenda

50. „It would enable the State President by proclamation to make laws in the Territory and to repeal or amend any legal provision or Act of Parliament insofar as it relates to the Territory or is connected with its administration." Windhoek Advertiser, 14.6.1977

Mit anderen Worten: an den ursprünglichen Machtverhältnissen hat sich durch diese gesetzliche Neuregelung prinzipiell nichts geändert. Lediglich die Trägheit der formalen Prozedur juristischer Änderungen wurde durch flexiblere Arrangements ersetzt.

Siehe dazu auch die Wiedergabe der parlamentarischen Debatte im Windhoek Advertiser vom 13.6.1977, 15.6.1977 und 16.6.1977, sowie die Debatte im Senat in der Berichterstattung vom 20.6.1977.

51. Der Vertreter der UNO war bei Abschluß der Arbeit immer noch nicht offiziell benannt, der amtierende UNO-Kommissar für Namibia, der Finne Marti Ahtisaari, ist jedoch bereits seit längerem im Gespräch für diesen Posten.

52. Die Bedeutung der 1 124 Quadratkilometer großen „Enklave" Walvis Bay, in der etwa 25 000 Menschen wohnen, liegt in dem strategischen und wirtschaftlichen Stellenwert dieses einzigen Tiefseehafens des Territoriums. Siehe zu Walvis Bay speziell: Windhoek Advertiser vom 17.6.1977 und 14.7.1977, AFRICA (London), July 1976, S. 26–29: 'Dispute over Walvis Bay'

53. Siehe dazu: Windhoek Advertiser, 7.7.1977

54. Allgemeine Zeitung, Windhoek, 2.8.1977

Am 1. September 1977 übernahm der südafrikanische Generaladministrator Steyn offiziell sein Amt in Namibia. Zugleich wurden damit der bisherige Administrator van der Walt sowie der „Generalkommissar für die eingeborenen Völker" de Wet abgelöst. Am gleichen Tag übernahm die Kap-Provinz per Dekret offiziell die Verwaltung Walvis Bays. Tagesspiegel, Berlin (West), 2. September 1977

55. „General Geldenhuys is no stranger to South West Africa. He left the Territory in 1973 and at that stage was second-in-command of the Defence Force in South West Africa. ... he is taking over a key post because it is increasingly evident that in the event of military confrontation, South West Africa's northern areas could be one of the major battlefronts." Windhoek Advertiser, 1.8.1977

56. „Apart from commanding South West Africa's Defence Headquarters, a Defence Ministry announcement said General Geldenhuys would at the same time he responsible for the building up of a multiracial South West African Army." ebenda

Wir werden darauf im nächsten Abschnitt nochmals detaillierter eingehen.

57. Allgemeine Zeitung, Windhoek, 29.7.1977

Betroffen von dieser Zensur ist vor allem die Berichterstattung über Symptome der Zerfallserscheinung dieser Siedlergesellschaft, insbesondere Korruption, Wilderei und ähnliche derzeitige Auswüchse, mittels der sich die südafrikanische Besatzungsmacht noch im Endstadium ihrer Kolonialherrschaft individuell zu bereichern versucht.

58. Allgemeine Zeitung, Windhoek, 29.7.1977
59. Allgemeine Zeitung, Windhoek, 29.4.1977

Interessanterweise bezeichnete Mudge in derselben Rede die Zustände in Namibia als „kriegsähnlich".

60. Allgemeine Zeitung, Windhoek, 5.5.1977
61. siehe dazu: Allgemeine Zeitung, Windhoek, 6.5.1977, 9.5.1977 und 10.5.1977
62. ebenda, 9.5.1977
63. „Mr Vorster was said to have given the Ambassadors a hearing merely in order to relay their opinions to the Constitution Commitee. He himself, however, had not committed himself in any way on any issues involving South West Africa. He is alleged to have told the Ambassadors that it was up to the Constitution Committee to decide. ... Mr Vorster apparently promised the five Ambassadors nothing, but

said that he would put their point of view to the Constitution Committee." Windhoek Advertiser, 25.4.1977

64. Daß dieser Formationsprozeß nicht ohne interne Zwistigkeiten abläuft, ist folgenden Hinweisen zu entnehmen:
"The dissidents, or those in apparent disagreement with the formation of such a party, appear to be Chief Clemens Kapuuo, leader of the Herero delegation; Mr A.H. du Plessis, leader of the White delegation; and Mr. A.J.F. Kloppers, leader of the Coloured delegation to the Turnhalle." Windhoek Advertiser, 14.6.1977
"The basis for a Turnhalle united front, which appears to have divided the Constitution Committee into three distinct factions, will also be referred to the Working Committee for its consideration." Windhoek Advertiser, 25.7.1977

65. Während des Haushaltsjahres 1975/76 wurden aus Steuermitteln von staatlicher Seite 986 116 Rand in die Turnhalle investiert. Für das Haushaltsjahr 1977/78 wurde von der Adminstration eine weitere Million Rand für die Aktivitäten der Delegationen bewilligt. Windhoek Advertiser, 8.6.1977

66. Nicht nur, daß die Turnhalle-Delegationen ungehindert politische Veranstaltungen im Nördlichen Namibia abhalten konnten – seit Erlaß der Notstandsverordnungen vor über fünf Jahren für die Opposition in Namibia strikt untersagt –, sie konnten sich darüberhinaus außerdem der Transportmittel des südafrikanischen Kolonialregimes bedienen.
"Man darf gespannt sein, ob bei dem Wahlkampf, der schon begonnen hat, allen teilnehmenden Parteien so großzügig Militärhubschrauber zur Erreichung ihrer Zuhörer zur Verfügung gestellt werden." Allgemeine Zeitung, Windhoek, 23.8.77

67. Der Windhoek Advertiser kritisierte die dabei an den Tag gelegte Selbstherrlichkeit der Turnhalle-Delegierten am 15.7.1977 folgendermaßen:
„. . . here in South West Africa Turnhalle chieftains are going from platform to platform, from braaivleis to braaivleis to tell the credulous that in fact it was the five Western powers who crawled to Cape Town, who begged Mr Vorster for an audience and when that was granted, beseeched him, like a mortal in supplication, to allow them also to speak to the Turnhalle!
South West Africa is told that the Turnhalle compelled the mighty West to bend its knees."

68. siehe dazu: Windhoek Advertiser, 11.5.1977, 3.6.1977 und 23.6.1977
69. Allgemeine Zeitung, Windhoek, 4.8.1977
70. zitiert nach: Allgemeine Zeitung, Windhoek, 17.8.1977
71. „Mit dem Zustandekommen des Farbigenkommandos gibt es jetzt sechs dieser Einheiten in Südwestafrika. Hierbei handelt es sich – die Weißen ausgeschlossen – um die Ovambos, Kavangos, Baster, Damara, Nama und die Farbigen." Allgemeine Zeitung, Windhoek, 17.8.1977
72. Angesichts der Unstimmigkeiten orakelte der Windhoek Advertiser am 14.6.1977: „Turnhalle-Tango Re-Initiated?".
Und Dirk Mudge wählte hinsichtlich der internen Konflikte auf einer Propaganda-Veranstaltung in Rehoboth folgenden Vergleich:
"He said that the people of South West Africa had become like cats in a bag on their way to a river. Although the cats were going to die they still fought amongst each other." Windhoek Advertiser, 1.8.1977
73. Die Revision der Verfassungsgrundlage soll Berichten zufolge der zentralen Regierungsebene mehr Machtbefugnisse zubilligen, das Vetorecht der ethnischen zweiten Regierungsebene abschaffen und getrennte Gemeindeverwaltungen in Frage steltiser, 25.7.1977
"Some delegates are hopeful that if enough changes are made to the draft, other moderate political parties may join them in an alliance." ebenda
74. Allgemeine Zeitung, Windhoek, 25.7.1977
Ähnlich hart geht Gwen Lister, Berichterstatterin in Sachen Politik und neuer-

dings Kolumnistin („As I See It"), mit den burischen Nationalisten ins Gericht:
„It is my belief at this stage, that although the National Party still maintain a rigid control over the Turnhalle, and ostensibly are still in control of South West Africa as a whole – the helm has been taken out of their hands, and the ship is heading towards the rocks. Not even the omnipotent National Party can save it from its fate. ... Whether the National Party breaks ties with the Republic or not – is basically of no concern any longer. Events have by far superceded the National Party, and its favourite hobby – the Turnhalle.

The du Plessis' and the Mudges can no longer be regarded as the men to save the situation. Because what they have lost in credibility in the past, cannot be retrieved.

The Turnhalle was a token gesture, a meaningless institution in a whirlpool of contradictions, both from the side of South Africa, and the National Party.

The National Party can no longer be looked upon to lead South West Africa and its inhabitants to independence and a stable government."
Windhoek Advertiser, 5.8.1977

75. Allgemeine Zeitung, Windhoek, 9.8.1977
76. siehe dazu: Windhoek Advertiser, 29.7.1977
77. „The meeting was convened to discuss two issues: the recruitment of Blacks by the South African Army; and the installation of the second tier governments.
The meeting decided that the first issue was to be rejected because of the contradiction involved. Brothers and sisters could not fight their own people.
On the second issue, the meeting, which was well attended, rejected the homelands in toto.
Mr Kerina Getzen went onto the platform to address the audience but was booed off the stage. He and Mr Apollus were shouted out of the premises as 'sell-outs' and 'Turnhalle supporters'."
Windhoek Advertiser, 27.7.1977
78. „Turnhalle speakers, addressing a chaotic meeting at Khorixas in Damaraland ... were jeered and shouted down as they tried to put their speeches across."
Windhoek Advertiser, 1.8.1977
79. Während dieser Propaganda-Tournee wurden im Nördlichen Namibia innerhalb von neun Tagen zwölf Veranstaltungen inszeniert, denen insgesamt etwa 8 000 Zuhörer beiwohnten. Kritische Zurückhaltung, tumultartige Zwischenfälle und provokante Fragen wurden von den Berichterstattern registriert.
„'Werde ich verfolgt, wenn ich eine Frage stelle?', wollte ein Zuhörer der Versammlung von Oluno von den Turnhallenführern wissen. Diese Frage löste begeisterte Zurufe und Gelächter aus." Allgemeine Zeitung, Windhoek, 18.8.1977
„'Ich freue mich wie eine Katze in einem Haus, in dem ein Rind geschlachtet wird', sagte ein junger Zuhörer, ... denn 'wir haben jetzt so viel über die Taten der SWAPO gehört, jetzt wollen wir etwas über die südafrikanische Wehrmacht erzählen.' Hier wurde der Sprecher von lautem Beifall unterbrochen, ..."
Allgemeine Zeitung, Windhoek, 19.8.1977
80. Eberhard A. Hofmann, „Zum Handeln verpflichtet", Kommentar in der Allgemeine Zeitung, Windhoek, 22.8.1977
81. Allgemeine Zeitung, Windhoek, 2.8.1977
82. „Namibia", Volume 1 Number 1, a.a.O., S. 13
83. zitiert nach: Windhoek Advertiser, 1.8.1977
84. „Vorster Traps the West", in: „Namibia", Volume 1 Number 1, a.a.O., S. 6
85. „SWAPO Opening Statement on Talks on Namibia with the 'Contact Group' of USA, UK, France, West Germany and Canada", published by the SWAPO Observer Mission to the United Nations, New York (ohne Datum)
86. Am 30. Mai 1977 wurde Philemon Nangolo in Windhoek hingerichtet. Nangolo, der im vergangenen Jahr als Befreiungskämpfer bei der Durchführung militärischer Aktionen im Lande gestellt und bei seiner Verhaftung zum Krüppel geschossen wurde, mußte an den Rollstuhl gelähmt zur Hinrichtung gefahren werden. Siehe dazu: „Vorster Hangs Paralysed Namibian", Press Release, South West Africa

People's Organisation, Department of Information, London, No. L/8/77/60. 30th May 1977.
Ebenfalls am 30. Mai 1977 wurde der amtierende SWAPO-Präsident Nathaniel Maxuilili für weitere fünf Jahre mit einer Bannverfügung belegt, die ihn in Walvis Bay unter Hausarrest stellt. Siehe dazu: Windhoek Advertiser, 2.6.1977.
Am 15. Juli 1977 verurteilte das Windhoeker Obergericht vier Mitglieder der SWAPO, von denen zwei angeblich als ausgebildete Guerillas in das Land zurückgekehrt waren, die anderen zwei sich angeblich ihrer wissentlichen Unterstützung im Lande schuldig machten, zu hohen Haftstrafen. Sie waren unter dem berüchtigten „Terroristen-Gesetz" angeklagt, die Staatsanwaltschaft hatte für alle vier Beschuldigten die Hinrichtung gefordert. Benjamin Uulenga wurde zu 15 Jahren Haft verurteilt, Ruben Itengula zu 12 Jahren, Michael Shikongo zu 5 Jahren und Lazarus Guiteb zu 8 Jahren. Siehe dazu: Windhoek Advertiser, 18.7.1977
87. zitiert nach: Windhoek Advertiser, 1.8.1977
88. Statement made by Pastor Zephania Kameeta at a Reception at the Zambian High Commission, Friday 26th August 1977, on the 11th Anniversary of Namibia Day, published by SWAPO, Department of Information, London.
89. Zitiert aus der Presseerklärung des amtierenden nationalen Vorsitzenden der SWAPO, D.T. Tjongarero, am 17.6.1977 in Windhoek, in deutscher Übersetzung nach: „SWAPO nimmt Stellung zu den Verhandlungen zwischen Westmächten und Südafrika", in: informationsdienst südliches afrika, 7–8/77, Juli–August, S. 40 und 41
90. ebenda, S. 41
91. Erklärung der Informationsabteilung der SWAPO vom 28. Juni 1977, ebenda, S. 42
92. siehe dazu im folgenden: „SWAPO's Proposals for a Negotiated Settlement in Namibia", confidential circular, dated 24th July 1977, Lusaka/Zambia
93. Tagesspiegel, Berlin (West), 13.8.1977
94. „Namibia", Volume 1 Number 1, a.a.O., Seite 6
95. ebenda
96. „SWAPO Opening Statement ...", a.a.O.
97. zitiert nach: Allgemeine Zeitung, Windhoek, 21.6.1977
98. Erste konkrete Anzeichen der von individuellen Eigeninteressen bestimmten Dynamik der ethnischen Stammesdelegationen bei der Turnhalle-Konferenz ließen sich bereits im Endstadium der Erarbeitung der Verfassungsgrundlage feststellen. Eine Broschüre des Namibia Support Committee bemerkt dazu:
„... the Turnhalle represents a picture of considerable confusion and appears to be dissolving into tribal squabbles. An impression of consensus on the draft constitution for the interim government has been built up by simply shelving all the controversial issues for the time being, that 'all this can be sorted out once the interim government has been set up'. ... the Turnhalle delegations are now each desperately trying to strengthen their own ethnic power bases at the expenses of others."
„Turnhalle: South Africa's neocolonial solution for Namibia", published by the Namibia Support Committee, London, March 1977, S. 7
Durch eine solche Verschiebetaktik lassen sich keine Widersprüche lösen. Sie werden statt dessen unter dem Deckmantel der gemeinsamen friedlichen Anstrengungen um eine Unabhängigkeit Namibias lediglich in einer Form ausgetragen, die langfristig nur zu einer Verschärfung der internen Fraktionierung beiträgt.
99. Dies verdeutlicht auf treffende Weise ein Argument von Helmut Bley:
„Ein Verzicht der USA auf Manipulierung der Struktur künftiger Regierungen im südlichen Afrika im Vertrauen auf die strukturelle Überlegenheit des Westens auf dem Weltmarkt würde vom internationalen System her gesehen den Kreis der Lösungsmöglichkeiten deutlich erweitern."
Helmut Bley, „Politische Probleme um Namibia ...", a.a.O., S. 266
Weitaus massiver und gefährlicher noch sind die von ihm im gleichen Zusammen-

hang geäußerten Überlegungen hinsichtlich der SWAPO:
„Die SWAPO ist unabhängig vom aktuellen Organisationsstand, den ideologischen Richtungsfragen und dem Grad der militärischen Präsenz in Namibia ein Mythos für Unabhängigkeit und Abwendung aller Beschwernisse, die die afrikanische Mehrheit belasten, . . .
Sicherlich ist dieser Mythos nicht unsterblich. So könnte er sich z.B. durch eine weitreichende Lösung der Verfassungsfrage, die die Partei dennoch hindert, sich an echten Wahlen – ausgeschrieben durch eine Interimsregierung – zu beteiligen bei Fortsetzung des Guerilla-Krieges, wegen des Verzichts auf Partizipation abschwächen."
ebenda, S. 266 und 267
Bleys Aufsatz wird unter diesem Gesichtspunkt zu einer höchst interesanten Studie aufgeklärter imperialistischer Forschung, aus der Empfehlungen für den politischen Bereich resultieren, dank denen der Versuch neokolonialer Lösungsmöglichkeiten sich beträchtlich erweitert. Die Verfasser dieser Arbeit allerdings hoffen, daß sie dies durch ihre Analyse nicht getan haben.

BIBLIOGRAPHIE

1. Amtliche Quellen

Bulletin Presse- und Informationsamt der Bundesregierung, Bonn

Bundesgesetzblatt, Bundesminister der Justiz, Bonn

Deutscher Bundestag, Verhandlungen, Protokolle, Drucksachen, Bonn

„Die Bundesrepublik Deutschland, Mitglied der Vereinten Nationen", Eine Dokumentation, Stand Januar 1977, i.A. des Presse- und Informationsamtes der Bundesregierung, Bonn

Note der Bundesregierung an den Generalsekretär der Vereinten Nationen betreffend Namibia vom 24.5.1974

Presse- und Informationsdienst der Bundesregierung, Pressedokument, Material für die Presse Nr. 2012B vom 24.11.1976, Pressearchiv Bonn

South Africa, Official Yearbook of South Africa, first edition, Government Printer, Johannesburg 1974

„Staatkundige Beraad van Suidwes-Afrika", gedruk deur Citadel-Pers, Lansdowne, Kaap, o.O.o.J. (Windhoek, Juli 1976)

State of South Africa, Economic, Financial and Statistical Year Book for the Republic of South Africa, Government Printer, Johannesburg 1976

2. Halbamtliche (offiziöse) Quellen

Minilexikon Südwestafrika, herausgegeben von der Informationsabteilung der Südafrikanischen Botschaft in der BRD, Köln 1973

„S.W.A. Handbook/Handboek/Handbuch 1967", edited by Georg O.J. Schmid, published by South West Agency Co. (Pty.) Ltd., printed by John Meinert, Windhoek 1966/67

SWAPO of Namibia – Publikationen und Dokumente:
Memorandum der Informationsabteilung der SWAPO für die Information von Regierungen, nationalen und internationalen Organisationen, in deutscher Übersetzung abgedruckt in: „informationsdienst südliches afrika", Nr. 1/2, Bonn, Januar/Februar 1977

Papers and Reports presented to the enlarged SWAPO Central Committee Meeting, Lusaka/Zambia, July 1976
- Report of the Findings and Recommendations of the John Ya Otto Commission of Inquiry into Circumstances which led to the Revolt of SWAPO Cadres between June, 1974 and April, 1976, submitted 4 June, 1976
- Constitution
- Political Programme
- The South West Africa People's Organisation (SWAPO): Its Historic Roots, Policy and Programme
- SWAPO, Present and Future Task

Press Statements and Releases by SWAPO of Namibia, Department of Information and Publicity, London

The Constitution of Independent Namibia, Discussion Paper (4th Revise), presented by SWAPO of Namibia, o.J. (September 1975)

The Namibian Documentation 1, o.O. o.J., printed in the German Democratic Republic

The Namibian Documentation 2, o.O. o.J., printed in the German Democratic Republic

Vereinte Nationen – Publikationen und Dokumente:
„A Principle in Torment – III. The United Nations and Namibia", New York 1971
„Ein veruntreutes Pfand: Namibia", Informationsdienst, New York 1975
„Foreign Investment in Namibia", United Nations Council for Namibia (75–04859), submitted September 1974 by Barbara Rogers, published New York, 5 March 1975
Report of the United Nations Council for Namibia, Volume I and II, covering the period from 12 October 1974 to 12 September 1975, General Assembly, Official Records: Thirtieth Session, Supplement No. 24 (A/10024), New York 1976

3. Monographien

Ansprenger, Franz: Die Befreiungspolitik der Organisation für Afrikanische Einheit (OAU) 1963 bis 1975, Studien zum Konflikt im Südlichen Afrika, Entwicklung und Frieden, Wissenschaftliche Reihe 8, herausgegeben von Franz Ansprenger und Ernst-Otto Czempiel, Verlag Kaiser/Grünewald, München/Mainz 1975

Ders.: Der Schwarz-Weiß-Konflikt in Afrika, Reihe Entwicklung und Frieden, herausgegeben von der Wissenschaftlichen Kommission des Katholischen Arbeitskreises für Entwicklung und Frieden, Verlag Kaiser/Grünewald, München/Main 1971

Ballinger, Ronald B.: South-West Africa. The Case Against the Union, South African Institute of Race Relations, Johannesburg 1961

Banghart, Peter D.: Migrant Labour in South West Africa and its Effects on Ovambo Tribal Life, M.A. Thesis (Anthropology), University of Stellenbosch, December 1969 (unveröffentlicht)

Baumgart, Winfried: Der Imperialismus, Wiesbaden 1975

Bley, Helmut: Kolonialherrschaft und Sozialstruktur in Deutsch-Südwestafrika 1894–1914, Leibniz-Verlag, Hamburg 1968

Bochow, Michael: Die Relevanz der neueren marxistischen Faschismus-Theorie für politikwissenschaftliche Untersuchungen des südafrikanischen Apartheid-Systems, Diplomarbeit im Fachbereich Politische Wissenschaft der Freien Universität Berlin, Frühjahr 1971 (unveröffentlicht)

Brett, E.A.: Colonialism and Underdevelopment in East Africa. The Politics of Economic Change 1919–1939, Nairobi 1973

Cabral, Amilcar: Die Revolution der Verdammten – Der Befreiungskampf in Guinea-Bissao, Rotbuch Verlag, Berlin (West) 1974

Clauß, Rainer: Reaktionen auf Kolonialismus und Imperialismus – Untersuchung der Völker Namibias, Inaugural-Dissertation zur Erlangung des Doktorgrades des Fachbereichs Philosophie und Sozialwissenschaften der Freien Universität Berlin, 1976 (unveröffentlicht)

Cockram, Gail-Maryse: South West African Mandate, Juta and Company Ltd., Cape Town/Wynberg/Johannesburg 1976

Czaya, Eberhard: Achse zum Kap – Das Bündnis zwischen Bonn und Südafrika, Dietz Verlag, Berlin (DDR) 1964

Decke, Bettina: Industrialisierung und Herrschaft in Südafrika, Luchterhand Typskript, Hermann Luchterhand Verlag, Neuwied und Berlin, 1972

Decke, Bettina/Tüllmann, Abisag: betrifft: Rhodesien – Unterdrückung und Widerstand in einer Siedlerkolonie, edition mega, megapress, Frankfurt/Main, Februar 1974

Evers, Tilman: Unterentwicklung und Staat – Elemente einer Theorie des Staates im peripheren Kapitalismus, Diskussionspapier (unveröffentlichtes Manuskript), Berlin (West) 1975

Fanon, Frantz: Aspekte der Algerischen Revolution, edition suhrkamp, Suhrkamp Verlag, Frankfurt/Main 1969

Ders.: Die Verdammten dieser Erde, rororo aktuell, Rowohlt Verlag, Reinbek bei Hamburg, Mai 1969

Fehr, Eugen: Namibia – Befreiungskampf in Südwestafrika, Laetare/Imba, Reihe: Stichwörter zu Afrika, Freiburg/Schweiz 1973

First, Ruth: South West Africa, Penguin African Library, Harmondsworth 1963

Gäng, Peter/Reiche, Reimut: Modelle der kolonialen Revolution, Beschreibung und Dokumente, edition suhrkamp, Suhrkamp Verlag, Frankfurt/Main 1967

Gibson, Richard: African Liberation Movements – Contemporary Struggles Against White Minority Rule, Oxford University Press, London/Oxford/New York 1972

Goldblatt, Israel: History of South West Africa – from the beginning of the nineteenth century, Juta and Company Ltd., Cape Town/Wynberg/Johannesburg 1971

Hahn, C.H.L./Vedder, H./Fourie, L.: The Native Tribes of South West Africa, first edition 1928, new impression Frank Cass & Co. Ltd., London 1966

Horrell, Muriel: Legislation and Race Relations, revised edition, South African Insitute of Race Relations, Johannesburg 1971

Dies.: South-West Africa, South African Institute of Race Relations, Johannesburg 1967

International Labour Office (ed.): Labour and Discrimination in Namibia, compiled by Neville Rubin, ILO Publications, Genf 1977

Jenny, Hans: Südwestafrika – Land zwischen den Extremen, Kohlhammer Verlag, Stuttgart 1966

Kühne, Horst: Faschistische Kolonialideologie und Zweiter Weltkrieg, Dietz Verlag, Berlin (DDR) 1962

Lenin, W.J.: Die Ergebnisse der Diskussion über die Selbstbestimmung. In: WERKE Band 22

Lenssen, H.E.: Chronik von Deutsch-Südwestafrika 1883–1915, Verlag der S.W.A. Wissenschaftlichen Gesellschaft, Windhoek 1972

Linhard, José/Voll, Klaus (Hrg.): Weltmarkt und Entwicklungsländer, Berliner Studien zur Internationalen Politik, Schriftenreihe Band 1, Schindele-Verlag, Rheinstetten 1976

Loth, Heinrich: Die christliche Mission in Südwestafrika – Zur destruktiven Rolle der Rheinischen Missionsgesellschaft beim Prozess der Staatsbildung in Südwestafrika (1842–1893), Akademie Verlag, Berlin (DDR) 1963

Lüthy, Herbert: In Gegenwart der Geschichte, Köln/Berlin 1967

Marx, Karl: Das Kapital, Erster Band, Berlin (DDR) 1972

Ders.: Grundrisse der Kritik der Politischen Ökonomie, Europäische Verlagsanstalt Frankfurt/Main und Europa Verlag Wien, o.J.

Ders.: Marx-Engels-Werke, Band 25, Berlin (DDR) 1973

Mercer, Dennis: Breaking Contract – The Story of Vinnia Ndadi, Life Histories from the Revolution, Namibia/SWAPO 1, recorded and edited by Dennis Mercer, published by the Liberation Support Movement, Information Centre, LSM Press, Richmond/

Canada 1974

Morris, Michael: Armed Conflict in Southern Africa, Jeremy Spence, Cape Town 1974

Müller, Fritz Ferdinand: Kolonien unter der Peitsche, Rütten & Loening, Berlin (DDR) 1962

Murray, Roger/Morris, Jo/Dugard, John/Rubin, Neville: The Role of Foreign Firms in Namibia, Studies on External Investment and Black Workers Conditions in Namibia, Study Project on External Investment in South Africa and Namibia, Uppsala 1974

Nachtwei, Winfried: Namibia − Vcn der antikolonialen Revolte zum nationalen Befreiungskampf, Verlag Jürgen Sendler, Mannheim 1976

Nkrumah, Kwame: Axioms of Kwame Nkrumah, Freedom Fighters Edition, PanAf Books, new and enlarged edition, London 1969

Ders.: Class Struggle in Africa, PanAf Books, London 1970

Ders.: Handbook of Revolutionary Warfare, PanAf Books, London 1968

Nussbaum, Manfred: Vom 'Kolonialenthusiasmus' zur Kolonialpolitik der Monopole − Zur deutschen Kolonialpolitik unter Bismarck, Caprivi, Hohenlohe, Akademie Verlag, Berlin (DDR) 1962

O'Linn, Bryan: Die Toekoms van Suidwes-Afrika gebou op die Werklikheid, Verenigde Pers Beperk, Windhoek o.J. (März 1974)

Ders.: Die Zukunft Südwestafrikas in realistischer Sicht, erweiterte und modernisierte Fassung des afrikaansen Originals, John Meinert (Pty.) Ltd., Windhoek o.J. (Ende 1975)

Pendleton, Wade C.: Katutura: A Place Where We Do Not Stay, San Diego University Press, 1974

Peters, Carl: Gesammelte Schriften, herausgegeben von W. Frank, Band 1, Berlin 1943

Rode, Reinhard: Die Südafrikapolitik der Bundesrepublik Deutschland 1968−1972, Studien zum Konflikt im Südlichen Afrika, Entwicklung und Frieden, Wissenschaftliche Reihe 7, herausgegeben von Franz Ansprenger und Ernst-Otto Czempiel, Verlag Kaiser/Grünewald, München/Mainz 1975

Rodney, Walter: How Europe Underdeveloped Africa, Bogle-L'Ouverture Publications/ Tanzania Publishing House, London/Dar es Salaam 1972

Rogers, Barbara: White Wealth and Black Poverty − American Investments in Southern Africa, Greenwood Press, Westport/London 1976

Sartre, Jean-Paul: Kolonialismus und Neokolonialismus, Rowohlt Verlag, Reinbek bei Hamburg 1968

Scheer, Maximilian: Schwarz und Weiss am Waterberg − Südwestafrika heute und gestern, Petermänken-Verlag, Schwerin 1961

Schmitt-Egner, Peter: Kolonialismus und Faschismus − Eine Studie zur historischen und begrifflichen Genesis faschistischer Bewußtseinsformen am deutschen Beispiel, Verlag Andreas Achenbach, Giessen/Lollar 1975

Schneider-Barthold, Wolfgang: Grundlagen, Engpässe und Bedingungen der wirtschaftlichen Unabhängigkeit Namibias. Entwurf (mimeo), Deutsches Institut für Entwicklungspolitik, Berlin (West) 1977

Serfontein, J.H.P.: Namibia?, Fokus Suid Publishers, Randburg 1976 und Rex Collings, London 1976

Stalin, J.W.: Der Marxismus und die nationale und koloniale Frage, Verlag Rote Fahne, Köln 1976

Stals, E.L.P.: Die Aanraking tussen Blankes en Ovambo's in Suid-wes-Afrika 1850–1915, Proefskrif vir die graad van Doktor in die Wysbegeerte aan die Universiteit van Stellenbosch, August 1967 (unveröffentlicht)

Tötemeyer, Gerhard: Die Rol van die Wambo-Elites in die politieke ontwikkeling van Owambo, Dissertationsschrift, Universiteit van Stellenbosch, November 1974 (unveröffentlicht)

Vedder, Heinrich: Das alte Südwestafrika, Erstausgabe 1934 im Martin Warneck Verlag, Berlin. Erste und zweite Neuauflage im Offsetdruck, Verlag der S.W.A. Wissenschaftlichen Gesellschaft, Windhoek 1973

Ders.: Zur Vorgeschichte der eingeborenen Völkerschaften von S.W.A., Sonderveröffentlichung Nr. 3, S.W.A. Wissenschaftliche Gesellschaft, Windhoek 1965

Vries, Johannes Lukas de: Sending en Kolonialisme in Suidwes-Afrika. Die Invloed van die Duitse Kolonialisme op die sendingwerk van die Rynse Sendinggenootskap in die vroeere Duits-Suidwes-Afrika (1880–1914/1918), Dissertationsschrift, Brüssel 1971, (unveröffentlicht)

Weber, Otto von: Geschichte des Schutzgebietes Deutsch-Südwest-Afrika, erschienen im Selbstverlag, Windhoek o.J.

Wehler, Hans-Ulrich: Bismarck und der Imperialismus, dtv Wissenschaftliche Reihe, Deutscher Taschenbuchverlag, 4. Auflage, München, Mai 1976

Weinberger, Gerda: An den Quellen der Apartheid, Akademie Verlag, Berlin (DDR) 1975

Woronoff, John: Organizing African Unity, Methuen, N.J., 1970

4. Beiträge in Sammelbänden, Zeitschriftenaufsätze; Broschüren und andere Publikationen

Barratt, John: The Political Outlook in Southern Africa, in: The South African Institute of International Affairs, Vol. 8 No. 3, 1976

Baumann, J.: Einfluß und Bedeutung der Mission für die zivilisatorische Entwicklung der Eingeborenen Südwestafrikas, in: Die Ethnischen Gruppen in Südwestafrika, Wissenschaftliche Forschung in Südwestafrika (3. Folge), herausgegeben anläßlich des 40jährigen Jubiläums der S.W.A. Wissenschaftlichen Gesellschaft vom Vorstand, Windhoek o.J. (1965), Seite 73–84

Baumgärtner, Hans: Namibia – Ein Land sucht die Zukunft, Sender Freies Berlin, Drittes Programm, Sendung vom 5. September 1974, Rundfunkmanuskript

Ders.: Namibia zwischen den Fronten – Neues Aufmarschgebiet gegen Angola, in: 3. welt magazin, doppelheft 1/2, januar-februar 1976, Seite 33–38

Bley, Helmut: Politische Probleme um Namibia seit Ablaufen des Sicherheitsrats-Ultimatums vom 31.8.1976, in: Afrika Spektrum, herausgegeben vom Institut für Afrika-Kunde, Hamburg, Nr. 3/76, Seite 255–273

Brandt, J.W.: Oor Mynwese in die ou Suidwes, in: Die Ethnischen Gruppen in Südwestafrika, Wissenschaftliche Forschung in Südwestafrika (3. Folge), herausgegeben anläßlich des 40jährigen Jubiläums der S.W.A. Wissenschaftlichen Gesellschaft vom Vorstand, Windhoek o.J. (1965), Seite 15–22

Bruwer, J.P. van S.: Die Khoisan- en Bantoebevolking van Suidwes-Afrika, in: Die Ethnischen Gruppen in Südwestafrika, Wissenschaftliche Forschung in Südwestafrika (3. Folge), herausgegeben anläßlich des 40jährigen Jubiläums der S.W.A. Wissenschaftlichen Gesellschaft vom Vorstand, Windhoek o.J. (1965), Seite 45–72

Clarence-Smith, W.G./Moorsom, R.: Underdevelopment and Class Formation in Ovamboland, 1845–1915, in: Journal of African History, Vol. XVI, No. 3, 1975, Seite 365–381

Cornevin, Robert: The Germans in Africa Before 1918, in: L.H. Gann/Peter Duignan (ed.), Colonialism in Africa 1870–1960, Volume 1, The History and Politics of Colonialism 1870–1914, Cambridge University Press, London/New York 1969, Chapter 12, Seite 383–419

Dekker/Hemson/Kane-Berman/Lever/Schlemmer: Case Studies in African Labour Action in South West Africa, in: The African Review, Special Issue on Southern Africa, Volume 4 No. 2, Dar es Salaam/Nairobi 1974, Seite 205–236

Emmanuel, Arghiri: White Settler Colonialism and the Myth of Investment Imperialism, in: New Left Review, No. 73, May and June 1973

Ensor, Linda: The Problems of African Labour Union, in: South African Labour Bulletin edited by the Institute for Industrial Education, Durban, Volume 1 No. 2, April 1974

Ermacora, Felix: Flogging in Namibia, in: Dakar International Conference on Namibia and Human Rights: Past and Future, human rights journal, International and Comparative Law, Volume IX No. 2–3, published by the International Institute of Human Rights, Strasbourg 1976, Seite 354–379

Evangelische Akademie Bad Boll, Pressestelle (Hrg.): Die Zukunft Namibias und die Kirchen, Bericht einer Tagung vom 3. bis 5. Oktober 1975, Protokolldienst 1/76

Farsoun, Samih: Siedlerkolonialismus und 'Herrenvolkdemokratie', in: Israel-Südafrika, Kooperation imperialistischer Vorposten, Sonderbeilage, 3. welt magazin, Heft 5–7, Bonn, Mai–Juli 1976, Seite XI–XVI

Ferreira, Edouardo de Sousa: Namibia (Südwestafrika): Deutsche Kolonie – Mandat Südafrikas – Beute des internationalen Kapitals, in: Neues Rotes Forum, Nr. 2/71, Heidelberg 1971, Seite 4–17

Financial Mail (ed.): Desert Deadlock – South West Africa, Financial Mail Special Survey, Johannesburg, March 2, 1973

Fraenkel, Peter: The Namibians of South West Africa, Minority Rights Group, Report No. 19, revised edition, London, July 1974

Galtung, Johan: Eine strukturelle Theorie des Imperialismus, in: Dieter Senghaas (Hrg.), Imperialismus und strukturelle Gewalt, edition suhrkamp, Suhrkamp Verlag, Frankfurt/Main 1972, Seite 29–104

Gann, L.H.: Economic Development in Germany's African Empire, 1884–1914, in: L.H. Gann/Peter Duignan (ed.), Colonialism in Africa 1870–1960, Volume 4, The Economics of Colonialism, Cambridge University Press, London/New York 1975, Chapter 6, Seite 213–255

Gebhardt, Bettina: The Socio-Economic Status of Farm Labourers in SWA/Namibia, SALDRU Farm Labour Conference, September 1976, Paper No. 48, School of Economics, University of Cape Town

Geers, Maria/Ramhorst, Elke: Südafrikas Politik in Namibia, Akafrik-Report 3 & 4, Bielefeld 1972

Good, Kenneth: Settlercolonialism: Economics Development and Class Formation, in: The Journal of Modern African Studies, Cambridge University, London, 14.4.1976

Gordon, Robert: A Note on the History of Labour Action in Namibia, in: South African Labour Bulletin, edited by the Institute for Industrial Education, Durban, Volume 1 No. 10, April 1975, Seite 7–17

Grohs, Gerhard: Theorien der Revolution in der Dritten Welt, in: Das Argument, Nr. 59, 12. Jhrg., November 1970, Heft 7/8, Seite 556–573

Ders.: Zur Soziologie und Sozialpsychologie kolonialer Abhängigkeitsverhältnisse, in: Danckwortt/Galtung u.a., Internationale Beziehungen. Ein Gegenstand der Sozialwissenschaften, Europäische Verlagsanstalt, Frankfurt/Main 1966, Seite 65–84

Groth, Siegfried: Mission und Kolonialismus am Beispiel Namibias, Referat anläßlich der Tagung Mission und Kolonialismus vom 10.11. bis 12.11.1972 in der Akademie Arnoldshain, in: epd Dokumentation, Nr. 13/73, Frankfurt/Main, 30. März 1973, Seite 18–25

Group Solidarity London: Dritte Welt: Nationale Befreiungsbewegung oder Sozialismus? in: Schwarze Protokolle, Nr. 7, Berlin (West), Januar 1974, Seite 44–48

Gustafsson, Bo: Versuch über den Kolonialismus, in: Kursbuch 6, Suhrkamp Verlag, Frankfurt/Main, Juli 1966, Seite 86–135

Hamutenya, Hidipo/Geingob, Gottfried: African Nationalism in Namibia, in: Christian Potholm/Richard Dale (ed.), Southern Africa in Perspective – Essays in Regional Politics, The Free Press, New York/London 1972, Seite 85–94

Iliffe, John: The Herero and Nama Risings: South West Africa, 1904–7, in: Aspects of South African History (mimeo), edited by G. Kibodya, Institute of Education, University College, Dar es Salaam o.J., Chapter 6, Seite 95–111

International Defence & Aid Fund (Hrg.): All Options and None – The Constitutional Talks in Namibia, fact paper on Southern Africa, No. 3, London, August 1976

Kane-Berman, John: Contract Labour in South West Africa, South African Institute of Race Relations, RR.30/72 (mimeo), Johannesburg, April 1972

Krippendorff, Ekkehard: Zum Imperialismus-Begriff, in: Probleme der internationalen Beziehungen, herausgegeben von Ekkehard Krippendorff, edition suhrkamp, Suhrkamp Verlag, Frankfurt/Main 1972, Seite 177–203

Kum' A N' Dumbe, Alexandre: Hitler-Deutschland und die Union von Südafrika: Freundschaft oder Feindschaft?, unveröffentlichtes Manuskript – erschienen in französich: Hitler, l'Afrique du Sud et la menace impérialiste. Les relations secrètes entre Hitler et l'Afrique du Sud, Documents historiques, Paris 1973. Sonderdruck aus: Les Temps Modernes, 29e année, No 327, Octobre 1973

Lacheraf, M.: Die verschiedenen Formen der Kolonialherrschaft und ihr sozio-kultureller Einfluß auf die Kolonial- oder Entwicklungsländer, in: issa Wissenschaftliche Reihe Nr. 3, Bonn 1976

Landis, Elizabeth S.: Human Rights in Namibia, Document prepared for International Conference on Namibia and Human Rights, Dakar 5–8 January 1976, published by the International Institute of Human Rights, No. 75–24975, in: Dakar International Conference on Namibia and Human Rights: Past and Future, human rights journal, International and Comparative Law, Volume IX, No. 2–3, published by the International Institute of Human Rights, Strasbourg 1976, Seite 283–339

Lazar, Leonard: Namibia – Ill fares the Land . . . , published by The Mandate Trust of The Africa Bureau, London 1972

Lee, Franz John Tennyson: Internationales Kapital in Namibia, in: Forum E – Zeitschrift für Theorie und Praxis Transnationaler Politik, Junge Europäische Föderalisten (Hrg.), Bonn, Nr. 1/1975, Seite 62–64

Leistner, G.M.E.: South West Africa's Economic Bonds with South Africa, in: Anthony Lejeune (ed.), The Case FOR South West Africa, Tom Stacey Ltd., London 1971, Appendix C, Seite 213—223

Lissner, Jorgen (ed.): Namibia 1975 — Hope, Fear and Ambiguity, Lutheran World Federation, Department of Studies, Genf, Februar 1976

Mudge, Dirk F.: The Poltiical Future of South West Africa, paper presented at the Summer School, University of Cape Town, 14 February 1975 (mimeo)

Murray, Roger: Poltiical Prisoners, Detainees and Police Repression in Namibia, published by Southern Africa — the imprisoned society, London, May 1974

namibia 76 — Menschenrechte außer Kraft. Eine Dokumentation, herausgegeben von der Arbeitsgemeinschaft der Evangelischen Jugend (AEJ) und dem Bund der Deutschen Katholischen Jugend (BDKJ), Stuttgart/Düsseldorf 1976

Narr, Wolf-Dieter: Imperialismus als Innenpolitik, Rezesnsion zu Hans-Ulrich Wehler: Bismarck und der Imperialismus, in: Neue Politische Literatur, XV. Jahrgang, Europäische Verlangsanstalt, Frankfurt/Main 1970, Seite 199—212

Nikolinakos, Marios: Notes on an Economic Theory of Racism, in: Race and Class, Volume XIV, No. 4, April 1973

O'Connor, James: Die Bedeutung des ökonomischen Imperialismus, in: Dieter Senghaas (Hrg.), Imperialismus und strukturelle Gewalt, edition suhrkamp, Suhrkamp Verlag, Frankfurt/Main 1972, Seite 123—186

Ökumenische Projektgruppe Namibia-Woche (Hrg.): namibia — Menschenrechte außer Kraft. Dokumentation, Hamminkeln 1975

Dies.: namibia Studienheft, Dingden 1975

Ökumenischer Rat der Kirchen (Hrg.): Namibia — Der Kampf um Freiheit, Genf, November 1971

Prinsloo, Dan: SWA: The Turnhalle and Independence, FAA Study Report, No. 4, November 1976, o.O.

pro africa e.V. (Hrg.): Aktion Namibia Farm. Ein Beitrag zur Befreiung Namibias, pro africa project papers, Giessen o.J. (mimeo)

Rogers, Barbara: Namibia's Uranium — Implications for the South African Occupation Regime (mimeo), June 1975, o.O.

Ropp, Klaus Frhr. von der: Das veränderte Kräftespiel im Süden Afrikas, in: Außenpolitik, Hamburg, 26. Jahrgang, 1. Quartal 1975, Heft 1, Seite 56—72

Ders.: Das Südliche Afrika nach Portugals Rückzug, in: Außenpolitik, Hamburg, 27. Jahrgang, 1. Quartal 1976, Heft 1, Seite 80—97

Schimming, Nora: Die Befreiungsbewegungen von Süd-West-Afrika, in: tam tam, Aktuelles Afrika Archiv Nr. 1/72, Köln 1972

Schmitt-Egner, Peter: Wertgesetz und Rassismus. Zur begrifflichen Genesis kolonialer und faschistischer Bewußtseinsformen, in: Gesellschaftliche Beiträge zur Marxschen Theorie 8/9, edition suhrkamp, Suhrkamp Verlag, Frankfurt/Main 1976

Schneider-Barthold, Wolfgang: Die deutsche Südafrika-Politik aus wirtschaftlicher Sicht, afrika spectrum Sonderdruck, Institut für Afrika-Kunde, Hamburg, 11. Jahrgang Nr. 76/3

Stuebel, Heinrich: Die Entwicklung des Nationalsozialismus in Südwestafrika, in: Vierteljahreshefte für Zeitgeschichte, herausgegeben von Hans Rothfels und Theodor Eschenburg, Deutsche Verlagsanstalt Stuttgart, 1. Jahrgang 1953, 2. Heft/April, Seite 170—176

The Namibia Support Committee (publ.): Turnhalle: South Africa's Neo-Colonial Solution for Namibia, London, March 1977

Thomas, Wolfgang: The Economic Implications of Indepence for South West Africa, in: Die Toekoms van Suidwes-Afrika – 'n oop Gesprek, saamgestel deur Ewert Benade´, Windhoek, Februarie 1976, Seite 15–20

Ders.: The Economy of South West Africa: An Overall Perspective, School of Economics, University of Cape Town, January 1975 (mimeo)

Tibi, Bassam: Kolonialherrschaft, Antikolonialismus und Deokolonisation, in: Neue Politische Literatur, XV. Jahrgang, Europäische Verlagsanstalt, Frankfurt/Main 1970, Seite 507–532

Tötemeyer, Gerhard: Ovamboland im Übergang: Entwicklung vom Traditionalismus zum Verfassungsstaat, in: Afrikanischer Heimatkalender 1971, herausgegeben von O. Milk, Windhoek 1971, Seite 123–155

Vigne, Randolph: A dwelling place of our own. The Story of the Namibian nation, International Defence and Aid Fund, London 1973

Voipio, Rauha: Kontrak – soos die Owambo dit sien, uitgegee deur die Evangeliese Lutherse Owambokavangokerk en die Evangeliese Lutherse Kerk in Suidwes-Afrika (Rynse Sendingkerk), o.O. o.J. (Karibib/Oniipa, Januar 1972)

Wege, Fritz: Die Anfänge der Herausbildung einer Arbeiterklasse in Südwestafrika unter der deutschen Kolonialherrschaft, in: Jahrbuch für Wirtschaftsgeschichte, 1971/ I, Seite 201–218

Wilson, Francis: Present and Future Aspects of SWA'S Economy – A Challenge to Her Christians, lecture delivered in Windhoek on the 1st September 1975, published by The Christian Centre in SWA (mimeo)

Wolff, Richard, D.: Der gegenwärtige Imperialismus in der Sicht der Metropole, in: Dieter Senghaas (Hrg.), Imperialismus und strukturelle Gewalt, edition suhrkamp, Suhrkamp Verlag, Frankfurt/Main 1972, Seite 187–200

5. Zeitschriften und Jahrbücher

Afrika Kämpft, Afrika-Komitee, Berlin (West)

Africa Research Bulletin, London

amandia, mandblad over zuidelijk afrika, uitgave van Boykot Outspan Aktie, Komitee Zuidelijk Afrika (Angola Comite) en Werkgroep Kairos, eerste jaargang 1977, Amsterdam

A Survey of Race Relations in South Africa, compiled by Muriel Horrell et alia, South African Institute of Race Relations, Johannesburg, Volume 25–30, 1971–1976

3. welt magazin (ehemals afrika heute und afrika heute/III. welt), progress dritte welt, Bonn

Evangelischer Pressedienst (epd), Frankfurt/Main

informationsdienst südliches afrika, Informationsstelle Südliches Afrika und Anti-Apartheid Bewegung, Bonn

Monitor-Dienst, Deutsche Welle, Köln

Namibia, Organ of South West Africa People's Organisation (SWAPO) of Namibia, produced and published by SWAPO Department of Information and Publicity, London

Namibia Bulletin, U.N. Commissioner for Namibia, United Nations, New York

Namibia News, South West Africa People's Organisation of Namibia (SWAPO), London

Namibia Today, Official Organ of SWAPO, Lusaka

Objective: Justice, United Nations, New York

Ombuze Ya Namibia, issued by SWAPO of Namibia, Windhoek

The Journal of Modern African Studies, Cambridge University, London

The Namibian Youth, Central Organ of the SWAPO Youth League of Namibia, Dar es Salaam

Race Relations News, South African Institute of Race Relations, Johannesburg

6. Zeitungen

Allgemeine Zeitung, Windhoek

Der Tagesspiegel, Berlin (West)

Entwicklungspolitik, Spiegel der Presse, Pressereferat des Bundesministeriums für wirtschaftliche Zusammenarbeit, Bonn

Informationsdienst zur Verbreitung unterbliebener Nachrichten, Frankfurt/Main

Süddeutsche Zeitung, München

Windhoek Advertiser

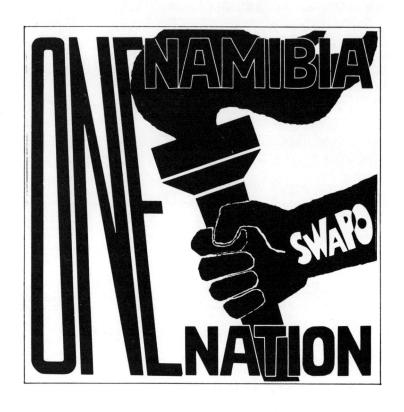

DIE SWAPO HAT EINE SCHALLPLATTE MIT LIEDERN DES BEFREIUNGSKAMPFES IN NAMIBIA ZUSAMMENGESTELLT, DIE BEI ISSA ZUM PREIS VON DM 12,80 ZU BEZIEHEN IST.

Informationsdienst südliches afrika

* informiert kontinuierlich und kritisch über alle relevanten Entwicklungen im Südlichen Afrika
* Themen der ersten Ausgaben 1977 neben aktuellen Nachrichten, Analysen und Dokumenten enthält jede Ausgabe ein Schwerpunkthema
* Gewerkschaften in Südafrika
* Banken in Südafrika – Kredite für Apartheid
* Waffengeschäfte Bundesrepublik – Südafrika
* Frauen und Frauenorganisationen im Südlichen Afrika
* Kirchen und Befreiungskampf im Südlichen Afrika
* Jahresabonnement DM 22,50

dokumentationsdienst südliches afrika
issa
archiv aktuell

– aktuelle programmatische Erklärungen afrikanischer Staaten, Organisationen und Befreiungsbewegungen im Südlichen Afrika

– Hintergrundmaterial zur Interpretation der aktuellen Lage im Südlichen Afrika

Beide Publikationsreihen erscheinen in unregelmäßiger Folge mit mindestens je 10 Nummern im Jahr.
Jahresabonnement für beide Publikationsreihen DM 15,00.

Aus dem Publikationsprogramm der issa

edition südliches afrika

Band 1
Hilda Bernstein und Albie Sachs: Die Gesetze der Apartheid
Ein Standardwerk zur Rassengesetzgebung
Bonn 1976, 154 Seiten, DM 5,00
ISBN 3 921614 19 8

Band 2
Alan Baldwin: Wohnrecht auf Widerruf — Zur Lage der schwarzen Mehrheit in Südafrikas Städten
Bonn 1976, 40 Seiten, DM 1,50
ISBN 3 921614 31 7

Band 3
das schwarze wort
südafrikanische erzählungen
Herausgegeben von Peter Ripken
Mit Texten von Mongane Wally Serote, Alex La Guma, Can Themba, Casey Motsisi, Muriel M. Tlali, Basil February, Bessie Head, James Matthews, Mafika Pascal Gwala, T.H. Gwala, Jack Cope, J.J.R. Jolobe, Webster Makaza
Bonn 1977, 101 Seiten, DM 6,00
ISBN 3 921614 341

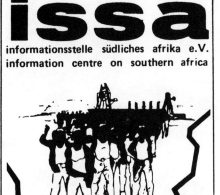

informationsstelle südliches afrika e.V.
information centre on southern africa

Neu bei ISSA

Die neue Literaturliste der ISSA ab sofort auf Anforderung erhältlich.

Juli 1977

BÜCHER- &
MATERIALLISTE

das schwarze wort

südafrikanische erzählungen

edition südliches afrika

ISSA wissenschaftliche Reihe 5

Francis Wilson, Gottfried Wellmer, Ulrich Weyl, Harold Wolpe u.a.

Wanderarbeit im Südlichen Afrika

Ein Reader

Informationsstelle Südliches Afrika e.V.
1976

issa — Wissenschaftliche Reihe

bereits erschienen:

Band 1:
Portugiesische Siedlungspolitik in Angola
Gerald J. Bender
Bonn 1974, 42 Seiten, DM 2.50
ISBN 3 921614 16 3

Band 2:
Portugal, Afrika und die Europäische Gemeinschaft
Peter Guinee, erweitert von Bernd Kalkum
Bonn 1974, 115 Seiten, DM 5.00
ISBN 3 921614 21 X

Band 3:
Rasse, Kultur und nationale Befreiung
Amilcar Cabral, Sergio Vieira, Armando Gueboza u.a.
Bonn 1976, 88 Seiten, DM 5.00
ISBN 3 921614 22 8

Band 4:
Südafrikas Bantustans — Geschichte, Ideologie und Wirklichkeit
Gottfried Wellmer, mit einer Einführung von Peter Ripken
Bonn 1976, XII/173 Seiten, DM 8.00
ISBN 3 921614 29 5

Band 5
Wanderarbeit im Südlichen Afrika
Ein Reader
Mit Beiträgen von Gottfried Wellmer, Francis Wilson, Ulrich Weyl, Harold Wolpe u.a.
Herausgegeben von Peter Ripken und Gottfried Wellmer
Bonn 1976, 263 Seiten, DM 8,00
ISBN 3 921614 309

Band 6
Dokumente der südafrikanischen Befreiungsbewegung
von 1943 bis 1976
Herausgegeben von Gottfried Wellmer
Bonn 1977, rd. 250 Seiten, DM 10,00
ISBN 3 921614 325